suhrkamp taschenbuch
wissenschaft 1871

Das Nachdenken über Moral gilt gemeinhin als Domäne der Philosophie. Um so überraschender mag es erscheinen, daß mit Niklas Luhmann einer der einflußreichsten Vertreter der Soziologie des 20. Jahrhunderts sich seit den späteren 60er Jahren bis kurz vor seinem Tod im Jahre 1998 kontinuierlich mit moraltheoretischen Fragen auseinandergesetzt hat. Der vorliegende Band präsentiert erstmals die wichtigsten Texte Luhmanns zu einer Theorie der Moral. Luhmanns großes Projekt – eine Theorie der Gesellschaft – bestimmt auch seinen Blick auf die Moral, die er nicht, wie in der Philosophie üblich, substantiell betrachtet, sondern funktional. In einer individualisierten Gesellschaft stellt sich aus seiner Perspektive stets die Frage, wie Handlungskoordinationen auf der Ebene der Interaktionen möglich sind. Hier gewinnen moralische, aber auch rechtliche Regeln und Konventionen ihre Bedeutung. Um diese zu erfassen, bedarf es laut Luhmann einer Reflexionstheorie der Moral, deren Konturen in den hier versammelten Aufsätzen sichtbar werden.

Niklas Luhmann (1927-1998) war Professor für Soziologie an der Universität Bielefeld. Von ihm sind u. a. erschienen: *Soziale Systeme* (stw 666); *Die Gesellschaft der Gesellschaft* (stw 1360); *Die Kunst der Gesellschaft* (stw 1303); *Die Religion der Gesellschaft* (stw 1581); *Die Politik der Gesellschaft* (stw 1582).

Detlef Horster ist Professor für Sozialphilosophie an der Leibniz-Universität Hannover.

Niklas Luhmann
Die Moral der Gesellschaft

Herausgegeben von Detlef Horster

Suhrkamp

6. Auflage 2023

Erste Auflage 2008
suhrkamp taschenbuch wissenschaft 1871

Satz: Satz-Offizin Hümmer GmbH, Waldbüttelbrunn
Umschlag nach Entwürfen von
Willy Fleckhaus und Rolf Staudt
Druck und Bindung: C. H. Beck, Nördlingen
Printed in Germany
ISBN 978-3-518-29471-0

www.suhrkamp.de

Inhalt

1. Arbeitsteilung und Moral
Durkheims Theorie[1]

I.

Als Durkheims Buch über die gesellschaftliche Bedeutung der Arbeitsteilung im Jahre 1893 erschien, gab es noch keine Soziologie im Sinne einer akademisch institutionalisierten Disziplin. Es gab den Fachtitel »Soziologie«, und es gab soziologische Literatur. Zum Beispiel war Simmels Studie über soziale Differenzierung 1890 erschienen. Aber es gab keine Soziologen. Es fehlte die Menge der schon vorher Bescheid wissenden, kritikbereiten Fachkollegen. Der Ideenumschlag, aber auch der Theorieverzehr verlief sehr viel langsamer als heute.[2] Der Prozeß der Übersetzung in andere Sprachen erfaßt daher erst den erkannten Klassiker. Die erste englische Übersetzung erschien 1933,[3] die erste deutsche Übersetzung wird erst jetzt vorgelegt. Solche Zeitverschiebungen sind in einem rapide sich entwickelnden Fach von erheblicher Bedeutung. Sie machen es schwierig, und wir versuchen es gar nicht erst zu rekonstruieren, wie man Durkheim im Jahre 1893 lesen konnte. Wir lesen ihn als Klassiker.

Das heißt gerade nicht: ihn historisch interpretieren. Klassisch ist eine Theorie, wenn sie einen Aussagenzusammenhang herstellt, der in dieser Form später nicht mehr möglich ist, aber als Desiderat oder als Problem fortlebt. Die Bedingungen dieser Form sind historische, sie können als solche ermittelt werden.[4] Was aber der Klassiker selbst

1 Einleitung zu: Émile Durkheim, Über soziale Arbeitsteilung. Studie über die Organisation höherer Gesellschaften, Frankfurt 1992.

2 Ein kleines Detail: Durkheim zitiert die bereits 1890 erschienene Schrift von Simmel über soziale Differenzierung erst in einem Zusatz zur 2. Auflage ohne Datierung als nach 1893 erschienen (vgl. Durkheim, Über soziale Arbeitsteilung, a. a. O., S. 91, Anm. 12).

3 Siehe George Simpson, Émile Durkheim on the Division of Labor in Society, New York 1933. Bereits damals sprach Robert K. Merton, »Durkheim's Division of Labor in Society«, American Journal of Sociology 40 (1934), S. 319-328, von »belated English translation« (S. 319).

4 Das leisten biographisch-werkhistorische Arbeiten, etwa Steven M. Lukes, Émile Durkheim: His Life and Work, London 1973. Auf dieser Ebene meint übrigens Robert Nisbet, The Sociology of Émile Durkheim, New York 1974, S. 30, De la division du travail social sei »in a certain sense an unsuccessful book«; weder sei die

den Späteren zu sagen hat, liegt auf der Ebene der Theorie. Man muß in der Analyse klassischer Texte den gegenwärtigen Stand des Faches zugrunde legen: das inzwischen gestiegene Auflösevermögen, die größere Tiefenschärfe der theoretischen und methodischen Gegenstandsprojektion. Auf der Folie veränderter Ansprüche zeichnet sich dann ab, was der klassische Text mit relativ einfachen Mitteln zusammenfügen konnte. Der Text bleibt aktuell, solange seine Problemstellung kontinuierbar ist. Er bleibt maßgebend in einem ambivalenten Sinne: Man kann an ihm ablesen, was zu leisten wäre; aber nicht mehr: wie es zu leisten ist.

Ganz anders, nämlich im Sinne von Rezeption, hatte Talcott Parsons sich auf Durkheim berufen.[5] Für Parsons ist die Leistung der soziologischen Klassiker, darunter Durkheims, eine solche des Erkenntnisgewinns, der die Grundlagen einer einheitlichen soziologischen Theorie gelegt und damit die Einheit des Fachs Soziologie konstituiert hat. Parsons meint daher, an die Problemlösung, nicht nur an die Problemstellung der soziologischen Klassik anknüpfen zu können. Das zwingt ihn, Konsistenz, nicht nur Kontinuität, in der Theoriegeschichte herauszuarbeiten. Die Klassiker werden zu »founding fathers« seiner eigenen Theorie.

In dem Maße, als die eigene Theorieleistung Parsons' in ihren besonderen Konturen sich abzeichnet, wird es jedoch schwierig, ein rezeptives Verhältnis zur Klassik durchzuhalten; denn das hieße, die Parsonssche Theorie des allgemeinen Aktionssystems als legitimes Erbe anerkennen – oder Interpretationskontroversen als Erbstreitigkeiten anheizen. Es empfiehlt sich daher, im Verhältnis zum Klas-

These bewiesen, noch komme Durkheim selbst später auf die Unterscheidung von mechanischer und organischer Solidarität zurück. Es wäre dann aber zu fragen, wie viele Klassiker der wissenschaftlichen Literaur vor diesen Maßstäben bestehen würden.

5 Vgl. The Structure of Social Action, New York 1937, 2. Aufl., Glencoe/Ill. 1949, S. 301 ff.; ders., Durkheim's Contribution to the Theory of Integration of Social Systems, in: Kurt H. Wolff (Hg.), Émile Durkheim 1858-1917, Columbus (Ohio) 1960, S. 118-153; ders., Unity and Diversity in the Modern Intellectual Disciplines: The Role of the Social Sciences, Daedalus 94 (1965), S. 39-65 (die beiden letztgenannten Aufsätze auch in: ders., Sociological Theory and Modern Society, New York 1967); ders., Durkheim Émile, in: International Encyclopedia of the Social Sciences, Bd. 4, New York 1968, S. 311-320; ders., The Life and Work of Émile Durkheim, in: Émile Durkheim, Sociology and Philosophy, New York 1974, S. XLIII-LXX.

siker-Text nicht unbedingt Konsistenz, sondern nur Kontinuität zu suchen[6] und dies am Leitfaden von Problemstellungen, nicht unbedingt von Problemlösungen durchzuführen. Auch die größer werdende zeitliche Distanz und die unentschieden-pluralistische Theorielage der Gegenwart ermutigen zu diesem Schritt.

Ohnehin muß man den »Katalysator« der Ausdifferenzierung eines besonderen Faches Soziologie in einer zentralen Problemstellung suchen und nicht in einer bestimmten Theorie.[7] Das Problem kommt auf in dem Maße, als es schwierig wird, sich vorzustellen, wie soziale Ordnung überhaupt möglich ist. Parsons beruft sich gern auf die Art, wie Hobbes mit Hilfe von Annahmen über den Naturzustand das Problem der sozialen Ordnung stellte;[8] aber das war auf Politik, nicht auf Sozialität gemünzt. Eher findet man ein Suchen nach Grundlagen der Sozialität in der Moraltheorie – so wenn Adam Smith die Fundierung der Moralität auf Selbstliebe kritisiert mit dem Argument: Sympathie und Altruismus bedeuten nicht, *sich selbst* an die Stelle des anderen zu setzen, sondern sich in den anderen *als anderen* einzufühlen.[9] Damit sind alle Freundschaftstheorien (und abhängig davon: alle Gesellschaftstheorien) unterlaufen, die irgendeine Art von natürlicher Gleichheit der Menschen voraussetzten.[10] Statt dessen wird die Andersheit des anderen zu dem Befund,

6 »History is the realm of continuity, not of consistency«, formuliert für einen anderen theoriegeschichtlichen Zusammenhang Aram Vartanian, Diderot and Descartes: A Study of Scientific Naturalism in the Enlightenment, Princeton/N. J. 1953, S. 9.

7 Vgl. dazu Shmuel N. Eisenstadt/M. Curelaru, The Form of Sociology: Paradigms and Crises, New York 1976, insb. S. 55 ff. Eisenstadt sagt, zu einer spezifisch soziologischen Theorietradition sei es durch einen Wechsel der Problemstellung gekommen. Nicht mehr, wie soziale Ordnung entstanden und zu erklären sei, sondern wie sie möglich sei, sei das Problem, an das relevante Theorieentwicklungen anschlössen. Dem entspricht Durkheims Polemik gegen die Lehre vom Gesellschaftsvertrag. Vgl. Durkeim, Über soziale Arbeitsteilung, a. a. O., S. 257 ff.

8 Zum Beispiel The Structure of Social Action, a. a. O., S. 89 ff. Vgl. auch John O'Neill, The Hobbesian Problem in Marx and Parsons, in: Jan J. Loubser u. a. (Hg.), Explorations in General Theory in Social Science: Essays in Honor of Talcott Parsons, New York 1976, Bd. 1, S. 295-308.

9 Theorie der ethischen Gefühle, Leipzig 1926, Bd. 2, S. 528 f.

10 Im Kontext der Parsonsschen Theorie müßte man sagen: alle Sozialtheorien, die die Differenzierung der Subsysteme Persönlichkeit und Organismus nicht hinreichend beachten.

der Sozialität – nicht nur notwendig oder förderlich, sondern überhaupt erst möglich macht.

II.

Durkheim zitiert Adam Smith nicht als Moraltheoretiker, sondern als berühmten Urheber der Lehre von den Vorteilen der Arbeitsteilung. Das ist symptomatisch für seine Problemsicht und für den take off seiner Theorie. Durkheim sieht zumindest in diesem Buch rückblickend die Sozialtheorie als Theorie der Arbeitsteilung und des Vertrages. Er bricht mit dieser Theorie, weil sie utilitaristisch war und auf individuellen Nutzenkalkül aufbaute; nicht: weil sie eine Theorie der Arbeitsteilung war. Innerhalb der Theorie der Arbeitsteilung findet der Soziologe Möglichkeiten der Polemik gegen die rein individualistisch-ökonomische Ableitung des Phänomens. Damit wird der soziologische Theorieansatz gewonnen. Der Verzicht auf theorie-geschichtliche Konsistenz im Verhältnis zur ökonomisch-utilitaristischen Klassik etabliert die Eigenständigkeit des Faches Soziologie.

Daß der Bruch an dieser Stelle erfolgt, bedeutet zugleich aber auch ein Fortsetzen der Tradition; denn diese Wahl setzt voraus, daß Arbeitsteilung ein zumindest für heutige Gesellschaften zentraler Modus der Konstitution sozialer Beziehungen ist. Eine überlegt plazierte Polemik erzwingt geradezu Kontinuität. Durkheims wissenschaftstheoretische Reflexion erweckt zwar den Eindruck, als ob ganz einfach eine neue Art von Tatsachen entdeckt worden sei, die sozialen Tatsachen, so daß es nun gelte, diese Tatsachenwelt streng wissenschaftlich zu erforschen. Darauf komme ich unter VII zurück. Gleichwohl wird die neue Theorie nicht einfach auf freies Feld gebaut. Sie sucht (wenn auch polemische) Anschlüsse an die relevante Tradition. Und es ist zumindest für die Anfangsentwicklung der Durkheimschen Theorie von ausschlaggebender Bedeutung gewesen, daß der Einstieg sowohl polemisch als auch theoriebautechnisch beim Problem der Arbeitsteilung gewählt wird.

Die These einer besonderen Relevanz ökonomischer Tatsachen und Gesetzmäßigkeiten für die Struktur und Entwicklung der Gesellschaft, die man seit der zweiten Hälfte des 18. Jahrhunderts im Kontext der politischen Ökonomie ausgearbeitet hatte, wird also akzeptiert, wenn auch in etwas retouchierter Form. Durkheim wählt, um den Begriff der Arbeitsteilung auf das Begriffsniveau einer soziologischen Gesellschaftstheorie zu bringen, den Weg der Generalisierung des Konzepts. Der Begriff wird (S. 83 ff.) auf nichtökonomische Bereiche ausgedehnt, bis die Begriffskomponente »Arbeit« in der Vorstellung der »Teilung sexueller Arbeit« jede spezifische Kontur verliert. Die Nachfolger schlüpfen deshalb aus der Begriffshülse der Ökonomie und sprechen allgemeiner von sozialer Differenzierung, Rollendifferenzierung, Systemdifferenzierung. Für Durkheim hat jedoch die Beibehaltung des Begriffs der Arbeitsteilung den Vorteil einer Gleitschiene, die es ermöglicht, Illustrationen und Argumente aus dem Bereich wirtschaftlicher Produktions- und Dienstleistungsprozesse in den Kontext einer Gesellschaftstheorie einzubringen, die allgemeine, alle Lebensbereiche übergreifende Geltung zu haben beansprucht.

Durkheims Text läßt im übrigen genau erkennen, was ihn veranlaßt, die Ausweitung des Begriffs der Arbeitsteilung zu stoppen und Arbeitsteilung gegen einen allgemeineren Begriff der Differenzierung abzugrenzen. Es ist dies das Problem der Pathologie, das Problem des abweichenden Verhaltens, das Problem des Entgleisens der moralischen Solidarität. Durkheim weigert sich (3. Buch, 1. Kap.), die Profession der Verbrecher als einen Fall von Arbeitsteilung anzuerkennen,[11] und reserviert hierfür einen allgemeineren, wertneutralen Begriff der Differenzierung. Nichtverzichtbar erscheint ihm am Begriff der Arbeitsteilung also nur der Rahmen solidaritätskonformen Handelns, der Bezug auf einen anerkannten gesellschaftlichen (nicht notwendig ökonomischen) Nutzen. Daran wird deutlich, daß der Begriff der Arbeitsteilung vorweg koordiniert ist mit den Begriffen Solidarität und Moral. Ich will nicht sagen, daß die Korrelation von Arbeitsteilung und Moral, die Zentralthese des Buches, dann nur noch eine Tautologie darstellt. Aber die Begriffe sind vorweg auf Korrelation abgestellt, und diese theoretische Absicht bestimmt ihre Ausweitung bzw. Eingrenzung.

11 Obwohl er, namentlich in China, durchaus Beispiele dafür hätte finden können, daß Verbrecher in der Form von Gilden korporativ organisiert und als verhandlungsfähig anerkannt sind.

III.

Solidarität und Moral sind bei Durkheim kongruent gebrauchte Begriffe. Man kann auch sagen: Moral wird in dieser Theorie als Solidarität konzeptualisiert. Es handelt sich um das »Kollektivbewußtsein«[12] selbst, das in den Köpfen der einzelnen Menschen seinen Platz hat und dort mehr oder weniger Raum gibt für die Entfaltung von Individualität. Das Kollektivbewußtsein wiederum ist die Gesellschaft – eine Konzeptualisierung, die es erlaubt, Soziales als Subjekt und als Objekt für sich selbst zu denken. Probleme der Selbstreferenz und der Selbstbegründung werden damit in den Begriff gebannt.[13] Sie werden nicht zu Sätzen ausformuliert, und das erlaubt es Durkheim, den Gegenstand der Begriffskette Gesellschaft-Kollektivbewußtsein-Solidarität-Moral-Recht im weiteren wie eine Tatsache zu behandeln, die methodisch-korrekter wissenschaftlicher Erforschung zugänglich ist.

Solidarität ihrerseits wird positiv nur als Zusammenhalt oder Einigung, also nur tautologisch bestimmt, negativ dagegen als Widerstand gegen Auflösung. Über diese *negative* Umschreibung wird der zunächst nur metaphorisch-tautologisch eingeführte Begriff *fruchtbar gemacht.* Durkheim bildet zwei Typen, mechanische und organische Solidarität, und versucht zu zeigen, daß die Zerreißfestigkeit des sozialen Zusammenhalts im Laufe der sozialen Entwicklung nicht etwa abnimmt, sondern zunimmt. Fast könnte man formulieren: die Evolution führt zur Steigerung des Begriffs. Der Beweis läuft

12 Der Begriff ist schwierig, für verschiedene Interpretationen zugänglich und viel kritisiert worden. Vielleicht leuchtet er aber auch heute noch ein, wenn man festhält, daß jeder in sich selbst Wissen und Werten danach unterscheiden kann, ob es mit ihm vergehen wird oder ob sein Sinngehalt durch das Bewußtsein anderer mitgarantiert ist (eine Annahme, die natürlich subjektiv bleibt, aber sich doch wohl selbst ausmerzen würde, wenn sie ganz auf Irrtum beruhte). Diese Fassung löst den Begriff des Kollektivbewußtseins auf in eine Theorie der Bezugsgruppen und wird gesellschaftliches Kollektivbewußtsein (Bezugsgruppe aller Kommunikationspartner) nur noch als einen Grenzfall ansehen können.

13 Zur Mehrdeutigkeit des Begriffs der conscience collective und zur Unterscheidung eines normativen, eines subjektiven und eines objektiven (kulturthematischen) Bedeutungsgehaltes vgl. Paul Bohannan, Conscience collective and Culture, in: Kurt H. Wolff, a. a. O., S. 77-96. Auch Bohannan (S. 79 f.) betont, daß diese Mehrdeutigkeit sich nicht in ein intern-relationales Gefüge auflösen lasse, weil sie gerade als Einheit gemeint ist.

über das bekannte Phänomen, daß in primitiven Gesellschaften infolge ihrer segmentären Struktur die Auflösung und Neugründung sozialer Gruppierungen (Sezession) leicht fällt, daß dagegen Schuster ohne Schneider nicht leben können. Wenn sich Solidarität – immer dieser Begriff unterstellt! – in primitiven Gesellschaften als Kollektivbewußtsein in den Köpfen der Menschen auch breitmacht und für Individualität kaum Raum läßt: ihre eigentliche Entwicklung beginnt mit der Arbeitsteilung und der durch sie erzwungenen organischen Solidarität.

Damit wird die *noch zusammenhaltbare Ungleichheit* (und nicht etwa: die bloße Intensität des Gefühls) zum Maß der Solidarität.[14] Solidarität hat, obwohl sie sich immer nur im Erleben und Handeln einzelner Menschen realisiert, ihr davon unabhängiges eigenes Maß und damit eine Steigerungsmöglichkeit, der nichts Psychologisches mehr zu entsprechen braucht. Daraufhin läßt sich dann formulieren, daß zunehmende Arbeitsteilung mit zunehmender Solidarität korreliert, wobei die Form der Solidarität von Gleichheit auf Ungleichheit umgestellt werden muß.

Für Moral bedeutet dies: Freisetzen von Individualität und Orientierung auf Andersheit des anderen. Ganz auf der Linie des Theorieprogramms von Adam Smith wird der Moral also eine Identität des Nichtidentischen abverlangt (und nicht nur eine Selbstverwirklichung des Subjekts). Individualität und Freiheit der Verhaltenswahl sind dabei abgeleitete Phänomene. Sie springen sozusagen als Notbehelf ein, wenn das Kollektivbewußtsein seine Basis in der Gleichheit verliert, die eine mechanische Solidarität ermöglicht hatte. Das Individuum muß seine Andersheit durch nachgeschobene Bewußtseinsleistungen, durch eigene Zwecke kompensieren und sich über eigene Intentionalität (und insofern nicht mehr bewußtlos-mechanisch) zu anderen in ein Verhältnis setzen. Die Moral, die nach solchen Umstrukturierungen aufgeht, kann nur noch auf Freiheit basiert sein. Aber das ist nicht konstitutiv für die gesellschaftliche Tatsache der Moral schlechthin. Erst die zweite Moral ist eine Moral der Freiheit.[15]

14 Vgl. besonders Durkeim, Über soziale Arbeitsteilung, a. a. O., Erstes Buch, 5. Kap. 1.

15 Hier zweigen übrigens methodologische Überlegungen ab, die es Durkheim ratsam erscheinen lassen, funktionale Analysen (später vor allem: der Religion) zunächst an primitiven Gesellschaften durchzuführen, weil hier die Funktionalität

Dadurch, daß diese evolutionäre Perspektive ihre Zweier-Typik aufdrängt, tritt ein anderes Problem zurück. Man könnte das verdrängte Problem auf der Ebene des Solidaritätsbegriffs als das des Eigenwerts der Ungeselligkeit, auf der Ebene des Moralbegriffs als das der Eigenqualität des Bösen bezeichnen. Formal gesehen geht es darum, wie eigentlich der Zweier-Schematismus der Moral selbst gesehen und begründet wird.

Was zunächst Egoismus und Altruismus angeht, behandelt Durkheim (S. 252 ff.) diese Unterscheidung ganz im Sinne der englisch-schottischen Moralphilosophie des 18. Jahrhunderts als Naturausstattung des Menschen unabhängig von aller Sozialität. Das muß man schlicht als einen Theorie-Defekt ansehen – einen Defekt, der bestimmte Folge-Entscheidungen ermöglicht. Wenn nämlich diese beiden Urqualitäten für Leben und Dynamik in der Theorie sorgen, kann der moralische Schematismus selbst stark vereinfacht präsentiert werden. Durkheim spricht zwar – und diese Schwebelage ist nicht uninteressant – auch von negativer Solidarität, weist aber den Begriff der negativen Solidarität und damit eine besondere, eigene Qualität des Negativen explizit ab (S. 171):[16] Negative Solidarität sei nicht eine besondere Art von Solidarität, sondern nur das Fehlen jeder Art von Solidarität. Das gleiche müßte, wenn man sich dem Duktus der Theorie überläßt, dann auch für Moral gelten. Unmoral wird zur Mangelerscheinung und verschmilzt so mit Anomie. Die Lust des Bösen findet keinen Platz in der Theorie.

Begriffstechnisch heißt das zunächst, daß ein Oberbegriff für solidarisch/unsolidarisch oder für moralisch/unmoralisch entbehrlich wird. Das ist, gerade wenn man mit Durkheim auf moralische Fakten abstellt, eigentlich seltsam. Es gibt nicht faktisch-moralisches

noch an einfach-mechanischen Reaktionen ablesbar sei und nicht vom intervenierenden Bewußtsein abhänge. Das setzt natürlich voraus, daß man gesellschaftliche Funktionen nicht ihrerseits als evolutionsabhängige Variable begreifen muß und daß man sagen kann: Die innere Struktur der Phänomene bleibe dieselbe, ob sie nun bewußt seien oder nicht (S. 137).

16 Zur Bedeutung dieser Frage für spätere Theorieentwicklungen vgl. Gideon Sjoberg/Leonard D. Cain, Negative Values, Countersystem Models, and the Analysis of Social Systems, in: Herman Turk/Richard L. Simpson (Hg.), Institutions and Social Exchange: The Sociology of Talcott Parsons and George C. Homans, Indianapolis 1971, S. 212-229. Vgl. auch die ganz verständnislose Erwiderung von Parsons im gleichen Band, die eine Vorstellung davon vermittelt, wie auch Durkheim geantwortet haben könnte.

und faktisch-unmoralisches Verhalten, das nochmals in einem Gesamtbegriff von – sagen wir Moralität oder moralischer Relevanz zusammengefaßt werden könnte; sondern es gibt nur Solidarität und Moral, die durch besondere Umstände an ihrer Realisierung gehindert werden können. Somit genügt der Theorie, und insofern bleibt sie aristotelisch, ein privativer Negationsgebrauch. Sie artikuliert, bei allem Verständnis für Korruptibilität und Unvollkommenheit, ein positives Verhältnis zur Gesellschaft und eine optimistische Grundstimmung in bezug auf ihre Zukunft.

Mit der Verkürzung eines Mehrebenen-Problems (Moralität = moralisches und unmoralisches Verhalten) auf eine privativ negierbare Positivität hängt auch zusammen, daß die Wertungslust theorieintern schlecht kontrolliert werden kann. Mit Solidarität und Moral verbindet Durkheim daher zumeist einen positiv wertenden Sinn. Aller Rückzug auf positive Wissenschaftlichkeit im Umgang mit Fakten und alle Distanzierung von der Moral, wie der Moralist sie sich vorstellt (S. 89), kann das nicht verhindern, wenn die Theorie nicht komplex genug angelegt ist. Ähnlich wie der Begriff des Kollektivbewußtseins die Probleme der Selbstreferenz überspielt und dadurch verdeckt, wird mit den Begriffen Solidarität und Moral ein Problem »nur begrifflich« gelöst – das heißt nicht auf Relationen und Aussagen zurückgeführt. Und am Ende wird dann das, was der Theorie nach sowieso geschieht, zur Aufgabe: »Mit einem Wort: Unsere erste Pflicht besteht heute darin, uns eine neue Moral zu bilden« (S. 480). Der Soziologe, der sich über das erheben wollte, was die Moralisten aus ihren Prinzipien herleiten, wird am Ende selbst zum Moralisten.[17]

IV.

Warum wird Moral an eine so zentrale Stelle plaziert? Ich vermute: weil Durkheim in der Formulierung seines Zentralproblems unscharf operiert.

Man müßte zwei Fragen zumindest analytisch klar unterscheiden. Die eine lautet: Wie konstituieren selbständig agierende, entschei-

17 Der Soziologe als Moralist, mit diesem Untertitel resümiert auch René König sein Urteil über Durkheim in: Dirk Käsler (Hg.), Klassiker des soziologischen Denkens, Bd. 1, München 1976, S. 312 ff.

dungsfähige Personen eine soziale Beziehung oder ein soziales System? Wie ist, mit anderen Worten, soziale Ordnung möglich, obwohl Personen je für sich Handlungen wählen können? Die andere lautet: Wie ist das Verhältnis der Person zur immer schon konstituierten Sozialordnung zu begreifen? Daß beide Fragen nicht unabhängig voneinander *beantwortet* werden können, versteht sich von selbst; denn eine soziologische Theorie muß in dem, was sie als Sozialität in beiden Fragestellungen hinstellt, konsistent bleiben. Aber das sollte nicht hindern, *die Fragestellungen selbst zu unterscheiden*, denn das macht es möglich, sich Beantwortungsmöglichkeiten offenzuhalten und sich nicht vorweg auf die Lösung »Moral« festzulegen.

Die alteuropäische Sozialphilosophie hatte soziale Gemeinschaft (bzw. Gesellschaft, communitas, societas) als Interpenetration von Personen, als Freundschaft gedacht.[18] Auch Durkheim geht von Freundschaft und überdies explizit von Aristoteles aus (S. 101). So kann ihm auch aus der Feder fließen (S. 157), daß die Bürger einander lieben und suchen und sich vor Fremden den Vorzug geben. Auf dieser Grundlage kann man die Gesellschaft definieren als Solidarität der Personen im Verhältnis zueinander, und Moral wird gleichsam zum Bindemittel, die Solidarität wird als Moral erlebt. Die Gesellschaft bleibt ein interpersonales Verhältnis, und Moral ist ihr Regulativ.

Müßte dann aber nicht abweichendes Verhalten ganz außerhalb der Gesellschaft liegen, also im strengen Sinne außergesellschaftliches, sozial irrelevantes Verhalten sein, und kann es nicht durchaus sein, daß im Verhältnis zwischen Personen moralwidrige oder auch gänzlich normfreie Sozialität konstituiert wird? Könnte es nicht eine Art laufendes Regenerieren von Sozialität in interpersonalen Kontakten geben, das weder auf eine vorkonstituierte Moral noch auf ein in den Köpfen schon vorhandenes Kollektivbewußtsein zurückgeführt werden kann, aber auch nicht (was Durkheim als Alternative vorschwebt) den Individuen als Eigenleistung zurechenbar ist? Ferner drängt sich die Frage auf, ob nicht, gerade wenn man Soziales als eigenständige Faktenwelt annimmt und wenn man evolutionär zunehmende Individualisierung in Rechnung stellt, unterschieden werden müßte zwischen Intensivierung des moralisch bindenden Kollektiv-

18 Dabei waren von Anfang an Selbstreferenz und Vermögen, den anderen als anderes Selbst zu erfahren, vorausgesetzt gewesen. Vgl. grundlegend das VIII. und IX. Buch der Nikomachischen Ethik, insbesondere 1166 a 31 f.

bewußtseins und Intensivierung interpersonaler Beziehungen im Sinne wechselseitiger Identifikation. Rousseau hatte das bereits gewußt: Erziehung in Clarens ist nicht Vorbereitung auf ein bürgerliches Leben in einer arbeitsteiligen Großgesellschaft.[19]

Solche Überlegungen werden Nachfolger Durkheims zwingen, das Problem, wie soziale Ordnung möglich ist, zu abstrahieren und es von der Frage des Verhältnisses von Individuum und Gesellschaft abzukoppeln. Beide Fragen können nicht mehr mit einer Antwort abgefunden werden, die Antworten müssen nur noch aufeinander beziehbar sein. Das wiederum erzwingt eine Abstraktion der (bereits in der Antike recht formalen, mehrere Typen übergreifenden) Theorie freundschaftlicher Interaktion. Eine Theorie interpersonal-verdichteter Sozialbeziehungen ist noch kein ausreichendes Grundlagenkonzept für die Soziologie schlechthin. Für Parsons ist das Grundproblem ein solches der »doppelten Kontingenz«,[20] das Verhältnis von personalen und sozialen Systemen dagegen eine Frage des strukturellen Aufbaus des allgemeinen Aktionssystems und der in ihm erforderlichen »interchanges«. So ungeklärt die Beziehung zwischen diesen beiden Theorieteilen im Falle von Parsons auch geblieben ist,[21] hinter ihre Unterscheidung kann eine ernst zu nehmende Theorie nicht mehr zurück.

Dann aber kann die Antwort auf die Frage, wie soziale Ordnung möglich ist, nicht mehr einfach mit dem Hinweis auf die Faktizität

19 Auch im übrigen werden Rousseaus Analysen des Eigentums und der Arbeitsteilung (z. B. im zweiten Teil des Discours sur l'origine et les fondements de l'inégalité parmi les hommes, Œuvres, éd. de la Pléiade, Bd. III, Paris 1964, S. 164 ff.) von Durkheim übergangen. Hierzu auch Henri Grange, Rousseau et la division du travail, Revue des sciences humaines 86 (1957), S. 143-155.

20 Im »General Statement« von: Talcott Parsons/Edward A. Shils (Hg.), Toward A General Theory of Action, Cambridge, Mass. 1951, S. 16, heißt es zum Beispiel: »There is a double contingency inherent in interaction. On the one hand, ego's gratifications are contingent on his selection among available alternatives. But in turn, alter's reaction will be contingent on ego's selection and will result from a complementary selection on alter's part. Because of this double contingency, communication, which is the precondition of cultural patterns, could not exist without both generalization from the particularity of specific situations (which are never identical for ego and alter) and *stability* of meaning which can only be assured by ›conventions‹ observed by both parties.«

21 Hierzu Niklas Luhmann, Generalized Media and the Problem of Contingency, in: Jan J. Loubser u. a. (Hg.), Explorations in General Theory in Social Science: Essays in Honor of Talcott Parsons, New York 1976, Bd. 2, S. 507-532.

von Moral oder Kollektivbewußtsein gegeben werden, und an diese Stelle treten jetzt, ohne daß man Realität oder Relevanz moralischer Fragen leugnen müßte, Konzepte wie: symbolische Generalisierung, selektives Akkordieren, Reduktion sozialer Komplexität, Kommunikationscodes – in jedem Falle Konzepte, die Steigerbarkeit von Chancen durch strukturelle Restriktionen betonen.

Das führt uns wieder zu Durkheim zurück.

V.

Durkheims Theorie hat eine ihrer eindrucksvollsten Chancen in der Möglichkeit, Summenkonstanz- oder Knappheitsannahmen zu durchbrechen und Steigerungsverhältnisse darzustellen. Ihr dominierendes Interesse, ja wahrscheinlich das Theoriemotiv schlechthin, ist die Absicht, das Verhältnis von Individuum und Gesellschaft in einer Weise zu fassen, die die Stärkung beider Realitäten zugleich als möglich erscheinen läßt. Individualisierung der Personen geht nicht notwendig auf Kosten gesellschaftlicher Solidarität oder umgekehrt; vielmehr bedingen beide Steigerungsprozesse sich wechselseitig und sind beide nur aufgrund einer bestimmten Sozialstruktur, aufgrund von Arbeitsteilung möglich, die ihrerseits wieder durch sie ermöglicht wird. Später wird Parsons von »combinatorial gains« sprechen und nach den evolutionären Errungenschaften fragen, die solche Gewinne ermöglichen.

Wir halten einen Augenblick an, um das Raffinement der Theorieanlage zu bewundern. Die Zentralaussagen werden nicht apriorisiert, nicht in die Grundlagen der Theorie eingebaut. Sie werden auch nicht präformativ in die Anfänge der Entwicklung ihres Gegenstandes zurückverlegt. Sie spielen im Bereich von Variablen, die unter angebbaren Umständen empirisch co-variieren. Ein solches Arrangement ist ein wichtiger Zug auf dem Wege zur Eigenständigkeit der Disziplin Soziologie; Eisenstadt hat dies kürzlich in einem allgemeineren Rahmen als Weg von geschlossenen zu offenen Theoriekonzepten dargestellt.[22] Die Erkenntnis, auf die es primär ankommt, erscheint dann im jeweiligen Theoriekontext als selbstgarantiert – zwar nicht als unabhängig von Prämissen und Fakten, aber jedenfalls

22 Vgl. Shmuel N. Eisenstadt/M. Curelaru, a. a. O., S. 80 ff.

nicht als deren bloß tautologische Reformulierung. Dem entspricht die für Durkheim typische Zurückweisung der Argumentation aus Prämissen – etwa die berühmte Kritik der Herleitung der Strafe aus dem Strafzweck oder der Geltung von Verträgen aus der Norm, daß Verträge binden; und an die Stelle tritt jener tieferliegende Zirkel: daß Soziales nur durch Soziales geklärt werden könne.

Will man nun dieses offene Spiel der sich wechselseitig bedingenden und zu höherer Komplexität steigernden Variablen als eine Theorie mit Erklärungsanspruch formulieren, muß die bloße These der Wechselwirkung irgendwo durchbrochen werden. Das leistet die Evolutionstheorie. Sie stellt einen unabhängigen Faktor oder Antriebsmechanismus bereit, der gegen das eigentliche Theorie-Konzept hinreichend isoliert ist (also nicht wiederum von dessen Variablen abhängt).

Zwei Varianten, zwei Typen von Startmechanismen stehen zur Diskussion – zur Zeit Durkheims ebenso wie heute. Die eine Konzeption schließt an Darwin an und fragt nach einem *Mechanismus der Variation.*[23] Die Annahme dieser Variante ist für Durkheim verbaut, weil die soziologische Darwin-Rezeption den Variationsmechanismus an das Individuum gebunden hatte, die Reduktion auf Merkmale von Individuen aber den Grundannahmen der Durkheimschen Theorie, der Gesellschaft als einer Realität sui generis, widersprechen würde. Die gesellschaftliche Evolution kann nicht als Nebeneffekt individuellen Glückstrebens oder individueller Bedürfnisse nach Abwechslung begriffen werden (Zweites Buch, 1. Kap., III). Daher kommt nur die zweite Variante in Betracht: die Erklärung über *Größenveränderungen,* insbesondere demographische Veränderungen, aber auch Kommunikationsverdichtungen, z. B. durch Stadtbildung[24] (Zweites Buch, 2. Kap.). Daß Größenveränderungen mit Übergang zur Arbeitsteilung korrelieren, wird sehr überzeugend dargetan; ob aber Größenveränderungen nicht ihrerseits auch wieder Arbeitsteilung schon voraussetzen und ohne sie gar nicht möglich

23 Heute z. B. Donald T. Campbell, Variation and Selective Retention in Socio-Cultural Evolution, in: General Systems 14 (1969), S. 69-85.

24 Heute z. B. Ester Boserup, The Conditions of Agricultural Growth: The Economics of Agrarian Change under Population Pressure, London 1965, und dazu Brian Spooner (Hg.), Population Growth: Anthropological Implications, Cambridge, Mass. 1972.

sind, steht auf einem anderen Blatt.[25] Muß man dies zugestehen, gelingt es nicht mehr, einen wirklich primären, nicht durch Effekte mitbedingten Antriebsmechanismus zu bestimmen, und die Alternative ist dann nur noch, eine Evolutionstheorie auszuarbeiten, die Evolution als einen selbstreferentiellen Prozeß beschreibt, der sich die Bedingungen seiner eigenen Möglichkeit selbst aufbaut.

Wie dem auch sei, Durkheim jedenfalls sucht mit jenem Rückgriff auf Kommunikationsverdichtung und Bevölkerungszunahme die Form eines sich selbst erklärenden Konzepts – Arbeitsteilung erklärt Arbeitsteilung, oder: Entwicklung »ist« zunehmende Differenzierung – zu vermeiden. Vor allem aber gelingt ihm auf diese Weise ein komplexitätstheoretisches Argument: Größenzunahme verhindert den Kontakt von jedem mit jedem, das führt zur Rezession derjenigen Form von Solidarität, die auf Gleichheit basiert, und das wiederum schafft einen Freiraum für die Ausnutzung der Vorteile von Arbeitsteilung. Fast kommt es zu einem Theorem, das man erst aus der neueren, neodarwinistischen Evolutionstheorie kennt: Der Aufbau organisierter Komplexität sei ein Nebenprodukt ganz außerhalb des eigentlichen Sinnes evolutionärer Prozesse und sei deshalb auch nicht zu erklären.[26]

VI.

Das Ergebnis, die auf diesen Grundlagen aufgebaute Theorie, ist bekannt und im Durchlesen dieses Buches leicht zu erfassen. Die Gesellschaft habe sich von einer nur segmentären Strukturierung auf der Basis der Gleichheit aller Segmente zu einem hochgradig arbeitsteiligen Sozialsystem entwickelt. Dabei habe sie ihre Solidaritätsgrundlagen von Gleichheit auf Ungleichheit umstellen müssen, habe

25 Diese Frage diskutiert Theodore D. Kemper, Émile Durkheim and the Division of Labour in Society, The Sociological Quarterly 16 (1975), S. 190-206. Berechtigt ist insbesondere der Hinweis, daß die Generalisierung des Begriffs der Arbeitsteilung in Widerspruch steht zu der Absicht, das Phänomen selbst als nicht fundamental, sondern als historisch abgeleitet zu behandeln.

26 Vgl. etwa B. G. Ledyard Stebbins, The Basis of Progressive Evolution, Chapel Hill, NC 1969, S. 120 ff.; ders., Adaptive Shifts and Evolutionary Novelty: A Compositionist Approach, in: Francisco José Ayala/Theodosius Dobzhansky (Hg.), Studies in the Philosophy of Biology: Reduction and Related Problems, London 1974, S. 285-306.

ihre Moral, und davon abhängig auch ihr Recht geändert. Moral und Recht beruhen auch in der modernen Gesellschaft auf Kollektivbewußtsein, enthalten aber eingebaut die Notwendigkeit individueller Zielsetzungen. In der Notwendigkeit, diese zu respektieren, entwickele sich eine Moral der Freiheit und ein Recht, das das Kollektivbewußtsein immer weniger repressiv einsetzt, sondern es reduziert auf Anerkennung (1) restitutiver Sanktionen, (2) nichtvertraglicher Grundlagen der Vertragsform und (3) autoritativer Agenten für kollektiv bindende Entscheidungen.

Die weittragenden (und in mancher Hinsicht umstrittenen) Konsequenzen für die Rechtssoziologie und die Beweisführung im einzelnen können hier nicht angemessen behandelt werden, denn das hieße: das Buch neu schreiben. Eine Zusatzprämisse, die kaum expliziert und jedenfalls nicht kritisch herausgearbeitet wird, verdient indes eine besondere Behandlung; denn gerade sie stützt Durkheims Hoffnung auf kommende organische Solidarität, auf eine neue Moral und auf ein Wiedererstarken professionell-korporativer Bindungen.

Die Prämisse lautet: daß Kontakte Moral generieren. Wenn man das akzeptiert, wenn man die »polemogenen«[27] Aspekte der Moral übergeht und wenn man zugesteht, daß Arbeitsteilung zu einer Vervielfältigung lebensnotwendiger Kontakte führt, erscheint in der Tat die Erwartung einer Art interaktioneller Wiedergesundung der Gesellschaft als begründbare Zukunftsperspektive. Dann erscheinen die eine solche Entwicklung blockierenden Aspekte der modernen Gesellschaft, zum Beispiel anomische, Ungleichheit verstärkende Folgen der Arbeitsteilung oder die Polarisierung von Kapital und Arbeit, als vermeidbare Pathologien. So zu denken liegt ohnehin im Duktus einer Theorie, die Moral positiviert, Positivität moralisiert und allenfalls privative Negationen in Rechnung stellt. Wo liegt der Fehler?

Am meisten erstaunt vielleicht, erstaunt vor allem bei einer nach Karl Marx entworfenen Theorie, daß die Effekte des *Geldmechanismus*, Moral in der Interaktion zu neutralisieren, außer acht bleiben. Hier rächt sich die Generalisierung des Begriffs der Arbeitsteilung und besonders der Verzicht auf eine wirtschaftsspezifische und damit geldbezogene Bestimmung des Begriffs der Arbeit. Gewiß kann man nicht sagen, daß Durkheim für Probleme der politischen Öko-

27 Eine Formulierung Julien Freunds.

nomie keinen Blick und kein Verständnis gehabt habe;[28] aber im Übergehen der strukturellen Auswirkungen des Geldwesens, also gerade des Ausgangspunktes der Marxschen Theorie, liegt tatsächlich eine Blindstelle.

Durkheims eigene »Kritik der politischen Ökonomie« bezieht sich auf den Fehlschluß von individueller auf soziale Rationalität, nicht auf die Verunsicherung und Disbalancierung der Gesellschaft durch die geldorientierte Wirtschaft des »Kapitalismus«. Auch wenn man die Überspitzung der Marxschen Theorie nicht teilt und nicht von einer zentralen Asymmetrie der ausbeutenden und ausgebeuteten Klassen ausgeht, bleibt das andere Extrem ebenso bedenklich: die Vermittlung praktisch aller relevanten Arbeit durch Geld und die weitgehende Ersetzung moralgebundener Interaktion durch organisations- und/oder preisgebundene Interaktion ganz außer acht zu lassen; und dies in einer Theorie, die das Verhältnis von Arbeitsteilung und Moral zum Thema hat! Hieraus erklärt sich im übrigen auch, daß Durkheim die Teilung der Arbeit nur auf der Ebene der Berufe und Rollen behandelt, nicht aber bis in die (organisations- und geldabhängige) minutiöse Zerlegung des Arbeitsprozesses selbst hinein verfolgt.

Entsprechend mißlingt – das kann man schon sagen, und zwar auch nach rein theorieimmanenten Kriterien – die Erklärung der »Pathologie« der negativen Solidarität von Arbeit und Kapital. Sie wird nicht auf die sonst die Theorie leitenden Kontaktstrukturen zurückgeführt, hier eben fehlt das Thema Geld, sondern auf mangelnde Konkordanz von Funktionsteilung und natürlichen Talenten (Drittes Buch, 2. Kap., 1). Wenn man aber annehmen muß, daß die Entwicklung organischer Solidarität auch davon abhängen soll: wie soll sie dann jemals erreichbar sein?

Durkheim muß angenommen haben, jene politökonomische Problemstellung mit seiner Ausweitung des Begriffs der Arbeitsteilung und mit seiner Rückführung des Tausch- und Vertragsprinzips auf institutionelle Grundlagen überwunden zu haben. Aber selbst wenn man all das als relevante Erkenntnis akzeptiert: *wie stark* solche institutionellen Grundlagen Interaktionen moralisch binden, ist damit noch nicht ausgemacht. Und darauf käme es an, wenn man abschät-

28 So mit der bei Marxisten üblichen Etikettierung als »bürgerlich« Inge Hofmann, Bürgerliches Denken. Zur Soziologie E. Durkheims, Frankfurt 1973.

zen will, ob und in welchen Interaktionsbereichen der Gesellschaft eine reale Aussicht besteht, daß Kontakte organische Solidarität in einem Sinne, der mehr meint als bloß Unaufgebbarkeit, regenerieren.

VII.

Durkheim geht von der Vorstellung aus, Soziologie sei eine positive, an empirischen Fakten zu orientierende Wissenschaft; sie habe sich deshalb erkenntnistheoretisch und methodisch nach den Bedingungen der Wissenschaftlichkeit zu richten, und dazu gehöre die Verifikation ihrer Aussagen anhand von Fakten. Die Begriffskette Gesellschaft-Kollektivbewußtsein-Solidarität-Moral-Recht kann deshalb auch als eine Kette von Indikatoren gelesen werden, die sich wechselseitig Realitätsbezug garantieren. Vor allem Durkheims Rechtssoziologie wird nicht als Selbstzweck ausgearbeitet, sondern dient der indirekten Verifikation von Aussagen über Kollektivbewußtsein und Solidarität anhand von leichter zugänglichen, objektiven Fakten. Wie oben schon angedeutet, hat der Rückgang auf primitive Gesellschaften, methodisch gesehen, einen ähnlichen Sinn.

Bei diesem Vorgehen wird Wissenschaftstheorie als unabhängiger Faktor, als eine Art Gesetzgeber vorausgesetzt. Man kann aber auch umgekehrt fragen: Welche Wissenschaftstheorie könnte eine Theorie des Typs Durkheim sich leisten?

Den Schlüssel für die Behandlung dieser Frage bietet uns die Beobachtung, daß Durkheim komplexe Relationierungsprobleme in Kompaktbegriffe wie zum Beispiel Kollektivbewußtsein einlagert, um sie dann als unanalysierte Abstraktionen weiterzuverwenden. Diese Theorietechnik erzwingt hochaggregierte Tatsachenbegriffe und zwangsläufig die Unterstellung entsprechender »faits sociaux«. Die These besonderer faits sociaux dient der Abgrenzung gegen Psychologie und Biologie, und sie bringt die Soziologie in eine Parallellage zu den Naturwissenschaften, die es ebenfalls mit einem besonderen Weltausschnitt, mit besonderen Fakten zu tun haben. Dabei bleibt jedoch eine wichtige Dimension außer acht, die man nach hundert Jahren Soziologie nicht mehr vernachlässigen kann.

Wissenschaftsgeschichtlich gesehen, kann die Entwicklung der Naturwissenschaften zurückgeführt werden auf eine allmählich anlaufende, dann rasch zunehmende Steigerung des Auflösevermögens in bezug auf Tatsachen und Evidenzen der Lebenswelt.[29] Die Annahmen über letzte (derzeit unauflösbare) Elemente, die für Relationierungen zur Verfügung stehen, werden tiefer gelegt. Damit wird zugleich bewußter, wie komplex die Welt ist und wie selektiv sie aufgebaut ist. Die Anforderungen an die theoretische Rekonstruktion ihrer relationalen Struktur wachsen. Nur mit hinreichender Aussicht auf ein entsprechendes Theorievermögen wird eine Wissenschaft es daher wagen, das, was in einer gegebenen Theorielage als Einheit fungiert, in Relationen zwischen Einheiten aufzulösen – zum Beispiel in den subatomaren Bereich vorzustoßen oder Zellen als kleine, aber hochkomplexe chemische Fabriken zu analysieren.

Die Soziologie des 20. Jahrhunderts hat, vielleicht ohne ausreichende theoretische Absicherung und daher in mehrere Richtungen zugleich, diesen Weg des Auflösens und Rekombinierens beschritten: Von Mensch zu Rolle, von Mensch zu Handlung, von Mensch zu personalen und sozialen Systemen. Die Ergebnisse und Folgeprobleme können hier nicht präsentiert, ja nicht einmal angedeutet werden. Jedenfalls unterläuft dieser Prozeß Theorieformen und Argumentationsweisen der soziologischen Klassik, nicht zuletzt Durkheims. Deren Begriffe und Tatsachen erscheinen als zu hoch aggregiert. Diese Aggregationsebene erlaubt Rückgriffe auf lebensweltlich Bekanntes, knappe und doch verständliche Erläuterungen, Lektüre ohne viel Vorkenntnisse, explizite und implizite Bezugnahmen auf täglichen Sprachgebrauch und Allerweltswissen. In diesem Sinne bremst die klassische Theorie den Prozeß der Ausdifferenzierung des Faches durch Bindung an die Alltagssprache und ihre Überzeugungsmittel. Die Formulierung einer besonderen Problemstellung und die Variabilisierung des Begriffsgefüges, das die Zentralaussagen trägt, sind nur erste Schritte in einem wissenschaftsgeschichtlichen Prozeß, der in der Phase Durkheim klassische Form ermöglicht, die aber die Keime ihrer Wiederauflösung schon in sich trägt.

29 Vgl. nur Gaston Bachelard, Le matérialisme rationnel, Paris 1953.

2. Normen in soziologischer Perspektive

Eine immer noch verbreitete Ansicht will Rechtswissenschaft und Soziologie nach der Differenz von Sollen und Sein trennen.[1] Das ist undurchführbar, weil in allen Wissenschaften, die menschliches Handeln zum Gegenstand haben, Sollen *und* Sein notwendig thematisch werden. In der Rechtstheorie wird das heute gesehen.[2] Für die Soziologie bleibt diese Einsicht nachzuliefern und zu begründen.[3]

Dies Vorhaben darf nicht auf die Bahnen einer unhistorischen »Erneuerung des Naturrechts« gelenkt werden, die an den Gründen für den Zerfall des Naturrechts vorbeiginge.[4] Es kann aber an die Gründe für diesen Zerfall und damit an ein Gespräch mit dem Naturrecht anknüpfen.

Der Kern des alteuropäischen Naturrechts findet sich in seiner These, daß Recht mit der menschlichen Natur und dem menschlichen Zusammenleben immer schon gegeben sei, und zwar nicht nur als hier und da nötige Handlungsregulierung für bestimmte Situationen, neben denen es einen gleichsam rechtsfreien Raum (etwa den der Wahrheit oder den der Liebe) gebe, sondern als Bedingung des Erreichens und Vollendens der Menschlichkeit selbst. Das Fragwürdige daran liegt weniger in einer logisch unhaltbaren Verquikkung von Sein und Sollen als vielmehr in der zu kompakten Verschmelzung von Grundannahmen und Normbeständen, in einer zu

1 Siehe statt anderer Paul Bockelmann, Verkehrssoziologie und Verkehrsrecht. 5. Deutscher Verkehrsgerichtstag 1967, Hamburg 1967, S. 20-51 – geeignet auch als Beleg für die unfruchtbaren Polemiken und Zurückweisungen, die mit einer solchen Trennung motiviert werden.

2 Vgl. Friedrich Müller, Normstruktur und Normativität. Zum Verhältnis von Recht und Wirklichkeit in der juristischen Hermeneutik, entwickelt an Fragen der Verfassungsinterpretation, Berlin 1966.

3 Als Überblick über die bisherige Diskussion und Begriffsbehandlung vgl. Rüdiger Lautmann, Wert und Norm. Begriffsanalysen für die Soziologie, Köln/Opladen 1969.

4 Siehe Erich Fechner, Die Bedeutung der Gesellschaftswissenschaft für die Grundlegung des Rechts, in: Carl Brinkmann (Hg.), Soziologie und Leben. Die soziologische Dimension der Einzelwissenschaften, Tübingen 1952, S. 102-125. Auch die Frage nach Konvergenzen zwischen Naturrecht und Soziologie bliebe unhistorisch und oberflächlich. Siehe z. B. Philip Selznick, Sociology and Natural Law, Natural Law Forum 6 (1961), S. 94-108; und ders., Natural Law and Sociology, Cleveland 1963.

konkret gehaltenen Problemexposition. Für das ältere naturrechtliche Denken war das Sollen nur konkret als Qualität an den Normen selbst erlebbar gewesen (so wie Raum und Zeit nur an den Dingen selbst und ihren Bewegungen). Der unwegdenkbare Rechtsbezug allen menschlichen Lebens mußte diesem Denken daher als universelle Geltung eines bestimmten Normbestandes, eben des Naturrechts, erscheinen. So lagen in der Normativität schon die Normen, mit der Universalität des Sollens war schon die Gleichheit bestimmter Inhalte des Sollens begründet, ohne daß dieser Zusammenhang als logischer Schluß, geschweige denn als Fehlschluß sichtbar geworden wäre.

Selbst heute, wo für das Sollen ein formaler, von Inhalten abgelöster Begriff zur Verfügung steht, fragt der Jurist – und nicht anders der Moralist – nicht hinter die Sollqualität der Normen zurück, sondern nimmt sie in der Einheit ihres Begriffs als gegeben hin.[5] Das Sollen dient ihm als ein im Erleben aufweisbarer, aber nicht näher definierbarer und nicht weiter explizierbarer Grundbegriff. Er fragt zum Beispiel nicht: Wozu überhaupt Sollen? Geht es nicht ohne Sollen? Wodurch könnte man Sollen ersetzen? Fragen an das Sollen können für ihn nur zu Normen höherer Qualität, zu letzten Grundsätzen des Sollens hinführen, immer also zu Aussagen, die das richtige Sollen schon gleich inhaltlich qualifizieren. Daran hatte sich schon *Émile Durkheim* gestoßen – denn solche höchsten moralischen Prinzipien geben uns keinen Aufschluß darüber, was die Moral einer bestimmten Gesellschaft wirklich ist, sondern allenfalls darüber, wie der Moralist sich die Moral vorstellt.[6] So wichtig die Abstraktion eines besonderen Begriffs für Sollen oder Gelten auch ist – solange man diesen Begriff nur als Gleitschiene der Suche nach höheren, letzten, absolut geltenden Normen verwendet, dient er nach wie vor dazu, die Frage nach dem Naturrecht zu stellen. Die Frage kann dann im Halse steckenbleiben, der Verlust des Naturrechts kann registriert, nicht aber bewältigt werden.

Eine Position vom Range des Naturrechts läßt sich nur wiedergewinnen, wenn es gelingt, das zu ersetzen, was im Naturrecht »Natur«

5 Vgl. etwa Hans Welzel, An den Grenzen des Rechts. Die Frage der Rechtsgeltung, Köln/Opladen 1966, und nicht anders als Rechtssoziologe Nicholas S. Timasheff, An Introduction to the Sociology of Law. Cambridge/Mass. 1939, S. 68.

6 So: De la division du travail social, 2. Aufl., Paris 1902, S. 7.

war.[7] Die These der notwendig normativen Orientierung menschlichen Zusammenlebens müßte anders begründet werden. Der Naturbegriff hatte die Begründung zu konkret fixiert, hatte sie mit Hilfe unhaltbarer Annahmen über die unwandelbare Natur des Menschen zu einem inhaltlich für alle Menschen gleichen Normbestand ausgemünzt. Wird dies als der Fehler erkannt, so liegt es nahe, das im Naturrecht kompakt vorliegende Begründungsverhältnis auseinanderzuziehen. Die Kritik am Naturrecht führt dann auf eine abstraktere und doppelstufige Fragestellung:

Zunächst muß radikaler als bisher die Frage nach der Funktion des normativen Sollens überhaupt ausgearbeitet werden. Eine logische und begriffliche Analyse führt nicht weiter – ein neuerer Versuch endet zum Beispiel damit, die Verbindlichkeit für unverbindlich zu erklären.[8] Das Sollen selbst läßt sich auch nicht aus höheren Normen ableiten. Es löst bestimmte Probleme, die mit der menschlichen Weise, sich auf Welt zu beziehen, verbunden sind. Seine Begründung liegt deshalb nicht in seiner Seinsweise und auch nicht in der Evidenz seiner Gesolltheit, sondern in seiner funktionalen Unersetzlichkeit. Der Klärung dieser Funktion und der Mechanismen, die sie erfüllen und die deshalb durch Sollvorstellungen symbolisiert werden, dient der erste Teil unserer Untersuchungen.

Dabei bleibt völlig offen, welche Normen es gibt, denn aus Problemen kann man nicht auf Problemlösungen, aus Funktionen nicht auf Strukturen und Prozesse schließen. Trotz Neutralisierung aller inhaltlich-ethischen Festlegungen ergibt unsere Analyse einige Anhaltspunkte dafür, unter welchen Gesichtspunkten soziale Systeme Normen bilden und als Struktur verwenden können und welche Einzelprobleme dabei zu lösen sind. Dieser Frage werden wir im zweiten Teil unserer Untersuchungen nachgehen. Die Bedingungen der Stabilisierung eines Gefüges von Normen sind außerordentlich kompliziert, und schon das schließt Beliebigkeit aus. Selbst wenn alles erlaubt wäre, so wäre deshalb noch lange nicht alles möglich. Es kann

7 Auch Hans Welzel, Wahrheit und Grenze des Naturrechts, Bonn 1963, stellt die Frage so – und ersetzt Natur durch Gewissen. Diese Lösung vermag jedoch kaum zu befriedigen, da im modernen Gewissensbegriff gerade die Individualität und Nichtübereinstimmung normativer Entwürfe institutionalisiert ist und all jene Mechanismen nicht erfaßt sind, die für soziale Anpassung sorgen.

8 So Rupert Schreiber, Die Geltung von Rechtsnormen, Berlin/Heidelberg/New York 1966, S. 137 ff.

durchaus Normen geben, die das Menschenfressen erlauben oder gar gebieten; ihnen müssen dann aber Regeln der Differenzierung zwischen eßbaren und nichteßbaren Menschen beigegeben werden und wohl auch Vorschriften, die sicherstellen, daß die Praxis im Einklang mit der gegebenen Statusordnung vollzogen wird.

I.

1. Geht man auf die Grundbedingungen menschlichen Daseins in der Welt zurück, so findet man als Ausgangsdatum ein sehr eng begrenztes Potential für aktuell-bewußte Wahrnehmung und Informationsverarbeitung. In diesem jedem gegebenen Aufmerksamkeitsfeld läßt sich menschliches Erleben und Handeln nicht ausreichend koordinieren. Es liefe auf reinen Zufall hinaus, wollte man die Herstellung sozialer Übereinstimmung der momentanen Aktualität des Bewußtseins überlassen: der Begegnung Gleichgesinnter, dem augenblicklichen Einfall, der überzeugenden Improvisation.[9] Höhere und verläßlichere Wahrscheinlichkeiten des Übereinkommens sind nur zu erreichen, wenn man den Erwartungshorizont des je aktuellen Erlebens einbezieht und das Verhalten über Erwartungen koordiniert. Durch Stabilisierung von Verhaltenserwartungen läßt sich die Zahl der aufeinander abstimmbaren und damit die Zahl der überhaupt möglichen Handlungen immens steigern. Das ermöglicht Selektion aus einem größeren Repertoire von Möglichkeiten und steigert die adaptiven Fähigkeiten menschlicher Gesellschaften weit über das hinaus, was andere organische Wesen erreichen können.

Dieser evolutionäre Erfolg hat jedoch in seinem Prinzip auch seine Risiken, die übernommen und in bewährbare Problemlösungen eingearbeitet werden müssen. In den aktuell und damit evident und sicher gegebenen Erlebnisinhalten, von denen wir ausgegangen waren, finden sich zwar Verweisungen auf andere Möglichkeiten, die zu Er-

9 Wie so oft, ist auch hier ein Blick auf genau gegenläufige Strukturen und Prozesse instruktiv. Eine emphatische Betonung des Zufälligen, Unerwarteten, Schicksalhaften einer »Begegnung« ist für die neuzeitliche Institution der Liebe (amour-passion) kennzeichnend, die sich damit scharf von allem Gesollten und rechtlich oder moralisch Erwartbaren absetzt, um das Sich-Finden und Verständigen ganz als persönlich zurechenbar erscheinen zu lassen. Vgl. dazu Vilhelm Aubert, The Hidden Society, Totowa/N. J. 1965, S. 201 ff.

wartungen ausgebildet (gelernt) werden können. Diese Verweisungen sind jedoch zugleich *komplex* und *kontingent*: komplex, weil stets mehr Möglichkeiten angezeigt sind, als aktualisiert werden können; kontingent, weil die Anzeige anderer Möglichkeiten des Erlebens auch täuschen kann, indem sie auf etwas verweist, was nicht ist oder nicht erreichbar ist oder, wenn man die notwendigen Vorkehrungen für aktuelles Erleben getroffen hat (zum Beispiel zu dem betreffenden Ort hingegangen ist), nicht mehr da ist. Komplexität und Kontingenz sind Überforderungen und Risiken des Erwartens, die nicht eliminiert werden können, weil das den Vorteil höherer Selektivität mit auslöschen würde, die aber in tragbare Verhaltenslasten umgearbeitet werden können. Die nicht eliminierbaren Risiken müssen im Erwarten selbst ausgehalten werden, gleichsam in den Sinn der Erwartungen eingeschmolzen werden. Dafür scheint die erinnerte Bewährung der Erwartung, also ihre Geschichtlichkeit, und funktional äquivalent dazu auch ihre Symbolisierung unter dem Aspekt eines Sollens eine Hilfe zu bieten. Bewährtes und Gesolltes legen in die Überfülle unbekannter Möglichkeiten eine selektive Struktur, an die man sich halten und von der aus man sich verteidigen kann.[10] Solche Erwartungssicherheit ist Vorbedingung jeder Sicherheit und ungleich viel wichtiger als die Erfüllungssicherheit. Wer weiß, was er erwarten kann, kann ein hohes Maß an Unsicherheit darüber ertragen, ob die Erwartungen sich auch realisieren werden.[11]

Die Überlastung durch Komplexität und Kontingenz charakterisiert das menschliche Erleben schlechthin, nicht nur die auf andere Menschen gerichteten Verhaltenserwartungen. Sie kennzeichnet die Problemlage, auf die hin sich eigentümliche Formen der Erlebnisverarbeitung und Selbstmotivation entwickeln, die eine gewisse Unabhängigkeit von äußeren Eindrücken, Instinktauslösern, Reizen und Befriedigungen erreichen, also der Außenwelt gegenüber innenbedingte Festigkeit behaupten.[12] Techniken der Selbstvergewisserung,

10 Vgl. Wendell R. Garner, Uncertainty and Structure as Psychological Concepts, New York/London 1962.

11 Ein Blick in die Rechtsgeschichte zeigt denn auch, daß die Ermittlung dessen, was man als Recht erwarten konnte, die primäre Sorge war, die Rechtsdurchsetzung dagegen durchaus privater Initiative und wechselnden Kräfteverhältnissen überlassen bleiben konnte.

12 Hierzu finden sich, vor allem was Kontingenz und Motivation betrifft, anregende Überlegungen bei James Olds, The Growth and Structure of Motives. Psychological Studies in the Theory of Action, Glencoe/Ill. 1956, insb. S. 185 ff. Vgl. auch Ro-

der Abstraktion wiederholt brauchbarer Regeln und der Selektion dazu passenden Erlebens treten dann zum Teil an die Stelle unmittelbarer Bewährung und geben eine gewisse Freiheit selektiven Verhaltens gegenüber der Umwelt. Auf dieser Steuerungsebene können Erwartungen so gefestigt werden, daß der Erwartende anfallenden Enttäuschungen gegenüber die doppelte Möglichkeit hat, seine Erwartungen zu ändern oder nicht zu ändern, zu lernen oder nicht zu lernen. Er kann lernen, er muß nicht lernen.

2. Jener allgemeine Druck übermäßiger Komplexität und Kontingenz, der zum Aufbau interner Strukturen der Selbstmotivation, Informationsverarbeitung und Lernfreiheit führt, ist angesichts anderer Menschen mit besonderer Verschärfung zu spüren. Dadurch, daß in der Umwelt eines Erwartenden andere, ihm gleichende Systeme auftauchen, gewinnt die Welt eine neue Dimension der Komplexität, die neue Chancen und Risiken mit sich bringt, deren Ausnutzung und Bewältigung besondere Anforderungen stellt.[13] Die Chancen liegen in der Möglichkeit, die Perspektiven des anderen zu übernehmen, mit den Augen des anderen zu sehen, sich etwas berichten zu lassen und damit den eigenen Erlebnishorizont ohne wesentlichen Zeitaufwand zu erweitern.[14] Die Risiken liegen darin, daß diese Übernahme nur aufgrund der Prämisse der Ichgleichheit des anderen erfolgen kann. Als alter ego erscheint der andere als frei, sein Verhalten zu variieren, genau wie der Erlebende selbst sich frei fühlt. Der Preis für die Anknüpfung an fremde Perspektiven ist, so könnte man überspitzt formulieren, deren Unzuverlässigkeit.

Auf diese Problemlage hin entwickeln sich neuartige Problemlösungen, die als *Reflexivwerden des Erwartens* charakterisiert werden können.[15] Der Erwartende muß lernen, nicht nur fremdes Verhalten,

bert L. Marcus, The Nature of Instinct and the Physical Bases of Libido, General Systems 7 (1962), S. 133-156.

13 Vgl. die besondere Berücksichtigung dieses Grades der Komplizierung in der Umwelttypologie von F. E. Emery, The Next Thirty Years. Concepts, Methods and Anticipations, Human Relations 20 (1967), S. 199-237 (221 f.).

14 Donald M. MacKay, The Informational Analysis of Questions and Commands, in: Colin Cherry (Hg.), Information Theory. Fourth London Symposium. London 1961, S. 469-476 (471), behandelt unter diesem Gesichtspunkt Kommunikation als »Erweiterung« der ohnehin schon selektiven Wahrnehmungsfunktion.

15 Als Erläuterung dieses Begriffs der Reflexivität siehe Niklas Luhmann, Reflexive Mechanismen, Soziale Welt 17 (1966), S. 1-23.

sondern auch fremde Erwartungen zu erwarten, vor allem die an ihn selbst gerichteten Erwartungen. Anders als gegenüber der Natur wird die Anpassung unter Menschen nicht nur über gelernte Verhaltenserwartungen, sondern über gelernte Erwartungserwartungen geleistet und auf dieser abstrakteren Ebene psychisch und sozial gesteuert.[16] Dies Erwarten von Erwartungen ist für jedes Verhalten erforderlich, das Menschen als Menschen berücksichtigt – für die Erhaltung von Ordnungen ebenso wie für ihre Zerstörung, für Kooperation ebenso wie für Konflikt.[17] Es liegt nicht nur, aber auch der Normbildung zugrunde.

Wer Erwartungen des anderen ablesen, lernen und dann selbst erwarten kann, ist durch Miterwartung fremder Erwartungen in der Lage, eine Umwelt mit mehr Alternativen zu sehen und trotzdem enttäuschungsfreier zu leben. Er kann die erforderlichen Verhaltensabstimmungen, wenn ihm nicht eigene Motive zu sehr in die Quere kommen, *intern* vollziehen, das heißt weitgehend ohne Kommunikation. Darin liegt die Chance einer wesentlichen Verkürzung von An-

16 Diese Steuerungsweise und ihr Zusammenhang mit der Möglichkeit eines Perspektivenaustausches und einer entsubjektivierten Weltsicht ist namentlich von Mead unter dem nicht ganz zureichenden Begriff des »role-taking« beschrieben worden. Vgl. insb. George H. Mead: Mind, Self and Society from the Standpoint of a Social Behaviorist, Chicago 1934. Parsons' Begriff der »complementarity of expectations« bleibt dagegen im Objektiven der bloßen Konformität aufeinander bezogener Erwartungen verschiedener Personen stecken, wenngleich in der Problemformel der »double contingency« und in der Theorie symbolischer Generalisierung das Freiheits- und Unsicherheitsproblem berücksichtigt wird. Vgl. insb. Talcott Parsons/Edward A. Shils (Hg.), Toward a General Theory of Action, Cambridge/Mass. 1951, S. 14 ff. und Talcott Parsons/Edward A. Shils, Working Papers in the Theory of Action. Glencoe/Ill. 1953, insb. S. 35 ff. Vgl. dazu die berechtigte Kritik bei Johan Galtung, »Expectations and Interaction Processes«. Inquiry 2 (1959), S. 213-234. Weiterhin nützlich: Ragnar Rommetveit, Social Norms and Roles. Explorations in the Psychology of Enduring Social Pressures, Oslo/Minneapolis 1955, S. 41 ff.; John P. Spiegel, The Resolution of Role Conflict Within the Family, Psychiatry 20 (1957), S. 1-16; P. H. Maucorps/René Bassoul: Jeux de miroirs et sociologie de la connaissance d'autrui, Cahiers internationaux de Sociologie 32 (1962), S. 43-60; R. D. Laing/H. Phillipson/A. R. Lee, Interpersonal Perception. A Theory and a Method of Research, London/New York 1966; Thomas J. Scheff, Toward a Sociological Theory of Consensus. American Sociological Review 32 (1967), S. 32-46.

17 Für den Konfliktsfall vgl. Thomas C. Schelling, The Strategy of Conflict, Cambridge/Mass. 1960, insb. S. 54 ff.; speziell für Ehekonflikte Spiegel, a. a. O. und Laing u. a., a. a. O.

passungszeiten, die es ermöglicht, im Rahmen sehr komplexer, verhaltensoffener Sozialsysteme zusammenzuleben. Man kann die zeitraubenden und heiklen (weil zu bindenden Darstellungen nötigenden) Kommunikationsprozesse für wenige offene Punkte reservieren, die man auf der Basis eines vorausgesetzten Erwartungskonsenses situationsweise als Themen wählen und wechseln kann. Ferner lassen sich aufgrund solcher Einfühlung in fremdes Erwarten konsensfähige Regeln und Symbole abstrahieren, in denen verschiedenartiges Verhalten vorgesehen ist – etwa »Besuchszeit ist sonntags zwischen 11 und 12.30 Uhr«. Eine solche Regel läßt sich lernen und als identische Orientierungsprämisse verwenden, von der aus je nach Situation und Partnern Erwartungen gebildet und argumentativ gestützt werden können.

Noch profilierter tritt diese Leistung hervor, wenn man eine dritte Ebene der Reflexivität miteinbezieht: das Erwarten von Erwartungserwartungen. Das klingt nur in der theoretischen Nachkonstruktion gekünstelt. Praktisch ist diese dreistufige Reflexivität durchaus leistbar. So erwartet die Hausfrau, daß ihr Mann abends von ihr kaltes, nicht aber warmes Essen erwartet. Der Mann muß seinerseits diese Erwartungserwartung miterwarten können, weil ihm nur so klar weden kann, daß er mit einem unerwarteten Wunsch nach warmem Essen nicht nur Ungelegenheiten bereitet, sondern auch die Erwartungen seiner Frau in bezug auf sein Erwarten durcheinanderbringt, was, wenn wiederholt betrieben, sehr weittragende Unsicherheiten zur Folge haben kann. Diese dreistufige Reflexivität ermöglicht rasche und rücksichtsvolle, kommunikationslose Verständigung, die nicht nur die Erwartungen, sondern auch die Erwartungssicherheit des Partners mit in den Bereich der Beachtlichkeit einbezieht – allerdings mit entsprechend gesteigerten Irrtumsrisiken, die wohl nur in sehr kleinen Sozialsystemen in engen Grenzen gehalten werden können.

Die Einbeziehung fremder Erwartungen oder gar Erwartungserwartungen in die vereinheitlichende Synthese einer eigenen Erwartungsstruktur erfordert eine *Entpersonalisierung* des Sollens, die ihrerseits vom faktischen Konsens aller unabhängig gestellt wird.[18]

18 Siehe dazu etwa Fritz Heider, The Psychology of Interpersonal Relations, New York/London 1958, S. 218 ff., der die Objektivität des Sollens allerdings als eine primäre Erlebnisqualität und nicht als ein funktional begründbares Erfordernis darstellt.

Das Sollen wird, im Unterschied etwa zu Wünschen oder Befehlen, als anonymes und objektives Gebot erlebt; sonst würde es nur als eine äußerlich herangetragene Forderung, nicht als das eigentlich gesollte Erwarten des andern selbst erscheinen. Objektivität des Sollens ist mithin ein unentbehrliches Requisit der Erwartungsintegration im einzelnen Subjekt, ein notwendiges Darstellungselement der Norm – aber sie hat als solches zunächst nur subjektiven, postulatorischen Charakter. Wieweit ihre Institutionalisierung gelingt, ist eine andere Frage.

Entpersonalisierte, in Sollform gesetzte Regeln ersparen es, den ungeheuer komplizierten und unübersichtlichen Aufbau faktischer Erwartungszusammenhänge – des Erwartens von Erwartungen in jeder Hinsicht und seitens aller relevant Miterlebenden – mit all seinen Irrtumsrisiken im Erleben nachzuvollziehen. Statt dessen orientiert man sich an einem symbolischen Kürzel, das normalerweise die Integration des Erwartens reibungslos vollzieht und die Risiken der Fehlinterpretation des anderen Menschen absorbiert. Andererseits kann man im faktischen Erleben so gebildete Normen stets wieder unterlaufen, wenn und soweit es möglich ist, Erwartungen bzw. Erwartungserwartungen zutreffend zu erwarten, sich wechselseitig darin zu verstehen und darin eine Basis für normänderndes, modifizierendes oder abweichendes Verhalten zu finden.[19] Die »Geltung« von Normen beruht auf der Unmöglichkeit, dies in jedem Zeitpunkt für jede Erwartung jedermanns faktisch zu tun.[20]

3. Den Kern dieser Überlegungen kann man auf die Formel bringen, daß das Miterwarten fremder Erwartungen es dem Erwartenden er-

19 Das äußere Erscheinungsbild dieses Prozesses des Unterlaufens und Abwandelns ist vielfach beobachtet worden. Siehe z.B. Anselm Strauss u.a., The Hospital and Its Negotiated Order, in: Eliot Freidson (Hg.), The Hospital in Modern Society. New York 1963, S. 147-169; Gerd Spittler, Norm und Sanktion. Untersuchungen zum Sanktionsmechanismus, Olten/Freiburg/Brsg. 1967, insb. S. 106ff.

20 Im Vorgriff auf die sogleich zu behandelnde Unterscheidung normativer und kognitiver Erwartungen sei angemerkt, daß die gleiche Erscheinung im kognitiven Bereich zu beobachten ist: Auch hier gibt es eine unpersönliche, objektive Außenstabilisierung von Erwartungen durch »Dinge«, die, wenn Zweifel aufkommen, durch Rückgriff auf erwartbare Erwartungen der Beteiligten behoben werden. Man orientiert sich mit einem fragenden Blick beim Nächsten, ob dies wirklich die Tür zur Toilette, ein Aschenbecher, die Dame des Hauses, ein zu bewunderndes Kunstwerk ist.

möglicht, Anpassungen als Reaktion auf *eigene* Zustände, also leichter und schneller zu vollziehen. Dieser Vorteil beruht auf der Einbeziehung fremder Erwartungen in die eigene Erwartungsstruktur, auf einem anmaßenden Miterwarten fremder Erwartungen in einer Weise, die mit dem eigenen Erwarten konsistent ist. Das Erwartungsfeld wird, obwohl es fremde Erwartungen einschließt, aufs eigene Erwarten hin harmonisiert. Dem anderen Menschen wird nicht nur das erwartete Verhalten, sondern ineins damit auch die dazu passende Erwartungshaltung zugemutet. Der andere soll sich nicht nur komplementär verhalten, er soll auch komplementär erwarten. Erst diese Einbeziehung fremder Erwartungen gewährleistet nämlich die Erwartungssicherheit, denn erst sie postuliert den anderen Menschen als einen, der die Erwartungen zu erfüllen gewillt ist.

Das klingt kompliziert, ist aber eine Selbstverständlichkeit: Man kann von seinem Verlobten nicht ernsthaft erwarten, daß er die Ehe eingehen wird, und zugleich einräumen oder doch offenlassen, daß er die Eheschließung nicht erwartet. Ein so widerspruchsvolles Bild ist nicht durchzuhalten, es zwingt zur Entscheidung in der einen oder der anderen Richtung. Hinter dieser Selbstverständlichkeit steht der Zwang zur Vermeidung von Überkomplexität in der Form kognitiver Dissonanz.[21] Genau dieser Zwang ist es, der zu jenen gefährlich homogenen Erwartungsbildern führt – und zu laufenden Enttäuschungen.

Diese Enttäuschungslast ist, da durch die harmonisierende Selektivität der Erwartungsstruktur bedingt, prinzipiell unvermeidlich.[22] Sie wäre unerträglich, gäbe es nicht jene beiden konträren Strategien des Lernens und des Nichtlernens, mit denen der Erwartende auf Enttäuschungen reagieren kann. Das Geheimnis des Erfolges liegt darin, daß *Entgegengesetztes* die *gleiche* Funktion erfüllen kann, Enttäuschungen abzuwickeln. Lernen und Nichtlernen sind in dieser Hinsicht *funktional äquivalent*. Das erleichtert das Finden einer Lö-

21 Im Sinne von Leon Festinger, A Theory of Cognitive Dissonance, Evanston/Ill., White Plains/N. Y., 1957.

22 Der Umfang der Enttäuschungslast hängt, wie hier nicht weiter ausgeführt werden kann, vom erwartenden System und von seiner Umwelt ab, nämlich vom Realismus der Erwartungsbilder auf der einen und von der Zahl der Alternativen auf der anderen Seite. Dieses Verhältnis ist vermutlich evolutionär variabel in dem Sinne, daß alternativenreichere Gesellschaften auch abstraktere und dadurch elastischere Erwartungsmuster erfordern.

sung für jeden Fall. Je nach der Bedeutung der Erwartung und den Chancen, sie durchzubringen, kann man sich für Festhalten oder Aufgeben entscheiden.

Diese Wahl wird durch Reflexivität des Erwartens steuerbar. Ich kann die eigenen Erwartungen in bezug auf den anderen umbauen oder festhalten je nachdem, was die Erwartungen des anderen für die eigene Erwartungsstruktur bedeuten. Ich kann den anderen miterlebend verfolgen in dem, wie er sich selbst und demzufolge auch mich erwartet. Wenn mir das unerträglich ist, kann ich aber auch meine eigenen Erwartungen in bezug auf den anderen kontrafaktisch festhalten, weil die faktischen Erwartungen des anderen nicht die sind, die ich brauche, um mich selbst erwarten zu können. Ich kann, mit anderen Worten, meine primäre Reaktionsbasis in den Erwartungen des anderen in bezug auf mich oder in meinen Erwartungen in bezug auf den anderen suchen und mich dementsprechend entweder lernend-konformistisch-darstellend-manipulierend oder normierend-fordernd-mahnend-lobend-tadelnd verhalten.

Es fällt auf, daß manche Psychologen dazu tendieren, die zweite dieser Strategien, das Festhalten der eigenen Erwartungen in bezug auf den anderen, als pathologisch oder doch als unterentwickelt anzusehen, beide Strategien also nicht als gleichwertig anzuerkennen.[23] Ob das gerade vom Standpunkt der Stabilisierung psychischer Systeme aus nicht ein Vorurteil ist, stehe dahin. Kennzeichnend ist, daß der Psychologe dabei nur an ein lernunwilliges Verhalten auf eigene Faust denkt – nicht auch an ein Verhalten, das die gleiche Strategie wählt, sich dabei aber auf die herrschende Moral, die Institutionen, das Recht stützt. Daran erhellt, daß erst soziale Normen das Nichtlernen in eine anerkannte, risikolose, erfolgsträchtige Strategie verwandeln, daß erst soziale Normen das Nichtlernen entpathologisieren. Das psychische System braucht bei kontrafaktischen Stabilisierungen soziale Deckung.

Wir können auch formulieren: Das soziale System kann die so wichtige Entscheidung zwischen Lernen und Nichtlernen nicht allein den Integrationsmechanismus psychischer Systeme überlassen.

23 Laing u. a., a. a. O., S. 15 ff., zeigen zum Beispiel, daß diese Strategie sich mit dem psychoanalytischen Begriff der »Projektion« deckt. O. J. Harvey/David E. Hunt/Harold M. Schroder, Conceptual Systems and Personality Organization, New York/London 1961, würden darin ein psychisches System der Erlebnisverarbeitung von relativ geringer Komplexität erkennen (vgl. z. B. S. 34 ff.).

Wenn ich zum Beispiel eine neue Sektretärin erhalte, finde ich meinen Erwartungsstil und damit auch meine Entscheidung zwischen Lernen und Nichtlernen sozial vorreguliert: In bezug auf ihr Aussehen – ich erwarte eine blonde, erhalte aber eine dunkle – habe ich lernbereit zu erwarten, kann zum Beispiel nicht das Umfärben der Haare verlangen. In bezug auf ihre Leistung habe ich lernunwillig zu erwarten; ich darf meine Erwartungen nicht jedem von ihr gewählten Leistungsniveau anpassen.

Die soziale Steuerung bedient sich der Mechanismen, die wir schon kennen. Sie beruht auf der Möglichkeit, Erwartungen zu erwarten – in unserem Beispiel: meine Erwartung an die Sekretärin zu erwarten –, und auf der Differenzierung zwischen lernbereiten und lernunwilligen Erwartungen. Mein Erwarten wird lernunwillig erwartet als teils lernbereit, teils lernunwillig. Dieser Aufbau zeigt, daß die Stabilisierung psychischer und sozialer Systeme auf gemeinsame Grundelemente zurückgreift, sich also nicht völlig trennen läßt. Erst durch Systembildung in einem Feld sinnhaft erwartbarer Interaktion treten psychische und soziale Systeme auseinander, und nur in bezug auf diese Systeme lassen sich Psychologie und Soziologie trennen.[24] Es gibt jedoch elementare Mechanismen sinnhafter Erlebnisverarbeitung, die in beiden Systemen zugleich benutzt werden und sich daher, abstrakt und ohne Systemreferenz gesehen, nicht als psychisch bzw. sozial charakterisieren lassen. Ohne Rückgriff auf Mechanismen der geschilderten Art läßt sich die Funktion von Normen weder für psychische noch für soziale Systeme begreifen.[25]

4. Im Anschluß an einen Vorschlag von *Johan Galtung*[26] kann man lernbereit erwartete Erwartungen *kognitive Erwartungen* nennen, lernunwillig erwartete Erwartungen dagegen *normative Erwartungen.*

Die Entscheidung zwischen diesen beiden Stilen des Erwartens

24 In dieser Ansicht konvergieren neuere systemtheoretische Überlegungen, die damit den alten Gegensatz von Individuum und Gesellschaft als von Natur diskreter Einheiten überwinden. Natürliche Diskretheit hat nur der Organismus, nicht auch das psychische System des Menschen. Vgl. dazu Walter Buckley, Sociology and Modern Systems Theory, Englewood Cliffs/N. J., 1967, z. B. S. 44, 100 f.

25 Dies sei vorbeugend bemerkt gegen den zu erwartenden Einwand, der hier vertretene Normbegriff sei psychologisch begründet und daher unmaßgeblich.

26 Expectations and Interaction Processes, Inquiry 2 (1959), S. 213-234.

und des Verhaltens angesichts von Enttäuschungen kann nur in begrenztem Umfang fallweise und situationsabhängig getroffen werden. Sie folgt ihrerseits durchweg innenbestimmten Regeln und Wahrscheinlichkeiten und wird für den Erwartenden selbst wie auch für andere in wichtigeren Fällen vorhersehbar. Die Entscheidung zwischen Lernen und Nichtlernen wird dann sozusagen im Hinblick auf etwaige Enttäuschungen vorweggenommen, sie wird in die Erwartungsstruktur eingebaut und kann so im Erwarten miterwartet und im Stil des Erwartens mitangekündigt werden. Man legt dann im voraus fest, ob man bestimmte Erwartungen im Enttäuschungsfalle revidieren wird oder nicht, und ist dank dieser Festlegung angesichts einer Enttäuschung sofort handlungsbereit. In weitem Umfange – keineswegs aber vollständig – wird die Entscheidung dem einzelnen durch das soziale System vorgegeben: dadurch, daß »man« normativ erwartet, daß er kognitiv bzw. normativ zu erwarten habe.

Da es nur diese beiden Reaktionsmöglichkeiten des Lernens oder Nichtlernens gibt, läßt die Unterscheidung sich eindeutig definieren. Sie liegt der ins Ontologische verabsolutierten Dichotomie von Sein und Sollen zugrunde und erweist deren Vollständigkeit. Es gibt keinen dritten Typ. Aber es gibt einen weiten Bereich von faktischen Erwartungen ohne eindeutige Zuordnung zu dem einen oder dem anderen Typ, von Erwartungen, die die Entscheidung zwischen Lernen und Nichtlernen gleichsam offenhalten oder nur zögernd und revidierbereit ankündigen. An sich führt ja jede Enttäuschung, ja sogar jede Erfahrung zu Korrekturen am Wirklichkeitsbild. Leben ist laufende Rekonstruktion der Welt. Und erst kompliziert strukturierte Sinnentwürfe und Selbstidentifikationen ermöglichen es, zwischen normativen und kognitiven Erwartungen nach Maßgabe spezifisch dirigierter Lernbereitschaften zu unterscheiden. Sowohl psychologische wie ethnologische Forschungen sprechen denn auch dafür, die elementaren, ursprünglichen Formen der Erwartungsstabilisierung in Mischungen beider Stile zu suchen, die sich nicht durch jede Enttäuschung umstürzen lassen, sich andererseits aber notwendigen Anpassungen nicht verschließen. Die Festlegung auf *rein* normatives oder *rein* kognitives Erwarten läuft ein hohes Risiko – nämlich das Risiko des vorherigen Verzichts auf den je anderen Abwicklungsmodus für noch unbekannte Situationen. Solch ein Risiko geht man nicht ohne Not und nicht ohne spezifische Sicherungen ein. Die Differenzierung von kognitiven und normativen Erwartungen, symbolisiert durch die Trennung von Sein und Sollen, scheint eine evolutionäre Errungenschaft zu sein, die nur in verhältnismäßig komplexen Gesellschaften benötigt und ausgebildet wird.

In dem Maße, als eine Trennung von kognitiven und normativen Erwartungen institutionalisiert werden kann, lassen sich funktionale System- und Prozeßspezialisierungen an sie anschließen. Für die Betreuung normativer Erwartungen gibt es schon sehr früh besondere Rollen: die der Richter. Sie werden für den Enttäuschungsfall geschaffen und dienen dazu, das Durchhalten und Durchsetzen enttäuschter Erwartungen mit den Konsensmöglichkeiten in der Gesellschaft zu integrieren. Für kognitive Erwartungen fehlt bis in die jüngste Zeit eine entsprechende Rollendifferenzierung. Zwar haben auch Intellektuellenrollen wie die des Weisen, des Sehers, des Lehrers ihre weit zurückreichende Geschichte.[27] Sie dienen jedoch, von wenigen Ausnahmen abgesehen, nur der Tradierung überlieferten Wissens und der Erklärung von Enttäuschungen, also Bemühungen um ein quasi-normatives Konstanthalten von Erwartungen. Sie holen nicht das aus dem kognitiven Stil des Erwartens heraus, was in ihm angelegt ist: die Erleichterung des Lernens im Sinne einer Umstrukturierung von Erwartungen in Anpassung an die Wirklichkeit. Dieses Ungleichgewicht der gesellschaftlichen Rollenentwicklung belegt sehr deutlich, was auch aus psychologischen Gründen schon zu vermuten ist: daß man aus Anlaß von Enttäuschungen schlecht lernen kann. Es gibt deshalb eine Art natürliche Präferenz für normative Erwartungen und Enttäuschungsabwicklung. Erst wenn adaptive Lernprozesse *unabhängig vom Enttäuschungsfalle* organisiert werden können, lassen sich kognitive Erwartungen in gleichem Maße wie normative Erwartungen durch eigens dafür ausdifferenzierte Rollen betreuen. Erst damit setzt wissenschaftliche Forschung großen Stils ein, und erst dadurch wird die Differenzierung von normativen und kognitiven Erwartungen zu einem der tragenden Strukturprinzipien des Gesellschaftsaufbaus.

Zu beachten ist außerdem, daß diese Differenzierung der Erwartungsstile und der ihnen zugeordneten Teilsysteme und Prozesse mit der Entwicklung abstrakterer Formen der Erwartungsidentifikation einhergeht – sie voraussetzend und sie fördernd. Erwartungen werden an Begriffen und Regeln orientiert und von dorther fallweise

27 Vgl. Florian Znaniecki, The Social Role of the Man of Knowledge, New York 1940.

konkretisiert. Sie finden ihre Begründung in der Konsistenz des Begriffszusammenhangs. Das erlaubt eine gewisse Vernachlässigung sozialer Auswirkungen und Konsenschancen und stützt so die funktionale Spezifikation der Rollen, die an diesem Begriffssystem und in ihm arbeiten. Während am Anfang der europäischen Überlieferung, im vielgedeuteten Spruch des *Anaximander*,[28] die Weltordnung noch als Recht erschien, finden wir heute das begrifflich geordnete System der Rechtsnormen völlig getrennt von den wissenschaftlichen Theorien, die die Welt, wie sie ist, betreffen. Die innere Konsistenz beider Begriffssysteme wird durch Verzicht auf Konsistenz zwischen ihnen erreicht. Darin spiegelt sich wider, daß normative Erwartungen ein anderes Instrumentarium der Selbstvergewisserung erhalten haben als kognitive Erwartungen.

5. In der normativen Stilisierung des Erwartens drückt sich demnach die Entschlossenheit aus, nicht zu lernen. Normen sind *kontrafaktisch stabilisierte Erwartungen*. Der Enttäuschungsfall wird als möglich vorausgesehen – man weiß sich in einer komplexen und kontingenten Welt –, wird aber im voraus als für das Erwarten irrelevant erklärt. Die Erwartung (so verkürzt sich die Vorstellung des Erwartenden) motiviert und begründet sich selbst durch ihr Recht, erwartet zu werden. Auf dieses Recht stützt sich das Durchhalten der Erwartung im Enttäuschungsfalle. Man kann den wahren Sachverhalt nicht aufdecken, nicht argumentieren: Ich kann nicht lernen, also sollst du handeln bzw. unterlassen. Da läge die Alternative, doch zu lernen, zu sehr auf der Hand. Die Zumutung muß vielmehr aus sich selbst begründet oder aus höheren Normen abgeleitet, jedenfalls also sollensimmanent dargestellt werden. Die Entschlossenheit, nicht zu lernen, darf nicht als solche erscheinen.

Diese verkürzte, Lernmöglichkeiten auslassende (nicht einmal explizit negierende) Realitätssicht wird durch die Reflexivität des Erwartens und ihren harmonisierenden Effekt ermöglicht. Das allein genügt jedoch nicht. Außer dieser Möglichkeit des Erwartens von Erwartungen und außer einer hinreichenden Differenzierung kogni-

28 »Woraus aber die Dinge ihre Entstehung haben, darein finde auch ihr Untergang statt gemäß der Notwendigkeit. Denn sie leisten einander Sühne und Buße für ihr Unrecht gemäß der Ordnung der Zeit.« Vgl. dazu die Interpretation bei Werner Jäger, Paideia. Die Formung des griechischen Menschen, Bd. I, 3. Aufl., Berlin 1954, S. 154, die diesen Zusammenhang von Polis und Kosmos hervorhebt.

tiver und normativer Erwartungen müssen bestimmte Deutungs- und Verhaltenshilfen für den Enttäuschungsfall gewährleistet sein. Der Erwartende muß die Möglichkeit vor sich sehen, seine Erwartung im Falle des Zuwiderhandelns wenn nicht durchsetzen, so doch wenigstens als Erwartung beibehalten zu können. Sie muß sich auch im Enttäuschungsfalle noch als Element seiner Selbstdarstellung und als Unterlage seines weiteren Verhaltens eignen. Sie darf sich nicht schlechtweg als Fehler, als Irrtum, als blamable Naivität herausstellen, sondern muß in der Welt noch einen Platz und einen Sinnbezug finden, und diese Durchhaltbarkeit muß ihrerseits erwartbar sein. Andernfalls wird der Erwartende sich kaum in der Lage fühlen, der Realität zu trotzen.

Im groben lassen die benötigten Hilfen sich in zwei Gruppen einteilen: in Enttäuschungserklärungen und in Verhaltensweisen, vor allem Sanktionen, die das Beibehalten der verletzten Erwartung zum Ausdruck bringen.[29] Jede Enttäuschung irritiert die Erwartung. Deren Fortgeltung kann gesichert werden, wenn die Enttäuschung sich erklären läßt als ein Ereignis, das mit der Erwartung nichts zu tun hat, gleichsam von außen in sie hineinschießt und Ausnahme bleibt. Eine Möglichkeit solcher Distanzierung ist, die Enttäuschung auf eine Einwirkung übernatürlicher Kräfte zurückzuführen, sie als Hexerei, als Rache der Toten, als gerechte Strafe Gottes zu erfassen. Eine andere Erklärung zielt auf die böse Absicht des erwartungswidrig Handelnden, auf Schuld. Modernere Möglichkeiten liefern pseudowissenschaftliche Begriffe: Die Enttäuschung wird auf »Komplexe« des Handelnden, auf seine Klassenlage, auf Systemzwänge zurückgeführt. Negative Stereotypisierungen der »Bürokratie«, der »Politiker«, der »heutigen Jugend«, der »Kapitalisten und Monopolherren« erfüllen eine ähnliche Funktion.

Enttäuschungserklärungen dieser Art müßten genauer typisiert und untersucht werden. Sie unterscheiden sich nach dem Glaubenshorizont, den sie voraussetzen – z. B. Magie, Religion, Wissenschaft; nach der Erklärungsleistung – wieweit sie z. B. miterklären können, daß die Enttäuschung gerade mich trifft; nach dem Ausmaß, in

29 Die Unterscheidung hat, wie hier nicht näher belegt werden kann, ihren Grund darin, daß im Verhältnis zur übermäßigen Weltkomplexität Erleben und Handeln differenziert werden müssen je nachdem, ob die Reduktionsleistung der Umwelt oder dem System zugerechnet wird.

dem sie eine Differenzierung von kognitiven und normativen Erwartungen ermöglichen; und nach dem Ausmaß, in dem sie den Erwartenden selbst belasten. Auf einige dieser Fragen kommen wir unter II. 5. zurück. Hier interessiert zunächst das Gemeinsame: In allen Fällen wird durch die Erklärung das angebrachte Handeln von der Erwartung weggelenkt auf spezifische Ursachen der Enttäuschung, die es zu bekämpfen gilt. Sie ermöglicht ein Verhalten, das die Erwartung nicht aufgibt und gleichwohl der Enttäuschung Rechnung tragen kann – sei es, daß der Enttäuschte die spezifischen Ursachen der Enttäuschung aus dem Wege zu räumen versucht; sei es, daß er die Ursachen als außerhalb seines Einflußbereiches erlebt und deshalb nur durch Aufbau von Ressentiments reagiert.

Ganz ohne Reaktion wird man nicht auskommen. Die Enttäuschung kann am besten dadurch überwunden werden, daß der Enttäuschte *sichtbar* an seiner Erwartung festhält, indem er ihr handelnd Ausdruck gibt. In zwei Richtungen liegt die Gefahr: Eine Erwartung, die laufend enttäuscht wird, ohne Gegenausdruck zu finden, verblaßt. Sie wird unmerklich verlernt, so daß man sich schließlich an die Enttäuschung gewöhnt und sich nur noch gelegentlich daran erinnert, was man eigentlich erwartet hatte. Dieser Prozeß wird beschleunigt, ja auf den Moment zusammengezogen, wenn andere die Enttäuschung sehen. Dann wird eine Entscheidung über Durchhalten oder Fallenlassen der Erwartung erwartet, die nur überzeugt, wenn sie sofort getroffen wird. Sowohl in der Zeitdimension als auch in der Sozialdimension finden sich Pressionen, denen man durch Verhalten begegnen oder durch Verzicht entgehen muß.

Erforderlich ist, daß die Reaktion das Festhalten der Erwartung darstellt. Es braucht sich nicht um Sanktionen gegen den Normbrecher zu handeln, erst recht nicht um Versuche, ihn zur Befolgung der Erwartung zu bewegen. Wollte man den Normbegriff auf sanktionierte Verhaltensweisen einschränken,[30] so würde man ihn für die starken Naturen reservieren und überdies verkennen, daß das

30 Das wird häufig, in der Regel aber nicht aus theoretischen, sondern aus methodischen Gründen vorgeschlagen. Vgl. z. B. Theodor Geiger, Vorstudien zu einer Soziologie des Rechts, 2. Aufl., Neuwied/Berlin 1964, insb. S. 68 ff.; Ralf Dahrendorf, Homo Sociologicus, 4. Aufl., Köln/Opladen 1964, S. 28 ff.; Heinrich Popitz, Soziale Normen, Europäisches Archiv für Soziologie 2 (1961), S. 185-198 (193 ff.); Gerd Spittler, Norm und Sanktion. Untersuchungen zum Sanktionsmechanismus, Olten/Freiburg/Brsg. 1967, S. 19 ff.

Durchhalten der Erwartung wichtiger ist als das Durchsetzen. Es gibt andere, funktional äquivalente Strategien.

Bin ich mit einem Freunde in einem Café verabredet und treffe ihn dort nicht an, kann ich beim Kellner nach ihm fragen und durch den Unterton der Enttäuschung, Verärgerung und Besorgnis meiner Erwartungsnorm Ausdruck geben. Ich kann ihm später Vorwürfe machen, kann ihm aber auch eine Entschuldigung abnehmen oder in den Mund legen, die voraussetzt, daß meine Erwartung berechtigt war.[31] Ich kann im Café sitzen bleiben und endlos warten, um die Bedeutung der Norm an der Größe meines Opfers aufzuzeigen. Ich kann aber auch auf der Stelle wieder gehen und den zu spät Kommenden seinem Schaden überlassen. Techniken der Notifikation und Verbreitung des Enttäuschungsfalles, der Ausweitung zum Skandal und des Auskostens der sozialen Resonanz – wenn nicht der Norm, so doch des Skandals –, Techniken des Anmahnens der Normerfüllung oder des taktvollen Annehmens von Entschuldigungen, Techniken der Selbstverstümmelung und des beharrlichen Leidens oder Techniken der Schadensvergrößerung und Schadensfreude – es gibt Möglichkeiten genug, der alten Norm den einer neuen Lage angepaßten Ausdruck zu geben, so daß jeder eine ihm mögliche Strategie wählen kann.

Alles in allem ist im täglichen Leben eine reichhaltige Auswahl von Enttäuschungserklärungen und Reaktionsweisen in Gebrauch. Diese Reichhaltigkeit bietet zahllosen Normprojektionen Chancen. Sie entspricht dadurch dem weitgehend normdurchsetzten Erwartungsstil des Alltagsverhaltens, der seinerseits unerläßlich ist, da die menschliche Persönlichkeit in ihren Umweltbeziehungen in hohem Maße auf normative Stabilisierung ihrer Selektionsleistung angewiesen ist. Schon hierin zeigt sich der enge Zusammenhang von Normsinn und Enttäuschungsabwicklung. Andererseits ist auf jene Weise weder Konsistenz noch Konfliktsfreiheit, noch gar funktionale Spezifikation eines Normgefüges zu gewinnen. Diese höheren Leistungen sind nur durch Spezifikation der Enttäuschungsabwicklung zu erreichen.

Damit treten neue Anforderungen an soziale Normen in den Blick, denen wir in unserer bisherigen Perspektive – mit der Frage nach der Stabilisierung von Verhaltenserwartungen einzelner – nicht mehr ge-

31 Vgl. Marvin B. Scott/Stanford M. Lyman, Accounts, American Sociological Review 33 (1968), S. 46-62.

recht werden können. Die Ingredienzien des Sollens – das selektive Verhalten gegenüber Komplexität, das Erwarten von Erwartungen, die Differenzierung kognitiver und normativer Erwartungen mitsamt den zu ihrer Stabilisierung erforderlichen Strukturen und Prozessen und die Bereitstellung und Miterwartung zureichender Enttäuschungserklärungen und Reaktionsweisen –: das alles ist schon recht kompliziert. Es kommt nun die Beachtung des Systemzusammenhanges hinzu, in dem Verhaltenserwartungen stabilisiert werden, *obwohl die Erwartungen des A nicht die Erwartungen des B sind.*

II.

1. Wenn man annimmt, daß normativer Erwartungsstil eine lebensnotwendige Reduktionsleistung ist, muß man zugleich die Hoffnung auf eine soziale Vereinheitlichung normativen Erlebens fahrenlassen. Normen fallen nicht von selbst in schon integrierten, konsistenten Mustern an. Der Bedarf ist viel zu groß, die Situationen viel zu verschiedenartig und wechselnd, als daß sich eine Integration auf dieser Ebene lebensweltlichen Alltagsverhaltens ermöglichen ließe. Schon in Gesellschaften von geringer Komplexität ist es ausgeschlossen, daß alle Teilnehmer dieselben Erwartungen normieren. Um so mehr hängt alle weitere Entwicklung davon ab, daß die Gesellschaft eine hinreichende Diversität des normativen Erwartens konzediert und strukturell – zum Beispiel durch soziale Differenzierung – ermöglicht. Daher wird es immer wieder vorkommen, daß die Norm des einen zur Enttäuschung des anderen wird. Normierungen geraten in Konflikt, und daraus entsteht ein neuartiges, »höherstufiges« Problem: das Problem der *doppelten Enttäuschung.*

Um dieses Problem zu sehen, muß man sich zunächst neutral verhalten und die Optik der vorherrschenden Moral bzw. des Rechts ablegen (denn diese Normensysteme sind schon Aspekte der Lösung jenes Problems). Jede Normprojektion ist soziologisch zu beachten, auch wenn sie herrschenden Vorstellungen entgegentritt.[32] Es gibt

32 Diese Auffassung, die zugleich den Begriff der Abweichung auf normative Verhaltenserwartungen – welcher Art immer – relativieren muß, scheint sich durchzusetzen. Vgl. z. B. Robert K. Merton, Social Problems and Sociological Theory, in: Robert K. Merton/Robert A. Nisbet (Hg.), Contemporary Social Problems and Social Disorganization, New York/Burlingame 1961, S. 697-737 (731 ff.).

zwar einen Bereich reinen Abweichens, das sich selbst als normlos sieht und seine Erwartungen lediglich kognitiv an der herrschenden Normordnung und ihren Mechanismen ausrichtet. Aber: Zur Kommunikation gestellt, beginnt auch der Verbrecher zu räsonieren und eigene Normen zu entwickeln, weil er anders seine Identität nicht behaupten, sich nicht darstellen kann.[33] Selbst ein Dieb, der einräumt, daß man nicht stehlen darf, wird in bezug auf die Beurteilung der Umstände seines Falles und in bezug auf die Strafe eigene Normen projizieren. So fallen Enttäuschungen nicht nur für die herrschende Ordnung an, sondern auch für ihre Verbrecher. Die Jugendlichen stören die Ordnung, weil die Ordnung die Jugendlichen stört (Schelsky). Auf beiden Seiten müssen Enttäuschungen verwunden und abgewickelt werden, und dabei kann die eine Seite nicht ohne Bezug auf die andere handeln. Der schon recht komplizierte Apparat normativer Stabilisierung muß also jetzt doppelt und in wechselseitiger Limitierung gesehen werden. Und die Frage ist, wie, wem und in welcher Verteilung das soziale System Normierungs- und Abwicklungshilfen zur Verfügung stellt.

2. Das Problem der doppelten Enttäuschung ist ein Problem der sozialen Integration, zu dessen Lösung Normen in Anspruch genommen werden, allein aber nicht ausreichen. Normen, die wechselseitigen Enttäuschungen vorbeugen oder sie mildern und abwickeln sollen, können selbst wiederum nur Normen sein, die Enttäuschungen erfahren und Enttäuschungen auslösen. Sie können jenes Problem, das im normativen Stil des Erwartens selbst begründet liegt, nicht schon durch diesen normativen Stil ausräumen – dadurch etwa, daß sie sich als Normen höheren Ranges gebärden. Die integrative Funktion des Rechts kann nicht in seiner Normativität, in seiner Sollqualität gefunden werden, denn diese Sollqualität dient primär der zeitlichen, nicht der sozialen Stabilisierung des Erwartens; sie vermittelt Dauer, nicht Konsens.

Angesichts sozialer Divergenzen im normativen Erwarten kann

33 Hierzu gut: A. L. Epstein, Juridical Techniques and Judicial Process. A Study in African Customary Law, Manchester 1954. Vgl. auch Spittler, a. a. O., S. 117 ff. Sobald größere Gruppen mit gleichgelagerten Abweichungsinteressen entstehen, können auch Spezialrollen für das Räsonieren der Abweichung gebildet werden. Vgl. dazu Howard S. Becker, Outsiders. Studies in the Sociology of Deviance, New York/London 1963, passim, z. B. S. 38 f.

eine Problemlösung nur von Mechanismen erwartet werden, deren funktionaler Schwerpunkt in der Sozialdimension (und nicht in der Zeitdimension) liegt. Wir wollen diese Mechanismen unter der Bezeichnung *Institutionalisierung* von Verhaltenserwartungen zusammenfassen und zunächst ihre Funktionsweise kurz erläutern, um sodann zu sehen, wie sie sich mit normativen Stabilisierungen verbinden lassen.

Es wäre eine rein tautologische »Problemlösung«, wollte man für soziale Integration schlicht auf Konsens verweisen. Das Problem entsteht ja erst dadurch, daß nicht für jedes Erwartungsthema die faktische Zustimmung der Handelnden beschafft werden kann. Faktischer Konsens ist – wenn man darunter gleichzeitiges und gleichsinniges Erleben versteht – im sozialen System knapp und kaum vermehrbar, da die Fähigkeit des einzelnen zu bewußter Thematisierung enge Grenzen hat. Durch Institutionalisierung von Verhaltenserwartungen kann man deshalb faktischen Konsens nicht wesentlich ausweiten, sondern nur besser ausnutzen, ihn auf gesellschaftlich wichtige Themen verteilen, Konsensbereitschaften überziehen und nach Bedarf auslösbar machen und vor allem: Konsens erwartbar machen. Die Funktion von Institutionen liegt in der Ökonomie des Konsenses, und die Ersparnis wird hauptsächlich dadurch erreicht, daß der Konsens im Erwarten vorweggenommen wird, kraft Unterstellung fungiert und dann normalerweise gar nicht mehr konkret abgefragt werden muß.

Der Mechanismus dieser Problemlösung setzt dort an, wo das Problem seinen Ursprung hat: in der begrenzten Kapazität für Aufmerksamkeit. Jede soziale Interaktion erfordert die Wahl bestimmter Themen für gemeinsame Aufmerksamkeit und Kommunikation, und jede Themenwahl impliziert kraft ihrer sinnhaften Struktur mehr, als expliziert werden kann. Man muß daher, um sinnvoll handeln zu können, eine akzeptierte Situationsdefinition voraussetzen und den anderen Teilnehmern ihre Rollen darin zuweisen. Jeder hat am Anfang die Freiheit zu protestieren; aber niemand kann, wenn er an Interaktionen teilnehmen will, unaufhörlich gegen alles Implizierte explizit protestieren. Ihm bleibt nur der Gesamtprotest, der Abbruch der Beziehung oder das Sicheinlassen auf die Basis unterstellten Konsenses. Das Fortsetzen der Teilnahme wird dann, ob gewollt oder nicht, zur Darstellung von pauschal erteiltem Konsens, zum Engagement kraft Dabeiseins. Dieses Engagement wird in allen größeren, dauerhafteren Systemen zum Engagement vor Dritten, vor Zuschauern, vor »jedermann«. Es bindet nicht spezifisch, sondern allgemein und ist daher schwer lösbar.

Institutionalisierte Verhaltenserwartungen brauchen nicht unbedingt einen entschieden normativen Stil auszubilden, geschweige denn durch Sanktionen gedeckt zu sein.[34] Sie stabilisieren sich durch Alternativenlosigkeit und eine daraus folgende Verteilung von Verhaltenslasten und Risiken. Wer sich institutionalisierten Erwartungen entgegenstemmen will, hat das Schwergewicht einer vermuteten Selbstverständlichkeit gegen sich. Er muß vorläufig angenommene Erwartungen, auf die andere sich schon eingelassen hatten, durchkreuzen, greift also deren Selbstdarstellungen an. Ihm obliegt die Last der Initiative, die Last der Verbalisierung und der Explikation. Er muß dafür sorgen, daß der unbemerkt eingelebte Konsens durch erteilten Konsens ersetzt wird. Sein Handeln fällt auf und ist fast unvermeidlich mit Führungsansprüchen verbunden. Es wird ihm persönlich zugerechnet und kann ihn ruinieren, wenn es scheitert. Das Risiko ist entsprechend hoch, oft entmutigend hoch. Diese Alternative, im Geborgenen unsichtbar zu bleiben oder riskant hervorzutreten und sich zu exponieren, ist für die Motivlage bei institutionalisierten Verhaltenserwartungen bezeichnend. Sie unterbindet nicht jede Abweichung oder Neuerung, sie kann sogar mit dem Reiz des Gefährlichen und Persönlichen dazu motivieren, aber sie strukturiert die Kommunikationschancen eindeutig im Sinne der Institution und läßt Wandel nur zu, wenn konkret überzeugende Anpassungserfordernisse ihn nahelegen.

3. Verhaltenserwartungen, die sich auf diesem Wege institutionalisieren, können in ihrem normativen oder kognitiven Stil ungeklärt bleiben. Sie sind zunächst überhaupt nicht im Hinblick auf den Enttäuschungsfall konzipiert. Enttäuschungen werden nicht miterwartet, ihre Fortdauer wird nicht als problematisch empfunden. Ihre Stabilität beruht nicht auf miterlebter Sollqualität, sondern auf alternativenloser Selbstverständlichkeit.

In der ethnologischen und der rechtssoziologischen Literatur wird diese Erwartungsordnung vielfach als Gewohnheit, Brauch, Sitte, custom bezeichnet und rechtlichen, durch Sanktionen gestützten Nor-

34 Siehe für einfachere Gesellschaften Siegfried F. Nadel, Social Control and Self-Regulation, Social Forces 31 (1953), S. 265-273.

men gegenübergestellt.[35] Diese Unterscheidung ist jedoch zu steif. Sie zwingt zu der Annahme, daß frühe Gesellschaften ohne Recht auskommen,[36] und dürfte den Mechanismen der Erwartungsstabilisierung, die auch heute noch den Unterbau des täglichen Zusammenlebens liefern, kaum gerecht werden. Neuere soziologische Forschungen haben jene selbstverständlichen Vorausverständigungen des täglichen Lebens, die vermutlich auch wichtige Quellen des Rechts einfacherer Gesellschaften bilden, schärfer belichtet.[37] An ihren Ergebnissen kann man neben diffuser Unbeweglichkeit und fehlender Trennung von normativen und kognitiven Erwartungskomponenten vor allem die fehlende Vorbereitung auf den Enttäuschungsfall ablesen. Sie zeigt sich in zwei Hinsichten: (1) in der fehlenden Spezifikation und Typisierung von Abweichungen – sie lassen sich nicht einordnen, nicht auf mögliche Alternativen oder Verhaltensmuster wie Diebstahl, Ehebruch oder Betrug bringen und daher auch nicht in ihrem Sinn erkennen; und (2) in der Tendenz, abweichendes Verhalten aus diesem Grund entweder nicht zur Kenntnis bzw. nicht ernst zu nehmen oder es als unfreiwillig zu interpretieren, in krasseren Fällen als Ausdruck geistiger Erkrankung. Beide Merkmale zusammengenommen haben die Folge, daß der Abweichende, wenn er auffällt, nicht auf Sinn gebracht und verstanden werden kann, sondern ganz aus dem Verkehr gezogen wird. Wer sich zum Beispiel ständig als unbeschäftigt und ohne Thema darstellt, wer bei Konversationen eine

35 Vgl. William G. Sumner, Folkways. A Study of the Sociological Importance of Usages, Manners, Customs, Mores, and Morals, Boston 1906; Ferdinand Tönnies, Die Sitte, Frankfurt 1909; Max Weber, Rechtssoziologie, Neuwied 1960, S. 63 ff.; René König, Das Recht im Zusammenhang der sozialen Normensysteme, in: Ernst E. Hirsch/Manfred Rehbinder (Hg.), Studien und Materialien zur Rechtssoziologie, Sonderheft 11 der Kölner Zeitschrift für Soziologie und Sozialpsychologie, Köln/Opladen 1967, S. 36-53.

36 Daran stößt sich auch Max Gluckman, The Judicial Process among the Barotse of Northern Rhodesia, Manchester 1955, insb. S. 261 ff. Vgl. dazu auch Siegfried F. Nadel, Reason and Unreason in African Law, Africa 26 (1956), S. 160-173 (161 f.).

37 Vgl. Erving Goffman, Behavior in Public Places. Notes on the Social Organization of Gatherings, New York/London 1963; Harold Garfinkel, A Conception of, and Experiments with, ›Trust‹ as a Condition of Stable Concerted Actions, in: O. J. Harvey (Hg.), Motivation and Social Interaction. Cognitive Determinants. New York 1963, S. 187-238; ders., Studies of the Routine Grounds of Everyday Activities, Social Problems 11 (1964), S. 225-250; Thomas J. Scheff, Being Mentally Ill, A Sociological Theory, Chicago 1966.

zu große oder eine zu geringe körperliche Distanz einhält oder wer auf die Frage nach der Uhrzeit antwortet: »es regnet«, dem kann man überhaupt kein geordnetes erwartbares Verhalten mehr zutrauen: er findet sich bald entsprechend abgestempelt. Die Reaktion ähnelt der, die auf Wahrheitsverletzungen folgt: Wer sich so verhält, verliert seine Eigenschaft als relevant miterlebendes Subjekt und seine Partnerschaft für normale Rollen.[38] Abweichungen werden nicht eigentlich sanktioniert, jedenfalls nicht mit Motivationsmitteln bekämpft, die den Abweichenden auf den rechten Weg bringen sollen, sondern sie werden kognitiv und verhaltensmäßig *als Abweichung stabilisiert* und so erwartbar gemacht. Der Abweichende erhält eine besondere Abweicherrolle und wird in ihr festgehalten.[39]

Diese Enttäuschungsabwicklung ist indes nur brauchbar, wenn und soweit Abweichungen sinnlos und selten sind. Es liegt auf der Hand, daß nur sehr einfache Gesellschaften oder sehr kleine Sozialsysteme in komplexeren Gesellschaften sich mit diesem Integrationsmechanismus begnügen können. Sobald sich eine stärker differenzierte Rollenordnung bildet, steigt die Zahl der erfaßbaren Alternativen und mehren sich die Möglichkeiten der Enttäuschung. Die Erwartungsstrukturen müssen dann höheren Risiken angepaßt werden. Die Enttäuschungsfestigkeit der Erwartungen muß gesichert werden. Der dazu bestimmte normative Stil des Erwartens – selbst, wie wir wissen, ein komplexes Gefüge von Mechanismen – tritt hervor und wird sprachlich zum Ausdruck gebracht. Der Mechanismus der Institutionalisierung muß nun nicht mehr nur auf sich einlebende Erwartungen, sondern darüber hinaus auf spezielle Normen angewandt werden – eine an sich paradoxe und unwahrscheinliche Leistung, da die alternativenlose Selbstverständlichkeit der Institutionen mit der ins Auge gefaßten Möglichkeit abweichenden Verhaltens kollidiert. Wie kann die prekäre Projektion institutionalisiert,

38 Ein bemerkenswertes Indiz für diesen Zusammenhang ist, daß einfachere Gesellschaften und selbst die klassischen Hochkulturen Asiens und Europas Rechtsfragen und Wahrheitsfragen nicht bzw. nur in dem Sinne trennen können, daß das Recht als ein besonderer Bereich des Wahrheitskosmos, also als etwas Seiendes, gesehen wird. Erst die Spezifikation des Wahrheitskriteriums durch die neuzeitliche Wissenschaftsentwicklung hat diese Trennung definitiv werden lassen und zugleich die volle Positivierung des Rechts ermöglicht.

39 Sie kommt heute typisch der Rolle des Geisteskranken oder des Sonderlings nahe, kann aber z. B. auch in der Form von Altersrollen zugewiesen werden, nämlich der eines Kindes oder der eines Greises. Ein gutes Beispiel bei Spittler, a. a. O., S. 115 f.

das Nichtselbstverständliche selbstverständlich sein?[40] Die Suche nach einer Antwort führt an die Wurzeln des Rechts.

4. Ein wesentliches Element für die Lösung dieses Problems scheint in der allmählichen Ausdifferenzierung besonderer Rollen für Rechtspflege zu liegen. Diese evolutionäre Errungenschaft darf nicht allein unter dem engen, modernen Aspekt der Rechtsdurchsetzung gesehen werden.[41] Ihre primäre Funktion liegt in der Vergewisserung des Erwartens aus Anlaß von Enttäuschungen durch eine Verbindung normierender und institutionalisierender Mechanismen. Eine Vollstreckungsgewalt, ja selbst eine Entscheidungsgewalt kann zunächst völlig fehlen.

Man begreift diese Leistung nur, wenn man normierende und institutionalisierende Mechanismen zunächst getrennt sieht. Die Verbindung beider erfordert eine wechselseitige Limitierung, eine selektive Spezifikation der Prozesse, die institutionalisierte Normierung leisten können. Die elementaren Mechanismen müssen dabei zum Teil ausgeschaltet, zum Teil überformt werden. Die institutionalisierenden Mechanismen stehen nun unter der Notwendigkeit, enttäuschungsfeste, normierende Erwartungen zu produzieren, und diese Erwartungen müssen ihrerseits im Hinblick auf die Differenzierung des institutionalisierenden Prozesses in Rollen für Richter und für streitende Parteien objektiviert und abstrahiert werden.

Die Institutionalisierung normativer Erwartungen kann nicht ein-

40 In der soziologischen Theorie Talcott Parsons' ist dieses Problem per postulationem als gelöst vorausgesetzt. Die Begriffe Norm und Institution bekommen dadurch eine fast gleichlautende Bedeutung. Setzt man so an, dann verliert man die Probleme aus dem Blick, die sich daraus ergeben, daß die elementaren Mechanismen der zeitlichen und der sozialen Stabilisierung von Verhaltenserwartungen nicht von vornherein kongruent sind. In dieser Verschmelzung scheint mir der entscheidende Grund dafür zu liegen, daß Probleme des strukturellen Wandels und des sozialen Konflikts bei Parsons nicht schon im Theorieansatz berücksichtigt sind, sondern erst nachträglich eingefügt werden müssen und dann in ihrer »Herkunft« nicht mehr verständlich sind.

41 Davor warnt namentlich die rechtsethnologische Literatur. Siehe z. B. M. G. Smith, The Sociological Framework of Law, in: Hilda Kuper/Leo Kuper (Hg.), African Law. Adaptation and Development, Berkeley/Los Angeles 1965, S. 24-48 (38 ff.). Einen guten Überblick über verschiedene Stadien der Ausdifferenzierung von Rechtspflegerollen vermittelt E. Adamson Hoebel, The Law of Primitive Man. A Study in Comparative Legal Dynamics, Cambridge/Mass. 1954.

fach dem Geschehen der Situation und den Zuschauern, den umstehenden Dritten, dem anonymen »jedermann« überlassen bleiben, obwohl die Zuschauer in den Rechtsprozessen einfacherer Gesellschaften noch eine wesentliche, oft ausschlaggebende Bedeutung besitzen und ihr Dabeisein das Institutionelle des Rechtsgeschehens bekräftigt. Mehr und mehr wird der relevante Konsens, das maßgebende Urteil nur noch von den Richtern erwartet, die das institutionelle Meinen verbalisieren und zugleich jenes reaktive und darstellende Handeln an sich ziehen, das die Norm über die Enttäuschung hinwegbringt und ihre Fortgeltung symbolisiert. Diese Verbindung erweist sich als so vorteilhaft, daß ihr zunehmend auch die Kontrolle über die Sanktionen zufließt. Der Spruch des Richters ist dann die Norm, deren Sanktionierung durch die am Streit Unbeteiligten zu erwarten ist und der sich die Parteien daher fügen müssen. Ihre eigenen Strategien der Enttäuschungsabwicklung werden entsprechend eingeschränkt bzw. ersetzt durch eine neue Möglichkeit: die Darstellung ihres Rechts vor Gericht.

Von hier aus ergeben sich neue Erfordernisse der Institutionalisierung. Sie muß sich auch auf die Rolle und die Kompetenz des Richters und auf das Verfahren erstrecken.[42] Das Rechtsgeschehen muß sich in institutionell erwartbaren Bahnen vollziehen. Das Risiko eigener Normprojektion wird in ein Verfahrensrisiko umdefiniert. Das Verfahren kann in solchem Fall einem System institutionalisierter Fallen gleichen, die den Prozeß zur Entscheidung bringen.[43] Die Normen selbst können dann aus der Risikozone herausabstrahiert und als objektiv geltend formuliert werden. Sie müssen zugleich Entscheidungsnorm für den Richter und Verhaltensnorm für die Parteien sein – auch das zwingt zur Abstraktion –, und sie müssen Beständigkeit symbolisieren, die sich der Verfügung im Streit entzieht.

5. Daß evolutionär erfolgreiche Einrichtungen dieser Art glatte Problemlösungen liefern, ist kaum zu erwarten. Ihre Leistung erhellt,

42 Paul Bohannan, The Differing Realms of the Law, American Anthropologist 67, No. 6 (1965), Part 2, S. 33-42, nennt das glücklich »reinstitutionalization« oder »double institutionalization«.

43 Ein eindrucksvolles Material bei Heinrich Siegel, Die Gefahr vor Gericht und im Rechtsgang, Sitzungsberichte der Philosophisch-Historischen Classe der Kaiserlichen Akademie der Wissenschaften 51 (1865), S. 120-172.

wenn man darauf achtet, welche Folgeprobleme sie erzeugen und wie sie sich durch Behandlung und Abmilderung ihrer dysfunktionalen Folgen stabilisieren.

Eine der Folgen ist die Restriktion und Neuordnung möglicher Enttäuschungserklärungen. Soll mit der Institutionalisierung von Normen Ernst gemacht werden, so müssen jene Erklärungen ausgeschieden werden, die den enttäuschend Handelnden als Abweichenden, zum Beispiel als Geisteskranken, stabilisieren, die also sein Verhalten als unfreiwillig und als unbeeinflußbar ausweisen und ihm dafür eine Rolle geben. Dafür ist bezeichnend, daß schon in einfachen Gesellschaften die universellen magischen Erklärungsmittel der Besessenheit durch böse Geister oder der Hexerei dann nicht angewandt werden, wenn es sich um bestimmte Missetaten unter Stammesmitgliedern handelt, die bekämpft und nach Möglichkeit ausgemerzt werden müssen.[44] Desgleichen stößt in modernen Rechtsordnungen die wissenschaftliche Erklärung abweichenden Verhaltens an unüberschreitbare Grenzen, obwohl es prinzipiell keine Schwierigkeiten bereitet, jedes Verhalten auf soziale oder für den Handelnden nicht verfügbare psychische Ursachen zu beziehen. Die wissenschaftliche Erklärung wäre ebenso universell praktikabel wie die durch Hexerei, wird aber bei bestimmten Enttäuschungen normativ ausgeschlossen.[45] Sie mag bei Verstößen gegen kognitive oder gegen sehr elementare Erwartungen ausreichen – für normativ institutionalisierte Erwartungen aber muß eine neuartige, weitgehend fiktive Enttäuschungserklärung institutionalisiert werden: die der individuellen Schuld.

Die Konzeption individueller Schuld ist eine ziemlich späte Errungenschaft der gesellschaftlichen Entwicklung – spät, weil sie eine auf individualisierte Angst eingespielte, stark generalisierte Moral und eine verhältnismäßig alternativenreiche Gesellschaftsstruktur voraussetzt. Man findet zum Beispiel in den großen griechischen Tragödien im Gewande eines als sinnlos empfundenen Verhängnisses einen unausgesprochenen Bedarf für Individualisierung von Schuld, aber noch nicht die Institution selbst. Zugleich wird an diesem Beispiel deutlich, um was es geht. Die zumeist genannten, in der Strafrechts-

44 Siehe z. B. Max Gluckman, Custom and Conflict in Africa, Oxford 1955, S. 85.

45 Vgl. Vilhelm Aubert, Legal Justice and Mental Health, Psychiatry 21 (1958), S. 101-113; neu gedruckt in ders., The Hidden Society, Totowa/N. J. 1965.

geschichte als Fortschritt gebuchten Errungenschaften – die Vorgabe eines Bezugspunktes für höherwertige Motivationsmittel und die verfeinerte Zurechnung des Handelns auf einen »inneren« Tatbestand – bilden nur die Mythologie, nicht die Funktion der Schuld. Die Funktion der Schuld ist es, Erlösung zu ermöglichen. Schuld ist eine Enttäuschungserklärung, die es gestattet, das enttäuschende Ereignis auf sich selbst zu isolieren und nicht als unabsehbar weiterlaufendes Verhängnis anzusehen, das in Kindern und Kindeskindern fortwirkt.[46] Indem die Schuld als Maß der Strafe dient, setzt sie zugleich den Folgen der Tat ein Ende – zumindest ein »offizielles« Ende, von dem ab Diskriminierung keine normative Berechtigung mehr hat.[47] Der Schuldige wird Sanktionen unterworfen und trotzdem nicht aus dem Erwartungsbereich der Norm entlassen. Die Differenzierung normativer und kognitiver Erwartungsstrukturen zeigt sich jetzt darin, daß eine »wissenschaftlich« konzipierte, auf Wirkungen hin geplante Behandlung von Verbrechern ganz andere Zeit- und Reaktionsvorstellungen benutzen müßte als die »gerechte« Aburteilung nach Schuld.

6. Neben die Umstrukturierung der Enttäuschungserklärungen treten Veränderungen im Bereich der Enttäuschungsabwicklungen, vor allem was die Differenzierung von Lernen und Nichtlernen betrifft. Wir hatten schon gesehen, daß kein normativer Mechanismus Enttäuschungen ausschließen kann. Bei gerichtlichen Verfahren fallen sie für den an, der den Rechtsstreit verliert. Er muß das Urteil akzeptieren. Üblicherweise wird dieser Effekt von der Institutionalisierung des Verfahrens selbst, von der Anerkenung seiner Legitimität erwartet und sicherheitshalber noch von eindeutig überlegener Zwangsgewalt. Sieht man genauer zu, so erkennt man aber, daß die eigentliche, auf den Einzelfall zugeschnittene Leistung im Verfahren selbst erbracht wird, und zwar durch die Art, wie normative und kognitive

46 Wie stark diese ältere Interpretation in den Strukturen einfacherer Gesellschaften begründet und in ihnen unabweisbar war, zeigt Siegfried F. Nadel, Social Control and Self-Regulation, Social Forces 31 (1953), S. 265-273.

47 Die Schwierigkeiten, die die faktische Verwirklichung dieser Beendigung bereitet, lassen ahnen, welche Hindernisse in älteren Gesellschaften der Konzipierung und Institutionalisierung individueller Schuld entgegengestanden haben – auch hier das Beispiel einer evolutionären Errungenschaft, die von einer gegebenen Ausgangslage aus unwahrscheinlich war.

Erwartungen differenziert, also Formen der Enttäuschungsabwicklung getrennt werden.[48]

Obwohl der Rechtsstreit in seiner Wurzel ein Konflikt normativer Erwartungen ist und damit immer auch Streit über normative Erwartungserwartungen, also Streit über das Recht zum Streit, zeigen Richter gerade für diesen Erlebensstil wenig Verständnis. Es ist ihre Funktion, durch absichtsvoll subtiles Mißverstehen der Parteien normativen Streit routinemäßig in Dissens zu transformieren, in eine lediglich kognitive Divergenz zu verwandeln.[49] Zumindest müssen die Beteiligten sich vor Gericht im kognitiven Stil verhalten, müssen sich vernünftig und lernbereit (wenngleich unüberzeugt) geben, müssen sich wechselseitig in Rollen anerkennen und so tun, als ob es nur um richtige »Erkenntnis« von Tatsachen oder Rechtsnormen gehe. Ihr aufgestörtes Rechtsgefühl kommt nicht oder nur als Störung des Verfahrens zu Wort. Auf diese Weise dient das Verfahren als konfliktlösender Mechanismus. Es ist im Vergleich zum ursprünglichen Streit fast isomorph gebaut:[50] Alle Streitthemen werden vorgetragen und mit minutiöser Sorgfalt geprüft und gerade dadurch unmerklich vom Normativen ins Kognitive umstilisiert. Am Ende wird entschieden. Der Gewinner darf die Erkenntnis als Bestätigung seiner Norm ansehen und hat keinen Anlaß, darüber nachzudenken, auf welche Weise er recht bekommen hat. Der Verlierer wird an seiner dargestellten Lernbereitschaft festgehalten; die ihm fehlende Einsicht wird durch Urteil substituiert. Für unbeteiligte Dritte ist damit klar, wer lernen und wer nicht lernen muß.

Ohne Zweifel sind die Lernbedingungen im Verfahren recht ungünstig, da man in normativ bestimmten Enttäuschungslagen schlecht lernen kann. Das Lernen kommt eigentlich nur im sozialen System zustande, indem dem Enttäuschten die Möglichkeit genommen wird, für die Fortsetzung seiner Norm Partner und Unterstützung zu finden. Wie er das Lernen psychisch leistet, bleibt ihm überlassen. So taucht die Frage auf, ob es im Bereich normativer Erwartungen nicht auch enttäuschungsfreies Lernen geben könne.

48 Hierzu im einzelnen Niklas Luhmann, Legitimation durch Verfahren, Frankfurt 1983.

49 So auch Vilhelm Aubert, The Hidden Society, Totowa/ N. J. 1965, S. 98 f.

50 Zur Isomorphie von Konfliktslösungsmechanismen vgl. Johan Galtung, Institutionalized Conflict Resolution, Journal of Peace Research 1965, S. 348-397, insb. S. 356.

Man muß sich zunächst vor Augen führen, wie paradox diese Zumutung und wie unwahrscheinlich die geforderte Leistung ist. Normatives Erwarten drückt ja die Entschlossenheit aus, nicht zu lernen, und nun soll diese Einstellung selbst gelernt und gegebenenfalls ohne Anstoß durch Enttäuschungen umgelernt werden. Nur sehr komplexe Gesellschaften können so unwahrscheinliche Institutionen bilden, können Lernprozesse und normatives Durchhalten der Erwartungen im Enttäuschungsfalle so weit auseinanderziehen, daß beide nicht interferieren. Die Lösung liegt in der Positivierung des Rechts – einer evolutionären Errungenschaft, die nach manchen früheren Anläufen erst in der modernen Industriegesellschaft voll verwirklicht worden ist.

Positives Recht wird jetzt als ein Normensystem begriffen, das durch Entscheidung zustande kommt und durch Entscheidung geändert werden kann. In den rechtsetzenden Entscheidungsprozessen findet ein primär kognitiv orientiertes, durch Zwecke, kaum aber durch Normen strukturiertes Lernen statt, das das Recht der gesellschaftlichen Entwicklung anpaßt. Entsprechend müssen die vom Recht Betroffenen laufend Rechtsänderungen lernen, mögen sie nun enttäuschen oder nicht. Ihnen wird eine primär kognitive Einstellung zum Recht abverlangt, die sich auf gegebene Signale hin umstellen läßt. Nur so ist die hohe strukturelle Variabilität zu verwirklichen, die ein unabdingbares Erfordernis des Normengefüges sehr komplexer Gesellschaften ist. Die Folgen sind ein hoher Sicherheitsbedarf des einzelnen, der durch Rechtsbestandsgarantien abgedeckt werden muß, ferner Unkenntnis als Normaleinstellung zum Recht und eine bemerkenswerte Trivialisierung der »nur« rechtlichen Aspekte des Zusammenlebens, aus denen man Gefühl, Selbstdarstellung und personale Identität zurückzieht.[51]

Daß eine solche Ordnung sich unter sehr voraussetzungsreichen gesellschaftsstrukturellen Vorbedingungen stabilisieren läßt, kann man heute sehen. Nicht übersehen darf man dabei, daß nur ein sehr geringer Teil des normativen Erwartens diese Form des positiven Rechts annimmt. In der täglichen Interaktion fungieren die elementaren Mechanismen der Erwartungsbildung weiter. Sie bringen nach wie vor zahlreiche nicht ins Normative oder Kognitive spezialisierte

51 Zu Trivialisierung als Anpassungsstrategie bei turbulenten Umwelten siehe auch F. E. Emery, The Next Thirty Years. Concepts, Methods and Anticipations, Human Relations 20 (1967), S. 199-237 (225 ff.).

Erwartungen hervor, in denen wenig Risiken stecken, weil Abweichungen sinnlos und selten sind: Erwartungen über das Erkennen und Beachten der Grenzen sozialer Systeme und über die Zurechnung von Handlungen auf Ursachen oder Wirkungen auf Handlungen; Erwartungen über die angebrachte Orientierung an Erwartungen oder Erwartungserwartungen; Erwartungen über den richtigen körperlichen Abstand bei Konversationen, über ein Mindestmaß an Aufmerksamkeit für das gemeinsame Thema in sozialen Situationen oder darüber, daß es für das Verhalten einen Unterschied ausmacht, ob man gesehen wird oder nicht. In diesem Bereich gibt es beständige, weitgehend unerforschte Ordnungen – man möchte fast sagen ein Naturrecht. Und möglicherweise können wir hier die verloren geglaubten Grundlagen positiven Rechts wiederfinden; nicht als einen normativen Überbau, der regelt und eingrenzt, was als positives Recht gelten soll, wohl aber als einen erwartungssicheren Unterbau, der uns befähigt, positives Recht auszuhalten.

3. Soziologie der Moral

Jede Wissenschaft, die Themen der Moral behandelt, steht heute vor der Frage, ob sie selbst sich moralischen Normen zu unterwerfen habe; ob sie im Chor der Stimmen, die das Gute gutheißen und das Schlechte verurteilen, mitsingen solle, sei es mit führender Stimme, sei es im Kontrapunkt, oder ob sie sich als moralfreie Erkenntnisleistung begreifen solle, für die Moral ein Gegenstand ist wie jeder andere auch. Diese Frage steht im Blickpunkt der folgenden Überlegungen.

Wie die Beiträge dieses Bandes zeigen, kann die Frage verschiedene Antworten finden. Schon die genauere Fassung der Frage enthält Vorentscheidungen über die Antwort. Schon der Moralbegriff disponiert in die eine bzw. andere Richtung. Ist die Moral ein Komplex von Normen oder Werten besonderer Art, liegt es nahe zu argumentieren: Die Einsicht in den Geltungsgrund dieser Normen oder Werte führe zwangsläufig zur Anerkennung ihrer Geltung; gerade Geltung könne man nicht zunächst einsehen und sie dann doch nicht anerkennen; seiner eigenen Einsicht könne man sich nicht wieder entziehen; wer so handele, handele wider besseres Wissen. Oder: Wer über moralische Fragen spreche, lasse sich immer schon auf Moral ein, denn Sprache impliziere immer beides: Beschreiben und Stellungnehmen, im Theoriebereich ebenso wie im Gegenstandsbereich.[1]

Dagegen ließe sich jedoch sagen, daß die spezifisch wissenschaftliche Behandlung der Moral eine solche Distanz erfordere, weil die moralischen Normen und Werte auf andere Variable bezogen werden müßten und nur in dieser Beziehung wissenschaftlich relevant seien. Das Einbringen des vollen Auflöse- und Rekombinationsvermögens der neueren Wissenschaft, das Ausnutzen ihrer Fähigkeit zur Synthese sehr heterogener begrifflicher und empirischer Materialien, besonders ihre Technik des Korrelierens setze voraus, daß man von einer moralischen Vorselektion von Relevanzen und Resultaten absehe, und zwar gänzlich absehe, denn Moral sei zu infektiös für isolierende wissenschaftliche Behandlung. Das wissenschaftliche Interesse

1 Mit diesem Argument kritisiert Friedrich Kaulbach, Ethik und Metaethik: Darstellung und Kritik metaethischer Argumente, Darmstadt 1974, die sprachanalytischen Bemühungen um eine moralfreie Theorie der Moral.

gehe daher stets auf die Faktizität der Moral und auf ihre Stellung im Variablengefüge gesellschaftlicher Systeme; wie der Moralist die Moral sich vorstelle, das sei nur ein Moment dieser Faktizität. Auch rein pragmatisch ließe sich argumentieren: Wenn schon die bloße Theorie der Moral dazu dienen könne, ihren Autor moralisch zu beurteilen oder zu verurteilen, solle man besser davon absehen, sie zu Papier zu bringen. Bekanntlich hat Descartes diese Konsequenz gezogen.

Ein solcher Grundsatzstreit[2] läßt sich leicht schlichten, wenn man beiden Ansichten recht gibt, sie nebeneinander bestehen läßt und sich allenfalls noch über den »Pluralismus« unseres Wissenschaftssystems beklagt. Die eingelebte Fächereinteilung des Wissenschaftssystems und die Normen kollegialen Respekts kommen dieser Lösung entgegen. Die folgenden Beiträge gehen davon aus, daß solch eine Lösung des friedlichen Nebeneinanders nicht befriedigt, weil sie Möglichkeiten des Lernens und der weiteren Theorieentwicklung nicht ausschöpft. Es mag sein, daß die aufgeworfene Frage letztlich unentscheidbar bleibt. Aber dann stellt sich für jede ernst zu nehmende Position das Problem, wie sie diese Unentscheidbarkeit aufnimmt und in die eigene Konzeption einarbeitet.

I. Supertheorien

Das Anspruchsniveau theoretischer Konzepte läßt sich variieren und verschieden einstellen. Es gibt nicht nur eine Art von Theorie. Auf den Normalebenen theoriegeleiteter Forschungsarbeit wird man erkenntnistheoretische Voraussetzungen und moralische Ansprüche nicht eigens reflektieren. Die operativen Entscheidungen, die man zu treffen hat, erfordern dies nicht. Man entscheidet unter der Voraussetzung, erkenntnistheoretisch und moralisch gedeckt zu sein. Ein Seitenblick auf Kollegen und Mitarbeiter genügt, um sicherzustellen: Sie verfahren ebenso. Erst wenn eine Theorie in bestimmte Anspruchslagen getrieben wird, die mit dem Status einer »Supertheorie« zusammenhängen, ändert sich dies.

Supertheorien sind nicht etwa normale Theorien mit leicht erhöhter Oktanzahl. Sie haben eine eigenständige Funktion im Wissenschaftssystem, die eigene Rechte und eigene Mittel erfordert. Sie sind

2 Die vorstehende Kontrastierung der Positionen folgt einem anregenden Gespräch mit Hans Jonas.

innerhalb des Wissenschaftssystems die Auffang- und Abwehrebene für moralische ebenso wie für erkenntnistheoretische (im Wissenschaftssystem selbst generierte) Ansprüche. Hier, wenn überhaupt, sind Konflikte der eingangs skizzierten Art innerwissenschaftlich artikulierbar. Status und Funktion dieser Theorieebene sind jedoch keineswegs geklärt, es gibt nicht einmal fachüblichen Konsens über Begriff und Fragestellung. Wir müssen daher zunächst einen Umweg einschlagen und thesenhaft einige Merkmale von Supertheorien festhalten. Nur so können wir ausreichende Klarheit gewinnen über die komplexen Bedingungen, die einer moralfreien Theorie der Moral zugrunde liegen.

1. Supertheorien sind nicht einfach »Weltanschauungen« oder Ideologien. Sie beruhen auf der *Ausdifferenzierung eines besonderen Kommunikationssystems für Wissenschaft* innerhalb der Gesellschaft und beziehen sich funktional auf Strukturprobleme dieses Systems. Sie sind dadurch historisch abhängig von vorgängigen Prozessen gesellschaftlicher Differenzierung, die eine Ausdifferenzierung von Wissenschaft erst ermöglichen. Supertheorien gibt es erst in der neueren Zeit; vielleicht können wir sagen: erst nach Kant, der zum ersten Mal die Notwendigkeit sah, als Reaktion auf sich ausdifferenzierende Wissenschaft erkenntnistheoretische *und* moralische Fragen (und beide im Zusammenhang miteinander) neu zu formulieren.

2. Schon mit der bloßen Ausdifferenzierung eines Sondersystems innerhalb der Gesellschaft ist eine Vervielfältigung der Systemreferenzen verbunden, die für Operationen dieses Systems relevant sind. Das System hat seine eigene *Funktion* zu beachten und bezieht sich dadurch auf das Gesamtsystem der Gesellschaft, für das es diese Funktion erfüllt. Es unterhält ferner Beziehungen zu anderen Teilsystemen der Gesellschaft, für die es benötigte und akzeptable *Leistungen* zu erbringen hat. Es bezieht sich schließlich durch *Reflexion*, durch Orientierung an seiner eigenen Identität und Kontinuität, auf sich selbst. In ausdifferenzierten Systemen kann keiner dieser Bezüge voll durch einen der anderen ersetzt werden, obwohl Schwerpunktverlagerungen möglich sind.[3]

Während die Funktion des Wissenschaftssystems, nämlich die Ent-

3 Vgl. auch Niklas Luhmann, Funktion der Religion, Frankfurt 1977, insb. S. 54 ff.

scheidung zwischen wahren und unwahren Sätzen, durch Erkenntnistheorie und Methodologie betreut wird, nehmen die Reflexionsleistungen die Form von Supertheorien an. Supertheorien reflektieren mithin die Einheit von Wissenschaft oder die Einheit eines wissenschaftlichen Faches, um die Differenz von Kontinuität und Diskontinuität in der wissenschaftlichen Entwicklung zu überbrükken. Diese Referenz führt, allein deshalb schon, weil es sich um Selbstreferenz handelt, in Konflikte mit Erkenntnistheorie und Methodologie. Auf der Ebene der Supertheorien können daher Diktate der Erkenntnistheorie oder der Methodologie nicht unbesehen akzeptiert werden; sie müssen durch einen weiteren kognitiven Apparat gebrochen und reformuliert werden, da sie hier als nur ein Moment der Wissenschaft neben anderen erscheinen.

3. Es gibt vielerlei Formen von Selbstreferenz. Im Falle supertheoretischer Reflexion steht die Trennbarkeit von Erkenntnis und Gegenstand auf dem Spiel. Daher müssen Supertheorien diejenigen Kriterien thematisieren, nach denen Gegenstände möglich bzw. unmöglich sind. Dies Problem wird erst akut mit der Ablösung des Argumentierens aus Büchern, Autoritäten, Lehrtraditionen.[4] Mit der Ausdifferenzierung von Wissenschaft wird der Theoriewandel nicht nur radikalisiert, sondern auch beschleunigt. Seitdem können nicht nur gegenstandsbezogene Theorien, sondern auch gegenstandskonstituierende Kriterien einander ablösen, und daraus ergeben sich spezifische Kontrollprobleme, die im Wege der selbstreferentiellen Relationierung gelöst werden. Der Begründungsduktus auch für die Limitierung möglicher Gegenstände ist dann der Bezug auf die Theorie selbst.

Und dies nicht nur in einem nominalistischen oder in einem transzendentalistischen Sinne, also nicht nur durch Auffassung des Gegenstandes als Korrelat der Sprache oder der Erkenntnis. Vielmehr finden Supertheorien eine neuartige Form für dieses Kontrollproblem. Sie konzipieren ihren Gegenstand so, daß sie sich selbst als Teil ihres Gegenstandes erscheinen müssen. So kommt eine Theorie des

4 Insofern ist die cartesische Wendung mehr als eine Theorieveränderung und auch mehr als ein Auswechseln von Wirklichkeitskriterien (so z. B. Rainer Specht, Innovation und Folgelast: Beispiele aus der neueren Philosophie- und Wissenschaftsgeschichte, Stuttgart 1972, S. 98 ff.). Sie inauguriert überhaupt erst den Bedarf für Begründung einer wissenschaftsspezifischen Gegenstandskonstitution.

Problemlöseverhaltens nicht umhin, sich selbst als Problemlöseverhalten zu begreifen. Ihre Gegenstandskonzeption paßt auf sie selbst, dem kann sie sich nicht entziehen. Das gleiche gilt für eine Theorie praktisch-moralischer Diskurse über die Begründung von Meinungen und Normierungen; sie kann selbst nur im Diskurs begründen, daß praktische Wahrheiten im Diskurs und nur im Diskurs begründbar sind (was in diesem Falle praktisch gesehen besonders mißlich ist). Und ebenso zwingen systemtheoretische Entwürfe zu dieser Art Selbstunterstellung. So wie sie den Systembegriff ansetzen, können sie der Einsicht nicht entkommen, selbst Systemstrukturen zu sein. Wie diese Beispiele zeigen, muß man bei hochgeneralisierten Theorien dieser Art sich auf Selbstreferenz einlassen, *um Widersprüche in der Theorie selbst zu vermeiden.* Wenn Selbstreferenz ein Verstoß gegen das Gesetz vom zu vermeidenden Widerspruch ist, dann ein Verstoß, den das Gesetz selbst verlangt.

All diesen Beispielen ist außerdem eigentümlich, daß die Theorie sich nur als *Teilbereich* ihres Gegenstandes begreift, als »ein Fall von ...«. Es wird also keine Kongruenz oder Identität, kein Zusammenfallen von Erkenntnis und Gegenstand behauptet. Insofern liegt auch erkenntnistheoretisch kein Widerspruch vor. Die Theorie erfährt etwas über sich selbst, aber nicht in der Reflexion darüber, wie sie ihren Gegenstand *erkennt.* Sie muß vielmehr ihre Gegenstandskenntnis aktivieren, um erkennen zu können, wie sie als ein auf Erkenntnis spezialisiertes Unternehmen ihr Gegenstand *ist.* Diese Umorientierung verzichtet zugleich auf a priori geltende Prüfbedingungen für das, was Erkenntnis ist, und gibt das, was Erkenntnis als Problemlöseverhalten, als Diskurs, als System usw. ist, der historischen Relativierung preis.

4. In ausdifferenzierten Funktionssystemen (nicht nur, aber auch in der Wissenschaft) findet man typisch eine Differenzierung mehrerer Ebenen der Identifizierung von Erwartungen. Neben Personen (Namen!) sind Rollen, Programme und Werte relevant. Werte sind allgemein geltende Präferenzen, sie sind in vielen Funktionsbereichen binär schematisiert und können dann als »Codes« bezeichnet werden. Für die Wissenschaft hat der Code wahr/unwahr den funktionalen Primat. Programme fixieren die Bedingungen der Richtigkeit oder Abnehmbarkeit von selektivem Erleben oder Handeln. Im Falle der Wissenschaft nennt man Programme »Theorien«.

Normalfunktionieren von Wissenschaft hat demnach zur Voraussetzung, daß zwischen dem Code der Wissenschaft und ihren Theorien eindeutig unterschieden werden kann. Nur unter dieser Voraussetzung können Theorien im Rahmen des Wissenschafts-Codes kritisiert, fortentwickelt oder ausgewechselt werden. Diese Unterscheidung ist ein Erfordernis der Funktion des Wissenschaftssystems und damit von bleibender Bedeutung. Im Kontext selbstreferentieller Reflexion, also bei der Ausarbeitung von Supertheorien, verschwimmt diese Differenz jedoch, da es ja um die Einheit der Wissenschaft oder eines ihrer Fächer geht. Der Code selbst, etwa die Funktion des binären Schematismus der Logik, muß auf der Theorie-Ebene analysiert und in Frage gestellt werden können. Es versteht sich von selbst, daß unter diesen Umständen eine Wissenschaftstheorie, die von der Differenz von Code und Theorie ausgeht, jede Supertheorie kritisieren kann.[5] Aber sie kann sie nicht ersetzen und deshalb, soweit mit ihrer Kritik erfolgreich, nur dazu beitragen, das Wissenschaftssystem insgesamt zu disbalancieren. Es scheint gerade eine Aufgabe der Supertheorien zu sein, zwischen Codeebene und Theorieebene des Wissenschaftssystems zu vermitteln.

5. Ein damit verwandtes Problem betrifft innerhalb der Bedingungen erkenntnistechnischen Operierens die Unterscheidung von *Theorien* und *Methoden*. Diese Unterscheidung ist nicht identisch mit der von Erkenntnisgegenstand und Erkenntnis, und sie wird auch nicht im gleichen Sinne zum Problem. Erst recht handelt es sich nicht um den allgemeinen Unterschied von Struktur und Prozeß. Anknüpfend an diesen Unterschied sind vielmehr verschiedene Richtungen struktureller Generalisierung differenzierbar, nämlich Theorien als programmspezifische Strukturen und Methoden als Regeln für die Selektion von Forschungsprozessen. Beide Generalisierungen sind allgemeiner als das jeweilige Produkt des Forschungsprozesses, aber Theorien generalisieren Bedingungen für die Richtigkeit von *Ergeb-*

5 Die eifrige Durchführung einer solchen Kritik entbehrt, gerade wissenschaftstheoretisch, nicht einer gewissen Naivität. Siehe zum Beispiel Walter Bühl, Theorie und Paratheorie, Festschrift René König, Opladen 1973, S. 48-67. Sehr viel offener Helmut F. Spinner, Theorie, Handbuch philosophischer Grundbegriffe, Bd. 5, München 1974, S. 1486-1514. Im übrigen ist der bekannte »Positivismusstreit« in der deutschen Soziologie unbekannterweise um diese Frage geführt worden.

nissen, Methoden generalisieren Bedingungen für die Richtigkeit von *Prozessen der Forschung.*[6]

Ergebnis- und Prozeßorientierung kann aber nur auf der Grundlage einer angenommenen Übereinstimmung differenziert werden. Das erfordert in bezug auf diese Differenzierung »neutrale«, theoretisch *und* methodisch ausbeutbare Grundvorstellungen. Im klassischen Wissenschaftsmodell lag hier die Funktion des Kausalbegriffs. Mit der Kritik des Induktionsschlusses durch Hume ist deutlich geworden, daß es dafür keine »natürliche« Rechtfertigung gibt, sondern daß der Zusammenschluß der Formtypik von Theorien und der methodologischen Regeln einer supertheoretischen Rechtfertigung bedarf. Das schließt es nicht aus, die Kausalkategorie weiterhin in dieser Funktion zu verwenden, läßt aber die Möglichkeit offen, nach Alternativen zu suchen. Da die Komplexität von Systemen in sehr vielen Forschungsbereichen einer Kausalerklärung einstweilen unübersteigbare Hindernisse in den Weg legt,[7] könnte man daran denken, den Begriff der Komplexität selbst in diese Funktionsstelle zu bugsieren. Eine Supertheorie hätte dann eine Theorie komplexer Systeme zu sein und zugleich die Unanalysierbarkeit der Komplexität selbst zum Ausgangspunkt für die Entwicklung einer Methodologie zu wählen. Reduktion von Komplexität wäre Strukturerfordernis des Gegenstandes[8] und methodologisches Prinzip zugleich.[9]

6 Um eine zu grobe Lesart zu vermeiden: Die Antizipation von Ergebnissen gehört ihrerseits zu den Bedingungen der Richtigkeit von Prozessen; sich an Theorien zu orientieren ist in sich selbst ein methodisches Prinzip. Gleichwohl lassen sich Theorien nicht als eine Teilmenge methodischer Regeln begreifen. Methodisch korrekt angesetzte Forschung kann z. B. ganz andere Theorien ergeben als diejenigen, die antizipiert waren, und auch methodisch mangelhafte Forschung kann Theorieentwicklungen fördern, ebenso wie es sinnvoll sein kann, mit Hilfe von falschen Theorien zu forschen, wenn ein ausreichendes Verdichtungsverhältnis falscher und wahrer Theorien unterstellt werden kann.

7 Siehe nur Warren Weaver, Science and Complexity, American Scientist 36 (1948), S. 536-544, oder, besonders eindrucksvoll, W. Ross Ashby, Mathematical Models and Computer Analysis of the Function of the Central Nervous System, Annual Review of Physiology 28 (1966), S. 89-106.

8 Vgl. hierzu Niklas Luhmann, Komplexität, in: ders., Soziologische Aufklärung, Bd. II, Opladen 1975, S. 204-220.

9 Daß an diese Überlegungen Folgerungen in bezug auf Statistik und Simulation anschließbar sind, liegt auf der Hand. Darüber hinaus kann man aber auch den Begriff der Korrelation von Variablen darauf zurückführen, daß jede vorfindbare Struktur als Reduktion von Komplexität, also als Selektion einer unter vielen Rela-

6. Im Unterschied zu Dogmatiken und im Unterschied zu wissenschaftsmäßig schon vorprogrammierten Theorien sind Supertheorien im Prinzip kontingent gesetzt. Sie verwenden keine begründungshaltigen Begriffe. Sie geben sich auch nicht als normative, sich selbst vorweg schon bewertende Theorie. Sie sind vollständig durchrelationiert, so daß man von jedem ihrer Punkte aus, wenn man ihn festhält, alles in Frage stellen kann.

Das erfordert eine *Umstrukturierung des Gebrauchs von Negationen*. Wir folgen zunächst einer systemtheoretischen Umformulierung der Wittgensteinschen These, daß der Negation nichts entspreche.[10] Die Negation muß dann als eine systeminterne Operation begriffen werden, die sich auf die *Relation* zwischen System und Umwelt *bezieht*, also etwa eine Enttäuschung von Erwartungen (aber nicht ein negatives Faktum) feststellt. Wenn dies zutrifft, dann werden sich verstärkende gesellschaftliche Differenzierungen, die gesellschaftsintern Relationen zwischen Teilsystemen und Umwelten multiplizieren, die Regeln des Negationsgebrauchs mitdifferenzieren und zugleich spezifizieren.

Diese Annahme läßt sich verknüpfen mit der These, daß ausdifferenzierte Funktionssysteme jeweils eigene *Kontingenzformeln* ausbilden, mit denen sie die unbeschränkte Kontingenz der Welt – alles könnte anders sein – in sinnvolle Negations- und Bestimmungsmöglichkeiten, in strukturierte Kontingenzen transformieren. Für das Religionssystem erfüllt zum Beispiel der Gottesbegriff diese Funktion, für das Wirtschaftssystem die Voraussetzung der Knappheit.[11] Auch für das Wissenschaftssystem ist es notwendig, Nichtbeliebigkeit des

tionierungsmöglichkeiten gegeben ist. Die weiter unten aufgegriffene Frage nach evolutionär variierenden Korrelationen zwischen Differenzierungsformen und Moralen (siehe unter V, 2) schließt hier an. Ebenso hat eine funktionalistische Vergleichstechnik, die vom Problem der Reduktion von Komplexität ausgeht als demjenigen Problemgesichtspunkt, unter dem alles mit allem vergleichbar ist, diesen Ausgangspunkt. Daß diese verschiedenen Methodologien des Simulierens, Korrelierens und Vergleichens zunächst nebeneinander entwickelt worden sind, sollte es nicht ausschließen, nach Zusammenhängen zu fragen.

10 Tractatus logico-philosophicus 4.0621, Neudruck, Frankfurt 1969, S. 39, und dazu Heinz von Foerster, Thoughts and Notes on Cognition, in: Paul L. Garvin (Hg.), Cognition: A Multiple View, New York/Washington 1970, S. 25-48 (43).

11 Niklas Luhmann, Funktion der Religion, a. a. O., S. 82 ff., 126 ff., 182 ff.; ders., Knappheit, Geld und die bürgerliche Gesellschaft, Jahrbuch für Sozialwissenschaft 23 (1972), S. 186-210.

Negationsgebrauchs sicherzustellen. Das geschieht durch Gewährleistung von *Limitationalität.*

Limitationalität ist in einem Aussagenbereich gegeben, wenn Negationen nicht leerlaufen, sondern wenn die Aussage, etwas sei non-A, zur Bestimmung von A beiträgt.[12] Dies gilt zum Beispiel, wenn eine Theorie sich entschließt, alle Aussagen letztlich auf die Disjunktion von System und Umwelt zu beziehen. Supertheorien übernehmen die theoretische Verantwortung für Einführung von Limitationalität. Sie brauchen sich nicht zu begründen in a priori wahren Aussagen, die ihnen vorausliegen; aber sie müssen ihre Begriffe in Einklang bringen mit der Art und Weise, in der sie Limitationalität gewährleisten.

Das kann auf sehr verschiedene Weisen geschehen. Bis ins 18. Jahrhundert hatte man sich mit der Annahme begnügt, daß die Natur selbst nach *Arten und Gattungen* geordnet sei, so daß ein bloßer Sortier- und Eliminierungsprozeß zur Erkenntnis führe. Die Verwendbarkeit solcher Verfahren ist geblieben, die Allgemeingültigkeit ihrer Natur-Prämisse, also ihr Prinzip der Limitationalität, ist jedoch mit Erfolg bestritten worden. Als Alternative ist dann zunächst die *Dialektik* im Sinne Hegels entwickelt worden,[13] die die Limitationalität in die Begriffsstrukturen oder später in die, sei es (bloß) produzierende, sei es (bloß) argumentierende gesellschaftliche Realität verlagert. Es wird, mit anderen Worten, angenommen, daß das Prozessieren mit Hilfe von Negationen als solches den Begriff oder die Gesellschaft selbst zur Selbstbestimmung führe; die Lösung des Problems wird sozusagen dem Problem selbst zugemutet, sie ist Selbsteinschränkung der Offenheit des Negationsgebrauchs.[14]

Daneben findet man in Fortführung der alten Gattungslogik, aber mit Problematisierung der Bedingungen ihrer Möglichkeit, Konstruktionsregeln für den Aufbau von *Typologien*, etwa über Kreuztabellierung. Die Technik ist seit Aristoteles nicht nennenswert verbes-

12 Zur Vereinfachung der Darstellung sehen wir davon ab, daß man mit Hegel auch die Beziehungen zwischen *Begriffen* unter der Bedingung von Limitationalität diskutieren kann.

13 Hierzu Klaus Hartmann, Zur neuesten Dialektik-Kritik, Archiv für Geschichte der Philosophie 55 (1973), S. 220-242.

14 Manche sagen etwas anschaulicher: Selbsteinschränkung des Subjekts, Selbsteinschränkung der Gesellschaft.

sert worden[15] (wohl aber die Rubrikenbegriffe, die das alte Schema heiß/kalt und trocken/naß abgelöst haben). Der Hauptvertreter dieses Verfahrens im Bereich anspruchsvoller soziologischer Theorie ist Talcott Parsons. Hier beruht die Limitationalität auf »analytischem Realismus« in bezug auf die Randvariablen oder Rubrikenbegriffe. Diese garantieren innerhalb des Typenfeldes Limitationalität und entnehmen die Berechtigung dazu einer vorgängigen Begriffsanalyse.[16]

Demgegenüber vertraut der *kritische Rationalismus* auf das Testen von Urteilen. Seine Bedingung ist nur, daß Urteile überhaupt falsifizierbar, das heißt (unter einschränkenden methodologischen Bedingungen) negierbar sein müssen. Die Eliminierung von unwahren Urteilen führe dann auf lange Sicht zur Vermehrung des Bestandes an nicht falsifizierten (vermutlich wahren) Urteilen. Ein Nachdenken darüber, ob diese wahr seien, könne man sich schenken; eine Begründung für die Einführung von Limitationalität sei entbehrlich. Ebensowenig brauche man das Prinzip der Vermeidung von Widersprüchen zu begründen. Es habe sich bewährt. Wer daran zweifele, solle halt versuchen, mit widerspruchsvollen Theorien zu arbeiten; er werde dann sehen, wohin das führe. Man kann dies als eine der interessantesten Lösungen des Problems der Limitationalität gelten lassen und doch eine Schwäche hervorheben: den Verzicht auf inhaltliche Direktiven für Theoriebildung. Man könnte ja eine unendliche Vielzahl von falschen Urteilen produzieren, wie entscheidet man die Vor-Auswahl derjenigen, bei denen der Versuch sich lohnt? Das Problem der Limitationalität entweicht jetzt in dieser Vor-Frage in ein unterstelltes Schon-Wissen.

Aus diesen Gründen koppelt der *Funktionalismus* sein Eliminierungsprogramm mit *systemtheoretischen* Annahmen über die Realität selbst.[17] Limitationalität wird hier eingeführt durch die Annahme,

15 Einige neuere Literatur: John C. McKinney, Typification, Typologies, and Sociological Theory, Social Forces 48 (1969), S. 1-12; ders., Sociological Theory and the Process of Typification, in: John C. McKinney/Edward A. Tiryakian (Hg.), Theoretical Sociology: Perspectives and Developments, New York 1970, S. 235-269; Kenneth D. Bailey, Monothetic and Polythetic Typologies and Their Relation to Conceptualization, Measurement and Scaling, Amerian Sociological Review 38 (1973), S. 18-33.

16 Zur Kritik vgl. Harold J. Bershady, Ideology and Social Knowledge, Oxford 1973, mit der Forderung einer explizit sozialen Epistemologie.

17 Hierzu Niklas Luhmann, Funktionale Methode und Systemtheorie, in: ders., Soziologische Aufklärung, Bd. 1, 4. Aufl., Opladen 1974, S. 31-53.

daß zwischen Umwelt und System ein Komplexitätsgefälle bestehe, das für ein jedes System Probleme vorgebe, die nur begrenzte Lösungsalternativen zulassen.[18] Diese Grundannahme kann, wie die Einleitung zu diesem Abschnitt zeigt, auch so gedreht werden, daß sie das Problem der Limitationalität selbst erfaßt unter dem Gesichtspunkt von speziell für Wissenschaftssysteme notwendigen Reduktionen. In offengelegter Zirkularität, darauf kommen wir unter 11. zurück, setzt die Systemtheorie in ihrem Gegenstandsbereich System/Umwelt-Differenzen als Bedingung limitierter Problemlösungsmöglichkeiten voraus, um sodann die Notwendigkeit dieser (oder funktional äquivalenter) Prämissen als Bedingung auch ihrer eigenen Reduktionen, als Kontingenzformel speziell des Wissenschaftssystems, zu begründen.

Im Blick auf Limitationalität formulieren, wie diese Beispiele zeigen, Supertheorien mehr oder weniger explizit ihre Auffangstellung für *epistemologische* Probleme. Die Bezüge zur Moral treten hier zurück. Nur die Fassung von Moral*theorien* wird letztlich dadurch bestimmt, welchen Duktus der Theoriebildung durch Einführung von Limitationalität man wählt;[19] aber daraus ergibt sich noch keine Zumutung an die Theorie, selbst etwas moralisch Gutes zu sein. Der Druck der Moral ist an anderen Außenfronten von Supertheorien unmittelbarer zu spüren, nämlich im Bereich totalisierender Strategien (vgl. unter 8.).

7. Die Interpretation der Kontingenzformel des Wissenschaftssystems, das heißt die Einführung und Ausarbeitung von Limitationalität, impliziert *Universalitätsansprüche.* Sie kann nur für einen Gegen-

18 Die Kritik wendet sich hier vor allem gegen die Abstraktheit der Problemformel. Wenn jedoch das Problem der Limitationalität gesehen und als ein allgemeineres gestellt wird, kann eine adäquate Lösung nicht auf geringeren Allgemeinheitsstufen angesiedelt werden, deren Erreichen ja voraussetzen würde, daß man schon über Limitierungen verfügt.

19 Als Beispiele für expliziten Anschluß von Moraltheorien an typenbildende Konstruktionen siehe etwa Jan J. Loubser, The Contribution of Schools to Moral Development: A Working Paper in the Theory of Action, Interchange 1 (1970), S. 99-117, auch in: C. M. Beck/B. S. Crittenden/E. V. Sullivan (Hg.), Moral Education: Interdisciplinary Approaches, Toronto 1971, S. 147-179; Klaus A. Ziegert, Nach der Emanzipation des Rechts von der Moral: gesellschaftliche Wirkungschancen der Moral, in: N. Luhmann/S. H. Pfürtner (Hg.), Theorietechnik und Moral, Frankfurt 1978, S. 146-175.

standsbereich im ganzen geschehen. Eine Supertheorie muß daher die Bereitschaft bekunden, über jeden Gegenstand ihres Bereichs Aussagen machen zu können. Dadurch verstrickt sie sich in jene Probleme der Selbstreferenz, von denen wir unter 3. gehandelt hatten. Sie kann sich im Unterschied zu anderen Theorien nicht auf einzelne Objekte oder Objektgruppen beschränken. Natürlich verfährt auch eine Theorie mit Universalitätsanspruch mit ihrem Gegenstandsbereich selektiv, also abstrahierend. Universalität heißt nicht etwa, daß die volle Konkretheit der Realität in Aussagen eingeholt werden würde. Und ebensowenig ist impliziert, daß die Selektionsweise derjenigen Theorie, die als Supertheorie artikuliert wird, die einzig mögliche oder die beste der möglichen sei.

Abgesehen von diesen Selbstverständlichkeiten (die nur häufig übersehen werden, wenn man *andere* Theorien *kritisiert*) sind Breitbandtheorien dieser Art besonderen Anforderungen und Belastungen ausgesetzt. Ihre koordinierende Begrifflichkeit muß hochabstrakt angesetzt werden, Abstimmungen auf rein begrifflicher Ebene erfordern einen hohen Aufwand und sprengen die Möglichkeiten sequentieller Vertextung. Die Anlern- oder Eingewöhnungszeiten sind lang, die Pädagogik ist schwierig, die Verbreitung auf Mißverständnisse geradezu angewiesen. Andererseits liegt der Bedarf für Orientierungsgrößen dieser Art auf der Hand, und es fehlt nicht an Interesse, so daß eine eigentümliche Kombination von Schwierigkeit und Leichtigkeit der Verbreitung entsteht, die im allgemeinen zu einem raschen, vorzeitigen Ende prädisponiert.

8. Wir hatten schon notiert, daß der Universalitätsanspruch keine Exklusivität impliziert. Statt Exklusivität zu behaupten, verfahren Supertheorien *totalisierend.*

Von Totalisierungen wollen wir sprechen mit Bezug auf konkurrierende Theorie-Angebote, also mit Bezug auf die Sozialdimension des Wissenschaftssystems. Wir verlassen mit diesem Begriff die vor allem in der Soziologie verbreitete Vorstellung, ein wissenschaftliches Fach sei entweder ein kohärentes Ganzes, in dem jeder Beitrag aus theoretischen und empirischen Gründen zur Akkumulation von mehr Wissen führe, oder es herrsche Pluralismus im Sinne einer Mehrzahl konkurrierender, unvergleichbarer theoretischer Orientierungen.[20]

20 Unter dieser Voraussetzung hat man einerseits einen Wandel des vorherrschenden Wissenschaftsverständnisses von naiv unterstellter Kohärenz zu offen eingestande-

Totalisierende Theorien fügen sich weder dem einen noch dem anderen Modell: Sie suchen beides zu realisieren: Einheit und Verschiedenheit.

Das kann geschehen, wenn es gelingt, für den Gegner einen berechtigten Platz im eigenen theoretischen Rahmen zu finden. Die Theorie behandelt dabei ihre eigene Negation nicht nur widerlegend, nicht nur diskursiv, sondern in der Weise, daß sie sich selbst und ihren Gegensatz selbst erklärt. Sie entscheidet damit nicht den Streit der Wahrheitsansprüche wie ein parteiischer Richter. Ihr genügt, daß ihr diese Konstruktion gelingt.

Totalisierungsstrategien rekonstruieren also mit eigenen Begriffen sogar ihren Gegner und machen verständlich, weshalb er opponiert. Dies tut man natürlich nicht mit jedem denkbaren Gegner, mit jeder möglichen Negation der Theorie, wohl aber mit denen, die in einer bestimmten historischen Situation auf dem Markt und im Gespräch sind. Die Argumentationsstrategien der Marxisten sind das bekannteste Beispiel für solche Totalisierungen. Sie sind inzwischen selbst historisch geworden. Im politisch gestauten Brackwasser des »Marxismus« drehen die Blätter des »Kapital« sich nur noch langsam im Kreise. Es könnte aber sehr wohl andere totalisierende Theorien geben, die Besseres leisten, die spielerischer und lernbereiter operieren, die den Duktus ihrer Theorie auch in dieser Hinsicht voll durchschauen und über ein entsprechend verfeinertes Arrangierbewußtsein verfügen.

Im historischen Raum bisheriger Erfahrungen mit Totalisierung herrscht eine schwer zu entwirrende Verfilzung zeitlicher, sozialer und moralischer Bezüge. Für Hegel bezeichnete der Begriff der Totalität die Momente der dialektischen Bewegung des Bewußtseins, die sich am Ende der Bewegung im Begriff ihrer selbst versammeln. Es handelt sich also zunächst um einen Zeitdifferenzen (»Bewegung«) überbrückenden Begriff. Seine Charakterisierung als Moralität drängt sich auf, wenn die Bewegung auch soziale Momente in sich aufnimmt. Die Verschränkung von Zeitdimension und Sozialdimension erzeugt in der Theorie moralische Prätentionen. Die Vollendung der Zeit wird zur Vollendung der Moral. Das heißt jedoch: in

nem Pluralismus feststellen können – so für die amerikanische Soziologie in den letzten 10 Jahren. Andererseits aber findet man auch den unentwegten Wunsch nach Konsolidierung des Faches unter *einem* »Paradigma«, das bis auf weiteres akkumulativen Fortschritt ermögliche.

der je gegenwärtigen Situation die Rechnung ohne die Zukunft abschließen. Denn wenn die Zeit sich zur Zukunft öffnet und die Perfektion der Moral entsprechend hinausgeschoben wird, bleibt die Tugend vorläufig damit beschäftigt, »den verkehrten Weltlauf wieder zu verkehren und sein wahres Wesen hervorzubringen«.[21] Und es bleibt auf unabsehbare Dauer dabei: »Der Weltlauf siegt über das, was die Tugend im Gegensatze gegen ihn ausmacht. ... Er siegt ... über das Erschaffen von Unterschieden, welche keine sind, über diese pomphaften Reden vom Besten der Menschheit und der Unterdrükkung derselben, von der Aufopferung fürs Gute und dem Mißbrauche der Gaben; – solcherlei ideale Wesen und Zwecke sinken als leere Worte zusammen, welche das Herz erheben und die Vernunft leer lassen, erbauen, aber nichts aufbauen; Deklamationen, welche nur diesen Inhalt bestimmt aussprechen, daß das Individuum, welches für solche edlen Zwecke zu handeln vorgibt und solche vortreffliche Redensarten führt, sich für ein vortreffliches Wesen gilt; – eine Aufschwellung, welche sich und andern den Kopf groß macht, aber groß von einer leeren Aufgeblasenheit.«[22]

Man muß jenes dialektische Konzept zeitlich-sozialer und deshalb moralgebundener Totalität als Produkt einer Übergangslage ansehen, die die neu sich formierenden Temporalstrukturen schon registriert und deshalb Zeit totalisiert, die aber die Konsequenzen für Sozialordnung und Moral noch nicht abzuschätzen vermag. Erst eine saubere analytische Trennung von Zeitdimension und Sozialdimension, wie George Herbert Mead sie vollzieht, kann sich als positive Wissenschaft, als »social behaviorism« vorführen.[23] Und erst sie kann in Supertheorien eingehen, die auf moralische Implikationen verzichten und statt dessen der Moral selbst einen wohlpräparierten Platz einräumen. Moral wird dann zu einer Totalisierungsstrategie, die mit Gegentotalisierungen zum Objekt gemacht werden kann. Sie findet sich als möglicher Gegner moralfreier Theorie deren Totalisierungen ausgesetzt.

Ob und wie die dafür geltenden theoriebautechnischen Anforderungen erfüllt werden können, ist allerdings noch keineswegs aus-

21 Hegel, Phänomenologie des Geistes, V B c »Die Tugend und der Weltlauf«, zit. nach der Ausgabe von Johannes Hoffmeister, Leipzig 1937, S. 276.

22 A. a. O., S. 280.

23 Siehe für die Analyse des Zusammenhangs von Zeitlichkeit und Sozialität am besten: The Philosophy of The Present, Chicago, London 1932; im übrigen: Mind, Self and Society From the Standpoint of a Social Behaviorist, Chicago 1934.

gemacht. Bisher scheinen hauptsächlich zwei verschiedene Totalisierungsstrategien benutzt worden zu sein. Die eine geht *historisierend* vor, die andere *problemorientiert.* Beide stellen verschiedenartige Anforderungen an Theorie. Will man sie kombiniert verwenden, bedarf die Selektion der Theoriemittel nochmaliger Überlegung.

Eine historisierende Totalisierung erfordert den Nachweis, daß der Gegner einer früheren Epoche der soziokulturellen Entwicklung angehöre, also überholt sei. Sie benutzt den Topos der Gleichzeitigkeit des Ungleichzeitigen – ein zentrales Bestandsstück aller Fortschrittstheorien, ohne den der Fortschrittsgedanke gar nicht als Prozeß im Kontrast zu anderem artikuliert werden könnte.[24] Sie muß daher eine Theorie einschließen, die *strukturelle* Erklärungen für *unterschiedliche Bewegungsverläufe* (unterschiedliche Beschleunigungen, Stillstände, Rückentwicklungen, evolutionäre Ausgangslagen, Begünstigungen oder Benachteiligungen usw.) bereitstellt. Dazu braucht sie ein Konzept für innerzeitliche Limitationalität. Eine volle Synchronisierung von Zeit und Dialektik derart, daß die Negation sich *nur* auf zeitlich *frühere* Zustände bezieht und *alles* Gleichzeitige gleichzeitig neu bestimmt, ist anscheinend unmöglich. Deshalb muß erklärt werden, wie der Fortschritt sich durch Negation des gleichzeitig Zurückbleibenden bestimmt. Am plausibelsten scheint es zu sein, an dieser Theoriestelle einfach mit ökonomischer Knappheit zu argumentieren (die sich im übrigen immer schon gut für Zwecke der Moral ausbeuten ließ). Man behauptet dann: Der Fortschritt einer Klasse gehe auf Kosten einer anderen.

Während historisierende Totalisierungen zu einer existentiellen Konstruktion ihres Gegners als eines Exponenten bestimmter historischer und gesellschaftlicher Lagen neigen, lassen problemorientierte Totalisierungen sich auf der Ebene von Aussagen entwickeln. Sie beziehen das Aussagensystem des Gegners auf Probleme, die auch anders gelöst werden könnten. Man reformuliert das Problembewußtsein des Gegners, reproblematisiert seine Theorie und unterstellt ihm dabei ein Bezugsproblem, das die eigene Theorie, wie sich dann herausstellt, besser lösen kann. Diese Taktik benötigt Rückhalte in einer Theorie, die in der Lage ist, Problemstellungen sachgemäß zu abstrahieren im Ausgang von der Realität, in der alle Probleme immer

24 Vgl. dazu Reinhart Koselleck, Fortschritt, in: Geschichtliche Grundbegriffe: Historisches Lexikon zur politisch-sozialen Sprache in Deutschland, Bd. 2, Stuttgart 1975, S. 351-423 (insb. 390 ff.).

schon gelöst sind. Primitivere Varianten begnügen sich damit, ein Seitenproblem für das Hauptproblem zu erklären, etwa generalisierte psychische Probleme wie Libido, Minderwertigkeitskomplex, Wille zur Macht, Todestrieb als Bezugspunkt von Kulturanalysen vorzuschlagen. Solche Erklärung aus inkongruenten Perspektiven[25] ist billig zu haben, schöpft aber die Möglichkeiten problemorientierter, auch die Problem-Intentionen des Gegners miterfassender Totalisierungen nicht aus. Erst wenn Totalisierungen die Intentionen des Gegners miterfassen, entstehen höhere Ansprüche an Theorieleistung; erst dann benötigt man eine Supertheorie, um die Identität in der Nichtidentität der eigenen und der gegnerischen Position zu formulieren, und erst dann wird es notwendig zu entscheiden, wie Limitationalität im Bereich von Problemen und Problemlösungen gewährleistet werden soll.

Historisierende und problemorientierte Totalisierungen schließen sich nicht notwendig aus. Man braucht nur Namen wie Bachelard, Blumenberg, Heidegger und Popper zu nennen, um Beispiele dafür zu haben, wie historische Positionen durch Rekonstruktion ihrer Prämissen und Probleme in einen aktuellen Vergleichskontext eingebracht werden können. Allerdings müßten die Anforderungen an eine Supertheorie, die solches leistet, erst noch präzisiert werden. Es müßte klargestellt werden, auf welche Annahmen man sich eigentlich einzulassen hat, wenn man behaupten will, daß die wirkliche Geschichte, die Gesellschaftsgeschichte, Problemstellungen abstrahiere, kontingent setze und Lösungsrepertoires erweitere, so daß spätere Perspektiven die Aussicht haben, den früheren überlegen zu sein, weil sie aus mehr Möglichkeiten auswählen können und weil sie, als totalisierende Theorien, genau diese Chance sogar kennen und perfektionieren können.

Abschließend sei noch kurz auf ein Totalisierungskonzept eingegangen, das keines sein will und gerade damit die Problematik der Sozialdimension im Bereich von Supertheorien auf eigentümliche Weise transparent macht.

Aufgrund älterer dialogischer Kunstlehren ist von Jürgen Habermas die Idee des Diskurses formuliert worden, auf die man sich nach Habermas immer schon eingelassen habe, sofern man überhaupt

25 Oder in der Formulierung von Kenneth Burke, Permanence and Change, New York 1935: Gewinn von Perspektiven durch Inkongruenz.

kommuniziere.[26] Der Diskurs verlangt, daß man Gründe für Meinungen oder Normierungen so vorträgt, daß sie die ungehinderte, unverzerrte, gewaltlose, herrschafts- und ermüdungsfreie Teilnahme anderer an der Begründung selbst voraussetzen. Nun ist das ja wirklich selbstverständlich. Zu supertheoretischen Totalisierungen kommt es nur unter der Voraussetzung, daß auf diese Weise keine Positionen erreicht werden, die allen Beteiligten als Wahrheit erscheinen. Das Rezept des Diskurses ist dann: weitermachen. Daß es Gründe dafür geben kann, den Diskurs selbst abzubrechen und das Scheitern in der eigenen Theorie zu rekonstruieren, wird nicht anerkannt und kann auch nicht anerkannt werden, weil die Gründe des Abbrechens, wie immer rational sie sein mögen, jedenfalls nicht diskursfähig sind. Wer sich auf Diskurse aus vorweggenommener Einsicht gar nicht erst einläßt oder sie abbricht, ist der eigentliche Gegner, der Meta-Gegner. In bezug auf ihn bleibt der Diskurstheorie nun selbst nichts anderes übrig als zu totalisieren. Die dafür geltende Kategorie ist: der »Monolog«. Wer sich dem Diskurs nicht stellt, führt einen Monolog und scheidet damit aus der Gesellschaft von Anwärtern auf intersubjektiv haltbare Vernunft aus.[27] Am Ende – und zu spät für eigenes Lernen – muß also auch diese Theorie ein Konzept für den Gegner finden – ein Konzept, das aber nichts mehr erklärt, sondern nur noch Abrundungs- und Vervollständigungsbedürfnissen dient.

9. Wir haben Totalisierungsstrategien relativ ausführlich behandeln müssen, weil im Umgang mit etwaigen Gegnern Moralfragen relevant werden können – sei es als Stilfragen, sei es als kontrovers zu be-

26 Eine hinreichend detaillierte, kritikfähige Ausarbeitung steht noch aus. Die Überlegungen im Text sind daher weithin auf Vermutungen angewiesen. Siehe insb. Jürgen Habermas, Vorbereitende Bemerkungen zu einer Theorie der kommunikativen Kompetenz, in: Jürgen Habermas/Niklas Luhmann, Theorie der Gesellschaft oder Sozialtechnologie – Was leistet die Systemforschung? Frankfurt 1971, S. 101-141; ders., Wahrheitstheorien, in: Festschrift Walter Schulz, Pfullingen 1973, S. 211-265; ders., Was heißt Universalpragmatik?, in: Karl-Otto Apel (Hg.), Sprachpragmatik und Philosophie, Frankfurt 1976, S. 174-272.

27 Es ist im übrigen ein behebbarer Defekt, wenn Habermas bereits innerhalb von wissenschaftlichen Auseinandersetzungen, die von ihm aus gesehen Diskurse sein könnten, dem Teilnehmer ein Monologisieren vorwirft, nur weil dessen Theorie das Konzept des Diskurses nicht akzeptiert. Konsequent wäre es, den Begriff des Monologs für genau die Theoriestelle zu reservieren, an den Theologen eine »Sünde wider den Heiligen Geist« vorsehen müssen.

handelnde Themen, sei es schließlich als Versuchung, mit dem Gegner auf relativ einfache, nämlich moralische Weise fertig zu werden. Andere Eigenschaften von Supertheorien, so namentlich Verantwortung für Limitationalität, führen in epistemologische, Totalisierungen führen in moralische Aporien, zu denen die Supertheorie jeweils ein Verhältnis gewinnen muß, ohne sie als Problem lösen zu können.

All das ließe sich vermeiden, wenn man an einer klassischen Prämisse wissenschaftlicher Erkenntnis festhalten könnte: daß jeder Theorie-Streit sich am Gegenstand selbst entscheiden lasse. Diese Prämisse ist ein notwendiges Korrelat des Satzes vom zu vermeidenden Widerspruch, den man auch so lesen kann: Die Theorie habe nur Widersprüche zu vermeiden, dann könne sie am Gegenstand feststellen, ob sie zutreffe oder nicht. Dem Satz vom zu vermeidenden Widerspruch entspricht die These einer widerspruchsfreien Welt. Genau diese Entsprechung aber läßt sich nicht mehr widerspruchsfrei denken, denn sie impliziert, daß Urteile nicht zur Welt gehören, weil sie sich widersprechen können, aber doch zur Welt gehören, weil sie anders nicht auf Gegenstände bezogen werden könnten.

Dies Problem scheint zunächst nur die Erkenntnistheorie zu betreffen; es erstreckt sich jedoch auch auf den Gegenstand der Erkenntnis, soweit dieser gedacht werden muß als einer, der selbst (und sich selbst) erkennen kann. Es betrifft alle selbstreferentiellen psychischen und sozialen Systeme unmittelbar, auch wenn man davon absieht, daß sie ihrerseits Gegenstände von Erkenntnis sind. Es infiziert den Gesamtbereich selbstreferentieller Sinnpraxis, in der es Unentscheidbarkeiten gibt, wo immer Widersprüche in Urteilen auftreten, die sich nicht durch einen Gegenstand entscheiden lassen.

Damit ist klar, daß und weshalb Entscheidungsleistungen, die der Gegenstand nicht erbringt, aus der Sachdimension in die Sozialdimension verschoben oder sogar in der Zeitdimension aufgeschoben werden müssen. Auf diese Problemlage antworten Supertheorien mit Totalisierungsstrategien, mit der Einbeziehung des Gegners, um sich an ihm gegen ihn zu entscheiden. Supertheorien orientieren ihre eigenen Lernprozesse nicht an der Natur, sondern am Gegner. Sie setzen natürlich nicht einfach den Gegner an die Stelle des Gegenstandes, so als ob jetzt er allein das interessierende Objekt wäre; vielmehr interessiert der Gegner als Person oder Theorie, die andere Beziehungen zum Gegenstand haben zu können meint und *auf dieser*

Grundlage die totalisierende Theorie negieren könnte.[28] Supertheorien relationieren also Relationen zum Gegenstand. Sie operieren nicht nach dem Prinzip der Imitation oder Adäquation, aber auch nicht schlicht nach dem Prinzip dialektischer Negation,[29] sondern nach einem Verfahren der Rekonstruktion, für das sie selbst die Kriterien beschaffen. Sie bleiben eben damit zeitabhängig und müßten das wissen. Alternde Totalisierungskonzepte leben geradezu von ihren Gegnern und lernen nur noch in dem Maße hinzu, als neue Gegner auftreten.

Aber warum ist das Prinzip der Vermeidung von Widersprüchen und das Verhältnis von Erkenntnis und Gegenstand das Auslöseproblem für die Entwicklung von Totalisierungsstrategien? Warum ist dies Problem so wichtig?

Es wäre jetzt nicht angemessen, zur Beantwortung dieser Frage auf das Wesen oder den Begriff von Erkenntnis zu verweisen, der genau dies fordere, was nicht geleistet werden kann. Die Frage zielt vielmehr auf das Problem, auf das Totalisierer reagieren, ohne es zu wissen. Sie sucht eine Rekonstruktion des Auslöseproblems – nicht um Totalisierer ihrerseits mit Totalisierungen zu überziehen, sondern um ihre Praxis als Problemlösung darstellen, mit Alternativen konfrontieren und in ihrer Lernfähigkeit verbessern zu können. Und natürlich bringt die Kenntnis des Problems, das man löst, und der Theorie, nach der man verfährt, dem Kenner auch die Freiheit ein, sich »metarational« zu verhalten und das Problem nicht zu lösen. Auf dieses »existentialist axiom«[30] stellt das Konzept der totalisierenden Supertheorien sich explizit ein; es ist ein Konzept für »metagames«.

Die Systemtheorie macht nun auch für diese Problemlage noch ein Angebot. Mit Hilfe des Systembegriffs kann man nicht nur Normal-

28 Man muß mithin an eine Art Ko-Orientierungs-Modell denken nach Art des A-B-X-Modells von Theodore M. Newcomb, An Approach to the Study of Communicative Acts, Psychological Review 60 (1953), S. 393-404. A und B kommunizieren über X, und ihre Kommunikation ist nur sinnvoll, weil sie beide differente Beziehungen zu X unterhalten und diese Differenz in der Kommunikation reflektieren.

29 So bekanntlich Gaston Bachelard, La Philosophie du non: Essai d'une Philosophie du nouvel esprit scientifique, Paris 1940, für wissenschaftliche Entwicklung schlechthin.

30 So Nigel Howard, The Theory of Metagames, General Systems 11 (1966), S. 187-200; ders., Paradoxes of Rationality: Theory of Metagames and Political Behavior, Cambridge/Mass. 1971, S. 60 ff.

theorien ausarbeiten, man kann auch eine Supertheorie entwerfen, die jenes Auslöseproblem von Supertheorien miterfaßt und sozusagen ihre eigene Autokatalyse beschreibt.

In systemtheoretischer Sicht ist der Satz vom zu vermeidenden Widerspruch Bestandteil eines symbolischen Codes, der zur Herstellung binär schematisierender Operationen erforderlich ist. Die Vorteile binärer Schematisierungen können angegeben werden, sie lassen sich durch Vergleich mit anderen Systemen (z. B. Wirtschaft, Politik, Recht, Kunst) ermitteln, die ebenfalls binäre Schematisierungen verwenden.[31] Gegenstände sind in systemtheoretischer Sicht Ausschnitte der Umwelt des Wissenschaftssystems, die in besonderer Weise intern prozessiert werden, was die Position des Wissenschaftssystems in bezug auf andere Umweltausschnitte (etwa Wirtschaft, Politik, Motivation des wissenschaftlichen Personals) erhalten bzw. verbessern kann. Auch dieses Muster: Systemstabilisierung durch Umweltdifferenzierung, ist weit verbreitet,[32] kennzeichnet wohl alle komplexen Systeme, kann also ebenfalls durch Vergleich erhärtet werden. Die Genese von Supertheorien aus durchschauten erkenntnistheoretischen Problemlagen läßt sich mit Hilfe dieser Konzepte systemtheoretisch nachkonstruieren und sozusagen »normalisieren«. Es handelt sich um einen Fall, der häufig vorkommt, nämlich darum, daß (1) zunehmende Ausdifferenzierung, (2) binäre Selbststeuerung, die in der Umwelt keine Entsprechung hat, und (3) systemrelative Umweltdifferenzierung zusammenwirkend das Bezugssystem zwingen, seine Reflexionseinrichtungen zu verstärken.

10. Akzeptiert man diese systemtheoretische Rekonstruktion, bleibt immer noch weit offen, was denn angemessene *Gütekriterien* seien für eine Urteilsbildung über konkurrierende Supertheorien. Wir gehen davon aus, daß die Garantie einer objektiven Entscheidung aller Konkurrenzlagen nicht möglich ist, wenn jede Theorie ihre eige-

31 Hierzu Niklas Luhmann, Einführende Bemerkungen zu einer Theorie symbolisch generalisierter Kommunikationsmedien, in: ders., Soziologische Aufklärung, Bd. 2, Opladen 1975, S. 170-192; ders., Der politische Code: »konservativ« und »progressiv« in systemtheoretischer Sicht, Zeitschrift für Politik 21 (1974), S. 253-271; ders., Macht, Stuttgart 1975, S. 42 ff.; ders., Ist Kunst codierbar?, in: Siegfried J. Schmidt (Hg.), »schön«: Zur Diskussion eines umstrittenen Begriffs, München 1976, S. 60-95.

32 Vgl. auch Niklas Luhmann, Zweckbegriff und Systemrationalität: Über die Funktion von Zwecken in sozialen Systemen, Neudruck Frankfurt 1973, insb. S. 201 ff.

ne Negation mitreflektiert. Aber man kann sehr wohl Kriterien der Komplexität und der Lernfähigkeit (= Komplexität in der Zeitdimension) benennen, die in bezug auf die Funktion von Supertheorien diskriminieren.

Schlecht schneiden danach namentlich Theorien ab, die in ihrer Selbstbestimmung auf Reklamebegriffe angewiesen sind, mit denen sie sich selbst empfehlen und anderen Zustimmung zumuten. Das gilt für »Emanzipation« und – im umgekehrten Sinne – auch für »Ausbeutung«. Damit soll nichts gegen moralisierende »obiter dicta« oder polemische Ausfälle gesagt sein, die als Stil- oder Kampfmittel Nebenfunktionen erfüllen können, im übrigen aber klar als Extravaganzen angeboten werden oder doch als Theoriedefekte herauspräparierbar sind.[33] Ist aber die Theorie in ihrer Konstruktion, Bestimmtheit und Negierbarkeit auf appellative Begriffe angewiesen, limitiert sie insoweit ihre eigene Lernfähigkeit, vor allem ihre Fähigkeit zur Aufnahme konstruktiver Fremderfahrungen. Man erreicht höhere Komplexität und auch höhere Komplexität in der Zeitdimension, wenn man die konstruktiven Elemente der Theorie wertungsneutral und umarrangierbar anlegt. Nicht zuletzt gewinnt man damit auch reichhaltigere Möglichkeiten, platte Konfrontationen zu vermeiden, den Weltlauf zu kommentieren und Gegenansichten ihren Platz zuzuweisen. Moralisierende Supertheorien sind möglich, sind aber zugleich auch das Opfer ihrer eigenen Unwiderlegbarkeit.

Ist aber Komplexität ein sinnvolles Kriterium, und woher wissen wir das?

Die Systemtheorie empfiehlt Komplexität üblicherweise mit der Begründung: komplexe Systeme seien insofern stabiler, als sie mehr relativ unwahrscheinliche Ereignisse ihrer Umwelt abfangen und intern verarbeiten können.[34] Sie haben eine tiefenschärfer aufgliederbare Umwelt und einen größeren Bereich reaktiver Verhaltensmöglichkeiten. Selbst wenn man dies ohne Einschränkung gelten läßt – und Einschränkungen in Hinsicht auf das interne Arrangement der

33 Wir haben oben Hegels Sarkasmen über Moralunternehmer seiner Zeit auch als Beleg für diese Möglichkeit zitiert.

34 Siehe etwa W. Ross Ashby, An Introduction to Cybernetics, London 1956, zum Stichwort »variety«; O. J. Harvey/David E. Hunt/Harold M. Schroder, Conceptual Systems and Personality Organization, New York, London 1961; Richard Levins, The Limits of Complexity, in: Howard H. Pattee (Hg.), Hierarchy Theory: The Challenge of Complex Systems, New York 1973, S. 109-127.

Relationen werden sicher erforderlich sein –, gibt die Begründung in zwei Hinsichten zu denken: Komplexität stabilisiert nur, wenn und soweit das Stabilitätsproblem in *Umwelt*veränderungen liegt, die sich *unabhängig vom System* ergeben. Zwei andere Stabilitätsprobleme sind damit nicht erfaßt, nämlich (1) interne Wachstumsprozesse, die das System disproportional vergrößern und/oder in immer kürzer werdenden Zeitspannen umstrukturieren; und (2) systemveranlaßte Umweltveränderungen, die nicht wie Zufälle abgewehrt oder in ihren Ursachen neutralisiert werden können, weil das System selbst die Ursache ist. Es kann, mit anderen Worten, Grade und Formen der Komplexität geben, bei denen das System sich selbst gegenüber hilfloser ist als gegenüber seiner Umwelt. Das ist zumindest denkbar, und man braucht für Belege nicht weit zu suchen: Die moderne Weltgesellschaft scheint ein solcher Fall zu sein. Eine Supertheorie kann diesen Fall, ihren wichtigsten Fall, kaum ignorieren, wenn sie zugleich universale Kontrolle ihres Gegenstandsbereichs behaupten will.

Diese Überlegung führt nicht zu einem Schluß gegen das Kriterium oder gar gegen den Begriff der Komplexität und erst recht nicht zu einer Ablehnung der Systemtheorie. Denn irgendwo liegt hier das für weitere Analysen benötigte Instrumentarium. Wenn die Gesellschaft ein System ist, das die Grenzen der evolutionären Vorteilhaftigkeit von Komplexitätszunahmen erreicht, wenn nicht überschritten hat, kann daraus nicht folgen, daß man genau dies ignorieren und statt dessen eine Besinnung auf Normen und Werte re-etablieren müßte. Es wird nur erforderlich sein, das Problem der selbstveranlaßten System- und Umweltänderungen einzubeziehen und entsprechend mit selbstreferentiellen Analysen zu arbeiten. Der Überlegenheitsanspruch einer Supertheorie, die sich systemtheoretischer Argumentationen bedient, wird sich also nicht auf ihre eigene Komplexität gründen lassen, wohl aber auf ihre Fähigkeit, ihre Komplexität in bezug auf ihre gesellschaftliche Lage zu reflektieren.

11. Ein letzter Punkt betrifft einen Gegner, der sich auf klassische Vorstellungen über einen hierarchisch-transitiven, logisch-deduktiven Theorieaufbau stützt und argumentieren könnte: Es sei nicht zulässig, normale Theorieteile, die sich aufgrund konstruktiver und empirischer Bewährung verbreiteter Anerkennung erfreuen, zu verwenden, um Abschlußproblematiken der gesamten Wissenschaft oder

eines ganzen wissenschaftlichen Faches zu »lösen«. Denn jene begrifflich gefaßten Erkenntnisse setzten die Lösbarkeit dieser Grundsatzfragen immer schon voraus, sie gälten nur auf ihrer Grundlage. Man würde dabei im Zirkel argumentieren, nämlich die Theorie 1 durch die Theorie 2 begründen, die voraussetze, daß die Theorie 1 begründet sei.

Wir antworten, daß man im Wissenschaftssystem in der Tat so verfährt und so verfahren muß.[35] Abstrakt gesehen ist die Antwort auf das Grundproblem eine Sache beliebigen Meinens,[36] erst Anschlußbestimmungen geben der (gleichwohl unerläßlichen) Differenz Konsequenzen. Sie heben die Beliebigkeit der bloßen Duplikation (von Sein durch Nichts, von Geltung durch Nichtgeltung, von Wahrheit durch Unwahrheit usw.) auf, indem sie ihr als Differenz eine operative Funktion geben. Hat man begonnen, damit zu arbeiten, füllen Optionen einen Unterschied nach und machen die Wahl nichtbeliebig. Gerade wenn das Grundproblem keine logisch ausbeutbare Entscheidungsregel mehr ist, muß die Entscheidungspraxis es bestimmen können. Nachdem das System seine Abschlußproblematik erkannt und analysiert hat (und dies ist eine bewußt historische Feststellung), gibt es keine andere Möglichkeit mehr – es sei denn die, sich metarational zu verhalten und das System zu verlassen, zum Beispiel in Richtung Politik. Wenn die Identität in der Nichtidentität von Erkenntnis und Gegenstand (oder: System und Umwelt) als Problem formuliert ist, sprengt diese Formulierung die Identität von System und Hierarchie, bei der die Spitze der Hierarchie (der »Grund« aller Erkenntnis) das Ganze repräsentiert. Dann muß der Bezug von Grundproblem und Systemleistung zweiseitig aktivierbar sein. Nur mit dieser Relationierung kann eine Supertheorie gegen die Stöße der Empirie hinreichend abgefedert werden.

Deshalb kann eine Frage wie die, ob eine moralfreie Wissenschaft von der Moral in einer dem Gegenstande angemessenen Weise möglich sei, nicht allein auf der Ebene supertheoretischer Konstruktio-

35 Zum gleichen Ergebnis kommt die moderne, realistische Theorie des Rechtssystems in einer Kritik der Grundnorm-Hypothese Kelsens. Siehe Torstein Eckhoff/Nils K. Sundby, The Notion of Basic Norm(s) in Jurisprudence, Scandinavian Studies in Law 1975, S. 123-151 (insb. 137 ff.).

36 um eine auf das reine Sein und das reine Nichts bezogene Formulierung Hegels (Wissenschaft der Logik, ed. Georg Lasson), Bd. I, Leipzig 1948, S. 78, zu übernehmen.

nen entschieden werden; denn dafür brauchen wir neben dem Begriff des Systems auch einen Begriff der Moral, und beide müssen sich auch auf anderen Theorieebenen und letztlich empirisch bewähren können. Alle Strukturierungsebenen des Wissenschaftssystems beziehen sich aufeinander und können nur in dieser Beziehung als Ganzes operieren. Die »höheren« Ebenen setzen die »niederen« voraus und umgekehrt. Das ist, da auf allen Ebenen verschiedene »constraints« gelten und verschiedene Umweltaspekte relevant werden, keine Tautologie. Nur wenn man ans Ende käme und alles wüßte, was ist, könnte es sein, daß sich die Bemühung als eine grandiose Tautologie erweisen und man in der Ferne ein höhnisches Gelächter hören würde. Für die aktuelle Situation trägt es aber weder positiv noch negativ etwas bei, dies zu antizipieren.

II. Systemtheorie und die humanistische Tradition

Nach Kant sollte bewußt sein, daß die Entwicklung der neuzeitlichen Wissenschaften, ihre Ausdifferenzierung und die Steigerung ihres Auflöse- und Rekombinationsvermögens Konsequenzen hat für erkenntnistheoretische und für moralische Fragen. Die »Kritiken« waren der Versuch, die Einheit des Geltungsgrundes von Wissenschaft und Moral neu zu begründen. Die Systemtheorie stellt Einheitsfragen nur systemspezifisch, setzt also eine vorgängige Wahl von Systemreferenzen voraus und reformuliert die Rückwirkungen der Ausdifferenzierung von Wissenschaft für diese selbst mit dem Konzept der Supertheorie. Supertheorie ist danach die Ebene für das Auffangen erkenntnistheoretischer und moralischer Fragen, soweit das Wissenschaftssystem selbst betroffen ist. Deshalb erforderte die Frage nach der Möglichkeit einer moralfreien Wissenschaft von der Moral zunächst eine Darstellung dieses Konzeptes.

Benutzt man dieses systemtheoretische Konzept der Supertheorie, manövriert man die Systemtheorie in eine Kontraststellung zu Denkvoraussetzungen und Denkgewohnheiten, die man in sehr grober Zusammenfassung als »humanistische Tradition« bezeichnen könnte. In dieser Kontrastierung wird die humanistische Tradition im Namen des Menschen zum Vertreter moralischer Ansprüche an Theoriebildung; sie wird also einer derjenigen Gegner, dessen Widerspruch zur eigenen Theorie diese Theorie müßte erklären können. Aktuelle Diskussionsfronten verfolgen diesen Kontrast.[37]

Aber das ist nicht der einzige Grund für die Systemtheorie, sich mit humanistischer Tradition zu beschäftigen. Die Kontroverse dient zugleich als ein Beispiel für Totalisierungen und für deren Ertrag.

Humanisten können, wenn sie als Moralisten auftreten, natürlich nicht gehindert werden, die Systemtheorie moralisch zu bewerten. Das erfordert auf ihrer Seite jedoch bestimmte, etwa gesellschaftspolitische Realitätsbezüge ihrer Moral. Dazu dient all das, was gemessen an den Wertungsstandards der bürgerlichen Revolution – vor allem Freiheit, Gleichheit und, wenn nicht Brüderlichkeit, so doch wenigstens Kommunikation – in der heutigen Gesellschaft als defizient erscheint. Die Defizienz selbst wird natürlich von niemandem bestritten. Einer Systemtheorie, die diese Gesellschaft thematisiert und sie dabei nicht (oder noch nicht primär) an jenen Werten mißt, wird dann unterstellt, sie bejahe diese Gesellschaft und halte für gut, was schlecht sei; sie leiste sich also ein glattes moralisches Fehlurteil. Mit etwas mehr Raffinement kann gerade die Nichterwähnung der bürgerlichen Werte als Merkmal bürgerlicher Soziologie angeprangert werden; zu den »Widersprüchen« der bürgerlichen Gesellschaft gehöre es, daß sie gehindert sei, ihre eigenen Werte als Aktionsgrundlage zu verwenden, weil ihre Produktionsweise ihr dies verbiete, und die bürgerliche Soziologie, die diesen Widerspruch nicht lösen könne, habe nur die Möglichkeit, ihn zu verschleiern.[38]

37 Damit soll nicht gesagt sein, daß die Diskussion immer auf dieser Ebene geführt wird. Manchen Humanisten erscheint die »Systemtechnologie« schon deshalb als suspekt, weil amerikanische Firmen sie benutzen; andere glauben, die beträchtlichen logischen und methodologischen Schwierigkeiten einer anspruchsvolleren Systemtheorie genügten zum Nachweis, daß sie nur eine »Ideologie« sei (so z. B. Robert H. Lilienfeld, The Rise of Systems Theory – An Ideological Analysis, Ph. D. Thesis, New School for Social Research, New York 1975; ders., Systems Theory as an Ideology, Social Research 42 [1975], S. 637-660). Umgekehrt fällt es Systemtheoretikern nicht schwer, die mangelnde Selbst- und Folgenkontrolle sowie die politische Naivität humanistischer Moralbewegungen aufzudecken. Auch der Diskussionsband Jürgen Habermas/Niklas Luhmann, Theorie der Gesellschaft oder Sozialtechnologie – Was leistet die Systemforschung?, Frankfurt 1971, ist auf beiden Seiten nicht frei von Bezugnahmen dieser Art. Ich vermute ein Interesse an dieser Diskussion, das auf dieser Ebene nicht befriedigt werden kann, und bin eben deshalb auf grundlegendere Fragestellungen zurückgegangen.

38 Daß diese *Form* der Argumentation strukturell der bürgerlichen Gesellschaft selbst und historisch der Mitte des 19. Jahrhunderts angehört, nämlich bedingt

Auch bei moralisch induzierten Argumenten dieses Typs treten Theorieerfolge auf, und zwar als Nebenerfolge der Bemühung, den Anschein eines »bloß moralischen« Urteils zu vermeiden. Das ist nicht zuletzt ein Erfordernis eingängiger Totalisierung, nämlich einer Mitberücksichtigung des Gegenstandes, den auch der Gegner im Auge hat. Die Frage bleibt jedoch, ob und wieweit die Affektion mit Moral eine Ausschöpfung wissenschaftlicher Analysemöglichkeiten behindert oder vorzeitig auf Seitenwege abdrängt. Dies kann man zunächst nur vermuten. Nur eine Detailanalyse der Differenzpunkte, an denen Systemtheorie und humanistische Tradition sich scheiden und sich gegeneinander wenden, vermag aufzuzeigen, welche Analysemöglichkeiten abgeschnitten werden, wenn man Fragen »gesellschaftlicher Relevanz« vorab als moralische Fragen einführt.

1. Der erste und alles Weitere bestimmende Differenzpunkt läßt sich genau angeben. Er betrifft die *Stellung des Menschen im Kontext sozialwissenschaftlicher Analysen.* Die alteuropäische Tradition hatte hier keine Option gesehen. Sie ging seit Platon und Aristoteles ohne Frage davon aus, daß die umfassende, selbstgenügsame Gesellschaft als die politische Gemeinschaft aus Personen bestehe, zwar nicht aus allen Personen, wohl aber aus denen, die auf der Grundlage eines eigenen Hauses selbständig zu den öffentlichen Angelegenheiten beitragen konnten.[39] Auch alle anderen Gruppierungen innerhalb der Gesellschaft waren als Collectiva gedacht, deren Elemente die Einzelpersonen oder Individuen sind. Entsprechend mußten die Personen als Teile sozialer Ganzheiten gelten. Daraus ergab sich die Bestimmung des Menschen als zôon politikón oder später animal sociale mit dem Doppelsinne: daß der Mensch einerseits ein Wesen sei, das nur im sozialen Verbande leben könne, und daß andererseits daraus auch folge, daß der Mensch das Maß der Institutionen, seine Perfektion ihr Ziel sei. Die Struktur der Verbindlichkeiten innerhalb des

ist durch die Anwendung einheitlicher Temporalperspektiven auf eine sich in Bewegung befindliche Gesellschaft unter der Formel des »Fortschritts«, wäre ein Argument aus dem Arsenal der Gegentotalisierung. Siehe hierzu aus der Sicht des Historikers Koselleck, Fortschritt, a. a. O., S. 412 ff.

39 So auch Kant noch 1797 mit der Aufnahme des Merkmals der »Selbständigkeit« unter die Attribute eines Bürgers der societas civilis (Rechtslehre I. Teil § 46), eines Merkmals, das nicht auf den Menschen als Menschen generalisierbar ist, sondern einige von anderen unterscheidet.

sozialen Ganzen und zwischen seinen Teilen konnte so als natürliche Moral begriffen werden.

Hierzu gibt es inzwischen eine Alternative. Die Auffassung, der Mensch sei Teil der Gesellschaft, kann daher nur gegen andere Konzeptionen behauptet werden. Die Systemtheorie kann ihre analytischen Möglichkeiten nur ausschöpfen, wenn sie soziale Systeme und personale Systeme als unterschiedliche Systemreferenzen unterscheidet und davon ausgeht, daß sie wechselseitig füreinander Umwelt sein müssen. Demnach ist der konkrete Einzelmensch stets Umwelt eines jeden Sozialsystems und so auch für das Gesellschaftssystem, und ebenso sind alle sozialen Systeme, in denen der Einzelmensch agiert, seine Umwelt.

Es ist schwer abzuschätzen, in welchem Umfange diese Auffassung heute Zustimmung findet. Bereits Karl Marx hatte formuliert: »Die Gesellschaft besteht nicht aus Individuen ...«[40] Man muß in der Tat so denken, wenn man Gattungslogik durch Dialektik ersetzen will. Eine neuere Formulierung lautet: »A society, *as an aggregate of individuals*, is *not* integrated.«[41] Genau dies Problem transferiert Parsons auf die Ebene der Theorie des allgemeinen (analytischen) Aktionssystems. Innerhalb dieses Systems seien Organismus, Person, soziales System und Kultur als Teilsysteme differenziert, im Verhältnis zum Aktionssystem blieben sie jedoch Teilsysteme. Dem Sozialsystem falle dabei primär die Funktion der Integration zu. Dieses Konzept zieht mithin Person und Sozialsystem zwar auseinander, entnimmt aber die Regeln für die Beziehungen zwischen beiden den Rahmenbedingungen eines übergeordneten Systems, das die zwischen den Teilsystemen möglichen Input-/Output-Beziehungen reguliert.[42]

Keiner dieser Versuche treibt den Gedanken ins Extrem, der in ihnen allen angelegt ist: daß die konkreten Individuen zur *Umwelt* des Gesellschaftssystems und aller anderen sozialen Systeme gehören

40 Grundrisse der Kritik der politischen Ökonomie, Moskau 1939. Neudruck Frankfurt, Wien o. J., S. 176; dies allerdings nicht im Hinblick auf eine systemtheoretische Analyse, sondern aus Interesse an Formen oder Relationen.

41 So Randall Collins, A Comparative Approach to Political Sociology, in: Reinhard Bendix (Hg.), State and Society, Boston 1968, S. 42-67, im Kontext einer Polemik gegen Durkheim, dann aber mit der seltsamen Inkonsequenz, auf der Ebene der Gruppen für möglich zu halten, was auf der Ebene der Gesellschaft unmöglich sei.

42 Als eine knappe Darstellung siehe Talcott Parsons, Societies: Evolutionary and Comparative Perspectives, Englewood Cliffs/N. J. 1966, S. 5 ff.

und daß allgemeine Regeln über System/Umwelt-Beziehungen – so die Notwendigkeit der Reduktion von Komplexität, die Notwendigkeit interner Generalisierungen, das Ungenügen bloßer Punkt-für-Punkt-Relationen, also auch ein zeitliches De-synchronisieren der Prozesse – auch für diesen Fall gelten. Die Systemtheorie kann beträchtlich an analytischer Tiefenschärfe und Präzision gewinnen, wenn sie konsequent alle systeminternen Strukturen und Prozesse auf die System/Umwelt-Differenz bezieht. Im Falle sozialer Systeme führt dies zu der These, daß diese Systeme nicht aus Individuen, sondern aus Kommunikationen bestehen. Die Gesellschaft ist nicht die Gattung Mensch, nicht die Menschheit, sondern ein Kommunikationssystem, das die auf physisch-chemisch-organisch-psychischen Grundlagen gegebenen Potentiale der Menschheit *selektiv* integriert und in der Steuerung dieser Selektivität seine eigene Wirklichkeit und seine eigene Systemautonomie hat.

Diese Selektivität hat man freilich immer gesehen. Man hat sie aber normativ begriffen und damit auf ein Gleis geschoben, das zu ihrer Behandlung und Begründung in Begriffen der Moral führte und dort endete. Die Gewinnmarge einer neuen, systemtheoretischen Begrifflichkeit erreicht man, wenn man erkennt, *daß die Binnenselektivität des Menschen, das, was ihn als organisch-psychische Einheit konstituiert, nicht identisch ist mit der, und ganz anders verläuft als die soziale Selektivität des Kommunikationssystems.* Die System/Umwelt-Differenz trennt mithin nicht einfach Fakten, sie trennt und rekombiniert Selektivitäten.

Im Anschluß hieran kann man deutlicher sehen, wie der Mensch als beitragende Umwelt in soziale Systeme »interpenetriert«.[43] Der originäre, gesellschaftskonstituierende Beitrag der organisch-psychischen Einheit Mensch besteht nicht etwa darin, daß diese Einheit im großen und ganzen friedfertig, gutwillig und normkonform handelt und so die Ordnung erhält (was als Tatsache natürlich nicht bestritten werden soll). Vor aller schematischen Bewertung dieser Art, die immer schon und immer nur im Gesellschaftssystem konstituiert wird, konstituiert dieses selbst sich auf der Außenbasis von Systemen

43 Wir verwenden bewußt diesen Begriff von Parsons, um die Funktionsstelle anzuvisieren, die in seinem System unserem Problem entspricht; wir müssen aber eben deshalb den Sinn des Begriffs verändern. Dazu Niklas Luhmann, Interpenetration: Zum Verhältnis personaler und sozialer Systeme, Zeitschrift für Soziologie 6 (1977), S. 62-76.

mit hochkomplexer, feinregulierter Selektivität. Diese Systeme tragen zunächst einfach die Tatsache bei, daß sie ihre Zustände ständig wechseln können und ständig wechseln müssen; sie tragen sozusagen ihre Lebendigkeit bei. Sie können eben deshalb aber kein funktionales Element, geschweige denn ein Teilsystem der Gesellschaft sein. Sie bringen die dafür notwendige Stabilität nicht auf. Ihr Beitrag ist gerade Instabilität, die es ermöglicht, ein anderes System, nämlich ein soziales System über Selektionsprozesse aufzubauen.

Es gibt daher zahllose selektive Strukturen und Prozesse am Menschen, die nicht zur Gesellschaft gehören, die aber als Umwelt der Gesellschaft vorausgesetzt werden müssen, damit Gesellschaft auf der Basis von Kommunikation überhaupt zustande kommen kann. Umgekehrt beeinflußt die Tatsache Gesellschaft zunächst ihre menschliche, heute mehr und mehr auch ihre außermenschliche Umwelt. Der Mensch, wie er ist, und mehr und mehr auch der Erdball, wie er ist, wären ohne Gesellschaft nicht möglich. Das heißt jedoch nicht, daß diese Folgen als Teile des Gesellschaftssystems begriffen werden müssen. Nicht alles, was von einem System abhängt, ist Teil des Systems. Die Systemgrenzen differenzieren, mit anderen Worten, nicht zwischen Abhängigem und Unabhängigem, Zusammenhängendem und Nichtzusammenhängendem, sondern sie leisten Selektionen, die es ermöglichen, Abhängigkeiten und Unabhängigkeiten aneinander zu steigern.

Zahlreiche weitere Forschungsfragen hängen von dieser Prämisse ab. So ist es für die Evolution des Gesellschaftssystems bedeutsam geworden, daß die Benutzung von Kommunikation als Prozeßform zur Differenzierung zweier Umwelten, (1) der physisch-organischen und (2) der menschlich-personalen, geführt hat,[44] deren »ökologische« Zusammenhänge heute zu einem der wichtigsten Themen gesellschaftlicher Kommunikation geworden sind. Wir können diese Überlegungen hier jedoch nicht weiterverfolgen, sondern halten nur fest, daß die Auffassung, die organisch-psychische Einheit des Menschen gehöre zur Umwelt des Gesellschaftssystems, alle Moralität sei dagegen innergesellschaftlich konstituiert, eine althergebrachte Einheit von Funktion und Moral sprengt, um differenziertere Analysemöglichkeiten zu erschließen. Dies hat Konsequenzen für weitere Themen,

44 So z. B. Walter Goldschmidt, Comparative Functionalism, Berkeley, Los Angeles 1966, S. 59.

in denen Systemtheorie und humanistische Tradition kontrovers aufeinandertreffen.

2. Der zweite Differenzpunkt betrifft die *Konzeption der Gesellschaft* selbst, die Art, wie die Theorie deren Grundstruktur zu fassen sucht. Davon hängt es ab, wie man die Gesellschaft identifiziert, wie man Vergleiche ansetzt, wie man Typologien konstruiert.

Geht man von der Annahme aus, daß die Gesellschaft aus Menschen bestehe, drängt es sich auf, die Gesellschaftstheorie anthropologisch zu fundieren. Es müssen Aussagen über die Natur des Menschen und seine Existenzbedingungen sein, aus denen Aussagen über die Gesellschaft abgeleitet werden. In diesen Aussagenzusammenhang, der Mensch und Gesellschaft verbindet, werden dann sowohl moralische Beurteilungen oder jedenfalls Dualkonstruktionen, die ihnen entsprechen, als auch Strukturrechtfertigungen der Gesellschaft selbst eingebaut.

In einer im Ansatz *positiven* Beurteilung war die alteuropäische Tradition davon ausgegangen, daß der Mensch in seiner Zwecknatur auf gesellschaftliches Leben angewiesen sei. Er könne diese Möglichkeit verfehlen oder ihrer beraubt werden, verliere damit aber zugleich die Möglichkeit, sein eigenes Leben in der ihm immanenten Teleologie zu vollenden. Als zentrale Bedingung gesellschaftlichen Lebens galt Herrschaft, nämlich die Differenzierung regierender und regierter Teile in jedem gesellschaftlichen Verbande ebenso wie in der Verbindung all dieser Verbände zur politischen Gesellschaft. Ordnung und Herrschaft kamen letztlich ununterscheidbar überein.[45] In diesem Konzept bildete sich eine durch Schichtung differenzierte Gesellschaft ab, die dem Funktionsprimat der Politik einen zentralen Stellenwert einräumte, ja die Gesellschaft selbst geradezu als politische Gesellschaft definierte. Die Differenzierungsformen waren insofern anthropologisch fundiert, als die Menschen, und zwar sowohl herrschende als auch beherrschte Teile der Gesellschaft, in ihren Lebenszwecken auf Herrschaft angewiesen *und insofern gleich waren.*[46]

45 Zur Spätphase und zur Auflösung dieser Kongruenz vgl. David Little, Religion, Order, and Law: A Study in Pre-Revolutionary England, New York 1969.

46 Den wohl besten Überblick über diese Denkweise vermittelt Manfred Riedel, Gesellschaft, bürgerliche, in: Otto Brunner/Werner Conze/Reinhart Koselleck (Hg.), Geschichtliche Grundbegriffe: Historisches Lexikon zur politisch-sozialen Sprache in Deutschland, Bd. 2, Stuttgart 1975, S. 719-800 (719-756).

Wird die Anthropologie dagegen *negativ* angesetzt als Unruhe, Begehrlichkeit, offene Sensibilität, Unbestimmtheit und schließlich als Freiheit, besteht die Disposition der menschlichen Natur nur noch darin, ihre eigene Negation in Gang zu setzen.[47] Die Negation ihrer natürlichen Negativität ist keine privative, sondern determinierende Negation, daher nicht eine zu vermeidende Wesensverfehlung, sondern historischer Aufbau einer erst human werdenden Gesellschaft, die das realisiert, was in der Anlage nur »Perfektibilität« ist. In diesem Konzept bildet sich eine revolutionäre Gesellschaft ab, die die Ausdifferenzierung politischer und religiöser Teilsysteme vorantreibt und gesellschaftsweite Teilsysteme für Wirtschaft, Wissenschaft und Erziehung danebenzusetzen beginnt; eine Gesellschaft, die sich auf funktionale Differenzierung und Inklusion aller Individuen in alle Funktionsbereiche umstellt und Schichtung nur noch als Folgeerscheinung der Akkumulation von Effekten individuellen Handelns zuläßt. Einer solchen Gesellschaft wird ihre Geschichte bewußt als Geschichte unvollendeter Freiheiten, und Humanität wird als sich in ihrer Negativität selbst negierende Freiheit zum Zukunftsprospekt.

Gemessen an solcher Totalsicht erscheinen nun aber alle funktional ausdifferenzierten Teilsysteme, besonders die jetzt dominant werdende Wirtschaft, als defizient, als Ausdruck der Abstraktheit, der Entfremdung, der Ausbeutung des Menschen. Der im Festhalten an Humanität sich konsolidierende Neuhumanismus reflektiert schließlich alle gesellschaftlichen Funktionen im Modus ihrer Defizienz: Die Politik als Herrschaft (was jetzt etwas Negatives ist), die Erziehung als Ausübung symbolischer Gewalt, die Religion als säkularisiert oder durch Säkularisation entkräftet und die Gesellschaft selbst als Krise ihrer eigenen Legitimität.[48] Als Gegenhalt dazu wird der Mensch wieder als solcher bejaht, aber die Bejahung verliert jeden Bezug auf das, was ist. Sie wird kontrafaktisch gesetzt. Die Geschichte der Gesellschaft muß dann konsequent als Geschichte der kommunikativen Erprobung ihrer kontrafaktischen Idee rekonstruiert werden.

So wird im Verlauf der neueren Ideengeschichte die Humanität

47 Vgl. zu dieser durch Hobbes, Locke, Rousseau, Condillac und andere geförderten Anthropologie der bürgerlichen Revolution Hans Ebeling (Hg.), Subjektivität und Selbsterhaltung: Beiträge zur Diagnose der Moderne, Frankfurt 1976.

48 Vgl. Jürgen Habermas, Legitimationsprobleme im Spätkapitalismus, Frankfurt 1973.

aus einer negierbaren Negativität fortentwickelt in eine nicht mehr negierbare, nur noch negierende Positivität. Damit reißt der Theoriezusammenhang von Mensch und Gesellschaft. Wie bei Vexierbildern sieht man plötzlich, daß diese Abstraktionsgeschichte mit der Entwicklung der Gesellschaft selbst korreliert und zum Ausdruck bringt, daß die gesellschaftlichen Verhältnisse im Ausgang vom Menschen her theoretisch nicht zu fassen sind. Die Gesellschaft selbst ist dafür zu komplex geworden, und die in der Gesellschaft durch Ausdifferenzierung der Wissenschaft entstandenen Ansprüche an Theorie sind dafür zu hoch entwickelt. An ihrer Idee festhaltend, werden die Humanisten auf eine Position getrieben, von der aus sie nur noch ablehnen können.

In der Blickrichtung einer systemtheoretischen Analyse wird diese Entwicklung des Humanismus ihrerseits erklärbar, wenn man Theoriegrundlagen als abhängig sieht von Form und Ausmaß gesellschaftlicher Differenzierung. Es ist danach kein Zufall, daß Begriffe wie Mensch, Individuum, Subjekt zunehmend angestrengt, ja überanstrengt werden müssen, wenn sie Gesellschaftstheorien fundieren sollen. Das Versagen dieser Begriffe in dieser Funktion ist keineswegs ein Symptom für einen Bedeutungsverlust des mit ihnen bezeichneten Sachverhaltes – etwa im Sinne der Rede von »Entpersönlichung«, »Konformismus« oder »Vermassung«. Diese Rede ist selbst vielmehr nur das Resultat theoretischer Fehlsteuerungen. Auch »Masse« ist als anthropologisches Ausweichkonzept soziologisch ohne Wert. Die Sach- und Theorielage fordert im Gegenteil dazu heraus, Person und Sozialsystem auch analytisch schärfer zu trennen und die Analyse der Interdependenzen nicht durch affektgeladene Fundierungsaussagen vorwegzunehmen.

Ein solches Vorhaben fordert von der Systemtheorie entsprechende Abstraktionsleistungen. Es legt vor allem nahe, *auf die anthropologische Hypostasierung einzelner Funktionsprimate konsequent zu verzichten.* Nur aufgrund anthropologischer Prämissen konnte man behaupten, daß die Gesellschaft im Kern politische Gesellschaft oder im Kern wirtschaftliche Gesellschaft sei und daß es auf politisches Ethos oder auf ökonomische Produktion vor allem ankäme. Solche Thesen, die eine Rangordnung unter ausdifferenzierten Funktionen zu etablieren suchten, hatten ihre Plausibilität in historischen Situationen, in denen Einzelfunktionen in gewissem Umfange schon ausdifferenziert waren, weil es nach der Entwicklungslage der Gesellschaft auf sie vor allem ankam, in denen die Gesellschaft im übrigen aber primär durch Schichtung, also rangmäßig gegliedert war. Angesichts eines solchen Strukturtypus konnten Funktionsprimate mit Rangvorstellungen verknüpft und in dieser Verknüpfung anthropologisch fundiert werden. Nach Ausdifferenzierung einer Vielzahl von Einzelfunktionen wird aufgrund einer veränderten gesellschaftlichen Lage auch ein solches Konzept unhaltbar. Wenn schon Politik, Wirtschaft, Recht, Religion, Erziehung, Familienleben, Wissenschaft, Gesundheitswesen auf relativ hohem Anspruchsniveau ausdifferenziert und in ihren je spezifischen Leistungen interdependent geworden sind, erscheinen Hypostasierungen klassischen Stils als unbegründet. Nur für das politische System der Gesellschaft gilt, daß die Politik wichtiger ist als alles andere. Ebenso und mit gleichem Recht kann aber auch das Erziehungssystem nur funktional spezifiziert werden unter der Prämisse, daß Erziehung wichtiger ist als andere Funktionen. Entsprechendes gilt für alle Funktionsbereiche. Die Rückprojektion solcher Funktionsprimate auf die Gesellschaft selbst widerspricht dem Prinzip funktionaler Differenzierung.

Diese Kritik ist zugleich eine Teilanalyse, die erkennen läßt, welche Bedeutung der Systemdifferenzierung als solcher zukommt. In der Kritik anthropologisch begründeter Funktionshypostasierungen ist somit die Ersatztheorie schon impliziert. Sie stellt auf Differenzierung als solche ab. Sie muß dann das Gesellschaftssystem begreifen als ausdifferenziertes System kommunikativer Beziehungen und kann verschiedene Formen der Differenzierung unterscheiden, die mit dem Grade der Ausdifferenzierung des Gesellschaftssystems korrelieren. Im Übergang von segmentärer zu stratifizierender und von stratifizierender zu funktionaler Differenzierung erreicht das Gesellschaftssystem zugleich höhere Grade an Systematizität und Ausdifferenzierung, an Unterschiedenheit von der Umwelt; und es ist dieser Typenwandel, der zur Veränderung nicht nur der Selbst-Thematisierungen des Gesellschaftssystems (im Sinne von weithin akzeptierten Benennungen und Identifikationen) zwingt, sondern auch noch die zugrundeliegenden Theoriestrukturen erfaßt, weil er ihre Plausibilitätsgrundlagen variiert. Das Konzept der Supertheorie, deren Argumentationstechnik wir soeben am Fall nochmals vorgeführt haben, ist ein Angebot für diese Situation, der man nur gerecht werden kann, wenn man auch die Variation dieser die Gesellschaft (und damit sich selbst) konzipierenden Theoriestrukturen noch mitreflektiert.

3. Der Abstraktionsdruck, dem wir damit nachgeben, daß wir ihn selbst erklären, hat Konsequenzen für die Behandlung eines weiteren Themas, an dem Systemtheorie und humanistische Tradition divergieren. Es handelt sich um die Möglichkeit, die *Geschichte der Gesellschaft* als Menschheitsentwicklung oder als Evolution zu begreifen. Als Gesellschaftstheorien treten dabei nur solche Theorien in Konkurrenz, die sehen und zu begreifen suchen, daß jede Gesellschaft ihre Einheit auch in ihrer Geschichte durchhält, als ihre Identität, wenn überhaupt, auch in der Zeitdimension reflektiert als einen in sich zusammenhängenden Geschichtsprozeß.

Im Stile der humanistischen Tradition durchgeführt, müßte dies heißen: Moral und Vernunft temporalisieren und – positiv oder negativ – als Ergebnis der Geschichte erwarten. Dies Programm hat Hegel ausformuliert. Seitdem fehlt die Kraft und die Überzeugung, im Prinzip wie im Detail. Das Einheitserfordernis der Reflexion läßt sich weder in die Einheit eines Subjektes der Geschichte projizieren[49] noch in die Einheit eines Prozeßzusammenhanges, der ohne alle (ebenfalls gesellschaftlichen) Kontrastmomente nur Fortschritt oder nur Verfall garantieren könnte.[50] Als Auffangposition bleibt die These, das Subjekt sei die Intersubjektivität und der Prozeß sei die Diskussion unerfüllter Geltungsansprüche.

Als Systemtheoretiker müßte man vermuten, daß mit dem Interesse für Intersubjektivität eine neue Ebene der Systembildung anvisiert wird, auf der eine andere, »übersubjektive« Systemgeschichte abläuft, nämlich die Geschichte der Bedingungen sozialer Kombinierbarkeit menschlichen Handelns. Die humanistische Theorie verfolgt unter dieser Bezeichnung aber auch das Interesse, eine Tradition fortzusetzen, die die Sozialität als Eigenschaft des Menschen selbst behandelt *und in dieser Form normiert hatte.*[51]

49 Siehe dazu die Diskussionen der Gruppe Poetik und Hermeneutik in: Reinhart Koselleck/Wolf-Dieter Stempel (Hg.), Geschichte – Ereignis und Erzählung, München 1973, in denen das Subjekt der Geschichte kaum noch Verteidiger fand.

50 Wie Reinhart Koselleck herausgearbeitet hat, hatte sich im übrigen gerade die Fortschrittsidee immer die nötigen Kontrastmomente in der Gleichzeitigkeit des Ungleichzeitigen, Zurückbleibenden, Nichtmitgekommenen selbst projiziert. Vgl. dazu bereits oben, I 8.

51 Und dies, obwohl die Historisierung des modernen Bewußtseins gerade durch eine Anthropologie besonders gefördert worden ist, die sich bemühte, das Soziale soweit als möglich aus der Natur des Menschen herauszudefinieren, um es dem zivilisatorischen oder dem erzieherischen Prozeß zu überantworten. Nach Rousseau

Welche Konzeptionen für Gesellschaftsgeschichte lassen sich von diesen Grundpositionen aus entwickeln?

Die Systemtheorie arbeitet an der Überwindung polarer Kontrastierungen von Sein und Werden oder Struktur und Prozeß, wie sie seit den Vorsokratikern üblich sind, und zwar durch Aufdecken komplizierter Interdependenzen zwischen systembildenden und evolutionären Prozessen auf verschiedenen Ebenen der Systembildung. Aus der Sicht des typischen Historikers liegt hier noch kein ausgereiftes Theorieangebot vor. Auch läßt die Abstraktionslage des Theorieprogramms Zweifel aufkommen, ob sie je Resultate haben wird, die sich zu einer erzählbaren Geschichte werden verarbeiten lassen oder zu Psychoplausibilitäten, mit denen der Historiker bisher zu arbeiten gewohnt ist. Auf keinen Fall ist eine »Moral der Geschichte« auf dem Programm.

Die humanistische Konzeption mag meinen, dem Erzählinteresse des Historikers näherkommen zu können, da sie doch den in der Geschichte handelnden Akteuren oder Kollektivitäten ein theoriebedingtes Interesse entgegenbringt und über deren Intentionen als Anlaß für Erfolge oder Mißerfolge zu urteilen sucht.[52] Sie irrt jedoch und könnte das aufgrund ihrer eigenen Geschichte wissen. Für eine Symbiose mit historischer Theorie ist das Interesse an der Realisierung humaner Lebensbedingungen oder Werte selbst zu abstrakt geworden, und zwar gerade deshalb, weil es historisch benutzt worden ist, um die vorbürgerliche Gesellschaftsordnung aufzulösen, und dafür die Natur des Menschen außersozial (Rousseau), die Idee und Maxime des Menschen transzendental (Kant) ansetzen mußte.

Danach bleibt nur der Weg, die Humanität bis in ihre Sollwerte

ist die einzige Naturinvariante, die dann freilich durch Außenzugriffe den Menschen korrumpiert, der amour de soi-même. Émile ou de l'éducation (ed. François et Pierre Richard), Paris 1964, S. 247. Dazu und zur Vorgeschichte auch Iring Fetscher, Rousseaus Politische Philosophie: Zur Geschichte des demokratischen Freiheitsbegriffs, 2. Aufl., Neuwied 1968, S. 50 ff.; Tilo Schabert, Natur und Revolution: Untersuchungen zum politischen Denken im Frankreich des 18. Jahrhunderts, München 1969, S. 47 ff.; und für einen umfassenderen Überblick mit Bezug auf die ethische Theorie des 18. Jahrhunderts Lester G. Crocker, An Age of Crisis: Man and World in Eighteenth Century French Thought, Baltimore 1959.

52 Auf diese Vorteile weist Jürgen Habermas eigens hin in seinem Beitrag zum Thema: Geschichte und Evolution, Geschichte und Gesellschaft 2 (1976), S. 310-357.

hinein zu sozialisieren und zu historisieren. Tut man dies, dann entdeckt man die Krise. Es ist kein Zufall, daß sowohl bei Edmund Husserl als auch bei Jürgen Habermas die Umstellung von Subjekt auf Intersubjektivität (aus im einzelnen sehr verschiedenen Gründen) mit einem Krisenbewußtsein einhergeht.[53] Hier verweigert die Intersubjektivität offenbar die Annahme von Humantiteln wie Moral oder Vernunft, die dem Subjekt zugedacht waren – und entschuldigt sich mit der Gegenwart: mit Technik, Szientismus, Kapitalismus. Krisen wird man immer sehen, wenn man mit der Doppelbrille von Sollwerten und historischem Bewußtsein auf die Gesellschaft blickt. Das braucht die Zeitgenossen weder zu ängstigen noch zu aktivieren. Ein Theorieangebot für Geschichte wäre dies nur, wenn es gelänge, die Geschichtlichkeit der Sozialität und die soziale Erzeugung von Geschichte wirklich vorzuführen und auf Bedingungen zurückzuführen, die als human bewertbar sind und in einer Krise stecken.

Einen solchen Versuch unternimmt derzeit Jürgen Habermas mit dem Programm, eine Evolutionstheorie auszuarbeiten, die die faktische Geschichte erklärt als einen Verlauf, in dem die Menschheit lernt, Normen und Meinungen in bezug auf ihr Zusammenleben diskursiv zu begründen.[54] Begründungen sind nach dieser Auffassung nicht nur ein Epiphänomen von Zuständen und Interessen, das jeder sich konvenierend zurechtlegen kann; sondern sie zielen auf die Konstituentien menschlichen Zusammenlebens, in bezug auf die die Menschen ein selektives Akkordieren ihrer Interessen lernen. Niemand wird bestreiten, daß es Niveauunterschiede in der Herstellung der intersubjektiven Kompatibilität von Meinungen und Interessen gibt, daß diese sich evolutionär verändern, daß sie mit den sonstigen Strukturen der Gesellschaft korrelieren und daß sie über Sozialisations- und Erziehungsprozesse mehr oder weniger erfolgreich auf psychische Systeme übertragen werden und in ihnen wiederum das Kompatibilitätsniveau der Einstellungen bestimmen können. All das könnte auch eine Urteile über den Menschen vermeidende Systemtheorie aussagen.[55] Erst wenn es um die kritische Frage geht, wie die Personen sich lernend auf die sozialen Bedingungen ihres Zusam-

53 Vgl. Edmund Husserl, Die Krisis der europäischen Wissenschaften und die transzendentale Phänomenologie, Husserliana Bd. VI, Den Haag 1954; Jürgen Habermas, Legitimationsprobleme im Spätkapitalismus, a. a. O.

54 Vgl. dazu bereits oben unter I. 3 und I. 8

55 So zielen z. B. die von Parsons benutzten Begriffe adaptive upgrading, inclusion,

menlebens einzustellen haben, kommt es zum Bruch zwischen systemtheoretischen und humanistischen Evolutionsvorstellungen: Eine Systemtheorie wird erfolgreiche, funktionale oder dysfunktionale, relativ avancierte oder zurückgebliebene Strukturen immer am System der Gesellschaft selbst zu unterscheiden suchen und entsprechend Lernziele diskriminieren.[56] Ein Humanismus, der zugleich Kritik der bisherigen Geschichte sein will und die Gesellschaft selbst als Konzept für das, was zu lernen ist, ablehnt, wird Lernziele ab extra einführen müssen. Er würde damit keine Ereignisgeschichte mehr schreiben, sondern nur über die Ereignisgeschichte nach kontrafaktisch ideierten Maßstäben richten. Für ihn geht es in der Geschichte um noch etwas anderes als nur um die Geschichte selbst.

4. Ein vierter Differenzpunkt schließlich betrifft die Art, wie *Selbstreferenzen* behandelt werden. Für die gesamte Tradition war Reflexion eine mentale Fähigkeit, also eine Eigenschaft geistbegabter Wesen, vorzugsweise der Menschen. Sie wurde mit einem letztlich anthropologischen Argument eingeführt und konnte dann in der Erkenntnisrelation auf die Seite des Erkennenden verlagert werden. Der Gegenstand der Erkenntnis war davon nicht infiziert, war daher auch frei von den logischen Problemen selbstreferentieller Strukturen und Prozesse. Dies wiederum war die Voraussetzung für die apodiktische Geltung des Satzes vom zu vermeidenden Widerspruch, nämlich Voraussetzung für die Fähigkeit des Gegenstandes, zwischen sich widersprechenden Aussagen eine Entscheidung herbeizuführen. Entsprechend konnte man von einem natürlichen oder schöpfungsmäßig festgelegten Unterschied von, wie es später hieß, Subjekten und Objekten ausgehen – die einen: bewußte reflexionsbegabte Substanzen, die anderen: ausgedehnte Substanzen, die nach Raum und Zeit so spezifiziert werden konnten, daß auf seiten des Subjektes das Prinzip des zu vermeidenden Widerspruchs zum Zuge kommen konnte. So konnte die Logik als die Lehre von den Gesetzen des Denkens begriffen werden.

value generalization auf eben dieses Problem. Siehe Talcott Parsons, The System of Modern Societies, Englewood Cliffs/N. J. 1971, S. 26 ff.

56 Siehe etwa die Bedeutung der Innen/Außen-Differenz und der Form ihrer systemimmanenten Verarbeitung für die Untersuchung von Volker Rittner, Kulturkontakte und soziales Lernen im Mittelalter: Kreuzzüge im Lichte einer mittelalterlichen Biographie, Köln, Wien 1973.

Dieses Konzept kam mit der Erkenntnis des Menschen selbst in Schwierigkeiten, die spürbarer wurden in dem Maße, als die religiösen und moralischen Gewißheiten, die für Erkenntnis standen, sich lockerten. Es konnte keine Sozialwissenschaft entwickeln, denn dies hätte ja eine Wissenschaft von selbstreferentiellen Gegenständen werden müssen, und ist daran letztlich gescheitert. Trotzdem wirkt die Sprachprägung nach, die dieser Tradition entstammt. So knüpfen sich an Begriffe wie Subjekt und Reflexion besondere Erwartungen, mit denen Fachwissenschaften konfrontiert werden. Der Systemtheorie wird – mit dem ganzen Recht, das man von unhaltbaren Positionen aus mobilisieren kann – eine objektivierende, verdinglichende Behandlung des Menschen zum Vorwurf gemacht (so als ob sie etwas, was sei, nicht zur Kenntnis nähme).[57] Auf diese Kritik läßt sich unmittelbar nicht antworten, weil die Systemtheorie, wenn sie selbstreferentielle Strukturen und Prozesse in Betracht zieht, dies am Objekt der Erkenntnis tut und gerade damit den privilegierten Status des Subjekts aufhebt, den zu übersehen ihr vorgeworfen worden war.

Auf die Herausforderung durch die Sozialwissenschaften reagierend, muß die Systemtheorie davon ausgehen, daß Selbstreferenz eine Gegenstandsstruktur ist, die nicht auf der Subjektseite, sondern gerade auf der Objektseite der Erkenntnisrelation zu lokalisieren ist. Nur die Reflexivität des Erkenntnisprozesses, nur die Möglichkeit, Erkenntnis zu erkennen, läßt auch den Erkennenden selbst als Selbstreferenz erscheinen; dies aber nur, sofern er Objekt des auf Erkennen gerichteten Erkenntnisprozesses ist. Erst als Gegenstand der Erkenntnistheorie wird das Subjekt etwas, dem man Reflexion zuschreiben kann.

57 Vgl. etwa Jürgen Ritsert, Handlungstheorien und Freiheitsantinomie, Berlin 1966; Willi Oelmüller, Was ist heute Aufklärung?, Düsseldorf 1972; Franz Maciejewski, Sinn, Reflexion und System: Über die vergessene Dialektik bei Niklas Luhmann, Zeitschrift für Soziologie 1 (1972), S. 139-155; Bernard Willms, System und Subjekt oder die politische Antinomie der Gesellschaftstheorie, in: Franz Maciejewski (Hg.), Theorie der Gesellschaft oder Sozialtechnologie?, Supplement 1, Frankfurt 1973, S. 43-77; Ludwig Landgrebe, Der Streit um die philosophischen Grundlagen der Gesellschaftstheorie, Opladen 1975. Durchweg argumentieren diese Autoren nicht originär, sondern traditionsbezogen – das heißt so, als ob man schon wüßte, was das Subjekt (bzw. Freiheit, bzw. Reflexion) sei. Es ist daher kaum feststellbar, ob und inwieweit ihnen überhaupt ein einheitlicher Sachverhalt vor Augen steht.

Durch diese Umdisposition gewinnt man Generalisierungsmöglichkeiten, die den Weg ins Transzendente oder Transzendentale vermeiden. Am Fall des erkennenden Systems, das erkennt, daß es erkennt, kann man sehr gut ein sehr viel allgemeineres Problem studieren.[58] Bereits Rousseau hatte in dieser Richtung angesetzt mit der Interpretation der Selbsterhaltung als amour de soi-même, als ursprünglicher Selbstbezug, der gerade in seiner Geschlossenheit Umweltsensibilität generiert und so den zivilisatorisch korrumpierbaren Persönlichkeitsaufbau auslöst.[59] Verallgemeinert man diese Ausgangseinsichten, so führt das zu der These, daß unter der Voraussetzung einer Differenz von System und Umwelt es gerade die *zirkuläre Geschlossenheit* der Systemprozesse ist, die als eine universelle Eigenschaft des Systems dieses in *spezifischen* Hinsichten *umweltempfindlich* macht. Ein selbstreferentielles System reagiert immer auf sich selbst, unter Umständen aber auch auf anderes. Es kann seinen Selbstkontakt umweltbedingt modifizieren. Es kann seine Umweltsensibilität dadurch und nur dadurch steigern, daß es die Selektivität möglicher Selbstkontakte, also die interne Komplexität erhöht. Basale Selbstreferenzen dieses Typs müssen beachtet und begriffen werden, wenn man erkennen will, daß und wie Geschlossenheit und Offenheit, Universalität und Spezifikation, relativ geringe Systemkomplexität und relativ hohe Umweltkomplexität einander wechselseitig voraussetzen und nur in bezug aufeinander steigerbar sind.

Daß Forschungsaufgaben dieses Typs in der Systemtheorie weithin noch nicht einmal registriert, geschweige denn gelöst sind, muß zugestanden werden. Ihr Aufgreifen wird die Diskussionslage verändern. Die Entgegensetzung von Natur- und Geisteswissenschaften oder von Natur- und Sozialwissenschaften wird an Schärfe verlieren,

58 Auch diesem allgemeineren Problem wird zuweilen der Titel »Erkenntnis« oder »cognition« verliehen. Dann aber fällt dieser Begriff mit System/Umwelt-Beziehungen jeder Art zusammen. Siehe z. B. Humberto Maturana, Neurophysiology of Cognition, in: Paul L. Garvin (Hg.), Cognition: A Multiple View, New York, Washington 1970, S. 3-23.

59 Wir hatten bereits oben auf das 4. Buch des Émile hingewiesen. Rousseau kann uns freilich nur begrenzt als Kronzeuge dienen, denn er braucht zur Konstruktion seines Gedankenganges noch Vernunft und Mitleid als Zusatzausrüstungen, die – ganz im Sinne der humanistischen Tradition – den Menschen durch seinen Unterschied vom Tier definieren. Siehe die Anmerkung XV zum Discours sur l'origine et les fondemens de l'inégalité parmi les hommes, Œuvres Complètes, Bd. III, Paris 1964, S. 219.

und die theoretische und methodologische Führung wird sich dorthin verlagern, wo Probleme der Selbstreferenz empirisch bearbeitet werden. Die klassischen Titel des Subjekts – Bewußtsein, Willensfreiheit, Geist, Reflexion – werden eigentümlich undifferenziert und gehaltlos erscheinen. Ihr appeal wird verblassen, und wer in ihrem Namen Moral zu treiben sucht, wird prüfen müssen, wieweit die guten Namen noch wirken.

5. Die Denker der humanistischen Tradition konnten, historisch gesehen, eine bereits hochentwickelte Moral voraussetzen und als vorliegend ansehen.[60] Mit Bezug auf diese Faktizität der Moral bot es sich an, *Normen* (oder normativ gefaßte Orientierungsgesichtspunkte) und *Handlungen* zu unterscheiden und *beides* moralisch zu qualifizieren. Die Hochmoral, die sie vorfanden, hatte bereits nicht mehr die einfache Form der Erwartung sachgemäßen, realitätsgerechten Verhaltens. Ihr stellte sich die Aufgabe, Bezugspunkte für *internale und externale* Zurechnung *innerhalb der Moral zu kombinieren.*[61] Das konnte durch die Unterscheidung von Normen und Handlungen geschehen, indem man davon ausging, daß die Normen – ob nun als Gesetze oder als immanente Teleologie des Handelns – der Disposition des Handelnden selbst entzogen und ihm nicht zurechenbar seien, wohl dagegen das Handeln als solches. Als Moral konnte dann das normentsprechende Handeln begriffen werden, da es external und internal Zugerechnetes kombiniert, sich selbst sozusagen einordnend.

Die Juckepunkte dieses Konzepts sind bekannt: Auch beste Absichten können üble Folgen haben, und auch ein einwandfrei geführtes Leben kann miserabel enden. Derartige Erfahrungen haben die Moraltheorie reifen lassen, sie aber nicht zum Scheitern gebracht. Die Systemtheorie verspricht keine bessere Lösung des Problems der Theodizee. Ihr wird das skizzierte Konzept in ganz anderer Weise fragwürdig.

Der Hauptpunkt: daß man aus größerer Distanz zur Moral eine bessere Theorie der Moral anstreben kann, wird uns im folgenden beschäftigen. Im Augenblick interessiert nur eine genauere Lokali-

60 Welche Strukturentscheidungen damit bereits getroffen und der Analyse entzogen waren, werden wir unter V. näher erörtern.

61 Siehe dazu aus psychologischer Sicht Harold H. Kelley, Moral Evaluation, American Psychologist 26 (1971), S. 293-300.

sierung des Bruchs zwischen humanistischer Tradition und Systemtheorie. Er tritt, entsprechend der Unterscheidung und Relationierung von Norm und Handlung im traditionellen Modell, an zwei Stellen auf: Im Laufe des Vollzugs der neuzeitlich-bürgerlichen Gesellschaftsvorstellung werden die Normen der Moral kontingent, historisch, gesellschaftsabhängig und im Falle des Rechts durch Entscheidungen positiviert. Die Handlung wird mitsamt der zur Handlung befähigenden Struktur des Menschseins aus dem Kontext gesellschaftlicher Moral herausabstrahiert in Anlehnung an Modelle der Physik, der Technik oder des sensibel-organischen Lebens.[62] Der Mensch wird durch Privation der natürlichen Sittlichkeit geradezu definiert[63] – wobei die privatio selbst, die ja Wesensformen voraussetzt, ihren Sinn verliert. Was bleibt ist: Unruhe, Unbestimmtheit, Weltoffenheit, die nach dem Konzept der bürgerlichen Anthropologie sich im Handeln unter sozialen Bedingungen selbst negiert, nämlich bestimmt; die aber auch im soeben skizzierten Konzept als basale Selbstreferenz begriffen werden kann, die sich durch Umweltkontakt autokatalytisch als System aufbaut.

So weit gekommen, wird die Frage unabweisbar, woher eigentlich jene Bivalenzen kommen, die das Handeln an der Alternative von gut und schlecht oder gut und böse ausrichten, und wer oder was dritte Möglichkeiten (etwa die uns interessierende des moralfreien Disponierens über Theorien der Moral) ausschließt. Mit der natürlichen Sittlichkeit und der Teleologie der (privativ verfehlbaren) Naturzwecke fällt schließlich auch der natürliche Schematismus der Moral – jene letzte Identität von Norm und Handlung in der übereinstimmenden Disjunktion. Das heißt nicht, wie man irrig meinte, jetzt sei alles erlaubt. Aber in Kenntnis dieser Frage nach der Herkunft und Zuordnung binärer Schematisierungen kann man eine Theorie der Moral nicht mehr im Begriffsrahmen von Norm und Handlung entwickeln, nicht mehr als Hermeneutik von Normen und Handlungen anlegen. Es ist ein Theoriedefekt, zu dem Theologen sich aus außertheoretischen Gründen genötigt fühlen mögen, der aber bei Rousseau dann unverzeihlich wird: die Quelle der Diffe-

62 Vgl. dazu Friedrich Jonas, Zur Aufgabenstellung der modernen Soziologie, Archiv für Rechts- und Sozialphilosophie 52 (1966), S. 349-375 (insb. 363 ff.).

63 Siehe Manfred Riedel, Zum Verhältnis von Ontologie und politischer Theorie bei Hobbes, in: Reinhart Koselleck/Roman Schnur (Hg.), Hobbes-Forschungen, Berlin 1969, S. 103-118.

renz von gut und böse selbst wieder als gut zu bezeichnen – die sensible Natur, den amour de soi-même.

Bei einer systemtheoretischen Analyse dürfte dieser Fehler nicht wiederholt und es müßte klargestellt werden, für welche Systeme binäre Schematismen überhaupt und der Moralschematismus im besonderen welche Funktionen erfüllen. Und diese Analyse kann geführt werden, ohne daß man sich vorweg zu der Auffassung bekennt, es sei gut, daß Funktionen erfüllt würden.

III. Funktion der Moral

Nach längeren Positionsmanövern kehren wir nunmehr zum Thema Moral zurück. Die Analyse des Verhältnisses von Systemtheorie und humanistischer Tradition ermutigt zu dem Versuch, von anthropologischen Denkvoraussetzungen abzusehen und Moral als eine Struktur sozialer Systeme zu begreifen. Da man aber weiß, daß Moraltheorien möglich sind, die sich selbst und damit auch alles, was ihre Annahmen negieren könnte, moralisch beurteilen, muß eine systemtheoretische Moraltheorie als Supertheorie angelegt sein bzw. im Rahmen einer Supertheorie konzipiert werden: Sie muß die Begriffe der theoretisierenden Moral ihrerseits rekonstruieren können und muß außerdem noch erklären können, welchen Limitationen der theoretisierende Moralist unterliegt.

Ein solches Theorieprogramm wird sich erst in der Durchführung als durchführbar erweisen. Supertheorien führen kein apriorisches Leben, sie sind auf Einfälle und Arbeitserfolge im Bereich wissenschaftlicher und empirischer Verzahnungen angewiesen, die sie nicht vorweg gewährleisten können. Sie müssen sozusagen von unten legitimiert werden.[64] Das entscheidende Argument wird daher sein, daß es gelingt, das Faktum Moral mit moralfreien Begriffen zu begreifen.

1. Wir gehen davon aus, daß soziale Systeme entstehen, wenn immer Personen zueinander in Beziehung treten. Die Einzelpersonen bleiben im Verhältnis zueinander, aber auch im Verhältnis zu dem sich bildenden Sozialsystem Umwelt. Sie verschmelzen sich weder miteinander noch mit dem sozialen System. Ebenso bleibt von ihnen aus

64 Vgl. auch oben I. 11.

gesehen das soziale System (notwendige oder nichtnotwendige) Umwelt. Für jedes der Systeme, für die beteiligten Personen ebenso wie für das Sozialsystem, das sie bilden, ist die Umwelt stets komplexer als das System selbst. Ausgangslage ist somit ein *mehrfaches gegenläufiges Komplexitätsgefälle*. Jedes System selegiert eigene Zustände und Prozesse (interne Relationierungen) im Hinblick auf eine Umwelt, die komplexer ist als es selbst. Unter der angegebenen Bedingung können diese Selektionen selektiv verknüpft werden. Auch eine solche Selektion von Selektionen kann noch stabile Muster ergeben, solange sie den Bereich derjenigen Repertoires nicht überschreitet, mit denen jedes System sich auf je seine Umwelt einstellen kann. Wir wollen von selektiven Akkordierungen sprechen, ohne dabei zu unterstellen, daß das Gelingen solcher Akkordierungen oder ihre Stabilität als Selektionsmuster bewußt wird.

Wenn für jedes System andere Systeme nur hochkomplexe Teile einer sehr viel weiterreichenden Umwelt sind, und zwar Teile, die sich ihrerseits an Hand ihrer Umwelt orientieren, zu der unter anderem auch das erstgenannte System gehört, kann kein System die Prozesse und Zustandsänderungen des anderen kalkulieren. Die Systeme bleiben füreinander opak (was nichts Ungewöhnliches ist, da sie ohnehin füreinander nur Umwelt, das heißt nur selektiv relevant sind). Die Komplexität der anderen Systeme ist praktisch unauflösbar, undurchschaubar. Sie ist als Komplexität gar nicht erfahrbar, sondern wird, wenn überhaupt, als Kontingenz bewußt. Kontingenz ist sozusagen die Reduktionsform der Komplexität.[65] Sie reduziert

65 Dieses Konzept ist im Grunde seit der Antike geläufig in der Verengung auf ein *Erkenntnisproblem*: Als zufällig oder als kontingent erscheine das, was uns in der Komplexität seiner Verursachung nicht vollständig bekannt sei. Das wurde besonders für künftige Kontingenzen unterstellt – so noch bei Thomas Hobbes, De corpore X (Opera Latina, ed. Molesworth, Bd. I, Neudruck Aalen 1961, S. 115 f.). Vgl. auch Dorothea Frede, Aristoteles und die »Seeschlacht«: Das Problem der Contingentia Futura in De Interpretatione 9, Göttingen 1970, insbes. S. 114, 121 ff. Diese Zuspitzung auf Erkenntnis hatte den großen Vorzug, dem Menschen als Schwäche zurechenbar und dadurch mit kosmologischen oder theologischen Konzeptionen kompatibel zu sein. Nachdem dieses theoriepolitische Interesse entfallen ist, bevorzugen wir eine allgemeinere Fassung, die davon ausgeht, daß *jeder* Systemprozeß im Verhältnis zur Komplexität des Systems selbst und im Verhältnis zu hochkomplexen Umweltsystemen kapazitätsmäßig »nicht mitkommt«. So kann ein System die für es unbestimmbare Komplexität der Umwelt als »Unsicherheit« thematisieren und mit der Unsicherheit rational umzugehen versuchen. Diese Einsicht hat die moderne Theorie rationalen Entscheidungsverhaltens frucht-

das Überkomplexe anderer Systeme auf die Form: dies oder anderes. Jede Zustandsveränderung erscheint dann im Horizont anderer Möglichkeiten, jede Handlung hätte auch unterlassen werden können, und entsprechend werden künftige Strukturen und Prozesse erfahren als etwas, was so, aber auch anders kommen kann. Diese reduktive Problemtransformation hat den Vorzug eines Orientierungsgewinns: Auf Kontingenz der Umweltsysteme kann ein System sich einstellen durch Selektion eigener Verhaltensweisen, die Erwünschtes wahrscheinlicher und Unerwünschtes unwahrscheinlicher machen.

Bereits diese einfache Überlegung hat weittragende Konsequenzen für klassische Problemstellungen. Sie macht die weiteren Analysen unabhängig von der Frage, ob der Weltlauf und das Systemverhalten determiniert sind oder nicht. Selbst wenn die Prozesse hochkomplexer Systeme voll determiniert wären (wofür viel spricht), wäre unter der angegebenen Bedingung eines mehrfachen gegenläufigen Komplexitätsgefälles die Unterstellung von Freiheit eine notwendige Kalkulationsvereinfachung. Auf Freiheit kann man sich, mit anderen Worten, auch dort noch einstellen, wo die zugrundeliegende Realität unbestimmbar wird.

Wir kommen darauf bei der Behandlung des Spezialproblems der Willensfreiheit zurück. Zunächst gilt es, das Problem der Kontingenzverarbeitung in sozialen Systemen weiterzuverfolgen. Um die Darstellung zu vereinfachen, werden wir die (mindestens zwei) verschiedenen personalen Systeme, sofern sie kommunizieren und dadurch ein soziales System bilden, als Ego und als Alter bezeichnen. Die Termini Ego und Alter beziehen sich also nicht auf die personalen Systeme in ihrer eigenen Systematizität und konkreten Komplexheit (für die das soziale System dann Aspekt ihrer Umwelt wäre), sondern nur auf ihre Funktion im Kontext der Konstitution eines sozialen Systems – ihre Interpenetration.[66]

Sobald personale Systeme als Ego und als Alter zueinander in Beziehung treten, entsteht ein als *doppelte Kontingenz* bezeichnetes Pro-

bar angeregt. Siehe etwa Herbert A. Simon, Theories of Bounded Rationality, in: C. B. McGuire/Roy Radner (Hg.), Decision and Organisation: A Volume in Honor of Jacob Marschak, Amsterdam, London 1972, S. 161-176. Vgl. dazu auch die Unterscheidung von design complexity and control complexity bei Hans Werner Gottinger, Complexity and Information Technology in Dynamic Systems, Kybernetes 4 (1975), S. 129-141.

66 Im oben unter II. 1 erörterten Sinne.

blem.[67] Ego und Alter müssen sich wechselseitig als kontingent handelnd interpretieren. Jedes Erleben des Verhaltens des anderen und jede Erwartung nimmt notwendigerweise diese Form der Kontingenz an. Das gleiche gilt auch für die Selbsterfahrung, da diese nur durch Relationierung zu sich selbst hergestellt werden kann und auch für Selbstanalyse die prozessuale Kapazität der Systeme nicht ausreicht. So nimmt für Ego ebenso wie für Alter, für beide aber in einem jeweils anderen personalen System, die soziale Beziehung die Form doppelter Kontingenz an. Überdies erfahren beide, daß dies so ist, und sie wissen auch noch, daß der jeweils andere es weiß.[68] Sie erfahren dies in der sozialen Beziehung selbst, in der sie erleben und als Prämisse eigenen Verhaltens übernehmen müssen, daß sie für den jeweils anderen Umwelt sind.

Die klassische Soziologie hat hieraus den Schluß gezogen, daß soziale Systeme nichtrationale Handlungsgrundlagen, insbesondere Konsens über Werte benötigen.[69] Der Schluß zielt auf die *Faktizität*,

67 Vgl. Talcott Parsons/Edward A. Shils (Hg.), Toward a General Theory of Action, Cambridge/Mass. 1951, S. 16; Talcott Parsons, Interaction: I. Social Interaction, International Encyclopedia of the Social Sciences, Bd. 7, New York 1968, S. 429-441 (436); James Olds, The Growth and Structure of Motives: Psychological Studies in the Theory of Action, Glencoe/Ill. 1956.

68 Zu dieser sozialen Reflexion des Bewußtseins vgl. z. B. Herbert Blumer, Psychological Import of the Human Group, in: Muzafer Sherif/M. O. Wilson (Hg.), Group Relations at the Crossroads, New York 1953, S. 185-202; Theodore M. Newcomb, The Cognition of Persons as Cognizers, in: Renato Tagiuri/Luigi Petrullo (Hg.), Person Perception and Interpersonal Behavior, Stanford/Cal. 1958, S. 179-190; Johan Galtung, Expectations and Interaction Processes, Inquiry 2 (1959), S. 213-234; Paul-H. Maucorps/René Bassoul, Empathie et connaissance d'autrui, Paris 1960; dies., Jeux de miroirs et sociologie de la connaissance d'autrui, Cahiers internationaux de Sociologie 32 (1962), S. 43-60; Barney Glaser/Anselm Strauss, Awareness Contexts and Social Interaction, American Sociological Review 19 (1964), S. 669-679; Jean Maisonneuve, Psycho-sociologie des affinités, Paris 1966, insbes. S. 322 ff.; Ronald D. Laing/Herbert Phillipson/A. Russell Lee, Interpersonal Perception: A Theory and a Method of Research, London 1966; Thomas J. Scheff, Toward a Sociological Theory of Consensus, American Sociological Review 32 (1967), S. 32-46; Vladimir A. Lefebvre, A Formal Method of Investigating Reflective Processes, General Systems 17 (1972), S. 181-188.

69 Talcott Parsons, The Structure of Social Action, New York 1937, resümiert nicht nur diese Einsicht, die historisch aus der Polemik gegen den Utilitarismus als Sozialtheorie stammt, sondern hält sie für das Fundament soziologischer Theorie, ja fachlicher Eigenständigkeit der Soziologie schlechthin. Es ist diese Position, die markiert wird, wenn Durkheim sagt, er interessiere sich für die Faktizität

nicht auf die *Moralität* von Moral als Bestandsvoraussetzung sozialer Systeme. Er ermöglicht es dem Soziologen, sich von den Moralisten und zugleich von den individualistischen Rationalitätsmodellen wirtschaftswissenschaftlicher Provenienz zu distanzieren. Der Schluß soll weder kritisiert noch widerlegt werden. Aber die Theorieleistung läßt sich verbessern, wenn man nach der *Funktion* der Moral fragt und genauer analysiert, wie die Form der Moral dieser Funktion gerecht wird. Mit dieser Fragestellung wird die Moral selbst kontingent gesetzt und auf funktionale Äquivalente hin befragbar.

2. Sobald Ego und Alter aus welchen (zufälligen) Gründen immer in eine doppelkontingente Beziehung zueinander geraten, sich wechselseitig kontingentes Handeln zurechnen und infolgedessen jeweils füreinander auch als alter Ego fungieren, müssen *beide jeweils in sich selbst eine dreifache Rolle integrieren.* Jeder ist für sich selbst zunächst Ego, weiß aber auch, daß er für den anderen Alter ist und außerdem noch, daß der andere ihn als alter Ego betrachtet. Damit wird für die Orientierung in diesem Selektionszusammenhang und für dessen Fortsetzung die Frage relevant, wie die Beteiligten je für sich ihr Ego-und-Alter-und-alter-Ego-Sein integrieren. Mead hatte diesen Prozeß »taking the role of the other« genannt.[70] Jeder ist gehalten, die Selektivität und die Selektionszumutungen des anderen in die eigene Identitätsformel einzubauen, denn nur so kann er seine Operationen in dieser Beziehung fortsetzen. Das kann auf sehr verschiedene, sehr individuelle Weise geschehen je nach den Ausgangsbedingungen in der psychischen Struktur und ihrer persönlichen Geschichte. Zugleich ist aber die Frage, wie der einzelne dieses Problem löst, von eminent sozialem Interesse. So ist es nahezu unvermeidlich, daß darüber direkt oder indirekt kommuniziert wird.

Das Problem ist aber infolge der Verschränkung differenter System/Umwelt-Perspektiven für Kommunikation, ja zumeist sogar

von Moralen, und wenn Max Weber im Anschluß an Georg Jellinek nicht auf Legitimität, sondern auf Vorstellungen über Legitimität abstellt.

70 Siehe George H. Mead, Mind, Self and Society from the Standpoint of a Social Behaviorist, Chicago/Ill. 1934, insbes. S. 254, 354 ff.; ders., The Philosophy of the Act, Chicago 1938, passim. Vgl. auch Ralph Turner, Role-Taking: Process versus Conformity, in: Arnold M. Rose (Hg.), Human Behavior and Social Process: An Interactionist Approach, Boston 1962, S. 20-40. Inzwischen hat sich in der Soziologie jedoch ein andersartiges Verständnis des Rollenbegriffes durchgesetzt.

für Bewußtseinsleistungen viel zu komplex. Es wird für die Beteiligten so nicht zugänglich. Viel mehr als die einfache Relativität von Ich/Du-Beziehungen, die klarstellen, daß jeder weiß, wer gemeint ist, kann man einem normalen Kommunikationsprozeß nicht zumuten. Daher wird über die Integration der wechselseitig verschränkten Perspektiven und Identitäten nur in vereinfachter Form kommuniziert. Als Indikator für einen akzeptierbaren Einbau des Ego als Alter und als alter Ego in die Sichtweise und Selbstidentifikation seines Alter dient der Ausdruck von *Achtung* und die Kommunikation über Bedingungen wechselseitiger Achtung. Ego achtet Alter und zeigt ihm Achtung, wenn er sich selbst als Alter im Alter wiederfindet, wiedererkennt und akzeptieren kann oder doch sprechende Aussichten zu haben meint. Achtung fungiert also im Kommunikationsprozeß als Kürzel für sehr komplexe zugrundeliegende Sachverhalte, die nur über diese symbolische Substitution überhaupt kommunikationsfähig werden. Das Gelingen perspektivisch integrierter Kommunikation wird durch Achtungserweis entgolten, das Mißlingen durch Achtungsentzug bestraft, und all das in abstufbarer Dosierung. Mit Hilfe einer derart vereinfachten Kommunikation über Achtung kann man dann neue Ebenen der Subtilität erreichen, kann direkt sagen oder auch andeuten oder erraten lassen, welches Erleben und Handeln Achtung einträgt oder gefährdet und mit welchen Graden der Relevanz für die Fortsetzung des Kontaktes, der Dauer, der Gewöhnlichkeit oder der Außergewöhnlichkeit.

Achtung ist nicht schlichtes und direktes Produkt konsentierten oder normkonformen Verhaltens. Sie kann auch originär erworben werden mit einem Verhalten, das anderen erst bewußt macht, was sie »eigentlich« erwartet hatten bzw. mit ihrem besseren Ego erwarten sollten. Gerade moralische Innovationen stoßen vielfach auf nichtkonsentiertes, noch nicht normiertes Terrain vor oder müssen – Antigone! – Normen geradezu brechen, um veränderte Niveaus der Integrierbarkeit von Erwartungen sichtbar zu machen. Erst recht ist Achtung kein bloßes Resultat der Befriedigung von Interessen;[71] sie kann auf der Ebene von Interessen mit Vorteilen für Ego und für Al-

71 Anders ein in der angelsächsischen Literatur verbreiteter Moralbegriff, der bei gelungener reziproker Gratifikation von Interessen ansetzt und dann nicht mehr verständlich machen kann, wie es zu altruistischen Moralen oder gar zur Moralisierung von Ungleichverteilungen kommen kann. Ein typisches Beispiel: Alvin W. Gouldner, The Coming Crisis of Western Sociology, London 1971, insbes.

ter kompatibel sein. Selbst Altruismus ist kein unfehlbares Rezept für Achtungsgewinn, geschweige denn ein isoliert denkbares Prinzip der Moral[72] – schon weil das Absehen von eigenen Interessen viel zuviel Spielraum läßt für das Begünstigen und Benachteiligen anderer.

Über Achtung oder Mißachtung kann in bezug auf ein Ego oder ein Alter nur einheitlich entschieden werden, das gehört zu den Reduktionsleistungen des Konzepts. Es geht also nicht um einzelne Fähigkeiten oder um bestimmte Verdienste.[73] Das heißt jedoch nicht, daß in Achtungsfragen der Mensch als ganzer beurteilt würde. Neben der Achtung, die er genießt, kann er durchaus noch spezielle Fähigkeiten, gutes Aussehen, Eigentum oder besondere Beziehungen besitzen, mit denen er Achtungsverluste kompensieren kann. Mit der Achtung steht nicht notwendig Sein oder Nichtsein, auch nicht notwendig Kontinuität der sozialen Beziehungen auf dem Spiel. Ob und wieweit dies doch der Fall ist, ist eine Variable, die in unterschiedlichen Gesellschaften und in unterschiedlichen Teilsystemen von Gesellschaften sehr verschiedene Werte annehmen kann.

Achtung ist also keine Eigenschaft, sondern eine Zuteilung. Sie wird jeweils in sozialen Systemen erworben oder entzogen, gesteigert oder gemindert und hat daher zunächst nur systemrelative Relevanz. Bei zunehmender sozialer Differenzierung, also in komplexeren Gesellschaften, kann sich daraus ein Fluktuieren der Achtungswerte oder eine Inkonsistenz der Zuteilungen ergeben, dem durch Gegenstabilisierungen entgegengewirkt werden muß. Das geschieht einerseits durch Generalisierung der Bedingungen für Achtungserwerb und Achtungsverlust, darauf kommen wir im Abschnitt über Generalisierung von Moral ausführlich zurück; zum anderen durch die Entwicklung von Selbst-Achtung auf der Basis personaler Systeme, mit der die Teilnehmer sich in begrenztem Umfange von den Fluktuationen des Achtungsmarktes unabhängig machen (oder doch unabhängig fühlen) können und die ihnen das Prätendieren und Inanspruchnehmen von Achtung beim Eintritt in neue soziale Beziehungen

S. 266 ff., trotz einer eingehenden Erörterung der soziologischen Kritik des Utilitarismus!

72 Siehe dazu J. Davis, Forms and Norms: The Economy of Social Relations, Man 8 (1973), S. 159-176.

73 Vgl. die Unterscheidung von esteem und approval unter dem Gesichtspunkt von diffuse und specific bei Talcott Parsons, The Social System, Glencoe/Ill. 1951, S. 108, 130 ff., 391 f., 426 f.

erleichtert: Wer sich selbst achtet und damit zum Ausdruck bringt, daß er den eigenen Ego/Alter-Synthesen traut, hat die Achtung anderer schon halb gewonnen.

3. Achtung ist nach unserer Auffassung diejenige emergente Symbolisierung, die Moralbildung ermöglicht. In diesem Sinne ist Achtung der Grund der Moral. Genau umgekehrt hatte die humanistische Tradition Moral als begründet vorausgesetzt und von daher über Recht und Unrecht bei der Zuteilung von Achtung entschieden. Wie das aussieht, läßt sich bei Abbadie nachlesen.[74]

Der Grund der Moral liegt ganz modern bereits in der natürlichen Selbstreferenz der Person, in der Selbstliebe. Diese ist als Natur von Gott gewollt, und Gott erweist sich darin als ein guter Gott, daß er Selbstliebe und nicht Selbsthaß geschaffen hat.[75] Die Selbstliebe wirkt auf drei Ebenen in je verschiedener Weise; auf der animalischen Ebene als Lust (plaisir), auf der Ebene der Vernunft als Achtung (estime) und auf der Ebene der natürlichen Religion als Gewissen (conscience). Eine Art kybernetische Hierarchie steuert das Verhältnis dieser Ebenen: Das Gewissen regelt die Liebe der Achtung, die Liebe der Achtung regelt die Liebe der Lust.[76] Achtung ist insofern nicht Fundament der Moral, sondern eine Ebene ihrer Artikulation. Sie hält, wiederum nach Gottes Willen, das menschliche Verhalten im Bereich des Zivilisierten, Gefälligen, Anständigen und Reputationsfähigen und sorgt zugleich dafür, daß die Vernunft anderer Menschen, die nicht so leicht durch Begier korrumpierbar ist wie die eigene, in der Verhaltenskontrolle mitspricht.[77]

Wie aber jede Selbstliebe zur Entartung tendiert, sobald sie die Unsterblichkeit außer acht läßt und sich sozusagen temporalisiert, ist auch die Achtungsliebe der Gefährdung und Korruption ausgesetzt. Sie kann im Blick auf Elend und kurze Dauer des Menschenlebens in den Exzeß getrieben werden und dazu verführen, achtungswürdige Qualitäten vorzutäuschen, wo sie gar nicht vorhanden sind – eine Täuschung, die bei dieser Perspektive der Eigenliebe (amour propre) ja nur begrenzte Zeit vorhalten muß und während dieser Zeit

74 L'Art de se Connoitre soi-même, Ou La Recherche des Sources de la Morale, Rotterdam 1692.

75 A. a. O., S. 128 ff.

76 A. a. O., S. 416 f.

77 A. a. O., S. 422 ff.

Vorteile verschafft.[78] Auch Unglück wird in diesem Sinne temporalisiert und gesehen als ein voreiliger Versuch, zu früh glücklich zu sein.[79]

Der letzte Geltungsgrund der Moral bleibt im Bereich der Religion die These von der Schöpfung der Natur in guter Absicht. Erbsünde wird nicht mehr erwähnt. An die Stelle tritt eine Konditionierung der Einheit von Gottesliebe und Selbstliebe: Diese Einheit wird behauptet unter der Bedingung, daß der Mensch sich an seiner Unsterblichkeit orientiert,[80] und diese Bedingung anthropologisiert die Relevanz der Religion.[81] Die Gottesliebe steht dann nicht mehr als visio Dei vor Augen, sie steht als Kampf der motifs du temps und der motifs de l'éternité auf dem Spiel.[82]

Deutlich reagiert dieses Konzept auf die Segmentierung des Religionssystems: auf die Konfessionsspaltungen und die Entdeckung anderer, kulturell äquivalenter Weltreligionen. Die Moral wird den historischen und territorial gebundenen Religionen übergeordnet, und dies gerade mit Hilfe ihrer anthropologischen Begründung.[83] Selbst die Idee Gottes wird als ein abgeleitetes Phänomen behandelt.[84] Und doch werden eine Schöpfungstheologie und der Unsterblichkeitsglaube in Anspruch genommen, um das abstrakte Prinzip der Selbstliebe zu respezifizieren und dadurch Moral zu begründen.

So bleibt die Begründungsfrage offen. Man sieht, wo der Weg in die Superanthropologie der Transzendentalphilosophie abzweigt: Die Selbstreferenz wird auf sich gestellt und unter Weglassen religionsabhängiger Respezifikationen zum »Subjekt« erklärt. Das Prinzip der Achtung bleibt subordiniert. Vielfach wird dies als Fortschritt auf

78 A. a. O., S. 419 ff. Siehe auch Lester G. Crocker, An Age of Crisis: Man and World in Eighteenth Century French Thought, Baltimore 1959, S. 282 ff., mit Belegen dafür, wie sehr das 18. Jahrhundert das Achtungsmotiv »bürgerlich« im Rahmen eines Konkurrenz- und Steigerungsinteresses behandelt hatte. Das hat den Begriff natürlich diskreditiert.

79 »Le déreglement consiste en ce que les hommes veulent sentir le bonheur avant que de l'acquérir« (a. a. O., S. 330).

80 A. a. O., S. 270 f.

81 Roger Mercier, La réhabilitation de la nature humaine (1700-1750), Villemomble (Seine) 1960, S. 103 ff., charakterisiert jene Zeit durch ihren »anthropocentrisme religieux«.

82 A. a. O., S. 135 f.

83 A. a. O., S. 79 ff.

84 A. a. O., S. 109 ff.

der Ebene moralischer Ideen gepriesen. Erst recht gilt jetzt, was früher nur gegen übertriebenes, maßloses Streben nach sozialer Achtung eingewandt wurde: Achtung dürfe nicht zum Motiv, nicht zum »Selbstzweck« werden; wer um der Achtung willen moralisch handele, sei ein sittlich verdorbener Mensch.[85]

Im Vergleich zur frühbürgerlichen Anthropologie erreicht die Transzendentalphilosophie in der Tat eine stabilere Position. Aber die Respezifikationshilfe der Theologie wird nicht adäquat ersetzt. Die Begründung der Moral wird geleistet – unter Verzicht auf eine hinreichende Bestimmung dessen, was sie begründet. Soziologisch gesehen setzt das voraus, daß man sowieso weiß, was gemeint ist, und daß die höheren ebenso wie die unteren Schichten der Gesellschaft sich den Moralvorstellungen des Bürgertums so weit anpassen, daß diese sich für selbstverständlich halten können. Nachdem diese latente Bedingung ihrerseits theoriefähig geworden ist, kann die Soziologie nicht anders, als eine eigene Zuständigkeit für das Thema Moral zu beanspruchen.

Die Begleitanthropologie der bürgerlichen Revolution hat, wie wir an einem Einzelbeleg sehen konnten, außerhalb der orthodoxen Religion in der Figur der Selbstreferenz ein Niveau begrifflicher Generalisierung erreicht, das das der Religion selbst einholt, wenn nicht überbietet. Historisch gesehen war »entsprechende Generalisierung« ein Erfordernis stärkerer Differenzierung anderer Funktionssysteme im Verhältnis zur Religion, vor allem ein Erfordernis der Ausdifferenzierung des Erziehungssystems aus dem Religionssystem. So baut denn auch Rousseau seine einflußreiche Pädagogik mit den Kategorien von Abbadie auf. Zugleich ist es aber erforderlich, die Religion nicht schlicht abzustoßen, sondern in das neue Konzept einzubauen, denn verstärkte Differenzierung erfordert, daß auch religiös gläubige Personen die neue Anthropologie annehmen und mit ihrer Hilfe an Wirtschaft, Politik, Wissenschaft, Erziehung usw. teilnehmen können. Die Erfordernisse entsprechen genau dem Konzept, das Parsons für evolutionäre Strukturänderungen formuliert hat: Adaptive upgrading, differentiation, inclusion und value generalization können nur miteinander gesteigert werden.[86] Diese externen Erfordernisse gesellschaftlicher Evolution werden zum Problem der Theorietech-

85 Siehe z. B. Heinrich Stephani, System der öffentlichen Erziehung, Berlin 1805, S. 295.

86 Vgl. z. B. Some Considerations on the Comparative Sociology, in: Joseph Fischer

nik und werden hier mehr oder weniger gekonnt gelöst. Die dazu notwendigen begrifflichen Dispositionen betreffen auch die Lokalisierung von Achtung im Kontext der Moraltheorie. Da aber auf Religion, zumindest auf »natürliche Religion«, theorietechnisch als Mittel der Respezifikation und soziologisch als Mittel der Inklusion nicht verzichtet werden kann, bleibt Achtung als eine von drei »inclinations naturelles«[87] angesiedelt auf der mittleren Ebene der vernünftigen (aber korrumpierbaren) Gesellschaft. Sie wird noch nicht als generatives Prinzip der Moral schlechthin gesehen, sowenig wie die Gesellschaft selbst als sinnkonstituierendes System in Betracht kommt. Erst die soziologische Theorie kann diese weiteren Schritte vollziehen und Achtung begreifen als Prinzip der Moral, das sich im Gesellschaftssystem der Kommunikation aussetzt und sich auf diese Weise selbst respezifiziert.

4. Die Gesamtheit der faktisch praktizierten *Bedingungen* wechselseitiger Achtung oder Mißachtung macht die *Moral* einer Gesellschaft aus. Die Moral besteht somit nicht aus den Achtungen oder Achtungserweisen als solchen; sie läßt sich also auch nicht nach Art eines Bruttosozialprodukts durch Vermehrung der Achtung vermehren. Sie bezieht sich aber auf Achtung (und nur auf Achtung), sie entsteht mit impliziter oder expliziter Kommunikation über Achtung, und zwar dadurch, daß solche Kommunikation nur möglich ist, wenn Ego und Alter einander den Achtungserwerb freistellen und dafür geltende Bedingungen signalisieren, und dies wiederum: implizit oder explizit, subtil oder drastisch, situativkonkret und einmalig oder abstrakt-normierend, und mit oder ohne Bezug auf Meinungen anderer. Es sind also letztlich kommunikative (und damit sozialsystemspezifische) Erfordernisse, die zur Differenzierung von Achtung und Achtungsbedingungen führen und die damit den Anstoß geben zur Absonderung und Sedimentierung besonderer Moralvorstellungen.

Moral ist also ein Codierprozeß mit der spezifischen Funktion, über Achtungsbedingungen Achtungskommunikation und damit ein laufendes Abgleichen von Ego/Alter-Synthesen zu steuern. Es handelt sich nicht um einen kategorischen Imperativ, nicht um ein Gesetz, das vorschreibt, wie dies zu geschehen habe. Aber es handelt

(Hg.), The Social Sciences and the Comparative Study of Educational Systems, Scranton/Pa. 1970, S. 201-220.

87 A. a. O., S. 417.

sich um das damit intendierte Problem! Wir werden daher bevorzugt von »Moralisierung« von Themen, Symbolen, Strukturen, Meinungen, Erwartungen sprechen, um das Ausmaß zu bezeichnen, in dem solche Sinngehalte zur Kommunikation oder Metakommunikation der Bedingungen von Achtung und Mißachtung verwendet werden.

Die dabei anfallenden, in Kommunikationsprozessen thematisierten Achtungsbedingungen können mehr oder weniger erwartbar vorformuliert sein. Sie brauchen dann nicht fallweise im Interaktionskontext erfunden, entwickelt und plausibel gemacht zu werden. Sie können standardisiert und aufgezeichnet werden. Sie können gruppenspezifischen Konsens erreichen, aber auch gesellschaftsweit institutionalisiert sein und dann auch für Kommunikation mit Unbekannten gelten. Sie sind in dieser formulierten Fassung selbst wieder mögliche Themen der Kommunikation, schließlich sogar Themen »praktischen« Philosophierens. Derart verfestigte, tradierbare Sinnkomplexe einer vertexteten Moral dürfen jedoch nicht darüber hinwegtäuschen, daß es letztlich die kommunikative Verwendung ist, die einem Sinngehalt oder Zeichen eine moralische Qualität verleiht, es gleichsam als Indikator für den Indikator kompatibler Ego/Alter-Integrationen fungieren läßt.

Daraus folgt unter anderem, daß nicht nur die Achtung sich nach den Bedingungen richtet, die als Kriterien fungieren, sondern die Kriterien sich auch nach der Achtung richten, die jemand genießt. Verbrecher, aber auch Moralvirtuosen, haben mit verschärften Kriterien zu rechnen. Die Moral hat eine Tendenz zum Normalen, die das Auffälligwerden in jeder Richtung »bestraft«.[88] Trotz Vertextung bleibt das Anspruchsniveau der Moral variabel, und zwar bezogen auf die Einzelperson. Die Kriterien dienen als gleitende Gesichtspunkte, das setzt textgesicherte Identität im Gleiten voraus. Solches »Ansehen der Person« ist um so erträglicher, wenn im Gegenzug dazu im Recht das Richten ohne Ansehen der Person und die Gleichheit vor dem Gesetz institutionalisiert sind.[89]

Was immer man von der Entwicklung »höherer« Formen der

88 Belege für solche »double standards of morality« bei Troy Duster, The Legislation of Morality: Law, Drugs, and Moral Judgement, New York, London 1970, insbes. S. 196 ff.

89 Der klassische Problemtitel der acceptio personae hatte mangels ausreichender Differenzierung von Moral und Recht ein solches Komplementärverhältnis nicht

Moral halten mag: unsere Analyse zeigt jedenfalls eine praktisch unbeschränkte *Regenerationsfähigkeit der Moral* auf der Basis des elementaren Achtungsgeschehens. Solange Ego/Alter-Synthesen über Achtung indiziert werden und soweit es dafür keine funktionalen Äquivalente gibt, werden soziale Kontakte benutzt werden zum Abtasten auf wechselseitige Achtung hin. So lange wird es Ego interessieren, ob Alter ihn achtet, wovon dies abhängt, wie Alter sich darauf festlegen läßt und wie eigene Achtungserweise eingesetzt werden können, um gelungene Synthesen zu stabilisieren oder mißlingende umzudirigieren. Auf dieser Ebene merkt man das Fadwerden vertexteter Moralen, und auf diese Ebene kann man zurückgehen, wenn Achtbarkeit indizierende Vokabeln – etwa das einst so beliebte Plusterdeutsch der Tiefe und Weite, der Gemeinschaft und des Einsatzes; oder heute das elaborierte, technisch-utopische Vokabular der Demokratie und der Innovation, der Kreativität, der Reformprogrammatik und der Emanzipation – ihre Kraft verlieren, Moralisches zu insinuieren.

Mit diesen knappen Ausführungen ist ein Moralbegriff skizziert, der in einigen Punkten von üblichen Moralvorstellungen abweicht. Es lohnt sich daher, einige weitere Aspekte dieser Konzeption im Verfahren des kontrastierenden Vergleichs zu verdeutlichen. Zunächst und vor allem: Moral wird hier nicht auf der Basis eines Vorverständnisses von »Sollen« oder eines vorausgesetzten Normbegriffs definiert als eine Menge oder ein System von Normen besonderer Art. Moralische Sinngehalte sind, wenngleich keine Moral ganz ohne Normen auskommen wird, nicht notwendig normativ abgefaßt; sie werden nicht notwendigerweise als kontrafaktische Verhaltenszumutungen profitiert, die auch im Enttäuschungsfalle durchgehalten werden sollen.[90] Eine besonders hohe Korrelation von normativer Erwartungsform und Moralisierung ist zwar gerade für die europäische Tradition bezeichnend gewesen. Aber es gibt nicht nur moralfreie Normen, sondern auch moralische Gesichtspunkte, die nicht die Form von Normen annehmen. So werden immer auch meritorisch formulierte Gesichtspunkte moralisiert, nämlich Möglichkeiten, sich durch »supererogatorische« Leistungen Achtung zu verdienen, de-

vorsehen können. Dazu aufschlußreich die entsprechende quaestio 63 in: Thomas von Aquino, Summa Theologiae II, II.

90 Zu diesem Normbegriff näher Niklas Luhmann, Rechtssoziologie, Reinbek 1972, Bd. I, S. 40 ff.

ren Realisierung nicht erwartet werden kann und die, wenn sie ungenutzt bleiben, auch nicht enttäuschen.[91] Ein Grundmotiv dafür scheint die Möglichkeit zu sein, durch Vorleistung zu Dankbarkeit zu verpflichten.

Während die genaue Form der Symbolstruktur von Moralen wechseln oder auch unklar bleiben kann, ist für Moral immer ein hohes Maß an Normalisierung erforderlich, und daran hängen implizite, nicht kommunikationsbedürftige Sanktionen. Die Differenz von normalem/anormalem Verhalten betrifft nicht die bloße Häufigkeit der Fälle und auch nicht die Proportion der Verteilung auf normal und anormal im Rahmen eines bestimmten Verhaltenstyps. Gewiß wird Normalität und Anormalität nur an bestimmten Verhaltensweisen erkennbar; es ist zum Beispiel normal, daß man im Winter seine Wohnung heizt, um nicht zu frieren, und man würde es als anormal empfinden, wenn Leute lieber frieren als heizen. Die Etikettierung als normal/anormal hat aber nicht den Sinn, diese Häufigkeit festzustellen und das Verhalten ihr zuzuordnen; sie regelt vielmehr *Vermutungen für andere Fälle*. Wer sich in einer Hinsicht anormal verhält, wird dies vermutlich auch in anderen Hinsichten tun – es sei denn, daß er Gründe produzieren kann, die den Bereich seiner Anormalität einschränken.[92] Normalität/Anormalität ist mithin ein Schema der Generalisierung quer zu den Situations- und Verhaltenstypen, ein Schema der Generalisierung von Erwartungen. Normalisierung stützt nun wieder durch eine Art Terrainvorbereitung den moralischen Schematismus; dies aber nicht durch Kongruentsetzung der bei-

91 Der Begriff der opera supererogationis entstammt theologischen Traditionen, die an Interpretationen des Todes Jesu anknüpfen. Für neuere Behandlungen des Verhältnisses von supererogatorischen Leistungen und normativ regulierter Moral vgl. Roderick M. Chisholm, Supererogation and Offence: A Conceptual Scheme for Ethics, Ratio 5 (1963), S. 1-14; Michael Stocker, Supererogation and Duties, in: Studies in Moral Philosophy, American Philosophical Quarterly Monograph Series, Monograph Nr. 1, Oxford 1968, S. 53-63; Joel Feinberg, Doing and Deserving: Essays in the Theory of Responsibility, Princeton/N. J. 1970. Vgl. auch Henry D. Aiken, Evaluation and Obligation: Two Functions of Judgement in the Language of Conduct, The Journal of Philosophy 4 (1950), S. 5-22.

92 Siehe hierzu das Beispiel der Versuche zur Normalisierung von Symptomen psychischer Erkrankungen bei Charlotte G. Schwartz, Perspectives on Deviance: Wives' Definitions of their Husbands' Mental Illness, Psychiatry 20 (1957), S. 275-291. Vgl. auch Fred Davis, Disavowal: The Management of Strained Interaction by the Visibly Handicapped, Social Problems 9 (1961), S. 120-132.

den Schematisierungen, sondern in der Weise, daß das vom Normalen aus gesehene Anormale entweder Mißachtung (Unfähigkeit, Delinquenz) oder Hochachtung (Heldentum, Askese) einträgt und darüber die Moral entscheidet. Im Kontrast dazu erscheint dann das Normale als gut und als »gewöhnlich«.[93]

Ferner kappen wir, wie schon angedeutet, die begriffliche Assoziation von Moral und Konsens. Eine normative Moral muß Konsens in Verhaltenserwartungen mitnormieren; denn es hat keinen Sinn, die Befolgung einer Norm zu verlangen, der zuzustimmen man nicht gehalten ist. Geht man dagegen von Bedingungen wechselseitiger Achtung aus, dann ist die Nichtidentität der Selektionsstandpunkte und Perspektiven der Beteiligten konstitutiv in die Moral eingebaut. Mit Achtung wird nicht etwa Konsens honoriert – das wäre überflüssig und banal –, sondern der gelungene Einbau des jeweiligen Alter in die operative Identität des eigenen Ich. Dieser Begriff der Moral läßt mithin die Frage des Umfangs erreichbaren Konsenses offen. Man kann sehr wohl verstehen und achten, ohne selbst die entsprechenden Meinungen oder Handlungsweisen zu akzeptieren. Moral ist ein für alle Schattierungen von Konsens und Dissens empfindliches Instrument, aber inkompatibel mit Situationen, in denen Konsens oder Dissens gegen Null tendieren.

Gegenüber einer vorherrschenden, allzu friedlich gestimmten Moralauffassung fallen somit eher die »polemogenen«,[94] Streit entfachenden Züge der Moral ins Auge. Ego/Alter-Synthesen verschiedener Partner können in Situationen sehr leicht in offenen Konflikt geraten, wenn sie nicht voll komplementär sind und Alter dem Ego mitteilt, daß er die Folgerungen nicht akzeptiert, die dieser aus seinen Präferenzen zieht. Eine sehr typische Konsequenz ist dann, daß die Präferenzen der Beteiligten durch den Konflikt selbst umstrukturiert werden, indem das »Halten der Position im Konflikt« oder das

93 Strenggenommen führt diese Analyse bereits über die allgemeine Theorie sozialer Systeme hinaus. Erst in hochkulturellen Gesellschaftsordnungen scheint es zu einer nennenswerten Inkongruenz von Normalisierungen und Moralisierungen und zu einer entsprechenden Ambivalenz der Bewertung des Normalverhaltens als einerseits gut und in Ordnung und andererseits nur normal, nur gewöhnlich zu kommen.

94 Dieser Begriff bei Julien Freund, Le droit comme motif et solution de conflits, in: Die Funktionen des Rechts: Vorträge des Weltkongresses für Rechts- und Sozialphilosophie, Madrid 1973, Beiheft 8 des Archivs für Rechts- und Sozialphilosophie, Wiesbaden 1974, S. 47-84.

»Schädigen des anderen« zum übergeordneten Ziel wird auch dann, wenn dadurch die eigenen Ziele nicht erreicht werden können.[95] Die Moral stärkt nun tendenziell diese Form der Konfliktentwicklung und damit auch ein Hinausgehen über den ursprünglichen Streitanlaß, weil sie *zusätzliche* Motive dafür schafft, sich im »Halten der Position« oder im »Strafen des anderen« geachtet zu fühlen.

Wenn schon Ansatzpunkte für Konflikte vorhanden sind, tendiert eine Moralisierung zur Generalisierung des Konfliktstoffs (während die Bezugnahme auf Recht ihn einschränkt).[96] Denn die Frage der Achtung auch nur als Frage zu stellen treibt die Probleme auf die Spitze und tendiert zum Konflikt. Sie bezieht das jeweilige Thema auf personale Identität, die wiederum mit anderen Themen verwachsen ist. Deshalb wählt der moralische Impuls zumeist den Weg der indirekten Kommunikation, der bloßen Anspielung, des Wissenlassens, daß bei bestimmten Themen Achtungsfragen involviert sind. Eine offene Moralisierung, die im gleichen Zuge auch die Bedingungen der Selbstachtung festlegt und den Sprecher engagiert, ist immer auch ein (mehr oder weniger gewagtes) Konfliktangebot. Zum Umgang mit Moral ist deshalb eine Metamoral erforderlich: Takt. Über die Moralisierung von Takt kann Moral *reflexiv* werden – nicht im Sinne einer weiteren Begründung ihrer Begründungen, sondern im Sinne einer Anwendung von Moral auf die Kontrolle der spezifischen Risiken der Moral selbst.[97] Das Jahrhundert der Reflexivität, das 18. Jahrhundert, erfand für seine Moral den achtungsschonenden zweiten Sinn, das Offenlassen der Entscheidung, von der jeder weiß, daß sie entschieden ist, die geistreiche Indirektheit, die schön gesagte Falschheit, die die Richtigkeit des Gegenteils erraten läßt, und moralisierte diesen Stil als: finesse. Aber auch für die heutige Gesellschaft findet man Feststellungen wie: »In our society today, I believe, it is even considered ›immoral‹ by most groups to make a strong moral statement. To do so marks one as a prig, moralist, square, or busybody. *We have to insinuate or communicate indirectly our moral feel-*

95 Nigel Howard, Paradoxes of Rationality: Theory of Metagames and Political Behavior, Cambridge/Mass. 1971, S. 199 ff., spricht in bezug darauf von »preference deterioration«, gemessen an der ursprünglich intendierten Rationalität.

96 Siehe als anschauliches Beispiel Duster, a. a. O.

97 Eine frühe ausführliche Behandlung dieser Frage unter dem Gesichtspunkt von Friedenspflichten auf der Interaktionsebene bietet Pierre Nicole, Essais de Morale (4me traité), Paris 1671, zitiert nach Bd. I, 6. Aufl., Paris 1682, S. 211 ff.

ings if we are going to be socially effective, very often by nonverbal communications, such as a look of disgust.«[98]

Ein anderer Ausweg, der diese Streitnähe der Moral meidet, liegt sehr viel näher. Er besteht darin, daß man gar nicht mit demjenigen, dessen Verhalten man moralisch be- und verurteilt, darüber spricht, *sondern mit Dritten.* Die Konsolidierung moralischer Urteile scheint geradezu diesen Umweg der Kommunikation von Ego mit Tertius über Alter zu erfordern. Die Kommunikation über andere macht sich von interaktionell notwendigen Rücksichten unabhängig. Sie hat in ihrer eigentümlichen Leichtigkeit und Unbelastetheit gleichsam Erlösungsfunktionen und führt zu einem paradoxen Doppeleffekt: Sie erleichtert es, über andere schlecht zu reden, und bewirkt zugleich eine Überschätzung des Guten, eine Überschätzung moralischer Konformität, weil sie die abstrakte, für »alle anderen« geltende Meinung des Guten bestätigt.[99]

Ebensowenig wie Normativität und Konsens impliziert unser Moralbegriff Gleichheit derjenigen, die einander Bedingungen wechselseitiger Achtung zuflaggen. Es gibt durchaus hierarchisch strukturierte Moralen, die die wechselseitige Achtung auf Über- bzw. Unterordnung gründen, und zwar nicht nur auf einem entsprechenden Arrangement von Stellen und Aufgaben, sondern auf einer Über- bzw. Unterordnung der Personen selbst.[100] Diese identifizieren sich

98 Jack D. Douglas, Deviance and Order in a Pluralistic Society, in: John C. McKinney/Edward A. Tiryakian (Hg.), Theoretical Sociology: Perspectives and Developments, New York 1970, S. 367-401 (380).

99 Für typische Konformitätsüberschätzungen siehe Richard L. Schanck, A Study of a Community and Its Groups and Institutions Conceived of as Behaviors of Individuals, Princeton/N. J., Albany/N. Y. 1932; Ragnar Rommetveit, Social Norms and Roles: Explorations in the Psychology of Enduring Social Pressures, Oslo, Minneapolis 1955, insbes. S. 116 ff.: C. H. Simmons/Melvin J. Lerner, Altruism as a Search for Justice, Journal of Personality and Social Psychology 9 (1968), S. 216-225. Vgl. ferner Niklas Luhmann, Zurechnung von Beförderungen im öffentlichen Dienst, Zeitschrift für Soziologie 2 (1974), S. 326-351 (345 ff.), über Differenzen zwischen der Zurechnung eigener und der Zuschreibung fremder Beförderungen, die ebenfalls darauf hindeuten, daß man im eigenen konkret erlebten Fall weniger Moralität in der Behandlungsweise unterstellt als im allgemeinen.

100 Zu hierarchisch moralisierter Kommunikation siehe auf Grund literarischer Quellen Hugh Dalziel Duncan, Communication and Social Order, New York 1962. Eine der wichtigsten Fragen in diesem Zusammenhang bleibt, ob man unsere aristotelisch-christliche Tradition zu der *empirischen* Aussage verallgemei-

selbst als jemand, der seinen Alter über bzw. unter sich hat, und machen Achtungserweise abhängig davon, daß der andere sich dem im Selbstidentifikationsprozeß zugewiesenen Rang entsprechend verhält. Es gibt dann durchaus moralische Argumente gegen den Herrn, der sich gemein macht. Daß solche Kommunikationsmoralen vorkommen, kann nicht gut bestritten werden;[101] das Gleichheitspostulat kann deshalb nicht empirisch, sondern nur normativ eingeführt werden, setzt also einen normativen Moralbegriff voraus.

Andererseits hat unser Moralbegriff Merkmale, die ihn im Vergleich zu den Moralvorstellungen heutiger Moralisten nicht nur ausweiten, sondern auch einengen. Während Normen zu gelten beanspruchen, ob man sie befolgt oder nicht, kommt es auf Achtung mehr oder weniger an nach Maßgabe näher zu erforschender Umstände. Sicher ist eine Integration des Alter in die jeweils fungierende Ich-Formel am wichtigsten und unentbehrlichsten in der unmittelbaren Interaktion unter Anwesenden. Hier wird sehr rasch sichtbar, ob die Integration gelingt oder nicht, und die Reaktion darauf bestimmt den weiteren Verlauf der Interaktion. Entsprechend ist die Interaktion abhängig von laufendem Achtungserweis und laufender Metakommunikation über Achtung. Selbst im Interaktionssystem eines physischen Kampfes bringt man noch zum Ausdruck, ob man den Gegner als kräftig und geschickt achtet oder nicht. Für interaktionsferne Sozialbeziehung gilt all dies nicht in gleichem Maße. Diese Einsicht führt uns nicht zu dem Schluß, daß Moral eigentlich nur für Interaktionen unter Anwesenden relevant sei. Aber sie läßt die Generalisierung von Moral über den je konkret gegebenen Interaktionsrahmen hinaus als ein besonderes Problem erscheinen. Hier schließen die Ausführungen unter V an. Zuvor müssen jedoch noch

nern darf, daß hierarchische Kommunikation immer die Metakommunikation einer die Hierarchie transzendierenden Gleichheit, also eine Art transzendentale Egalisierung der Partner, voraussetzt, oder ob dies nur ein Erfordernis der Perfektion und Selbstbegründung hierarchischer Kommunikation ist.

101 Eine ganz andere Frage ist, wieweit solche Moralen auch zur gesamtgesellschaftlichen Legitimation des Weltbildes und der Rechtfertigungsmythen herrschender Schichten führen. Dies ist vermutlich in jeweils sehr viel geringerem Umfange der Fall gewesen. Vgl. z. B. Barbara E. Ward, Varieties of the Conscious Model: The Fishermen of South China, in: The Relevance of Models for Social Anthropology, London 1965, S. 113-137; Stanley Diamond, The Rule of Law Versus the Order of Custom, in: Robert P. Wolff (Hg.), The Rule of Law, New York 1971, S. 115-144.

einige prinzipielle Fragen des Zusammenhangs von Achtung und Moral sowie die Probleme von funktionalen Äquivalenten für Moral (IV) geklärt werden.

5. Eine genauere Analyse verdient vor allem das Problem der Bivalenz der Moral. Warum und wozu gibt es zwei und nur zwei moralische Wertungen – seien es gut und schlecht, seien es (im Sonderfalle von Gesinnungsmoralen) gut und böse?[102] Und wieweit läßt diese Differenz sich schematisieren?

Schon auf der Ebene der einfachen Achtungskommunikation findet man zwei unterscheidbare Möglichkeiten, die jedoch nicht zu einem Schematismus zusammengezogen werden. Achtung und Mißachtung sind personbezogene, fein abschattierbare Tatbestände, die je für sich aktiviert werden können. Weder Achtung noch Mißachtung sind knappe Güter. Erst recht unterliegen sie nicht zusammengenommen einem Gesetz der Summenkonstanz. Achtungsverlust führt keineswegs notwendig zu Mißachtung, sondern kann auch in Gleichgültigkeit enden. Ebensowenig ist gesichert, daß man Mißachtung nach und nach in Richtung Achtung abverdienen kann; das weiß jeder, der einmal im Gefängnis gesessen hat. Die Focussierung aufs Positive oder Negative kommt an Hand kritischer Ereignisse historisch zustande und strukturiert dann den weiteren Verlauf möglicher Abnahmen und Zunahmen. Ebenso wie im Falle von »Lust« und »Unlust« handelt es sich nicht um ein eindimensionales Prinzip, sondern um etwas qualitativ Verschiedenes, also um zwei Qualitäten, die nicht durch bloße Negation ineinander überführbar sind.[103] Gerade diese Form des Duals scheint besonders geeignet zu sein, die elementaren System/Umwelt-Perspektiven eines jeden Beteiligten wiederzugeben.

102 Zur Vereinfachung der Darstellung werden wir im Folgenden diese Duale nicht jeweils beide nennen, sondern nur von gut und schlecht sprechen.

103 Zur Rückführung der qualitativen Differenz von Lust und Unlust auf gehirnphysiologische Lokalisierungen (die sich nicht rein logisch neutralisieren lassen!) vgl. Neal E. Miller, Central Stimulation and Other New Approaches to Motivation and Reward, American Psychologist 13 (1958), S. 100-108. Siehe auch T. C. Schneirla, An Evolutionary and Developmental Theory of Biphasic Processes Underlying Approach and Withdrawal, Nebraska Symposium on Motivation 1959, S. 1-42. Diese Forschungen erhellen, daß auch Dualität als solche eine Funktion haben kann unabhängig von logischen Operationen, die die beiden Werte oder Zustände zu verknüpfen vermögen.

Und doch entstehen Achtung und Mißachtung nicht frei fluktuierend nach Gutdünken in der Situation. Ihre Zuteilung erfolgt nicht beliebig, sondern richtet sich nach Bedingungen. Das primäre Interesse an Konditionierung ist vielleicht Konsistenz der Achtungspraxis und Vorabsicherung des Konsenses mit Dritten. Im Effekt wird dadurch eine neue Ebene symbolisch generalisierter Vermittlung konstituiert, von der aus umstrittenere Achtungskommunikationen im Bedarfsfalle begründet werden können. Auf dieser Ebene konsolidieren sich Bezugspunkte, Leitmodelle, Tattypen oder Regeln, die nun eine neue Form der Bivalenz von Achtungskommunikationen unter dem Gesichtspunkt von »gut« und »schlecht« ermöglichen.

Die Dualisierung von »gut« und »schlecht« hat in allen Gesellschaftssystemen eine nur begrenzte Tragweite. Sie eignet sich nicht dazu, als eine Art Superdual alle anderen Duale zu strukturieren mit der Folge, daß es sich bei allen Oppositionen letztlich um eine Variante von »gut« versus »schlecht« handeln würde.[104] Moral ist und bleibt eine problemspezifische Entwicklung, und jede Gesellschaft hat mehr Grundprobleme als nur dieses eine zu lösen. Keine Generalisierung moralischer Symbole kann diese Schranke überwinden. Auch wenn *jede* Situation moralisch bewertbar ist, besagt dies nicht, daß jede Situation *nur* moralisch bewertbar ist.

Ferner läßt sich mit dem moralischen Dualismus keine binäre Schematisierung erreichen, die eine technisch leichte Transformation des einen Wertes in den Gegenwert ermöglichte – so wie man durch Negation wahre in unwahre Aussagen überführen kann oder durch Tausch Eigentum in Nichteigentum. Schematismen dieser Art setzen mehr voraus als nur funktionale Spezifikation von Reduktionsleistungen. Sie erfordern die Ausdifferenzierung von Funktionssystemen unter dem Primat je ihrer Funktion und hängen zusätzlich von Sonderbedingungen für die Entwicklung symbolisch generalisierter Kommunikationsmedien ab, über die noch wenig Klarheit besteht.[105] Die spezifische Funktion der Moral liegt, allein schon wegen ihrer Interaktionsbindung, im Gesellschaftssystem zu zentral,

104 Dies gilt selbst für relativ einfache Gesellschaftssysteme. Vgl. dazu Peter Rigby, Dual Symbolic Classification among the Gogo of Central Tanzania, Africa 36/1 (1966), S. 1-17 (3).

105 Hierzu Niklas Luhmann, Einführende Bemerkungen zu einer Theorie symbolisch generalisierter Kommunikationsmedien, in ders., Soziologische Aufklärung, Bd. II, Opladen 1975, S. 170-192.

als daß sie über Sondersystembildung und operative Technisierung ausdifferenziert werden könnte mit der Folge, daß es ein Sozialsystem für Moral neben anderen gäbe. Außerdem wäre die Zumutungshärte der Alternativität, die bei allen Schematismen auftritt, im Falle der Moral nicht tragbar.[106] Die Regel: wenn du nicht gut handelst, handelst du schlecht, wäre weder mit gesteigerten Anforderungen an moralische Verdienste noch mit den komplexen Problemen der Ego/Alter-Synthesen, noch mit einer besonderen Sensibilisierung in Achtungsfragen in Einklang zu bringen. Sie würde die Moral nicht perfektionieren, sondern zerstören.[107] Was im Falle der Moral erreicht werden kann, ist nur die Dualisierung der moralischen Qualitäten in der Form von »gut« und »schlecht«.

Diese Abstriche an logischer Rationalität und Technizität der Moral dürfen andererseits nicht dazu führen, die Funktion der Dualisierung als solcher zu unterschätzen. Die Dualität garantiert als Form: wechselseitige Ausschließung der beiden Werte und Überblickbarkeit des Ganzen (was bei Dreierkonstellationen nicht mehr sicher wäre). Sie kanalisiert ferner situationsabhängige Erfahrungen in Richtung auf positive bzw. negative Gesamturteile, und zwar in einer gewissen Unabhängigkeit davon, ob historisch-biographisch Personen durch Achtung oder durch Mißachtung abgestempelt sind; sie trägt also zu einer gewissen Objektivierung des Urteils bei. Die qualitative Bivalenz sichert eine ausreichende Offenheit des Urteils mit zwei Bewertungsdimensionen (statt nur: schlechtes und nicht schlechtes Verhalten); aber sie zerflattert auch nicht in eine nur situationsbedingte Verarbeitung angenehmer oder unangenehmer Überraschungen. Gerade die Dualität *ist* das »Maß«, das man in der Antike immer *zwischen* den Werten gesucht hatte.

Die Funktion und die Reduktionsleistung von Moralisierungen ist also nicht nur in der Motivation zu gutem im Gegensatz zu schlechtem Verhalten zu suchen; sie besteht vor allem in der Orientierung an

106 Am besten kann man dies Problem an der sophistischen Technik des Forcierens konsequenzreicher Zweierentscheidungen studieren. Vgl. dazu sowie zum geschichtlichen Kontext G. E. R. Lloyd, Polarity and Analogy: Two Types of Argumentation in Early Greek Thought, Cambridge 1966, insbes. S. 111 ff.

107 Zu Grenzen der binären Schematisierung einer komplexen Menge von Gesichtspunkten vgl. auch Adalbert Podlech, Recht und Moral, Rechtstheorie 3 (1972), S. 129-148 (140) mit weiteren Hinweisen.

der Disjunktion selbst.[108] Daß man überhaupt in zwei Richtungen – mehr wäre zuviel verlangt – auf Achtungsbedingungen achtet, strukturiert eine Situation als moralisch, wie immer man sich dann konkret verhält. Dies festzuhalten ist gerade für eine Gesellschaftstheorie wichtig. Denn Formveränderungen der Moral im Laufe der gesellschaftlichen Evolution können sicher nicht als zunehmend moralisches oder zunehmend unmoralisches Verhalten beschrieben werden – zu diesem Ergebnis müßte eine historisch denkende und moralisierende Moraltheorie kommen –, sondern sie lassen sich nur begreifen als zunehmende Ausdifferenzierung, Generalisierung und Spezifikation derjenigen Bedingungen, von denen Achtung bzw. Mißachtung abhängig gemacht werden.

6. Achtung kann in dem Maße entwickelt werden, als *Freiheit* vorausgesetzt werden kann. Freiheit ist dabei zunächst nichts anderes als eine euphemistische Bezeichnung für die Kontingenz des Handelns. Eine auf Achtung abstellende Moral ist deshalb eine Folge der Freiheit. Freiheit ist ihr »Grund«. Diesen Grund muß man als das Auslöse- und Begleitproblem der Moral begreifen, das ihre Strukturentwicklungen katalysiert. Das Verhältnis der Moral zur Freiheit bleibt daher ambivalent und in gewisser Weise widerwillig: Freiheit ja, aber nicht so!

Diese Analyse erfordert Korrekturen an klassischen Positionen der Moraltheorie in mindestens zwei Hinsichten – in bezug auf das Problem der Willensfreiheit und in bezug auf das moralisch idealisierte Freiheitsinteresse.

Im Theoriemodell der doppelten Kontingenz ist Freiheit zunächst nur als Kontingenz vorgesehen, das heißt in einer Form, die Vorhersehbarkeit und Erwartbarkeit des Verhaltens keineswegs ausschließt, sondern nur widerlegbar macht. Man kann kontingentes Verhalten erwarten und modalisiert dabei die eigene Erwartung nur durch Einrechnung möglicher Enttäuschungen.[109] Es gibt auf dieser normalen

108 So auch Loubser, a. a. O. (Anm. 19), S. 99, 103. Mit Recht betont Loubser außerdem, daß der Moralbegriff nicht als Gattungsbegriff (»generic term«) zu Moral und Unmoral interessiert, sondern als Begriff für die *Relation* von Moral und Unmoral, die beide durch diese Relation zwischen ihnen ihre eigene Qualität erhalten.

109 Zur empirischen Basis dieser Aussage vgl. Ralph M. Stogdill, Individual Behavior and Group Achievement, New York 1959, S. 59 ff.

Kontaktebene kein Problem von Indeterminismus oder Determinismus, von ursacheloser Spontaneität der Selbstbestimmung im Gegensatz zu kausalmechanischer Fremdbestimmung. Eine Zuspitzung erfährt das Freiheitsproblem jedoch dann und nur dann, wenn Erwartungen oder Voraussagen oder Theorien über das Verhalten des Alter diesem mitgeteilt werden, sei es explizit, sei es implizit, sei es absichtlich, sei es unabsichtlich. Dadurch wird für Alter eine neue Situation konstituiert: Er kennt jetzt die Theorie seines Verhaltens (oder das, was dafür gehalten wird) und kann sie deshalb negieren; er kann sich, was er vorher nicht konnte, *anders* verhalten. Daß er sich anders verhalten kann, ist also an vorgängige Bestimmung gebunden. Der erste Adam wurde durch göttliches Verbot, der zweite Adam wurde durch göttliche Voraussicht zur Freiheit provoziert. Man kann darüber spekulieren, ob dies der eigentliche Sinn und Zweck der Bestimmung war. Jedenfalls gehört zur Grundausstattung des Menschen nur die universelle Möglichkeit des Negierens. Seine Freiheit entsteht erst durch Bestimmung seines Verhaltens, und unvoraussagbar wird der freie Wille nur, wenn er weiß, daß er zutreffend (!) vorausgesagt wird.

Mit anderen Worten: Freiheit ist kein Merkmal des Verhaltens selbst und erst recht nicht eine natürliche Eigenschaft des Menschen. Sie ist ein Effekt der Kommunikation von Erwartungen, Normierungen und Voraussagen, entsteht und vergeht also mit Kommunikation. Das gilt schon für einfache Kontingenz des Handelns, und das gilt erst recht für das Problem prinzipieller Unvoraussagbarkeit menschlichen Verhaltens: Die Kenntnis der Theorie, die es voraussagt, befreit zugleich von der Bindung an sie.[110] Ob man sie dann faktisch befolgt oder nicht, ist eine Frage der Motivation. Beide Optionen sind in dem Sinne frei, daß sie in Kenntnis der Alternative gewählt werden müssen.

Allerdings konstituiert nicht jede Form von Bestimmung im Nebeneffekt Freiheit. Die gesellschaftliche Evolution transformiert auch die Vorstellungen über Bestimmung und schafft so erst die Grundlagen für den Anschluß von Freiheit. Solange Bestimmung *Schicksal* ist im Sinne von individuell zufallenden Ereignissen oder Lebenslagen, hat das Gegenhandeln die Form magischer oder ritueller Beeinflus-

110 Auf das »existentialist axiom« von Nigel Howard, das diesen Sachverhalt formuliert, hatten wir oben, Anm. 30, bereits hingewiesen.

sung äußerer Faktoren. Zufallen und Abwenden beziehen sich auf externe Ursachen. Diese Schicksalsvorstellung wird in spätarchaischen Gesellschaften und frühen Hochkulturen ausgearbeitet.[111] Erst wenn die Bestimmung sich, was zunächst unwahrscheinlich gewesen sein muß, auf die eigene Verhaltenswahl bezieht, kann das Gegenhandeln nur noch darin bestehen, in Kenntnis der Bestimmung sich anders zu verhalten. Erst riskantere Prognosen, wie sie als Einschränkung von Kontingenz mit Hilfe der Religion durchgesetzt werden, konstituieren in diesem neuen Sinne Freiheit.

Mit dieser Umformulierung des Problems der Willensfreiheit wird es schwierig, sich Freiheit als Maxime oder als Zielbegriff der Moral vorzustellen. Eher erscheint sie als Resultat soziokultureller Evolution, in deren Verlauf die Spezifikation der Verhaltensbestimmungen und die durch sie erzeugten Freiheitseffekte zunehmen. Wenn die Moraltheorie schließlich ein moralisches Interesse an Freiheitssteigerungen im Rahmen sozialer Konvenienz formuliert, extrapoliert sie nur das Ergebnis dieser Evolution und idealisiert, was der Fall ist. Daß sie als Theorie sich selbst moralisiert, zeigt, soziologisch gesehen, nur an, daß die Gesellschaft, für die sie formuliert, darauf angewiesen ist, die Freiheiten, die sie produziert, über Achtbarkeitsbedingungen zu kontrollieren, und für dieses Interesse theoretische Deckung sucht.

Diese Kritik moralisierender Freiheitskonzepte soll hier nicht ausgearbeitet werden (selbst auf die Gefahr hin, daß Anhänger dieser Moral die Kritik ihres Theoriekonzepts als Argument gegen Freiheit lesen). Im vorliegenden Kontext kommt es nur darauf an, Freiraum für die Präzisierung einer Alternative zu gewinnen. Diese Alternative knüpft an den Begriff der Kontingenzformel an und sucht *Freiheit als Kontingenzformel für Moral zu interpretieren.*

Als Kontingenzformeln wollen wir Interpretationen sozialer Kontingenz bezeichnen, die auf spezifische Funktionsbereiche oder auf besondere gesellschaftliche Reduktionsmechanismen – Moral wäre einer von ihnen – abgestellt sind. Kontingenzformeln übersetzen unbestimmbare Kontingenz, die aus zu hoher Komplexität folgt, in be-

111 Vgl. William Chase Green, Moira: Fate, Good, and Evil in Greek Thought, Cambridge/Mass. 1994; M. David, Les dieux et le destin en Babylonie, Paris 1949; Meyer Fortes, Ödipus und Hiob in westafrikanischen Religionen, dt. Übers., Frankfurt 1966.

stimmbare Kontingenz. Das geschieht vor allem durch Zusammenwirken mit binären Schematismen, die durch Kontingenzformeln begründet oder doch plausibilisiert werden. So hängt Knappheit als Kontingenzformel der Wirtschaft offensichtlich mit dem Schematismus des Eigentums und des Geldes zusammen; über Eigentum und Geld wird Knappheit so artikuliert, daß jede Veränderung zugunsten des einen auf Kosten eines anderen geht. Ähnliche Zusammenhänge sind zwischen Limitationalität und Logik oder zwischen Gemeinwohl und politischer Macht zu vermuten. Dabei bleibt die Kontingenzformel, wenn einmal formuliert, nach dem »existentialist axiom« ihrerseits negierbar; sie sichert dadurch, daß ihr Funktionssystem oder ihr spezifischer Reduktionsmechanismus mit universeller Negierbarkeit kompatibel bleibt. Zugleich ist ihre Strukturierungswirkung so überzeugend, daß es schwerfällt, etwa im Bereich der Wirtschaft sinnvolle Verhaltensmöglichkeiten zu finden, die auf der Leugnung von Knappheit beruhen, oder moralische Urteile, die auf Negation von Freiheit gegründet sind. Wer das will, kann es sozusagen negationstechnisch versuchen, aber es wird ihm schwerfallen, wirkungsvolle Ego/Alter-Synthesen zu finden, also Achtung zu erwerben. Er produziert bestenfalls – Literatur.

Wie man am Freiheitsproblem gut ablesen kann, leisten Kontingenzformeln die semantische Reduktion und Benennung von Katalysatoren, die immer dann, wenn es unter dafür günstigen Umweltbedingungen zu sozialen Kontakten kommt, Strukturentwicklungen in Gang bringen. Katalysatoren müssen unverbrauchbar, jedenfalls kurzfristig unverbrauchbar sein, sie sind insofern allgemeiner als ihr jeweiliges Produkt. Probleme wie das der doppelten Kontingenz können daher als Katalysatoren nur fungieren, wenn sie unlösbar sind und gerade dadurch Dauerreize für Strukturentwicklungen setzen. Kontingenzformeln müssen diese Unlösbarkeit reflektieren. In Moraltheorien, die sich mit der Moral selbst zu identifizieren suchen, ist dies in der Form geschehen, daß die Kontingenzformel idealisiert, transzendiert oder transzendentalisiert und dann selbst bewertet wurde. Sie konnte dann mit Selektionskriterien oder mit Steigerungsinteressen gleichgesetzt werden, die in der Moral selbst ebenso wie in der Moraltheorie zu bejahen waren – unter der Sanktion des Achtungsverlustes. Seit etwa der zweiten Hälfte des 18. Jahrhunderts sind alle Kontingenzformeln – eine Ausnahme bildet der Bereich der Religion – in dieser Richtung reformuliert und mit Steigerungsinteressen zur Deckung gebracht worden, offensichtlich eine Begleiterscheinung der bürgerlichen Revolution.[112]

Inzwischen haben hochfliegende Konzeptionen dieses Typs an Überzeugungskraft verloren. Eine soziologische Aufklärung kann sich nicht damit zufriedengeben zu zeigen, daß die Ideale (immer noch) nicht erreicht sind, oder gar, eine weitere Stufe primitiver, die Personengruppen oder Verhältnisse zu decouvrieren, die daran schuld sind. Ihre Aufgabe kann nur sein, mit einem zwischenzeitlich entwickelten analytischen Instrumentarium Auffangstellungen vorzubereiten, die eine Entscheidung über Kontinuieren oder Diskontinuieren bürgerlicher Theorieapparate ermöglichen. Das erfordert eine Steigerung der analytischen Leistung selbst, erfordert überlegene Komplexität des Theorieansatzes. Die Rückführung: (1) von Freiheit (der aus moralimmanenten Gründen niemand widersprechen kann) auf Kontingenz und von Kontingenz auf Komplexität; (2) von sozialen Freiheitsschranken auf doppelte Kontingenz und (3) von Idealen oder regulativen Ideen, die selbst Werte darstellen, auf Kontingenzformeln und von Kontingenzformeln auf Probleme, die als Katalysatoren dienen – all diese Rückführungen steigern das Auflöse- und Rekombinationsvermögen der Theorie und entziehen ihre Instrumente zugleich einer direkten moralischen Qualifikation. Sie bereichern und belasten die Gesellschaftstheorie und erst recht die Theorie der Moral mit Vergleichsmöglichkeiten, die die Konturen der gewohnten Gegenstände sprengen und – das sollte mit »Katalyse« angedeutet sein – bis in die Naturwissenschaften hineinreichen. Die Grenzen des Leistbaren sind unsicher. Aber ein Arbeitsinteresse läßt sich formulieren.

112 Eine genauere begriffsgeschichtliche Analyse könnte zeigen, daß diese Reformulierung zusammenhängt mit der Kritik aller Naturteleologie durch die neuzeitliche Wissenschaft und dem Rückgang auf Gesichtspunkte der Beharrung und Selbsterhaltung, die dann im Humanbereich als Steigerung interpretiert werden. Vgl. dazu Beiträge in: Ebeling, a. a. O. (1976).

IV. Funktionale Äquivalente

1. Eine Analyse der Funktion von Moral wäre nicht vollständig ohne einen Blick auf *funktionale Äquivalente*. Der Begriff des funktionalen Äquivalents (manchmal auch: funktionale Alternative)[113] setzt eine dreistellige Relation voraus, nämlich: einen Bezugsgesichtspunkt (Bezugsproblem), auf den sich bei Identischhalten einer Funktion mehrere Weisen, die Funktion zu erfüllen, beziehen lassen. Diese verschiedenen Arten der Funktionserfüllung bezeichnet man als funktionale Äquivalente. Sie lassen sich untereinander vergleichen und gegebenenfalls in gewissem Umfange füreinander substituieren.

Verfügt man über diese Technik funktional-vergleichender Analyse, erkennt man sehr leicht, welche Vereinfachungen in einer verbreiteten Form von Moralkritik stecken: in der Auffassung der Moral als *Kompensation*. Der Begriff der Kompensation[114] verkürzt die dreistellige auf eine zweistellige Relation. Dadurch fallen Bezugsproblem und Äquivalent zusammen. Das Vorhandene selbst ist zugleich Problem und ersetzbar. Das Problem ist identisch mit dem, an dessen Stelle etwas anderes treten kann – ein ersatzdynamischer Defekt. Solche Verkürzungen passieren, wenn man Moral schlechtweg als Kompensation für Lebensschwäche, Minderwertigkeitskomplexe, Ressentiments etc. begreift (ganz unabhängig davon, ob man die Kompensation dann als echte oder als unechte Kompensation wertet). Angesichts der Verbreitung und Popularisierung, die solche Vorstellungen in der ersten Hälfte dieses Jahrhunderts gefunden haben, muß deutlich gesagt werden, daß der Begriff der funktionalen Äquivalenz nicht als Kompensationsverhältnis begriffen werden kann. Er impliziert zwar Substitutionsmöglichkeiten zwischen den funktionalen Äquivalenten. Diese werden durch das Bezugsproblem, das Äquivalenzen ermöglicht, mitermöglicht, zugleich aber auch durch die

113 Vgl. hierzu: Robert K. Merton, Social Theory and Social Structure, 2. Aufl., Glencoe/Ill. 1957, S. 34, 52; Ernest Nagel, Logic Without Metaphysics. Glencoe/Ill. 1956, S. 276; Carl G. Hempel, The Logic of Functional Analysis, in: Llewellyn Gross (Hg.), Symposium on Sociological Theory, Evanston/Ill., White Plains/N. Y. 1959, S. 271-307 (284 ff.); Niklas Luhmann, Funktion und Kausalität, in ders., Soziologische Aufklärung, 4. Aufl., Opladen 1974, S. 9-30.

114 Vgl. David L. Hart, Der tiefenpsychologische Begriff der Kompensation, Diss. Zürich 1956; Odo Marquard, »Kompensation«: Überlegungen zu einer Verlaufsfigur geschichtlicher Prozesse, Ms. Bad Homburg 1976.

Spezifikation begrenzt, die jene besondere Funktionserfüllung dadurch gewinnt, daß andere neben ihr möglich sind.

Die Befreiung der Moral von der Zumutung des Kompensierens muß freilich bezahlt werden; sie muß bezahlt werden mit steigenden Anforderungen an Theoriebildung bei zugleich erhöhter Theoriefähigkeit des Konzepts. Das aber heißt, daß es schwieriger wird, die Theorie der Moral auf Moral zu verpflichten.

Die Formulierung eines Bezugsproblems für funktionale Leistungen ist überhaupt nur sinnvoll, wenn das Problem mehr als eine einzige Möglichkeit der Transformation in Strukturen und Prozesse offenläßt; andernfalls läge eine verkappte Tautologie vor. Somit greift die funktionsanalytische Technik ihr Objekt von zwei Seiten: Sie präzisiert das Problem, auf das die Funktion sich bezieht, und sie grenzt andere Möglichkeiten der Behandlung oder Lösung dieses Problems aus. Dieser Doppelzugriff stößt in der sprachlichen Darstellung auf Schwierigkeiten. Dadurch haben sich zahlreiche unnötige Polemiken inspirieren lassen. Man kann nicht einfach definieren und sagen: »Moral ist ...«; denn die Primärbestimmung der Funktion ist nicht Ausdruck des Wesens der Sache, sondern nur eine Relevanzbestimmung, die den Vergleichsbereich absteckt, in dem die Sache durch Ausgrenzung anderer, funktional äquivalenter Möglichkeiten ihre Konturen gewinnt.

Wenn wir meinen, Moral habe die Funktion, Ego/Alter-Synthesen durch Achtung zu indizieren und in dieser Verkürzung kommunikabel zu machen, so ist das, funktionsanalytisch gesehen, nur eine halbfertige Erkenntnis. (Ihre satzförmige Formulierung täuscht darüber hinweg.) Zur Vervollständigung müssen wir wissen, welche anderen Möglichkeiten des Umgangs mit Ego/Alter-Synthesen damit ausgeschlossen werden und weshalb. Wir greifen (aus einer uns nicht vollständig bekannten Klasse funktionaler Äquivalente) die drei historisch und gesellschaftsstrukturell wichtigsten Alternativen heraus, nämlich *Anschlußrationalität*, *Recht* und *Liebe*.[115] Es wird sich vor allem in der Analyse der hochdifferenzierten neuzeitlichen Gesell-

115 Daß gegen dieses Verfahren methodologische Bedenken erhoben werden können, weil es nicht auf einer Übersicht über alle Möglichkeiten und nicht auf Deduktion, ja nicht einmal auf Kreuztabellierung (vgl. oben, S. 15) beruht, liegt auf der Hand. Wenn man aber zeigen kann, daß auch bei einem derart pragmatischen Vorgehen Erkenntnisse gewonnen werden können, spricht das nicht gegen das Vorgehen, sondern gegen die Bedenken.

schaft, die zwischen Anschlußrationalität, Recht, Liebe und Moral deutlich differenziert, zeigen müssen, ob diese Auswahl sich bewährt.

2. Als *anschlußrational* wollen wir ein Verhalten bezeichnen, das Zeit zu Hilfe nimmt, um das Problem der doppelten Kontingenz zu lösen. Durch welche Art von Kalkulation der Titel »rational« verdient wird, können wir im vorliegenden Zusammenhang offenlassen. Es mag genügen, die Verwirklichung der eigenen Präferenzen als rational gelten zu lassen.[116] Hier interessiert nicht die Verbesserung der Rationalität, sondern die Lösung des Problems der doppelten Kontingenz. Die Lösung ist extrem einfach: Ego nimmt hin, was Alter entschieden hat, und richtet seine eigenen Entscheidungen entsprechend ein. Man zahlt den Preis, der verlangt wird – oder man kauft nicht. Man stellt Förderungsanträge nach Maßgabe der Bedingungen, die von Gesetzgebern und Verwaltungen ausgearbeitet worden sind. Man übernimmt das halbfertige Produkt und bearbeitet es weiter. Man entscheidet den Rechtsstreit, nachdem er einmal Streit ist, ohne zu ergründen, weshalb er Streit ist. Die Beispiele zeigen die Verwendungsbreite des Phänomens, und sie lassen zugleich eine Gegenprobe zu: Ego müßte vielerlei zusätzliche Erwägungen oder Kenntnisse einbringen, wenn er über die Preise selbst verhandeln, die Qualität der Vorleistungen kritisieren oder Streit schlichten wollte.

Wo Anschlußrationalität praktiziert wird, wird die soziale Beziehung also in eine Sequenz von Entscheidungen aufgelöst, deren eine der anderen vorausgeht und von ihr als abgeschlossene Vergangenheit behandelt werden kann. Die Reduktion der Komplexität wird, soweit sie nicht im eigenen Entscheiden vollzogen wird, der Zeit überlassen. Die Vorentscheidungen interessieren weder in der Komplexität ihres gedanklichen Einzugsbereichs noch in ihrer Kontingenz, sondern nur in ihrer Faktizität. Man braucht nicht einmal die Präferenzen zu kennen, die sie gesteuert hatten, geschweige denn die Präferenzen in gewissem Umfange zu teilen. Man braucht nur die Information über das Resultat.[117] Wer zuvor entscheidet, kann

116 So auch Nigel Howard, a. a. O.

117 Für eine genauere Analyse müßte ausgearbeitet werden, daß und welche Zusatzsymbole der Authentizität und der Qualität mitgeliefert werden müssen. Entscheidungen müssen »amtlich« und durch die »zuständige Stelle« getroffen sein, Parteien müssen sich ausweisen, Preise müssen »billig« oder »herabgesetzt« sein usw.

zwar seine Selektionsfreiheit voll ausnutzen – aber nur in der Weise, daß er zugleich Komplexität für andere reduziert. Für den Nachfolger können dadurch Situationsfestlegungen und Anhaltspunkte erwachsen, die seine eigenen Rationalitätschancen steigern. Durch Sequenzieren läßt sich mithin bei ausreichenden Möglichkeitsspielräumen und Ressourcen Zeit in soziale Vorteilhaftigkeit umsetzen.

In Kontexten, in denen die Beteiligten von anschlußrationalem Sequenzieren ausgehen, wird das Problem der doppelten Kontingenz auf ein Informationsproblem reduziert. Daher kann man auf Achtung des Partners im subjektiven wie im objektiven Sinne verzichten und stellt auch seine Selbstachtung gar nicht zur Disposition. Es ist anschlußrational gedacht, wenn Eva den Fluch Gottes mit der Erwägung pariert, keine Kinder zu bekommen, wogegen Adam moralische, die Achtung Gottes einbeziehende Bedenken kommen.[118]

Es gibt, besonders seit dem Durchbruch zur bürgerlichen Gesellschaft der Neuzeit, umfangreiche institutionelle Vorkehrungen, die den Bereich anschlußrationalen Verhaltens immens ausgeweitet haben. Es ist kaum übertrieben, darin den Rationalitätsstil der modernen Gesellschaft zu erblicken. Institutionell kommt es darauf an, dem Trend zu konsekutiver Verengung der Entscheidungsspielräume entgegenzuwirken und das Anschlußverhalten trotz seiner Abhängigkeit mit ausreichenden Wahlmöglichkeiten und Rationalitätschancen auszustatten. Geld und positives Recht sind die für diesen Rationalitätsstil wesentlichen Mechanismen, und Erfolg ist sein Achtungskompensat. Offensichtlich ist Anschlußrationalität mit weitgetriebener funktionaler Differenzierung und Systemautonomie gut in Einklang zu bringen, während Moralität gerade an diesen Strukturbedingungen zu scheitern droht. Der Verkehr zwischen den Funktionssystemen kann ohne Eingriff in deren Entscheidungsdispositionen anschlußrational abgewickelt werden. Und hat man nicht deshalb Moral auf Anerkennung der Kompatibilitätsbedingungen der Freiheit reduziert?

Selbst wenn all dies zugestanden wird, ist die forcierte Einseitigkeit der Problemlösung nicht zu verkennen. Die Sequentialisierung belastet den Zeithaushalt der Gesellschaft, macht Zeit knapp und

118 Vgl. John Milton, Paradise Lost, X, 966-1006, zitiert nach: The Complete Poetical Works of John Milton, hg. von Douglas Bush, Boston 1965.

Synchronisierungen schwierig.[119] Sie bietet keinerlei Gewähr für das Ausschöpfen der Chancen zu sozialer Rationalität im Sinne gemeinsamer Wohlfahrt.[120] Der hohe Grad an Individualisierung des Entscheidens läßt unkontrollierte Effektkumulierungen entstehen, auf die man wiederum nur anschlußrational – wenn überhaupt rational – reagieren kann.

3. Neben anschlußrationalem Verhalten verdient das *Recht* als funktionales Äquivalent für Moral besondere Erwähnung, denn das Recht ist – allein schon aufgrund der tralatizischen Menge vorneuzeitlichen Gedankengutes – mehr als bloßes Mittel der Anschlußrationalität. Jedenfalls muß man ein komplexeres Verhältnis zur Zeit in Rechnung stellen. Durch Recht werden die Prämissen für Anschlußrationalität erweitert, werden ausgedehnt vom Geschehenen auf das Gewollte durch eine Technik kontrafaktischer Stabilisierung von Verhaltenserwartungen.[121] Das Recht ermöglicht es, anschlußrational zu handeln, auch wenn die Anschlüsse noch gar nicht gelegt sind. Man kann sie einklagen. Diese *Generalisierung* von Verhaltensprämissen ist jedoch nur möglich, wenn zugleich *spezifiziert* wird, was erwartet werden kann, und damit ebenfalls entscheidbar wird, *was nicht erwartet werden kann*. Die damit ausgesiebten Erwartungen können auch solche der Moral sein, und zwar nicht nur supererogatorische, sondern auch normative Erwartungen der Moral. Das Recht kann sich damit von einer moralischen Deckung des *Handelns* (was nicht auch schon heißt: von jeder moralischen Deckung der *Normen*) unabhängig machen. Die soziale Koordination setzt keine achtungsorientierten Ego/Alter-Synthesen voraus, soweit sie durch Rechtsvorschriften, auf die man sich verlassen kann, gesichert ist.[122]

Sobald diese Alternative sozialtechnisch gesichert ist, und dazu gehört unbedingt eine von Status-, Macht- und Achtungsfragen unabhängige Zuverlässigkeit des Rechts, kann das Recht auch Funk-

119 Vgl. für Folgeprobleme Wilbert E. Moore, Man, Time, and Society, New York, London 1963.

120 Vgl. nur Thomas C. Schelling, On the Ecology of Micromotives, The Public Interest 25 (1971), S. 61-98.

121 Hierzu ausführlicher: Niklas Luhmann, Rechtssoziologie, 2 Bde., Reinbek 1972.

122 Zu dieser Kontrastierung von Recht und achtungsorientierter Moral vgl. Jean Piaget, Les relations entre la morale et le droit, in: ders., Etudes sociologiques, Genf 1965, S. 172-202.

tionen der Sicherung gegen moralische Pressionen übernehmen. So etwa sichert das Eigentumsrecht gegen die moralische Zumutung des Abgebens und Teilens, das gesamte Vertragsrecht hat eine seiner Funktionen in der Absicherung des täglichen Lebens gegen unmittelbare normative Regulierung, und die Vielzahl der modernen Freiheitsrechte haben eine Abwehrfront gegen kirchlichen, staatlichen und heute zunehmend auch gruppenmäßigen Druck, der sich moralisch engagiert gibt und Entsprechendes verlangt. Auf diese Weise sichert das Recht auch die Freiheit des Einzelnen, sich die Bezugsgruppen für Selbstachtung und moralische Kommunikation selbst zu wählen.[123] Es neutralisiert in gewissem Umfange die gefährlichen, polemogenen Tendenzen der Moral dadurch, daß im Konfliktfalle nur noch das Recht zählt. All dies erfordert eine beträchtliche moralische Unterkühlung des Rechts – nicht nur dort, wo moralisch neutrale Materien wie das Registerwesen oder der Straßenverkehr zu regeln sind, sondern auch und gerade im Hinblick auf gesellschaftliche Dysfunktionen der Moral.

Im Gegenzug dazu gibt es im Bereich der Moral unverkennbare Symptome für Rechtsfeindlichkeit. Natürlich wird keine Moraltheorie und kein Moralprinzip das Recht pauschal verurteilen, aber das ständige Zitieren von Paragraphen wird im täglichen Leben, wo es auf Zusammenarbeit ankommt, also unter Nachbarn oder in Ausschüssen, im Betrieb, ja selbst im Geschäftsverkehr,[124] sehr wohl als Störung, ja als deklarierte Feindseligkeit gebucht. Es gibt zumindest viele soziale Kontexte, in denen die Schwelle zum Recht nur mit Verlust an Ansehen und Achtung überschritten werden kann.

Andererseits kann die Differenzierung von Recht und Moral, die vor allem durch die religiös-moralischen Fanatiker des späten Mittelalters und der frühen Neuzeit verstärkt worden ist, nicht beliebig weit getrieben werden, da Recht und Moral beide auf Generalisierung von Erwartungen angewiesen sind und sich dadurch breit überschneiden. Recht wie Moral müssen prätendieren, in Übereinstim-

123 So kann Georges Ripert, Les forces créatrices du droit, Paris 1955, S. 173, formulieren: »L'accord réalisé sur une distinction du droit et de la morale est favorable à la liberté.«

124 Siehe nur Stewart Macaulay, Law and the Balance of Power: The Automobile Manufacturers and Their Dealers, New York 1966. Vgl. auch ders., Non-contractual Relations in Business: A Preliminary Study, American Sociological Review 28 (1963), S. 55-67.

mung mit der sozialen Ordnung zu gelten. Unbezweifelbar führt daher moralischer Druck häufig zur Änderung des Rechts, so wie auch umgekehrt Rechtsänderungen das moralische Urteil beeinflussen.[125] Differenzierung und wechselseitige Beeinflussung schließen sich aber nicht aus, sie bedingen sich vielmehr. Außerdem muß man berücksichtigen, daß Relevanz für Interaktionssysteme nicht ohne weiteres auch Relevanz für die Gesellschaft ist und umgekehrt. So mag auf der Interaktionsebene ein moralischer Druck zunehmen, das Recht, wo es stört, zu unterlaufen; während zugleich die Rechtsnormen, um die es geht, durch ebenfalls moralisierte Werte wie Freiheit, Sicherheit, Wirtschaftlichkeit usw. gedeckt sind.

Die hier nur knapp andeutbaren Konturen funktionaler Äquivalente für Moral lassen kaum erwarten, daß diese die Moral gänzlich verdrängen und historisch gesehen ersetzen können. Im Gegenteil: Man sieht deutlicher die spezifischen Konstellationen, in denen Achtungskommunikation und ihre Konditionierung nach wie vor bedeutsam sind, weil Anschlußrationalität und Recht allein allzu offensichtlich nicht ausreichen. Die Moral kann nur gewinnen, wenn sie sich gegen Anschlußrationalität und Recht abgrenzt und sich dort zurückzieht, wo Äquivalente genügen. Sie wird ihre eigenen Ressourcen um so sicherer entwickeln und einsetzen können, wenn sie ihre Grenzen im Auge behält und nicht dort, wo Anschlußrationalität praktikabel ist oder Recht genügt, in ein folgenloses, sie selbst diskreditierendes bloßes Appellieren verfällt.[126]

4. Die Kontrastierung von Moral, Anschlußrationalität und Recht verliert an Schärfe, wenn man eine weitere Möglichkeit in Betracht zieht, sich dem Problem der doppelten Kontingenz zu stellen. Ego

125 Vgl. hierzu Nigel Walker/Michael Argyle, Does the Law Affect the Moral Judgments? British Journal of Criminology 1964, S. 570-581. Siehe auch Leonard Berkowitz/Nigel Walter, Laws and Moral Judgments, Sociometry 30 (1967), S. 410-422 – eine experimentelle Untersuchung mit dem bemerkenswerten Ergebnis, daß das mitgeteilte Urteil einer peer group einen stärkeren Einfluß auf das moralische Urteil hat als das Recht. Ferner: Michael J. Hindelang, Moral Evaluation of Illegal Behaviors, Social Problems 21 (1974), S. 370-384.

126 Das einschlägige Krankheitsbild ist von Ottmar Ballweg, Interdisziplinäre Forschung als Sophiatrie, Jahrbuch für Rechtssoziologie und Rechtstheorie, Bd. 2 (1972), S. 578-582 (581), beschrieben worden: Appellantentum kann für den davon Befallenen so schmerzhaft verlaufen, daß er isoliert werden muß, obwohl die Krankheit gar nicht ansteckend ist.

kann versuchen, das doch zu verwirklichen, was wir bisher etwas vorschnell für unmöglich erklärt haben – nämlich Alter in seiner vollen Komplexität (und nicht nur: in der Kontingenz seines Handelns) zu beachten und sich selbst so zu verhalten, wie es der Umwelt des personalen Systems von Alter entsprechen müßte. Ein solches Verhalten Egos wählt für sich selbst die Systemreferenz des Alter. Das braucht nicht notwendigerweise zu heißen: alle Wünsche des Alter zu erfüllen und sich ihm unterzuordnen. Das gerade kann für Alter eine inadäquate, Fehlentwicklungen auslösende Umwelt sein. Wohl aber wird den eigenen Verhaltenswahlen die Vorfrage vorgeschaltet, wie sie von Alter her aussehen, welchen Sinn sie für Alter haben können. Eine solche Grundorientierung läßt sich als *Liebe* bezeichnen.[127]

Im Unterschied zu Achtung ist Liebe unkonditionierbar. Jeder Hinweis auf Bedingungen würde ihr selbst widersprechen, würde nämlich verraten, daß man doch vom eigenen System ausgeht und Alter als passende Umwelt für sich selbst sucht. Deshalb bleibt Liebe unverantwortlich.[128] Entsprechend ist Stabilität in der Liebe nicht erreichbar durch Konsens in der wechselseitigen Konditionierung, sondern nur auf einer Ebene der Reflexivität, auf der zur Maxime wird, daß der Liebende gerade als Liebender die Umwelt sein kann, die der Geliebte braucht; daß also Ego für Alter nicht nur Alter, sondern alter Ego sein kann, also seine Egoität miteinsetzen muß, um lieben zu können; daß also Ego auch sich selbst als Liebenden lieben kann. Denn: »Alle *Liebe* liebt nur *Liebe*, sie ist ihr eigener Gegenstand.«[129] In der Außendarstellung erscheint diese Selbstreferenz der Liebe als

127 Begriffsgeschichtlich geht dieser Problembezug auf Nik. Ethik IX, 4 zurück. Siehe insbes. das φίλος ἄλλος αὐτός in 1166a/32 und im Anschluß daran Augustinus, Confessiones IV, 11; Thomas von Aquino, Summa Theologiae I, II, q. 28a. 2. Vgl. auch Laurens J. Mills, One Soul in Bodies Twain: Friendship in Tudor Literature and Stuart Drama, Bloomington/Ind. 1937. Die Form der Problemlösung entspricht gleichwohl nicht den heutigen Vorstellungen über das alter Ego, und ebensowenig ist hier schon eine Alternativität von Liebe und Moral vorstellbar. Die Lösungsform ist nicht die einer reflexiven Relationierung, sondern die einer Ähnlichkeit (z. B. 1166b 1-2) oder Identität, die Leitvorstellungen werden dann als unio oder inhaesio formuliert.

128 Ralph H. Turner, Family Interaction, New York 1970, S. 237 ff., nennt denn auch »preoccupation with assigning responsibilities« unter den »obstacles to love«.

129 Jean Paul, Es gibt weder eine eigennützige Liebe noch eine Selbstliebe, sondern nur eigennützige Handlungen, Sämtliche Werke, hg. von der Preußischen Akademie der Wissenschaften, I. Abteilung, Bd. 5, Weimar 1930, S. 208-213 (209).

Passion und damit als Titel für ungewöhnliches Verhalten und als Abwehr von Normalitätszumutungen.

Man treibt schon wieder in seichtere Gewässer ab, wenn man darin ein Rezept für Persönlichkeitsentwicklung oder Identitätssteigerungen sieht,[130] denn das läßt die für uns entscheidende System/Umwelt-Differenz außer acht. Überhaupt ist das Ausmaß, in dem Liebe psychologisch leistbar ist und geleistet wird, empirisch unbekannt und kaum abzuschätzen. Man muß deshalb den Code des symbolisch generalisierten Kommunikationsmediums Liebe unterscheiden von den faktisch erzeugten Einstellungen.[131] Auf der Ebene kultureller Vorschriften, Symbole, Verhaltensmodelle und Legitimationen wird die bloße Möglichkeit des Liebens bewahrt, literarisch tradiert, reproduziert und Zeitumständen entsprechend abgewandelt. Hier wandelt sich das Konzept vom sapienter amare des Andreas Capellanus über das Sentiment des 18. Jahrhunderts, die tiefe Passion der Romantik zur verständnisvollen Kameradschaftlichkeit des 20. Jahrhunderts.[132] Auf dieser Ebene der zunehmenden Ausdifferenzierung eines spezifischen Mediums symbolisch generalisierter

Siehe auch »Liebe um Liebe«, in: Levana § 121, Sämtliche Werke, Abt. I, Bd. 12, Weimar 1937, S. 341.

130 Vgl. z.B. Nelson N. Foote, Love, Psychiatry 16 (1953), S. 245-251; Herbert A. Otto, Love Today: A New Exploration, New York 1973. Siehe auch die Betonung der Steigerungsleistung in Definitionen wie »the feeling accompanying an interpersonal relationship that is mutually ego-enhancing« (Robert O. Blood, Jr./Donald M. Wolfe, Husbands and Wives: The Dynamics of Married Life, Glencoe/Ill., 1960, S. 221) oder: »Love ... is the commitment knowingly, willingly and responsibly to do whatever one can toward enhancing the powers, independence, and integration of another in some area of conduct« (Guy E. Swanson, The Routinization of Love: Structure and Process in Primary Relations, in: Samuel Z. Klausner (Hg.), The Quest for Self-Control: Classical Philosophies and Scientific Research, New York, London 1965, S. 160-209 (199). Man beachte auch die moralisierenden, appellierenden Untertöne in solchen Definitionen und den impliziten Glauben an das (steigerungswürdige) Gute im Menschen.

131 So auch für Affekt Talcott Parsons, Some Problems of General Theory in Sociology, in: John C. McKinney/Edward A. Tiryakian (Hg.), Theoretical Sociology: Perspectives and Developments, New York 1970, S. 28-68 (50 f.), und ders., Religion in Postindustrial Society: The Problem of Secularization, Social Research 41 (1974), S. 193-225 (217).

132 Vgl. aus der unübersehbaren Literatur etwa Kenelm Foster, Courtly Love and Christianity, London 1963; Willard Waller/Reuben Hill, The Family: A Dynamic Interpretation, 2. Aufl., New York 1951, S. 93-215; Vilhelm Aubert, A Note on Love, in: ders., The Hidden Society, Totowa/N.J. 1965, S. 201-235.

Kommunikation entscheidet sich auch die zunehmende Differenzierung von Liebe und Moral. Bis ins 17. Jahrhundert wird das Problem im Rahmen eines einheitlichen semantischen Komplexes von φιλία/amicitia ausgetragen, dann trennen sich die Wege. Theologisch und moralisch gesehen war der immoderatus amor amicitiae uxoris die Erklärung des Sündenfalls, die Romantik entwickelte dagegen eine unbedingte, von Folgen absehende Sprache der Liebe, die es nicht nötig hat, auf Achtung zu achten.

Am amor amicitiae uxoris mußte nicht zuletzt als verdächtig und unmäßig erscheinen, daß er den Bindungen in einer Zweierbeziehung den unbedingten Vorzug gibt und auf dieser Minimalbasis ein weltwertendes System errichtet. Archaische Gesellschaften zeigen ausgesprochene Abneigungen gegen die Zulassung von Zweierbeziehungen (mit gewissen Enklaven für Sonderfälle[133]), die Literatur über Klosterleben warnt vor den Gefahren der Absonderung zu zweit, die Hausgemeinschaft der Zadruga erlaubt den Ehegatten allenfalls ein »Wispern unter der Decke«.[134] Die besonderen Chancen schneller, kurzgeschlossener, intimer Kommunikation für die Übermittlung von Ego/Alter-Synthesen gelten der Moral als Gefahren. Eben deshalb spezialisiert die Liebe sich im Zuge ihrer Ausdifferenzierung als ein besonderes Kommunikationsmedium auf Zweierbeziehungen. Nur in einer solchen Beziehung – und idealiter: nur in einer einzigen Beziehung dieser Art – kann Ego, wenn überhaupt, die ganze Welt eines anderen mitsamt aller Möglichkeiten, sich unmoralisch zu verhalten, als Prämisse eigenen Verhaltens anerkennen.

Unter diese Forderung gestellt, kann Liebe selbst nicht moralisiert, nicht einmal moralisch honoriert werden. Sie bringt keine Achtung ein. Sie läßt sich weder moralisch noch sozial generalisieren, denn das würde schon bei der Welt eines dritten, vierten, fünften alter Ego in unlösbare Orientierungs- und Konfliktprobleme führen. Die Einheit von Liebe und Moral zu unterstellen oder eine Moral der Liebe zu predigen hieße: eine ontologische, »monokontexturale« Welt

133 Vgl. Shmuel N. Eisenstadt, Ritualized Personal Relations, Man 96 (1956), S. 90-95; Kenelm O. L. Burridge, Friendship in Tangu, Oceania 27 (1957), S. 177-189. Vgl. auch Eisenstadt, Friendship and the Structure of Trust and Solidarity in Society, in: Elliott Leyton (Hg.), The Compact-Selected Dimensions of Friendship, Newfoundland 1974.

134 Vgl. Asen Balikei, Quarrels in a Balkan Village, American Anthropologist 67 (1965), S. 1456-1469.

mit hoher Formenintegration annehmen. Das ist eine heute nicht mehr haltbare Prämisse.[135] Aber gleichwohl hat Liebe ein eigentümliches Verhältnis zur Moral, nämlich ein Verhältnis der funktionalen Äquivalenz, das mit dazu beiträgt zu bestimmen, was man von Achtungsreglements erwarten kann und was nicht.

Natürlich enthält der Code der Liebe, nach dem man sich zu richten hat, wenn man liebt, keine Angabe der Funktion. Dasselbe gilt für die Texte, die moralisch achtbares Verhalten fixieren, und für die Gesichtspunkte der Kalkulation von Anschlußrationalität. Die gemeinsame Funktion kann, gerade weil sie derart unterschiedliche Ausführungen übergreift, nicht in die funktionserfüllenden Orientierungen einbezogen werden, so als ob man besser lieben, achten oder kalkulieren könnte, wenn man die Funktion kennt. Das Bezugsproblem der Funktion transzendiert die Orientierungsweisen, die es vergleichbar macht. Es drückt eben deshalb auch nicht ihre Natur oder ihr Wesen aus.

5. Die Tragweite dieser funktionalistischen Theoriedisposition läßt sich auch im Theorievergleich erkennen. Aristoteles faßt unser Problem noch in einer Typologie von Formen der Liebe (Freundschaft) zusammen, die sich auf das Gute (ἀγαθὸν), das Angenehme (ἡδὺ) oder das Nützliche (χρήσιμον) beziehen könne.[136] Was wir als Moral, Liebe und Anschlußrationalität trennen und nur auf ein gemeinsames Grundproblem beziehen, erscheint hier noch als entfalteter Ausdruck ein und derselben Sache. Es geht um Ziele und Dispositionen des Menschen. Dabei ist die Moral übergewichtet insofern, als sie zugleich den generischen Term stellt: Letztlich liebe jeder das für ihn Gute[137] (und das ist: ein glückliches Leben, wie es nur in der politischen Gemeinschaft möglich ist). Das Thema wird – vorbildlich für eine lange Tradition – im Rahmen der Ethik behandelt, und das Gute ist zugleich der Sinn des Ganzen und ein (dadurch besonders wichtiger) Teil der Typologie. Es hat auch alle Stabilitätsvorteile für sich, während Lust und Nutzen vergehen. Mit ihrer Präferenz für Moral bürgt die Theorie zugleich für ihre eigene moralische Qualität, sie wird zur »praktischen Philosophie«.

135 Vgl. Gotthart Günther, Life as Poly-Contexturality, in: Festschrift Walter Schulz, Pfullingen 1973, S. 187-210.

136 Nikomachische Ethik VIII, 2 und 3.

137 Nik. Ethik 1155b/23f.

Auch einer transzendentalphilosophischen Analyse dürfte es schwerfallen, das Problem der Intersubjektivität und der Vollerschließung des alter Ego auf funktional äquivalente Strukturen und Prozesse aufzuteilen. Hier ist die Frage gestellt, wie das Subjekt zur Welt kommt und in der Welt Dinge und andere Subjekte konstituieren und in ihrer Unterschiedenheit erkennen kann. Achtung und Sympathie stehen dafür als Aktformen oder Formen der Intentionalität zur Verfügung; aber sie können bei diesem Frageansatz nur als wechselseitig sich bedingend gedacht werden,[138] nicht als wahlweise verfügbare funktionale Äquivalente; und die Auffassungsform sachartiger Instrumentalität oder warenhafter Verwendung, die hier für Anschlußrationalität steht, wird vorab als inadäquat ausgeschieden, weil die Frage auf Unterscheidung von Menschen und Dingen zielt.

In beiden Fragekontexten, dem der alteuropäischen praktischen Philosophie und dem des transzendentalphilosophischen Problems der Intersubjektivität, finden wir zwar angebahnte Unterscheidungen, die wir mit Begriffen wie Achtung, Anschlußrationalität und Liebe aufgreifen. (Das Recht nimmt als Struktur der Gesellschaft schlechthin eine Sonderstellung ein.) Die Frage nach der Funktion der Moral läßt sich in diesen beiden Überlieferungen der praktischen Philosophie jedoch nicht stellen, denn sie hält ein Bezugsproblem für *theoretisch relevant*, das sich einer *moralischen Bewertung* und einer *praktischen Lösung* entzieht. Das Abklemmen moralischer Bewertung der Bezugsprobleme (und damit der Theorie selbst) ist ein Erfordernis funktionaler Vergleiche. (Es verhindert, daß die Vergleiche schon durch die Moral selbst zu deren Gunsten vorentschieden sind.) Außerdem ist der Verzicht auf moralische Vorwegwertung auch ein Erfordernis lernbereiter wissenschaftlicher Kommunikation. Wer von anderen verlangt, die eigenen Theorieprobleme ebenfalls anzuerkennen, und persönliche Achtung sowie weitere Kommunikation davon abhängig macht, disqualifiziert insoweit seine eigene Lernbereitschaft. Er realisiert das Programm supertheoretischer Konstruktionen bestenfalls zur Hälfte – im Anspruch auf Universalität und Totalität, aber nicht als Offenheit für weiteres Lernen. Und er mobilisiert innerhalb der wissenschaftlichen Kommunikation jenen pole-

138 Hierzu bezeichnend: Paul Ricœur, Sympathie et respect: Phénoménologie et éthique de la seconde personne, Revue de Métaphysique et de Morale 59 (1954), S. 380-397.

mogenen Stil der Moral, der Theorien mit Defensivvorkehrungen belastet und geschlossener erscheinen läßt, als es ihrer eigenen Weiterentwicklung frommt. Der Moralist kann dann zwar totalisieren, indem er Gegner seiner Theorie moralisch beurteilt und die Frage »wozu?« durch Hinweis auf seine Moral erledigt. Aber dieser Hinweis verliert an Überzeugungskraft, sobald sich im Bereich von Theoriediskussionen funktionale Äquivalente in Form anderer, theoriespezifischer Ego/Alter-Synthesen anbieten lassen. Die moralisierende Theorie wird dann selbst zur Option. Und Moral ist in diesem spezifischen Kontext dann nur noch eine Form, in der jemand ankündigt, daß er meint, ein gesellschaftliches Interesse zu verfolgen.

V. Evolutionäre Generalisierung

1. Die Geschichte der Moral kann innerhalb der Moral auf der Ebene der moralischen Ideen verfolgt und nachvollzogen werden – etwa als Übergang vom archaischen zum politischen Ethos.[139] Ältere Zeiten vermochten dabei ein einfaches, gleichsam zweiphasiges Fortschrittsmodell zu entwickeln, indem sie feststellten, was sie im Vergleich zu ihren Vorfahren erreicht hatten.[140] Dabei konnte man sehr überzeugend auf Verbesserungen der Technik und auf Verfeinerungen der Moral hinweisen. Der »Fortschritt« scheint aber an Überzeugungskraft und an Konstruierbarkeit zu verlieren, je länger er dauert. Oder genauer gesagt: die Tiefenschärfe des historischen Bewußtseins, die aus gesellschaftsstrukturellen Gründen auch unabhängig von der reinen Zeitdauer der Geschichte zunehmen kann (und das ist die Erfahrung der letzten beiden Jahrhunderte), arbeitet gegen den Fortschrittsgedanken. Sieht man zuviel in der Geschichte, kann man keine einheitlichen Linien mehr erkennen. Dauer und Tiefenschärfe der historischen Erfahrung sprengen schließlich den einfachen Gleichlauf von Geschichte und Moral im Sinne einer Entwicklung zum Guten oder zum Schlechten. Der moralische Dualismus kann dann nicht mehr zugleich als Geschichtstheorie fungieren.

»Ideengeschichte« ist ein Rettungsversuch. Man kann versuchen

139 Vgl. Joachim Ritter, Metaphysik und Politik: Studien zu Aristoteles und Hegel, Frankfurt 1969, insbes. S. 106 ff., 133 ff.

140 Vgl. Ludwig Edelstein, The Idea of Progress in Classical Antiquity, Baltimore 1967.

zu sagen: Wie immer es mit der Moral bestellt sein möge, die moralischen Ideen würden in laufend verfeinerter Form angeboten; die Ideenverbesserung hebe sich gewissermaßen von den Niederungen der faktisch beobachtbaren Einstellungen ab und nehme einen eigenen Weg, literarisch auf Literatur reagierend. Damit könnte man die Zunahme der besserwisserischen Komponente in den moralisierenden Moraltheorien erklären, und für gewisse Gesellschaften einer gewissen Zeit, nämlich für die Periode zwischen den archaischen Gesellschaften und der modernen Weltgesellschaft, mag dieses Entwicklungskonzept durchaus zutreffen. Doch auch im Bereich der Ideengeschichte wiederholt sich jenes Phänomen der Auflösung linearer Sequenzen durch Komplikation: Die Bewertungsfaktoren nehmen zu, und gerade eine Gesellschaft, die Pluralismus als Moral pflegt, wird nicht mehr sagen können, daß unter den neueren Ideen solche sind, die älteren Ideen moralisch (!) schlechthin überlegen sind.

Ohne bestreiten zu wollen, daß es eine relativ autonome Ideenentwicklung im Bereich der Moral ebenso wie anderswo gibt, geht die Soziologie deshalb von Ideengeschichte zu Korrelationsgeschichte über. Sie behandelt, soweit sie historisch interessiert ist, nicht einfach die Sequenz von Ideen über Soziales, dabei einen Prozeß unterstellend in dem Sinne, daß Späteres nur möglich ist, weil Früheres gewesen war. Sondern sie sieht die Geschichte in den Veränderungen der Beziehungen zwischen Ideen und anderen gesellschaftsstrukturellen Variablen. Die relative Eigenständigkeit der Ideenentwicklung ist dabei kein Hindernis, sie ist geradezu Voraussetzung sinnvollen Korrelierens.

Die Grundlagen dieser Betrachtungsweise sind im 19. Jahrhundert gelegt worden. Seitdem geht man davon aus, daß der zunehmenden Differenzierung und Expansion der Gesellschaft eine Veränderung ihrer Integrationsmittel oder Formen der Solidarität in Richtung auf zunehmende Generalisierung und Spezifikation entsprechen müsse. In diese Analyse wird die Entwicklung der Moral einbezogen.[141]

141 Einen knappen Überblick vermittelt Clyde Kluckhohn, The Moral Order in the Expanding Society, in: Carl H. Kraeling/Robert M. Adams (Hg.), City Invincible, Chicago 1960, S. 391-404. Siehe auch Monica Wilson, Religion and the Transformation of Society: A Study in Social Change in Africa, Cambridge 1971, als eine weniger theoretisierte Darstellung, und andererseits als typische Äußerungen zum allgemeinen soziologischen Bedingungszusammenhang von

Daß von Generalisierung *und* Spezifikation gesprochen wird, ist im Rahmen dieses Konzepts der wesentliche Fortschritt[142] und besagt: daß es nicht einfach auf breite, flächendeckende und zunehmend unbestimmte Symbole ankomme, sondern daß Generalisierungen wegen ihres Respezifikationspotentials benötigt und im Hinblick darauf ausgesucht würden. Daran ist festzuhalten. Die Frage ist nur, was man mit präzisierten Vorstellungen über Funktion und Leistungsweise der Moral an Erkenntnissen hinzugewinnen kann.

2. Um zu verfeinerten Korrelationsaussagen zu kommen, knüpfen wir an die Supertheorie komplexer Systeme an und lösen mit ihrer Hilfe das klassische Variablen-Modell der Differenzierung und Generalisierung auf beiden Seiten weiter auf. Sowohl Differenzierung als auch Generalisierung müssen im Zuge der weiteren Ausarbeitung dann auf das Grundproblem der Komplexität bezogen werden, das zugleich erklärt, daß es sich hierbei um Variablen handelt, die stets nur unter Eliminierung anderer Möglichkeiten realisiert werden und die Formen, die sie annehmen, unter sich ändernden Bedingungen ändern.

Von Differenzierung kann man in mehrfachem Sinne sprechen. Es handelt sich einmal um die Differenzierung des Gesellschaftssystems in Teilsysteme und zum anderen um eine zunehmende Differenzierung von Ebenen der Systembildung, vor allem von Gesellschaftssystem und Interaktionssystemen. Beide Aspekte unterliegen evolutionärer Veränderung. Im Laufe der soziokulturellen Evolution ändern sich einmal die das Gesellschaftssystem primär strukturierenden Formen der Differenzierung. Segmentierung wird durch Stratifikation und Stratifikation wird durch funktionale Differenzierung ab-

Differenzierung und Generalisierung: Talcott Parsons, Durkheim's Contribution to the Theory of Integration of Social Systems, in: Kurt H. Wolff (Hg.), Émile Durkheim 1858-1917, Columbus/Ohio 1960, S. 118-153; ders., Some Considerations on the Theory of Social Change; Rural Sociology 26 (1961), S. 219-239; Shmuel N. Eisenstadt, Social Change, Differentiation and Evolution, American Sociological Review 29 (1964), S. 375-386.

142 Vgl. dazu Charles Ackerman/Talcott Parsons, The Concept of »Social System« as a Theoretical Device, in: Gordon J. DiRenzo (Hg.), Concepts, Theory, and Explanation in the Behavioral Sciences, New York 1966, S. 19-40 (S. 36 ff.), mit dem bemerkenswerten Hinweis, daß bloße Generalisierung ohne Möglichkeit der Respezifikation zu »Anomie« führe.

gelöst.[143] Zum anderen treten Ebenen der Systembildung weiter auseinander, so daß einzelne Interaktionssysteme nicht mehr in dem Maße wie zuvor mit gesamtgesellschaftlicher Relevanz belastet sind und andererseits das Gesellschaftssystem in seiner weiteren Evolution von dem, was in einzelnen Interaktionssystemen passiert, relativ unabhängig wird.[144] Beide Veränderungen hängen zusammen, da Formen der Differenzierung des Gesellschaftssystems bestimmte Implikationen haben für Größe und Komplexität und damit Rahmenbedingungen setzen für die gesellschaftliche Relevanz von Interaktionen. Evolution ist mithin, allein schon unter dem Blickpunkt von Differenzierung (und das läßt die Frage, wie sie überhaupt zustande kommt, noch ganz außer acht) ein recht komplexes Geschehen.

Den Begriff der Generalisierung schränken wir für die folgenden Analysen ein auf diejenigen symbolischen Strukturen, die den Prozeß der Achtungskommunikation steuern, also auf moralische Symbole. Dadurch gewinnen wir die Möglichkeit, die spezifische Funktion dieser Symbole in Rechnung zu stellen. Sie dienen, wie ausführlich analysiert, dem Prozessieren doppelter Kontingenz. Sie machen ein Einfordern und Mitteilen von Ego/Alter-Synthesen möglich, wo deren »natürliche« Konvergenz nicht vorausgesetzt werden kann. Mit Hilfe dieser Funktionsbestimmung können wir genauer fragen, wie sich evolutionäre Veränderungen in gesamtgesellschaftlichen Strukturen (vor allem: Differenzierungsformen) auswirken auf die Art, wie (1) Komplexität als Kontingenz repräsentiert wird und (2) die daraus sich ergebende doppelte Kontingenz über Bedingungen der Kommunikation von Achtung reguliert wird.

Der Ansatzpunkt, an dem zunehmende Differenzierung (in all ihren Formen) auf Moral einwirkt, läßt sich in unserem theoretischen Konzept wie folgt rekonstruieren: Das einfache Modell der Achtungskommunikation, das nur Ego und Alter vorsieht und die Komplikationen nur zwischen diesen beiden hochsteigert, ist natürlich schon für Gesellschaften des einfachsten Typus eine Abstraktion. Immer stehen die an einer kommunikativen Interaktion Beteiligten auch in (momentan inaktuellen) Beziehungen zu anderen Mitgliedern der Gesellschaft und wissen dies voneinander. Ein Schwatz auf dem Dorf-

143 Zu notwendigen Modifizierungen vgl. Niklas Luhmann, Differentiation of Society, Canadian Journal of Sociology 2 (1977), S. 29-53.

144 Vgl. dazu auch Niklas Luhmann, Interaktion, Organisation, Gesellschaft, in ders., Soziologische Aufklärung, Bd. II, Opladen 1975, S. 9-20.

platz ist möglich, aber irgendwann müssen die Frauen nach Hause, um für je verschiedene Männer Essen zu kochen und um je verschiedene Kinder zu versorgen. Sinn und Verpflichtungsgehalt von Drittbeziehungen zu Partnern, die für jeden Anwesenden jeweils andere sein mögen, läßt sich moralisch nicht bestreiten. Wenn Ego und Alter in ihrer Interaktion Achtung fordern, erweisen, gewinnen, dann als Personen, die zugleich Kreuzpunkt verschiedener sozialer Beziehungsnetze sind. Die Personalität, die geachtet wird, reicht somit nicht nur in ihrer personalen, sondern damit auch in ihrer sozial-umweltlichen Komplexität über die Wahrnehmungs-, Thematisierungs- und Dispositionsmöglichkeiten der einfachen Interaktion hinaus. Daß Interaktion *trotzdem gelingt*, daß Ego/Alter-Synthesen trotzdem in einer Weise angeboten werden, die zur Konvergenz gebracht werden kann, das wird durch Achtung honoriert.

Unterstellt man diese Ausgangslage als mit dem sozialen Leben gegeben, ist zu vermuten, daß der Antrieb zur Veränderung moralischer Vorstellungen von Veränderung im Bereich der jeweils anderen Beziehungsmöglichkeiten ausgeht. Die Interaktion unter Anwesenden selbst ist und bleibt konkret, daran kann sich nichts ändern. Aber die Art, in der andere Beziehungen, andere Verpflichtungen, andere Kommunikations- und Einflußmöglichkeiten der Interaktionspartner in Betracht gezogen werden, wird mit der gesellschaftlichen Evolution Veränderungen unterworfen. Nimmt für die Partner die Zahl und die Verschiedenartigkeit dieser anderen Kontakte zu oder nimmt der Selektionsbereich zu, aus dem sie sie auswählen können, werden sie dadurch von interaktionsspezifischen Wertungen und Achtungserweisen unabhängiger. Sie können sich ihre Achtung anderswo holen. Ferner nimmt die in dieser Hinsicht zwischen den Interaktionspartnern bestehende Heterogenität der Chancen und Zumutungen in anderen Kontakten zu. Es kann dann sein, daß alle Beteiligten über höchst diverse, für die jeweils anderen nicht zugängliche Kontakte verfügen. Es kann auch sein, daß kontaktreiche, in Achtung und Selbstachtung unabhängige Partner mit solchen interagieren, die nur in gerade dieser Interaktion oder nur in dem konkreten, sehr eng gezogenen Partnerkreis Achtung erwerben können.[145] So wird es

145 Es wäre lohnend, unter diesem Gesichtspunkt Geschlechtsrollendifferenzen und Moralprobleme in Ehen zu analysieren; ferner auch Probleme der moralischen Sozialisation in zunehmend weiteren Kontaktkreisen (übrigens bereits in sehr einfachen Gesellschaftssystemen – vgl. dazu Meyer Fortes, Social and Psychological

schwieriger, »Sonstiges« in die Interaktion einzubringen, dort zu thematisieren und in Achtungsbedingungen umzumünzen. Dafür müssen generalisierte Ausdrucksformen bereitgehalten werden.

Als mindestes müssen *Achtungserweise* in der laufenden Kommunikation und *Achtungsbedingungen* differenziert werden. Nicht die Achtungserweise, sondern nur die Achtungsbedingungen, auf die sie Bezug nehmen, können generalisiert werden. Sie müssen natürlich zitierbar und auch anspielungsweise verständlich bleiben, das setzt der Generalisierung von Moral unübersteigbare Schranken. Innerhalb dieses Rahmens gibt es aber eine beträchtliche Vielfalt. Man hat für archaische Gesellschaften und frühe Hochkulturen vor allem an Mythen und Heroengestalten, sozusagen an Achtungskonserven, sowie an standardisierte Situationstypen zu denken, die in Erzählungen weitergegeben werden können. Dabei wird durch die kriterienlose Form der Sinngehalte und die Art der Übermittlung der intervenierende Anteil des Bewußtseins gering gehalten.[146] Hinzu kommt die einfache Differenz des Nahen und Fernen, durch die Relevanz und Irrelevanz in Angelegenheiten der Moral differenziert und nach überschaubaren Interaktionsbereichen vorseligiert.[147] Die Moralgrenze fällt mit der Systemgrenze zusammen[148] und gewinnt an ihr (und

Aspects of Education in Taleland, London, Supplement to ›Africa‹ XI, No. 4, 1938). Zunehmende Komplexität heißt also nie: gleichmäßige Anhebung der relevanten Komplexität für alle. Vielmehr haben komplexere Gesellschaften das Problem, sehr komplexe und weniger komplexe Lebenslagen nebeneinander vorsehen und interaktionell miteinander verknüpfen zu müssen.

146 Vgl. dazu Eric A. Havelock, Preface to Plato, Cambridge/Mass. 1963.

147 Siehe die vielkritisierte Darstellung von Edward C. Banfield, The Moral Basis of a Backward Society, Chicago 1958, und dazu Sydel Silverman, Agricultural Organization, Social Structure and Values in Italy: Amoral Familism Reconsidered, American Anthropologist 70 (1968), S. 1-20; William Muraskin, The Moral Basis of a Backward Sociologist: Edward Banfield, The Italians, and the Italian-Americans, The American Journal of Sociology 79 (1974), S. 1484-1496. Vgl. ferner Frederick G. Bailey, The Peasant View of the Bad Life, Advancement of Science 23 (1966), S. 399-409. Siehe ferner zu Abstufungen von nah und fern im Bereich von Reziprozitätserwartungen Marshall D. Sahlins, On the Sociology of Primitive Exchange, in: The Relevance of Models for Social Anthropology, London 1965, S. 139-236.

148 Dabei ist hier die Moralgrenze durch die Systemgrenze vorbestimmt. Den umgekehrten Versuch, Systemgrenzen durch Moralgrenzen vorzubestimmen und Abweichler einfach als nicht zugehörig zu behandeln, können allenfalls Gesellschaften mit hochgradig vertexteter Moral unternehmen, und er gelingt auch ihnen

nicht durch Interpretation von Texten) die kommunikativ erforderliche Konkretheit. Sie ist gleichwohl, und gerade deshalb, in der Einzelinteraktion nicht disponibel, kann nicht konsensuell unterlaufen werden oder in abweichende Gruppenmoralen auslaufen. Es gibt in diesen Gesellschaften keine »Subkulturen«.[149] Es gibt keine irrealistischen, utopistischen Moralisierungen, die die Teilnahme an einer Illusion zur Achtungsbedingung erklären und gerade durch ihren illusionären Charakter an die Gruppe binden, die sie vertritt.

Die strukturellen Voraussetzungen dieser Form von Moral sind: (1) geringe Ebenendifferenzierung von Gesellschaftssystem und Interaktionssystemen, (2) primär segmentäre Form der Gesellschaftsdifferenzierung und als Folge dieser Strukturvorgaben (3) eine für alle (Männer und Frauen, Erwachsene und Kinder, Reiche und Arme) einheitlich konstituierte soziale Realität. Die Gesellschaft ist nach Geschlechtern oder nach Wohngemeinschaften, also in gleiche Einheiten differenziert. Sie ist für jeden Teilnehmer die Reihe der ihm zugänglichen Interaktionen, die er überblickt, ohne daß er an allen ablaufenden Interaktionen zugleich teilnehmen könnte oder müßte; er ist zwar durch sein je aktuelles Handeln irgendwo plaziert und kann nicht überall zugleich sein, aber er ist nicht strukturell oder von seinen persönlichen oder statusmäßigen Merkmalen her ausgeschlossen. Absonderungen und Geheimnisse müssen eigens geschaffen werden und bleiben verdächtig.

Diese strukturellen Bedingungen ändern sich in dem Maße, als andere, stratifizierende oder funktionale Formen gesellschaftlicher Differenzierung hinzutreten und die Ebenen der Systembildung für Gesellschaft und Interaktion dadurch stärker auseinandertreten. Erst dann wird für das Gesellschaftssystem eine generalisierte Moral erforderlich. Nach unserem theoretischen Modell müßte ein doppelter Anstoß zu Generalisierungen zu erwarten sein, und das ermöglicht eine schichtenmäßige Differenzierung auch des Moral-Codes der Gesellschaft:

Einerseits muß Ego in Betracht ziehen, daß Alter in einem komplexen Netz von Interaktionen steht, die für Ego nur teilweise zugänglich sind. Alter braucht daher eine Identität, die er mitnehmen

nicht. Vgl. dazu Kai T. Erikson, Wayward Puritans: A Study in the Sociology of Deviance, New York 1966.

149 So Julian H. Steward, Theory of Culture Change, Washington 1955, S. 44 f.

kann, wenn er mit anderen interagiert. Denn seine anderen Partner werden ihn fragen, wie er sich Ego gegenüber verhalten hat. Anders formuliert: Alter ist in der Formulierung seines Verhaltensprinzips durch eine Mehrheit von Bezugsgruppen getragen, die ihm möglicherweise verschiedenartiges Verhalten abverlangen oder ihm gar verschiedenartige Achtungsbedingungen aufoktroyieren.[150] Diese Verschiedenartigkeit der Erwartungen bezieht sich in komplexeren Gesellschaften *nicht mehr nur auf die Verschiedenartigkeit der Interaktionen selbst*, nicht mehr nur darauf, daß man sich beim Holzhacken anders benimmt als beim Tanzen, so daß konfliktfreie Interaktionsserien möglich sind und allenfalls die Unterschiedlichkeit der Talente auffällt. Vielmehr ergeben sich aus dem *einen Partner- und Interaktionskontext* überschießende Gesichtspunkte für *Interaktionen mit anderen Beteiligten*, etwa die Forderung, sich in jeder Lebenslage als Gentleman zu betragen oder auf seinen Glauben oder auf sportliche Fitneß zu achten, auch wenn es in der Interaktion selbst gar nicht darum geht. Dann sind Interaktionszusammenhänge nicht mehr einfach nur ein Problem des Neben- und Nacheinanders. Und obwohl Alter stets nur sektoral engagiert wird, kann er psychisch nicht völlig zerlegt werden, und auch die sozialen Relevanzen überschneiden sich, denn in Interaktionssystemen kann das frühere bzw. spätere Verhalten der Anwesenden Abwesenden gegenüber abgefragt, thematisiert und in Pflicht genommen werden. Diese Gesamtstruktur limitiert die Möglichkeiten, Ego/Alter-Integrationen und Achtungsbedingungen interaktionsspezifisch zu handhaben. Ego muß das berücksichtigen, wenn er die Identitätsformel Alters moralisch qualifizieren und Achtungserweise von ihr abhängig machen will. Das aber heißt: Ego muß Partner Alters in Betracht ziehen, die für ihn möglicherweise nie Interaktionspartner werden können, die er nicht kennt und nicht einschätzen kann.

Andererseits findet Ego sich selbst in der gleichen Situation. Er muß die Art, wie er Alter achtet oder mißachtet, in Situationen vertreten können, in denen Alter abwesend ist. Er kann sich nicht in

150 Auch einfachere Gesellschaftssysteme kennen diese Probleme bereits, aber sie suchen für sie Lösungen, die magisch vermittelt werden und nicht auf Generalisierung der Moral beruhen. Siehe dazu Max Gluckman, Moral Crises: Magical und Secular Solutions, in: ders. (Hg.), The Allocation of Responsibility, Manchester 1972, S. 1-50.

die Perspektive eines bestimmten Alter einschleichen, wenn andere ihm das verübeln, kann nicht Liebe und Konsens suchen, wo Führung und Härte von ihm verlangt wird. Beide Seiten sind nicht mehr frei, sich der selbstselektiven Geschichte ihres jeweiligen Interaktionssystems oder einer homogenen sozialen Realität einfach hinzugeben, sondern müssen auf je verschiedene Abwesende Rücksicht nehmen und *wissen das voneinander*.

Für die damit sich anbahnende Problemlage gibt es eine Mehrzahl recht verschiedenartiger Lösungen, die im Laufe der Evolution zunächst nebeneinander erprobt worden sind. Eine von ihnen liegt in der Sklaverei, mit der das Problem moralisch qualifizierbarer Achtung institutionell wegfingiert wird. (Man kann darin natürlich auch eine Extremform abstrakter moralischer Generalisierung sehen, und die Übergänge zur Sklaverei sind ja auch unscharf.) Eine andere Lösung bietet eine Freigabe der Pflege idiosynkratischer Achtungsinteressen in Zweierbeziehungen, wie sie in archaischen Gesellschaften mehr oder weniger verpönt waren,[151] eine Lizenz zur moralisch folgenlosen folie à deux außerhalb der ernst zu nehmenden Gesellschaft. Die Ausdifferenzierung von Sondermoralen für bestimmte Status- und Berufsgruppen, die im Hinblick auf deren spezifisches Können allgemeine Anerkennung finden, trägt zur Steigerung der Komplexität von Moralen bei. Einrichtung der Respezifikation von generalisierten Erwartungen – diese Funktion wird erst sehr spät einer eigens dafür geschaffenen Kasuistik von Gewissensentscheidungen überlassen – treten hinzu: textinterpretierende Schulen, Gerichtsbarkeit, religiöse Kult- und Beratungsinstitutionen, Gilden. Die größte Breiten- und Dauerwirkung erreichen jedoch neuartige Synthesen von Moral und Religion: die Religion selbst wird moralisiert. Es kommt – aus zumeist deutlich faßbaren politischen Gründen – zur Bindung der religiösen Vorstellungswelt an die Figur eines Hochgottes, der selbst gut ist, selbst geachtet werden möchte und an Fragen der Moral aktiv interessiert ist.[152]

151 Vgl. oben S. 71.

152 Insgesamt erreicht nur eine relativ kleine Zahl archaischer Gesellschaftssysteme (und vermutlich nur solche, die der Einwirkung von Hochkulturen unterliegen) diese Phase einer entdifferenzierenden Zusammenfassung von Moral und Religion. Nur 25 % der von Georg P. Murdock, Ethnographic Atlas, Pittsburgh 1967, daraufhin erfaßten Gesellschaften (N = 684) weisen dieses Merkmal auf. Vgl. auch Ralph Underhill, Economic and Political Antecedents of Monotheism:

Mit diesen Bemerkungen ist die Transformation der Moral, die durch den Übergang zum Formtypus hochkultivierter Gesellschaften ausgelöst wird, jedoch noch recht oberflächlich gekennzeichnet. Die größere Tiefenschärfe, die man durch eine soziologische Theorie der Moral erreicht, zahlt sich erst aus, wenn man fragt, wie die Moral selbst sich verändert. Dazu muß man den Begriff der Generalisierung durch den Begriff der Relationierung ersetzen.

3. Die Moral reagiert auf die zunehmende Komplexität ihres Funktionsbereichs dadurch, daß sie in sich selbst Möglichkeiten der Relationierung schafft. Den Ansatzpunkt dafür bietet: daß die am moralischen Geschehen Beteiligten als *selbstreferentielle Einheiten* zum Thema werden.

Natürlich steht nicht sogleich dieser Begriff der Selbstreferenz oder der Reflexion zur Verfügung, ganz zu schweigen von systemtheoretischen Analysen der Funktionsweise basaler Selbstreferenz.[153] Aber es gibt dafür Äquivalente im Bereich der moralfähigen Semantik. So gibt es Vorstellungen über Absichten und Vorstellungen über Eigenverantwortlichkeit des Individuums für sein Handeln. Beide Vorstellungen modifizieren die einfache Relation von Verhalten und Effekt, die zunächst zur Beurteilung steht, durch eine vorgeschaltete Selbstrelationierung: Das Verhalten verhält sich sozusagen zunächst zu sich selbst, bevor es sich zu seinem Effekt verhält. Diese Selbstrelationierung ist kein Mechanismus der Effektsteigerung – so wie ein Schleuderer sich zunächst einmal um sich selbst dreht, damit er desto weiter schleudern kann. Sie dient vielmehr der Anknüpfung weiterer Relationierungen.

A Cross-Cultural Study, The American Journal of Sociology 80 (1975), S. 841-861 und Guy E. Swanson, Monotheism, Materialism, and Collective Purpose, ebd., S. 862-869. Ein charakteristisches Detail berichtet Christoph von Fürer-Haimendorf, The After-Life in Indian Tribal Belief, Journal of the Royal Anthropological Institute 83 (1953), S. 37-49, wonach in den indischen Volksreligionen das Weiterleben nach dem Tode ursprünglich von den Umständen des Todes, aber nicht von moralischen Verdiensten während des Lebens abzuhängen schien. Für das Nachzeichnen einer originären Entwicklung siehe auch M. David, Les dieux et le destin en Babylonie, Paris 1949. Kritisch (auf Grund von archaischen Moralvorstellungen) Monica Wilson, Religion and the Transformation of Society: A Study in Social Change in Africa, Cambridge 1971, S. 76 ff.

153 Hierzu kurz: Niklas Luhmann, Identitätsgebrauch in selbstsubstitutiven Ordnungen, besonders Gesellschaften, Poetik und Hermeneutik Bd. VIII.

Bringt man Vorstellungen wie Absicht, Vorsatz, Gewissen, Selbstverantwortung auf einen abstrakten Ausdruck, so geht es jeweils um die Herstellung einer Beziehung zu sich selbst. Der Träger des Handelns, an dem das Handeln sozusagen erscheint, wird dupliziert und zu sich selbst in Beziehung gesetzt. Er erscheint dann gedoppelt auf dem Bildschirm moralischer Relevanz und kann in dieser Beziehung zu sich selbst beurteilt werden. Die Folge dieser Doppelung ist, daß Person und Handlung unterschiedliche Bezugspunkte für Merkmalszuschreibungen und Bewertungen werden können.[154] Die moralische Konditionierung betrifft nur noch die Herstellung der Beziehung zwischen beiden und nimmt deshalb die Form einer Regel an.

Diese selbstreferentielle Binnenrelationierung ist – und deshalb eignet sie sich, Funktionen der Moral zu übernehmen – eine Form der Kontingenzverarbeitung. Es wird nicht nur wahrgenommen, daß Alter in bestimmter Weise handelt und auch anders handeln könnte. Vielmehr wird sowohl sein Wille als auch sein Verhalten kontingent gesetzt und die Nichtbeliebigkeit in die Relation von Wille und Verhalten verlagert. Er kann anders wollen und er kann anders handeln, aber es sind keine beliebigen Kombinationen von Wille und Verhalten möglich: Wenn er etwas will, ist damit ein Spielraum für Handlungsmöglichkeiten abgesteckt, und wenn er gehandelt hat, gibt es nur begrenzte Möglichkeiten, nicht gewollt zu haben. Gerade die Duplikation der Kontingenz, jeweils im Alter oder im Ego, ermöglicht die Einführung eines neuen Typus kombinatorischer Limitierungen, der seinerseits dann moralischer Konditionierung unterworfen wird.

Wir haben aus Gründen, die unter II. erläutert worden sind, für die Darstellung dieser Anschlußvoraussetzungen hochkultureller Moral bewußt eine nicht-anthropologische Sprache gewählt (also nicht die Sprache, in der die Moral unserer Tradition selbst artikuliert worden ist). Wir gehen also nicht davon aus, daß Begriffe wie Wille oder Gewissen oder die Fähigkeit, Absichten oder Intentionen zu bilden, Eigenschaften des Menschen bezeichnen.[155] Vielmehr

154 Daß beide Bezugspunkte nicht aufeinander reduziert werden können, hat auch Arthur O. Lovejoy, Terminal and Adjectival Values, Journal of Philosophy 47 (1950), S. 593-608, betont.

155 Es kommt uns andererseits auch nicht darauf an, zu bestreiten, daß dies so sei und daß man ein Stück weit kommt mit einer solchen Annahme.

kommen die unterstellten Korrelate dieser Begriffe überhaupt erst durch ein Relationierungsinteresse zustande; sie sind das semantische Produkt, das entsteht, wenn in achtungsorientierter Kommunikation ein höheres Auflöse- und Rekombinationsinteresse ins Spiel kommt. Eine Differenz von Absicht einerseits und Verhalten andererseits wird erst konstituiert, wenn Zurechnungsprobleme auftreten und nach Lösung verlangen.[156] Das aber ist nur der Fall, wenn Konsequenzen davon abhängen; und das kann durch Moral gesteuert sein.

In diesem Sinne schafft die Moral sich selbst ihre Prämissen. Zurechnungs- und Bewertungs-, Achtungs-, Mißachtungs- und Selbstachtungsinteressen formieren ihren Gegenstand so, daß sie in ihm ausreichende Varianz vorfinden. Die Basis dieser Strategie ist natürlich: daß personale Systeme selbstreferentielle Systeme immer schon sind und daß schon ihr zentral gesteuertes Nervensystem in der Weise selbstbezüglich-geschlossen ist, daß es jeweils auf eigene Zustände und nur dadurch in spezifischer Weise selektiv auf Umwelt reagiert.[157] Die Unterstellung von Selbstreferenz ist also keineswegs unrealistisch. Sie wird aber gleichwohl erst im Zurechnungsprozeß konstituiert und kommunikabel gemacht in der Form: Wille verfügt über Handeln. Hier fügt sich auch die oben (III.6) skizzierte Theorie der Freiheit ein: daß Freiheit nur durch Kommunikation von Fremdbestimmung konstituiert werden kann.

Legt man diese mehr begrifflichen und noch sehr geschichts- und empiriefernen Überlegungen zugrunde, wird es nicht mehr ausreichen, die historische Entwicklung der Moral als einen Prozeß zu charakterisieren, der von konkreteren zu abstrakteren Formen führt (ob-

156 Vgl. aus der reichhaltigen psychologischen Forschung zu diesem Problemkreis Edward E. Jones/Kenneth E. Davis, From Acts to Dispositions: The Attribution Process in Person Perception, in: Leonard Berkowitz (Hg.), Advances in Experimental Social Psychology, Bd. 2, New York, London 1965, S. 219-266; Mary D. Maselli/John Altrocchi, Attribution of Intent, Psychological Bulletin 71 (1969), S. 445-454 (Forschungsüberblick); Ajzen Icek, Attributions of Dispositions to an Actor: Effects of Perceived Freedom and Behavioral Utilities, Journal of Personality and Social Psychology 18 (1971), S. 144-156; und speziell zum Erwerb dieser Fähigkeit Shlomo Breznitz/Sol Kugelmass, Intentionality in Moral Judgment: Developmental Stages, Child Development 38 (1967), S. 469-479.

157 Siehe auch die Bedeutung, die Rousseau im Buch IV des Émile dem vormoralischen amour de soi-même für die Erziehbarkeit beimißt. (Siehe: Émile ou de l'éducation, Paris 1964, S. 247 ff.)

wohl das auch zutrifft). Der entscheidende Vorgang muß vielmehr in der Umstellung von einem ereignisbezogenen Denken und von einfachen Relationen auf ein Konzept der mehrstufigen Relationierung gesehen werden, und diese mehrstufige Relationierung schafft sich dann einen abstrakteren Formenausdruck, um Kommunikabilität zu erhalten.

Achtungsbedingungen müssen themafähig und kommunizierbar bleiben. Man muß sich auf sie berufen können. Sie werden in der Gestalt von Normen oder Wertideen, Prototypen, Gleichnissen oder Beispielen für ernste Kommunikation aufbewahrt. Sie bilden aber nur die sichtbare Oberfläche eines sehr viel komplexeren Geschehens der laufenden Relationierung von Relationen. Das ist auch der Grund, weshalb eine Moral nicht auf Grund ihrer eigenen Formulierungen begriffen, nicht einfach hermeneutisch erfaßt und als moralwertige Erkenntnis präsentiert werden kann. Die Moral besitzt strukturell eine sehr viel höhere Komplexität, als in der moralischen Kommunikation zum Thema werden kann. Wie es für komplexe Systeme überhaupt typisch ist, kann die strukturelle Komplexität in den durch sie geordneten Prozessen nicht adäquat kontrolliert werden; die Informationsverarbeitungskapazität reicht dafür nicht aus. Die Reflexion der Komplexität ist, hier wie sonst, auf eine reduktive Symbolik angewiesen. Ob diese Symbolik nun in einem Einheitsausdruck, im ἀγαθὸν, in der divina similitudo oder in der Freiheit theoretisch zusammengefaßt und für moralische Kommunikation aufbereitet wird oder nicht: in jedem Falle bietet diese Symbolik keine Rekonstruktion des Komplexitätsproblems der Moral. Dies kann, wenn überhaupt, nur eine Theorie leisten, die sich von Bindungen an die besonderen Voraussetzungen moralischer Kommunikation freizeichnet und deshalb auch auf die dafür geltenden Reduktionen (nicht: auf Reduktionen überhaupt) verzichten kann.

4. Die vielleicht wichtigste Errungenschaft, die mit dieser Relationierung von Selbstreferenzen zugänglich wird und die Themen der Moral in die Abstraktion treibt, betrifft die oben (III.5) bereits vorgestellte Bivalenz der Moral. Sie wird in dem Maße, als nicht nur das Verhalten, sondern auch das moralische Urteilen eine selbstreferentielle Struktur annimmt, reflexiv einsetzbar, so daß sich sehr komplexe Strukturen ergeben können. Unsere These ist, daß die Moral durch diesen Ansatz bivalenter Optionen unter Abstraktionsdruck

gesetzt wird, und wir wollen dies auf eine etwas pedantische Weise mit Hilfe von Konstellationsskizzen vorführen.

Der Ausgangspunkt liegt in relativ einfachen Gesellschaftsordnungen, die gutes und schlechtes Verhalten kennen und als gut bzw. schlecht beurteilen können. Zur schematischen Abbildung einer solchen Lage genügt eine einfache Kreuztabellierung mit vier Falltypen.

Fig. 1

Moralität des Verhaltens	Beurteilung als +	Beurteilung als –
+	1	3
–	2	4

Eine solche Moral kann die Beurteilung unter Wahrheitsgesichtspunkten behandeln. Die positive Beurteilung guten Verhaltens trifft zu, ebenso wie die negative Beurteilung schlechten Verhaltens. Die Falltypen 1 und 4 sind zutreffende Urteile, die Falltypen 2 und 3 sind unzutreffende Urteile. Es wird vorausgesetzt, daß die Kriterien des Verhaltens und des Urteilens dieselben sind und daß es in bezug auf sie keine Differenzen, sondern nur Irrtümer geben kann. Unter dieser Voraussetzung braucht Ego, der Alter beurteilt, nicht als jemand gedacht werden, der sein eigenes Urteils- und Kommunikationsverhalten moralisch zu verantworten hat. Ihm wird keine eigene selbstreferentielle Struktur, keine Binnenkontingenz, keine »Subjektivität« zugebilligt.

Sobald es jedoch, aus welchen historischen Gründen auch immer, zum Einbau einer eigenständigen Kontingenz des Urteilens kommt, wird der Konstellationsspielraum beträchtlich erweitert, und es wird, so vermuten wir, eine Entwicklung ausgelöst, die nicht mehr zu stoppen ist. Das moralische Urteilen kann dann selbst moralisch beurteilt werden, es wird zu einer Aktivität innerhalb des moralischen Geschehens. Die Konstellationstypik kann daher nur noch in einer dreidimensionalen Tabelle abgebildet werden

Fig. 2

		Moralität des moralischen Urteilens			
		+ Beurteilung als		– Beurteilung als	
		+	–	+	–
Moralität des Verhaltens	+	①	③	⑤	⑦
	–	②	④	⑥	⑧

Keiner der jetzt möglichen Falltypen ist mit einem der einfacheren Ordnung identisch, denn alle sind durch die übergeordnete Moralisierung des Urteilens selbst in einen anderen Kontingenzraum versetzt. Zugleich wird mit dem Einbau der übergeordneten Schaltung, der Moralisierung des Moralisierens, die Ausdifferenzierung spezifisch moralischer Relevanzen gegen solche der Wahrheit und des Rechts, schließlich (etwa seit der zweiten Hälfte des 17. Jahrhunderts) auch gegen solche der Religion in die Wege geleitet.

Moralische Gleichstimmung in dem Sinne, daß gutes Verhalten gelobt, schlechtes Verhalten getadelt und jede andere Beurteilung Irrtum ist, kann jetzt nicht mehr ohne weiteres vorausgesetzt werden. Man kann sich vielmehr eine moralische Qualität des Verhaltens und eine moralische Qualität des Urteils über Verhalten je für sich vorstellen und sie zueinander in Beziehung setzen. Bei genauerem Zusehen müssen jedoch zwei verschiedene Konstellationen unterschieden werden je nachdem, ob die Moralität des Beurteilens nur positiv (①, ②, ③, ④) oder auch negativ (⑤, ⑥, ⑦, ⑧) gewertet werden kann.[158]

Wahrscheinlich ist es historisch richtig zu sagen, daß bereits in antiken Hochkulturen ein moralisches Interesse an moralischen Beurteilungen ausdifferenziert werden konnte in Anlehnung an sei es Religion, sei es Erziehung und politische Rhetorik. Verhaltensbeurteilung wird damit selbst zu einer moralischen Leistung, die Achtung und gegebenenfalls Mißachtung erbringt. Propheten, Literaten, Agitatoren und sonstige Moralunternehmer treten auf, die Achtung da-

158 Es sei nochmals darauf aufmerksam gemacht, daß die Fallgruppe 1, 2, 3, 4 des einfacheren Moralsyndroms nicht identisch ist mit der Fallgruppe ①, ②, ③, ④, bei der im Rahmen des komplexeren Syndroms die moralische Beurteilung explizit positiv gewertet wird.

durch erwerben, daß sie moralische Mißstände anprangern[159] oder auch auf noch unerkannte moralische Verdienste hinweisen. Es kann dann ein besonderes Verdienst darin liegen, daß man gutes Verhalten als gut und vor allem schlechtes Verhalten als schlecht bezeichnet – trotz mannigfacher Begleitumstände, die solches Auftreten als wenig ratsam erscheinen lassen und gerade damit die Reinheit des moralischen Motivs hervortreten lassen. Der Moralunternehmer wirkt konservativ, wenn er die Falltypen ① und ④ herausstellt. Er wirkt innovativ, er setzt seine Moral sozusagen wahrheitswidrig ein, wenn er Achtung dafür in Anspruch nimmt, daß er schlechtes Verhalten als gut (= ②) oder gutes Verhalten als schlecht (= ③) wertet.

Es wird nicht schwer halten, für jeden dieser Falltypen historische Beispiele zu finden. Die Entwicklung der Moral nimmt damit den Weg von 1, 2, 3, 4 zu ①, ②, ③, ④. Die Meta-Ebene der Moralisierung des Moralisierens steht nur in ihrer positiven Form, steht sozusagen nur zur Verstärkung der Moral zur Verfügung. Deshalb kommt man mit einer generalisierenden Hochwertung moralischer Prinzipien aus, deren Allgemeinheit dann die Moralität des Verhaltens und die Moralität des Beurteilens übergreift, obwohl beides je für sich einen unterschiedlichen Einsatz selbstreferentieller Willensbildung erfordert. Die charakteristische Ausprägung der daraus sich ergebenden Problemlage findet man in einer Moral, die ihr Problem als das Verhältnis der Fälle zu den Prinzipien sieht.[160]

Der Aufbau einer komplexen, reflexiv gesteuerten Moral muß diesen Weg nehmen. Der umgekehrte Weg einer zunächst nur negativen Moralisierung des Moralisierens (Fallgruppe ⑤, ⑥, ⑦, ⑧) ist nicht gangbar. Eine so angesetzte Moral würde sich laufend selbst negieren, und zwar total, da sie jedes in ihr mögliche moralische Urteil

159 Zu »moral entrepreneurs« vgl. Howard S. Becker, Outsiders: Studies in the Sociology of Deviance, New York 1963, S. 147 ff. Eine gute Fallstudie ist: Joseph R. Gusfield, Symbolic Crusade: Status Politics and the American Temperance Movement, Urbana/Ill. 1963. Siehe auch ders., Moral Passage: The Symbolic Process in Public Designations of Deviance, Social Problems 15 (1967), S. 175-188.

160 Eben deshalb kann es, wie Benjamin Nelson meint, von ausschlaggebender Bedeutung gewesen sein, daß man in der Moralkasuistik des Mittelalters das Verhältnis von Prinzipien und Fällen als eine Sache des Bewußtseins aufgefaßt und auf dieser Basis universell gesetzt hat. Vgl. Benjamin Nelson, Scholastic Rationales of »Conscience«, Early Modern Crises of Credibility, and the Scientific-technocultural Revolutions of the 17th and 20th Centuries, Journal of the Scientific Study of Religion 7 (1968), 157-177.

moralisch verurteilt, unabhängig davon, ob gutes oder schlechtes Verhalten als gut oder als schlecht beurteilt wird. Man sieht: die Institutionalisierung von Negativität auf sehr hohen Ebenen der Abstraktion ist eine recht voraussetzungsvolle Angelegenheit. Gleichwohl bleibt die nur einwertige Ausdifferenzierung der Moralität des moralischen Urteilens, also die Beschränkung der Moral auf die Fallgruppe ①, ②, ③, ④ problematisch. Sie wird gehalten durch ein anscheinend psychologisch gut verankertes Bedürfnis, in einer positiv gewerteten Welt zu leben.[161] Wenn aber eine Moral einmal ausgearbeitet und vertextet ist, die dem, der sie vertritt, Achtung einbringt, können genau daran auch Zweifel oder Negationen anschließen. Ist die Ebene reflexiver Bewertung einmal im Positiven etabliert, ist es eine Frage der Zeit, bis sich auch Negationen auf dieser Ebene vertreten lassen. Erst wenn dies der Fall ist, findet man auch auf der Ebene des reflexiven Moralisierens jene Bivalenz von gut und schlecht, die die Moral in einen kontingenten Entscheidungsprozeß transformiert. Erst dann kann man auch noch mit der Art, in der man moralisch über andere urteilt oder darauf verzichtet, Achtung oder Mißachtung verdienen.

Aber wie kann eine Moral aussehen, die die Falltypen ① bis ⑧ übergreift; die es also zuläßt, das moralische Beurteilen selbst zu negieren, und zwar nicht nur logisch oder in bezug auf richtig und falsch, sondern moralisch zu negieren? Und unter welchen gesellschaftlichen Rahmenbedingungen kommt eine so komplexe Moral zustande?

Den Beginn von Bemühungen um eine solche Moral kann man im 17. Jahrhundert beobachten. Soziologisch würde man darin eine Reaktion auf zunehmende funktionale Differenzierung des Gesellschaftssystems vermuten. Für das Bewußtsein der Zeitgenossen standen Immunreaktionen gegen vorangegangene Extravaganzen des Re-

161 Der Tatbestand selbst scheint empirisch belegbar zu sein; vgl. Gresham M. Sykes/David Matza, Techniques of Neutralization: A Theory of Delinquency, American Sociological Review 22 (1957), S. 664-670 (dt. Übers. in: Fritz Sack/René König (Hg.), Kriminalsoziologie, Frankfurt 1968, S. 360-371); Carolyn H. Simmons/Melvin J. Lerner, Altruism as a Search for Justice, Journal of Personality and Social Psychology 9 (1968), S. 216-225; ferner die oben, Anm. 97, angegebene Lit. zu Konformitätsüberschätzungen. Eine andere Frage ist, wodurch er zu erklären ist. Dabei müßte man mindestens mitberücksichtigen, daß Negationen größere Informationsverarbeitungsprobleme aufwerfen als positive Feststellungen oder Wertungen.

ligionssystems, gegen die konfessionellen Bürgerkriege und gegen die Bevormundung der Wissenschaftsentwicklung durch die Kirche im Vordergrund. Jedenfalls wurde Moral zugleich veräußerlicht und verinnerlicht: Sie wurde einerseits kommunikativen Rücksichten taktischer oder taktmäßiger Art unterworfen, die sich dann wiederum moralisch qualifizieren lassen; sie sonderte andererseits einen Freiraum quietistisch-pietistischer Innerlichkeit ab, in dem man sich mit Gott und der Welt arrangieren und mit sich selbst auch darüber ins reine kommen kann, daß man in Moralfragen vorsichtig-toleranttaktvoll zu operieren hat.

Daß ein solcher Spaltvorgang eine Theorie der Moral nicht befriedigt, die selbst moralisiert und dafür nach Einheitsausdrücken sucht, ist verständlich. Auf dieser Ebene der Moraltheorie ist es daher zu Gegenbewegungen gekommen, denen Kant exemplarischen Ausdruck gegeben hat. Aber dieser Theorie stellte sich das Problem der Reflexivität nur als Problem der Reflexion und nicht als Problem struktureller Komplexität. Der Übergang zu systemtheoretisch formuliertem Problembewußtsein reißt die Schwierigkeit, eine Moral auf der Reflexivebene binär zu strukturieren, überhaupt erst auf. Das macht es möglich, den ersten Anlauf zu einer Neuordnung der Moral durch Metamoralisierung des kommunikativen Taktes gebührend zu würdigen. Diese Problemlösung findet eine zusätzliche Stütze in der für alle Reflexiv-Verhältnisse – für Forschung über Forschung ebenso wie für Finanzierung von Krediten oder für Erziehung von Erziehern – geltenden Einsicht, daß auf der Ebene der reflexiven Steuerung gezielte Reduktionen benutzt werden müssen, weil ein System, das solche Strukturen ausdifferenziert, in jedem Falle zu komplex ist für Gesamtbeherrschung von einem Punkte aus. Das »entschuldigt« gleichsam die »Äußerlichkeit« der bloß kommunikativen Regulierung, ohne daß man sie durch ein Gegenprinzip der »Innerlichkeit« eigentlicher Moral auszugleichen hätte.

Nur ist eine soziologische Theorie, die den Versuch macht, Probleme der strukturellen Komplexität einer Moral des skizzierten Typs zu analysieren und die für sie möglichen Arrangements zu begreifen, nicht in der Lage, eine entsprechende Moral auch zu sein oder sie als Metamoral vorzuschreiben. Sicher gibt es zum Beispiel gesellschaftsstrukturelle Rahmenbedingungen dafür, daß die Problemlösung durch Takt vermittelt werden kann, und diese Bedingungen mögen schwinden, ohne daß adäquate Nachfolgeeinrichtungen mit äquivalentem Funktionswert entwickelt werden. Das wird nicht zum Ende der Moral führen, denn die Regenerationsfähigkeit der Moral in allen gesellschaftlichen Lagen kann unterstellt werden. Es kann dann im Bereich der Moral wie anderwärts zu neuartigen Formen der Sekundärprimitivität kommen, etwa zu realitätsfernen Gruppenmoralen, zum Kult der Aktion (oder vornehmer: der »Praxis«) oder zu Anspruchsvertretungsmoralen ohne Tugend und ohne Takt. Dann liegt es nahe, die alte Balancierung von äußeren und innerlichen Bezügen der Moral zu ersetzen durch eine Balancierung von Abstraktion und Regression. Dies böte zumindest die Möglichkeit, sich vorzustellen, daß Abstraktion und Regression sich wechselseitig am Überdrehtwerden hindern. Aber wie von dieser Konzeption aus Regeln für die Handhabung der Bivalenz auf der Ebene reflexiven Moralisierens gefunden werden könnten, ist einstweilen nicht zu sehen.

5. Die typische Form der Förderung gesellschaftlicher Funktionen läßt sich unter dem Begriff der *Ausdifferenzierung* zusammenfassen. Der Begriff hat einen weiteren Umfang als der Systembegriff. Er kann sich auch auf Situationen und auch auf einzelne Rollentypen beziehen. Bevor es funktionsspezifische Rollen geben kann, muß es zunächst funktionsspezifische Situationen geben im Sinne von wiederkehrenden Anlässen zu problemspezifischer Interaktion. Die Ausdifferenzierung besonderer Rollen für spezifische Funktionen ist der nächste Schritt. Er ermöglicht es, trainierte und legitimierte Kapazitäten für bestimmte Leistungen bereitzuhalten, die sich in sehr verschiedenartigen Interaktionssystemen auswirken können, – etwa Spezialisten für den Umgang mit religiösen Mächten, für Konfliktregulierung oder für Handel. Zu funktionsspezifischen Subsystemen im Gesellschaftssystem kommt es dagegen erst, wenn zusätzlich auch Bedarfs- oder Klientenrollen ausdifferenziert werden, so daß das Bezugsproblem der Funktion zum Anlaß wird, komplementäre, aber verschiedenartige Rollen aufeinander zu beziehen und diese systembildende Beziehung mit ihrer besonderen Umwelt von anderen zu unterscheiden. So setzt Ausdifferenzierung von Politik Publikumsrollen voraus; die Ausdifferenzierung des Medizinsystems Rollen für Kranke; die Ausdifferenzierung des Religionssystems Rollen für Laien; die Ausdifferenzierung des Wirtschaftssystems Rollen für Konsumenten. Funktionale Differenzierung setzt sich als Formtypus ge-

sellschaftlicher Differenzierung in dem Maße durch, als auch diese Komplementärrollen gegeneinander differenziert werden, so daß man als Laie mit bestimmter Konfession nicht auch politischer Wähler, als politischer Wähler nicht auch Konsument ist. Erst damit erhalten funktionsspezifische Abstraktionen eine gesellschaftliche Dynamik, mit der sich das, was gelingt, auf Kosten anderer Möglichkeiten durchsetzt.

Gegen dies dominante Prinzip des Stabilisierens und Weitertreibens funktionsspezifischer Errungenschaften im Laufe soziokultureller Evolution kontrastiert auf eigentümliche Weise die Moral. Auch die Moral hat, wie eingehend ausgeführt, eine spezifische Funktion im sozialen System der Gesellschaft, *aber sie läßt sich gleichwohl nicht als Teilsystem der Gesellschaft ausdifferenzieren.* Ihre Funktion liegt dafür zu tief, sie ist zu sehr mit den Prozessen der Bildung sozialer Systeme verquickt, als daß sie einem Sozialsystem zur besonderen Pflege übertragen werden könnte. Es mag Rollenvirtuosen geben, die sich selbst, und Moralunternehmer, die andere antreiben; aber es kommt nicht, wie im Sport, zu einem Hochleistungs-Ghetto mit spezifisch interessiertem Publikum. Und selbst wenn es gelänge, Tugendtreibhäuser einzurichten, würde es ihnen nicht gelingen, die Moral der Gesellschaft auf sich zu konzentrieren; es würde nur eine gruppenspezifische Moral, etwa eine Klostermoral, neben anderen entstehen. Die Moral läßt sich, mit anderen Worten, nicht aus der Gesellschaft herausziehen, auch nicht in der Form einer Schwerpunkt-Organisation nach dem Muster von Staat oder Kirche oder Produktionsbetrieb, auf die die gesamte Gesellschaft sich direkt oder indirekt bezieht, wenn immer ein Bedarf für moralische Kommunikation auftritt.

Die Analyse führt damit auf einen theoretisch in mehrfacher Hinsicht interessanten Fall. Sie zeigt *erstens,* daß nicht jede gesellschaftliche Funktion gleiche Chancen hat, im Kontext funktionsspezifischer Subsystembildung ein eigenes Sozialsystem zu katalysieren. Vielmehr wirkt das Formprinzip funktionaler Differenzierung auch im Hinblick auf Funktionen selektiv: Es begünstigt einige und vernachlässigt andere je nach den Möglichkeiten der funktionsspezifischen Systembildung. *Zweitens* erklärt dieses Konzept, daß die Moral im Verlauf der gesellschaftlichen Evolution an das Gesellschaftssystem gebunden bleibt und mit diesem System expandiert. Bei zunehmender Differenzierung der Gesellschaft bleibt daher nur der Weg einer korrespondierenden Generalisierung moralischer Vorstellungen. Diese kann überzeugend vertreten werden, solange die Gesellschaft selbst auf der Basis von Schichten und/oder auf der Basis von Stadt und Land geordnet ist.[162] Hochmoral und Volksmoral (»great tradition« und »little traditions«) divergieren zwar, lassen sich aber noch aufeinander beziehen.[163] Genau diese Ordnung von Zentrum und Peripherie zerbricht im Übergang zur modernen, funktionsspezifisch differenzierten Gesellschaft, und zwar an der Erstreckung der funktionalen Differenzierung auch auf Komplementärrollen.[164] Und *drittens* ist so zu begreifen, weshalb die Dominanz funktionaler Differenzierung, wenn und soweit sie sich als Formprinzip der Gesellschaft durchsetzt, die Moral evolutionär abhängt und ideologisch wie motivational disprivilegiert. Die vorherrschenden Linien der Steigerung von Erwartungen und Leistungen und ein großer Teil des normativen Apparates der modernen Gesellschaft sind für die Honorierung von gelingenden Ego/Alter-Synthesen, also für Kommunikation von Achtung irrelevant geworden; sie werden allenfalls noch als »Werte« moralisiert in dem Sinne, daß man in öffentlicher Kommunikation nicht gut gegen Ansprüche auf ein »mehr« an Demokratie, Erziehung, Wohlstand, Gesundheitsvorsorge auftreten kann. Ein besonders prominentes Beispiel dafür ist die bürgerliche Moralisierung der Gleichheit: Es wird erwartet, daß man für mehr Gleich-

162 Für den Zusammenhang dieser beiden Ordnungsformen vgl. die These von Gideon Sjoberg, The Preindustrial City: Past and Present, Glencoe/Ill. 1960, daß höhere Schichten immer stadtorientiert gelebt haben. Kritisch zu vielen Einzelheiten Paul Wheatley, »What the Greatness of a City is said to be«, The Pacific Viewpoint 4 (1963), S. 163-188. Eine einflußreiche Fassung dieses Grundgedankens ist auch die Unterscheidung von Centre und Periphery, eingeführt von Edward Shils, Centre and Periphery, in: The Logic of Personal Knowledge: Essays Presented to Michael Polanyi, London 1961, S. 117-131. Vgl. auch mit durchgehendem Bezug auf das Problem der Schichtung Shmuel N. Eisenstadt, Social Differentiation and Stratification, Glenview/Ill., London 1971.

163 Vgl. Robert Redfield, Peasant Society and Culture: An Anthropological Approach to Civilization, Chicago 1956, insbes. S. 67 ff., und dazu am Fall buddhistischer Volksreligionen Gananath Obeyesekere, The Great Tradition and the Little in the Perspective of Singhalese Buddhism, Journal of Asian Studies 22 (1963), S. 139-153; S. J. Tambiah, Buddhism and Spirit Cults in North-East Thailand, Cambridge 1970, insbes. S. 367 ff.

164 Dazu am Beispiel des politischen Systems Shmuel N. Eisenstadt (Hg.), Political Sociology: A Reader, New York 1971, S. 317 ff. Vgl. ferner wichtige Beiträge in: Norbert Elias, Was ist Soziologie? München 1970.

heit und gegen Ungleichheiten auftritt, aber zugleich machen strukturelle Bedingungen deutlich, daß es keinen »Fortschritt« in dieser Richtung geben kann. Die moralisch engagierende Formulierung eines Problems und die Formulierung eines Problems unter dem Gesichtspunkt der Bedingungen seiner Lösbarkeit klaffen auseinander.

6. Wir sind von der Annahme ausgegangen, daß Komplexitätssteigerungen im Gesellschaftssystem mit Komplexitätssteigerungen der Moral korrelieren werden. Zur Moral treten in komplexeren Gesellschaften zwar funktionale Äquivalente hinzu wie Liebe oder Anschlußrationalität; sie können die Moral aber nicht ersetzen, sondern nur entlasten und seitlich abstützen auf einem Entwicklungsweg, den wir mit bei Parsons entlehnten Begriffen als Generalisierung und Respezifikation bezeichnet hatten. Generalisierung und Respezifikation zugleich kann man nur unter der Bedingung relativ hoher Komplexität erwarten. Für komplexe Systeme gilt typisch und ausnahmslos, daß sie keine Prozesse aktivieren können, die ihre eigene Systemkomplexität aufarbeiten können. Deshalb die Forderung einer nichtmoralischen Theorie der Moral und deshalb die Frage, mit welchen Begriffsapparaten man die Moral wenn nicht moralisch vertreten, so doch analysieren könne.

Im nächsten Schritt haben wir sodann Aufbauprobleme einer komplexer werdenden Moral unter zwei verschiedenen Aspekten zu analysieren versucht. Zunächst ging es um eine komplexere Relationierungstechnik, die ermöglicht wird und entwickelt werden muß, wenn die an Moralkommunikation Beteiligten als selbstreferentielle Relationen geachtet bzw. mißachtet werden. Die zweite Überlegung bezog sich auf den Achtung bzw. Mißachtung ausdrückenden Kommunikationsprozeß selbst. Hier ging es um die Frage, was geschieht, wenn diese Kommunikation reflexiv wird und auch in der Vorphase der Anwendung auf sich selbst bivalent strukturiert werden kann. Relationierung und Reflexivierung sind moralimmanente (aber auch sonst gebrauchte) Formen des Aufbaus von Komplexität. Wir vermuten deshalb, daß die Wahl dieser Formen im Evolutionsprozeß nicht zufällig erfolgt, sondern sich anbietet, wenn und soweit Moral unter Komplexitätsdruck gerät, nämlich nur bei höherer Komplexität gesamtgesellschaftlich relevant bleiben kann, und wenn sich im Kontext ihrer Funktion keine funktional äquivalenten Substitute entwickeln lassen.

Wenn für die Moral der heute typische Ausweg: Sondersystembildung sei es in der Form gesamtgesellschaftlicher Teilsysteme, sei es durch Organisation, versagt, bleibt ihr nur die Möglichkeit, auf der Ebene ihrer *Themen* auf evolutionären Strukturwandel zu reagieren. Die Entwicklung der Moral selbst hat sich daher in die Richtung einer vertexteten, literarisch tradierfähigen, in manchen Gesellschaften religiös kanonisierten Hochmoral bewegt. Es ist unmöglich, an dieser Stelle auf die Inhalte der historisch vorfindbaren Moralen auch nur überblicksweise einzugehen. Wir können nur versuchen, an einigen Beispielen zu zeigen, *wie* Reaktion durch Themenbildung verlaufen *kann*.

Themenbildung ist eine Form der Reduktion von Komplexität, die bei zunehmender Komplexität des Gesellschaftssystems Gefahr läuft, als Willkür zu erscheinen und dem Vergleich mit anderen Möglichkeiten ausgesetzt zu werden.[165] Dieser Gefahr kann nur in spezifischen Weisen begegnet werden – ein Faktor, der selbst selektiv wirkt auf die verbleibenden Möglichkeiten gesellschaftsadäquater Moral.

Dazu kommen Randbedingungen, die zusammengefaßt als Vermeidung von Extremen oder einseitigen Maximierungen des gesamten Themen-Repertoires der Moral bezeichnet werden können.[166] Natürlich können Einzelthemen als Extremwertungen formuliert werden, aber als Ganzes kann die Moral weder einseitig auf Selbstinteresse noch einseitig auf Fremdinteresse aufgebaut sein; weder ausschließlich internal noch ausschließlich external zurechnen;[167] weder ausschließlich normative, kontrafaktische Erwartungen durchhaltende noch ausschließlich supererogatorische Möglichkeiten des Ach-

165 Gut ablesbar ist dieses Problem an der Begriffsgeschichte von νόμος. Siehe dazu John Walter Beardslee, Jr., The Use of ΦΥΣΙΣ in Fifth-Century Greek Literature, Diss. Chicago 1918; Martin Ostwald, Nomos and the Beginning of the Athenian Democracy, Oxford 1969.

166 Eine der interessantesten Fassungen dieses Erfordernisses ist der Versuch von Loubser, a. a. O. (Anm. 19), im Anschluß an Parsons Moral als ungewöhnliche, moderne und traditionale Ausprägungen mischende Kombination von pattern variables zu charakterisieren, nämlich von affective neutrality/quality and universalism/diffuseness. Mit je einem Aspekt dieser Orientierungswahl widerspricht die Moral dem Leistungssyndrom der modernen Gesellschaft, mit dem anderen bestätigt sie es.

167 Vgl. hierzu besonders Kelley, a. a. O. (Anm. 61).

tungserwerbs durchhaltende Themen verwenden.[168] Es gibt also Balancierungserfordernisse, die man nicht an den Einzelthemen, wohl aber am gesamten Repertoire moralischer Gesichtspunkte ablesen kann. Dies ist übrigens auch der Grund, weshalb die Kontingenzformel der Freiheit nur paradox als Idee der Selbstlimitierung vertreten werden kann.

Solche Rahmenbedingungen determinieren die Moral nicht, es sind nur Bedingungen adäquater Komplexität. Nicht jedes Moralisieren muß ihnen folgen. Es gibt immer auch unterwertig regenerierte Moralität für besondere Gruppen, Interaktionstypen, Subkulturen. Was man von Formen kognitiver Komplexität weiß, gilt auch für Formen moralischer Komplexität: Sie werden nicht bei jeder Gelegenheit benutzt,[169] sie müssen nur im System verfügbar sein. Komplexer werdende Gesellschaften erfordern, mit anderen Worten, daß es auch möglich sein muß, Achtungsbedingungen in einer Weise zu formulieren, die mit hoher Komplexität sozialer Beziehungen kompatibel ist. Nach einer weitverbreiteten, aber selten theoretisch formulierten Auffassung sind es nun gerade diese auf Komplexität ausgerichteten symbolischen Formen und institutionellen Einrichtungen einer Gesellschaft, die (1) bevorzugt tradierfähig und (2) Auslöser der gesellschaftlichen Dynamik sind.

7. Anspruchsvolle Themen der Moral müssen die Form der Relation annehmen. Sie gewinnen damit eine Form, die Stabilität mit Variabilität verknüpft und deshalb gut abstrahierbar ist. Die moralische Grundlage der Beziehung von Ego und Alter wird dadurch von konkreten Tatbildern abstrahiert, wird von einem einfachen Bedingungs- und Reaktionszusammenhang in einen Variationszusammenhang überführt. Damit steigen, wie man gegen eine verbreitete Vorstellung betonen muß, nicht so sehr die affektiven als vielmehr die Rationali-

168 Vgl. dazu die Literaturhinweise oben, Anm. 90. Die Mischung normativer und supererogatorischer Komponenten ist im übrigen eine Möglichkeit, die Bivalenz der Moral zu entschärfen und praktisch, wenngleich nicht im Hinblick auf die einzelne Achtungsbedingung, zu einer dreiwertigen Moral zu kommen, die Achtungsrelevanz unter den Gesichtspunkten (1) des besonderen Verdienstes, (2) des unanstößigen, normtreuen Normalverhaltens und (3) des verachtungswürdigen Verstoßes prüft.

169 Vgl. nur J. S. Vannoy, Generality of Cognitive Complexity-Simplicity as a Personality Construct, Journal of Personality and Social Psychology 2 (1965), S. 385-396.

tätsansprüche moralischer Orientierungen.[170] Es handelt sich nicht mehr einfach um Dinge oder Ereignisse, die bewertet werden, wenn sie vorkommen oder nicht vorkommen. Dies soll an drei prominenten Beispielen gezeigt werden, denen noch ein viertes, zunehmend bedeutsames angefügt wird. Es handelt sich um die Moralisierung von Reziprozität; um die Moralisierung des Individuums; um die Moralisierung der Regel im Bezug auf Fälle (Moralkasuistik); und schließlich um die Moralisierung des Handelns in Beziehung auf seine Folgen. Diese Liste ist nicht deduktiv, sondern nur evolutionär »begründet«. Vielleicht ist sie ergänzungsfähig. Jedenfalls aber eignen sich nur noch wenige Themen der Moral zur Aufnahme. Die Anforderungen sieben alles Konkretere aus; sie schließen es nicht aus der Moral aus, aber sie machen es irrelevant für Systematisierungsversuche.

Als Thematisierung der sozialen Beziehung selbst ist *Reziprozität* zwar sicher keine universell vorfindbare Idee,[171] wohl aber rückverfolgbar bis in relativ einfache Gesellschaften. Man kann dabei voraussetzen, daß eine Regel der Reziprozität befolgt wird, auch wo sie nicht als Regel, sondern nur als Verpflichtungsgehalt im Einzelfall formulierbar ist. Die Idee des Synallagma wird erst nötig, wenn Fälle zu kontrollieren sind, die *nicht* darunterfallen; dann muß das Prinzip formuliert und mit Bedingungen bestückt werden, unter denen es gilt.

Auch die *Person* wird relationiert, und zwar in sich relationiert, wenn man ihr in komplexer werdenden Gesellschaften moralische Relevanz zuweisen will. Dies geschieht mit Rücksicht auf die Art, wie die Person selbst sich auf ihr Handeln bezieht: es beabsichtigt, es will. Absichten und Verhaltensereignisse werden als Kontingenzen angesehen, die unabhängig voneinander variieren können; nur der Fall der Entsprechung, das intentionale Handeln, zählt. Die Erscheinungstypik der Absichten bzw. Verhaltensereignisse wird mit dieser

170 So argumentiert auch die psychologische Theorie der Entwicklung moralischer Kompetenz. Siehe im Anschluß an Jean Piaget, Le jugement moral chez l'enfant, Paris 1927, Lawrence Kohlberg, Stages of Moral Development as a Basis for Moral Education, in: C. M. Beck/B. S. Crittenden/E. V. Sullivan (Hg.), Moral Education: Interdisciplinary Approaches, Toronto 1971, S. 23-92; David P. Ausubel, Psychology's Undervaluation of the Rational Components in Moral Behaviour, ebd., S. 200-227.

171 Vgl. dazu D. Demetracopoulou Lee, A System of Primitive Values, Philosophy of Science 7 (1940), S. 355-378.

Relationierung selektiv behandelt. Sobald das moralische Urteil auf einen solchen Grundtatbestand selbstreferentieller Relationierung bezogen wird, muß der moralische Code selbst abstrahiert werden. Er bezieht sich dann, wie der klassische Kanon der Ethik lehrt, nur auf ein frei gewähltes, intentionales Handeln. Nur solches Handeln trägt der Person Achtung bzw. Mißachtung ein. Im übrigen gilt in der abendländischen Tradition Selbstreferenz sogar als Attribut der Person schlechthin und (irrig) als etwas, was nur in Personen zu finden sei. Sie wird ontologisch abgesichert, so daß die Moral dann als natürliche Moral erscheinen kann.

Auf anderen, mehr durch professionelle Praxis bedingten Wegen, in der Rechtspraxis, in Lehre und Exegese von Texten oder in der Beichtpraxis entsteht das Bewußtsein einer Differenz von *Prinzipien* und *Fällen*. Die professionelle Arbeit besteht darin, Fälle auf Prinzipien zu beziehen und so zu entscheiden; aber auch umgekehrt: Prinzipien mittels Durchdenken von Fallvarianten zu präzisieren.[172] Erst in der beidseitigen Variabilität, die nur durch die Notwendigkeit der Relationierung gebunden ist, gewinnt die »Kasuistik« ihre Vollendung. Die Moralkasuistik spezialisiert sich dabei seit dem Mittelalter durch Rückbezug auf die Selbstreferenz der Person; sie behandelt Fälle des Bewußtseins, der conscientia. Nicht der Streit, sondern das Bewußtsein individualisiert hier die Fälle, die mit Bezug auf Prinzipien vorgeführt werden.

Unter den bisher genannten Relationierungen zeichnen sich Querverbindungen und damit Systematisierungsmöglichkeiten ab, wie sie schon angedeutet worden sind: Reziprozität kann als Prinzip formuliert, die Differenz von Fällen und Prinzipien kann als Sache des selbstreferentiellen Bewußtseins gedacht und behandelt werden. Eine vierte Relationierung sprengt jedoch diesen Zusammenhang: die Rücksicht auf *Folgen*.

Es sprechen manche Erfahrungen des täglichen Lebens und nicht zuletzt auch Ergebnisse der empirischen Forschung[173] dafür, daß die Beziehung auf faktisch eintretende oder zu erwartende Folgen heute erhebliche, wenn nicht ausschlaggebende Bedeutung für das morali-

172 Siehe etwa Elmar Bund, Untersuchungen zur Methode Julians, Köln, Graz 1965.

173 Vgl. Shalom H. Schwartz, Awareness of Consequences and the Influence of Moral Norms on Interpersonal Behavior, Sociometry 31 (1968), S. 355-369; ders., Moral Decision Making and Behavior, in: Jacqueline Macaulay/Leonard Berkowitz (Hg.), Altruism and Helping Behavior, New York 1970, S. 127-141.

sche Urteil besitzt. Diese Relationierung, die Zukunft involviert, läßt sich anscheinend nicht im Kontext der zuvor genannten systematisieren; sie löst vielmehr deren Zusammenhang auf, deren Relevanz ab. Damit wird der Verpflichtungsgehalt der Moral eingeschränkt auf Bereiche und Fälle mit Folgenkontrolle, die übrigen Konditionierungen werden dem Recht und sonstigen Prämissen für anschlußrationales Verhalten überlassen.[174] Soweit dies der Fall ist, schränkt der Ordnungsbereich der Moral sich auf den Nahraum der möglichen (und zumutbaren!) Folgenherrschaft ein. Die Moral expandiert durch Einbeziehung von Nebenfolgen,[175] sie wird eingeschränkt durch Zumutbarkeitserwägungen.

Wenn diese Überlegungen einer näheren Überprüfung standhalten, könnten sie anzeigen, daß auch die Themengeschichte der Moral bei aller literarischen und modisch-semantischen Eigenständigkeit durch Rahmenbedingungen und durch Rationalitätsansprüche gesteuert wird, die ihrerseits mit der strukturellen Evolution des Gesellschaftssystems korrelieren. Zugleich leiten wir daraus die Vermutung ab, daß die Moral, wenn sie sich mit dem Folgen-Problem belastet, auch theoretisch in Schwierigkeiten kommen wird. Die Moralität der Moraltheorie müßte dann nämlich darauf abstellen, welche Folgen es hat, wenn man in der Moral auf Folgen abstellt. Das kann man kaum wissen. Man kann zwar argumentieren, es sei jedenfalls noch schlimmer, nicht auf Folgen abzustellen. Aber dieses Argu-

174 Die Juristen sehen sich unter diesen Umständen in der schwierigen Lage, eine ausreichende Kontrolle der Folgewirkungen ihrer Entscheidungen nicht leisten zu können, andererseits genau dies aber als einzig vertretbare moralische Grundlage ihrer Entscheidungen erleben zu müssen. Zu diesem Problem auch (unter der etwas einseitig gewählten Perspektive des Nicht-Könnens) Niklas Luhmann, Rechtssystem und Rechtsdogmatik, Stuttgart 1974, und hierzu kritisch Gunther Teubner, Folgenkontrolle und responsive Dogmatik, Rechtstheorie 6 (1975), S. 179-204. Trotz Festlegung auf Folgenorientierung als einzig möglicher Begründung von Wertungen kommt Adalbert Podlech, Recht und Moral, Rechtstheorie 3 (1972), S. 129-148 (144) zu einem ähnlichen Ergebnis mit der These, daß sich im Verhältnis von Recht und Moral die Begründungslast umkehre: Beim moralischen Urteil müsse man Wertungen (an Folgen) begründen, bei geltenden Rechtssätzen sei die moralisch positive Wertung zu vermuten. Aber warum? – ganz abgesehen davon, daß diese Auskunft bei offenen Interpretationsfragen nicht weiterhilft.

175 Hierzu auch Robert Spaemann, Nebenwirkungen als moralisches Problem, Philosophisches Jahrbuch 82 (1975), S. 323-335.

ment ist nur ein Spiegel der Unbegründbarkeit, es gibt mit einer bloßen Negation der Negation keine Handhabe für den Aufbau einer Moral. Um so mehr spricht für den Ausweg, angesichts dieser Lage der Moral auf eine Moralisierung der Moraltheorie zu verzichten.

4. Die Ehrlichkeit der Politiker und die höhere Amoralität der Politik

Die Leitfrage dieses Beitrags läßt sich im ersten Überlegungsgang leicht beantworten. Auf die Frage, ob Politiker ehrlich sein müssen, wird man antworten: im Prinzip schon! Schwieriger wird es, wenn man die Frage genauer einstellt. Die Frage kann eigentlich nicht lauten, ob Politiker ehrlich sein *müssen*. Müssen muß keiner. Man könnte sich überlegen, ob sie ehrlich sein *sollen*. Dann hätte man die Folgefragen: wer schreibt das vor, und was würde geschehen, wenn Politiker nicht ehrlich wären? Ein nochmals härterer Zugriff läge in der Frage, ob sie überhaupt ehrlich sein *können*. Unmögliches kann man nicht verlangen, und vielleicht erledigt sich das Moralproblem der Frage schon dadurch, daß man Ehrlichkeit für unmöglich erklärt.

Diese Gabelung Müssen/Sollen/Können zwingt dazu, deutlicher zu sagen, was in der Sache selbst eigentlich gemeint ist. Soll man so weit gehen zu fordern, daß *alle* Politiker in *jeder* Situation *sagen* müssen, was sie *wirklich denken*? Dann würde man etwas fordern, was schon im täglichen Leben jede Kommunikation rasch zum Erliegen brächte. Man könnte an eine Sondermoral für Politiker denken, könnte moralisch Vorbildliches verlangen im Sinne mittelalterlicher Fürstenspiegel. Aber wer würde einen solchen moralischen Rigorismus vertreten, wenn er gute Gründe hat anzunehmen, daß dies die Politik selbst zum Stillstand, zur Selbstauflösung führen würde? Wir hätten dann ethisch hochwertige Politiker – ohne Politik.

Sobald man daraufhin versucht, den ethischen Rigorismus abzuschwächen, gerät man jedoch ins Gleiten. Und wo ist dann noch Halt? Gibt es eine Regel, die die unvermeidliche Unehrlichkeit spaltet in erlaubte und unerlaubte Unehrlichkeit? Könnte man mit einer Abwägungsregel helfen? Aber was hülfe das einem Politiker, der von Berufs wegen gehalten ist, schneller zu reden als zu denken?

Angesichts dieser Verlegenheiten, in die man gerät, wenn man versucht, genauer zu bestimmen, wovon die Rede ist – angesichts dieser Verlegenheiten ist es ein guter Rat, zunächst einmal zu erkunden, was schon vorliegt. Das Problem ist schließlich nicht neu, und es mag Gedrucktes geben, an das man sich halten kann. Diese Überlegung führt zurück ins 16. und 17. Jahrhundert, in die Zeit des Beginns der Beobachtung und Beschreibung der frühmodernen Territorialstaaten und ihrer »Staatsräson«. Mein Eindruck ist, daß *nur damals* das Problem der Ehrlichkeit in der Politik wirklich ernst genommen und diskutiert worden ist – diskutiert vor dem Hintergrund von Meinungen, die man damals mit dem Namen Machiavelli verband. Es lohnt sich deshalb, den seinerzeit erreichten Diskussionsstand kurz vorzustellen und im Anschluß daran zu überlegen, ob etwas davon heute noch relevant ist, und wenn nicht, warum nicht. Nur in Auseinandersetzung mit der Geschichte könnte man daran denken, eine für unsere Zeit angemessene politische Ethik zu entwerfen, und das erfordert in erster Linie ein historisches Differenzbewußtsein.

Die Ergebnisse jener Diskussion über die moralischen Probleme der Staatsräson lassen sich in wenigen Punkten zusammenfassen.

1. Man geht von einer mit der Natur des Menschen gegebenen Moral aus. Es gibt keine prinzipiellen Zweifel an der Bedeutung moralischen Urteilens in der Politik, obwohl Machiavelli als Symbolfigur eines solchen Zweifels dient. Die Probleme stellen sich *innerhalb* der Moral.
2. Ein Problem mit der Moral tritt erst nach dem Sündenfall auf, und es ist ein als Moral definiertes *soziales* Problem. Die Frage lautet: wie kann man sich selbst unerschütterlich an die Moral halten, *wenn andere es nicht tun*. Man kann dem Rat der Stoiker folgen und es einfach *versuchen* (soweit die eigenen Kräfte reichen), aber handelt man dann klug und vernünftig mit Rücksicht auf die tatsächlichen Umstände, unter denen das Leben in dieser Welt nun einmal zu führen ist? Oder fordert die Situation nicht doch gewisse Abweichungen von strenger Beachtung der Moral?
3. Regeln, die allgemein gelten (zum Beispiel: daß man seine Versprechen halten soll), gelten nicht unter allen Umständen. Es mag höherwertige Interessen geben (Gemeinwohl, Erhaltung der Kirche, Erhaltung des Staates), die Recht und Moral außer Kraft setzen. Es mag sich als zwingend notwendig erweisen, politische Gegner ermorden zu lassen oder Rechtsbrüche des Adels (Hausbesetzungen gab es damals noch nicht) ungesühnt zu lassen. Dies Problem wird über ein Regel/Ausnahme-Schema gelöst, und der moralische Eifer findet sein Ventil und sein gutes Gewissen darin, daß er an die Zulassung von Ausnahmen strenge Anforderungen stellt. Der Fürst darf es nur seufzend tun.
4. Was Ehrlichkeit angeht, gilt dasselbe Muster mit einigen zusätz-

lichen Regeln. Man mahnt zunächst, daß Ehrlichkeit leichter zu handhaben sei als Unehrlichkeit und sich, auf die Dauer gesehen, besser bewähre. Geringere Informationslasten, würden wir vielleicht sagen. Oder: Ehrlichkeit währt am längsten. Aber schon im täglichen Leben funktioniert das nicht ohne weiteres, wie ein berühmter Essay von Francis Bacon »Of Simulation and Dissimulation« zeigt. Man muß Rücksicht nehmen auf das, was andere vertragen können, und darauf, wie sie reagieren werden. Und wenn das schon für das tägliche Leben gilt, wieviel mehr, dann unter den erschwerten Bedingungen der Staatsgeschäfte.

5. Weiter versucht man, mit einer Unterscheidung zu helfen, in der gerade strenge Moralisten die Rettung sehen: der Unterscheidung zwischen Simulation und Dissimulation. Bei Simulation handelt es sich um aktive Täuschung anderer. Man führt sie auf einen Irrweg, lügt und betrügt. Bei Dissimulation handelt es sich nur um das Verbergen eigener Gedanken oder auch des eigenen Informationsstandes, um die Wahrung von Geheimnissen. Man darf, so lautet der Rat, andere zwar nicht täuschen, aber man braucht sie auch nicht aufzuklären. Man darf sie nicht belügen, aber man muß sie nicht warnen. Hier ließe sich eine komplexe Kasuistik anknüpfen, die von dieser Unterscheidungsregel dann wieder Ausnahmen macht. Denn eine Täuschung mit geringen Folgen mag weniger schlimm sein als ein Nichtwarnen, wenn jemand in den Tod läuft. Überlegungen zu einer solchen Moralkasuistik kenne ich nur ansatzweise; aber man könnte vielleicht mehr entdecken, wenn man sich die Literatur über Beichte und seelsorgerische Beratung genauer ansieht.
6. Schließlich ist dem 17. Jahrhundert geläufig, daß man eigene Ehrlichkeit oder Aufrichtigkeit (sincérité, wie es damals hieß) nicht kommunizieren kann. Wer sagen würde: ich bin ehrlich, würde zugleich mitteilen, daß Zweifel bestehen. Er würde die Möglichkeit eröffnen, es zu glauben oder nicht zu glauben, in Situationen, in denen das Problem ohne einen so plumpen Kommunikationsversuch vielleicht gar nicht gegeben wäre. Und auch hier führen Auswege ins Raffinement: Wie kann man eigene Ehrlichkeit kommunizieren, ohne sie zu kommunizieren? Und was geschieht, wenn auch dies noch durchschaut wird? Kann man sich hier dann noch auf eine nur in Oberschichten mögliche Verhaltensdisziplin, auf Takt, Diskretion, Ignorierenkönnen usw. verlassen?

Zusammenfassend kann man diesen Rückblick in eine längst vergangene Zeit auf die Formel bringen, daß zwei Paradoxien entdeckt worden sind: die Paradoxie des Moralcodes und die Paradoxie der Kommunikation. Bei der Paradoxie des Moralcodes geht es darum, daß die Moral gelegentlich unmoralisches Handeln erfordert, wenn sie sich nicht selbst unmöglich machen will. Bei der Paradoxie der Kommunikation geht es um die Kommunikation von Nichtkommunizierbarem. Die Vergeblichkeit des Sichabmühens an diesen beiden Paradoxien hat zu hochartifiziellen Konstrukten geführt, die zu dem Besten gehören, was man über unser Thema finden kann. Und für eine soziologische Interpretation dieses Befundes liegt die Vermutung nahe, daß es sich um die semantische Interpretation einer (unverstandenen) Übergangslage handelt. In dieser Situation wurde die Gesellschaft noch natural als zivile Vereinigung der Menschen und das soziale Handeln noch moralisch im Schema gut/schlecht beschrieben, aber die Phänomene entsprachen den Voraussetzungen dieser Semantik bereits nicht mehr – Phänomene wie Buchdruck, Geldwirtschaft, Territorialstaat.

Wir mögen für diese Denkanstrengungen der Frühmoderne noch Bewunderung aufbringen, verwenden können wir sie nicht mehr. Wenn man an sie erinnert, erzeugt das den Eindruck des Nicht-wieder-Erreichbaren und führt zu der Frage, wie Menschen sich *statt dessen* orientieren können, wenn es um Moral in der Politik geht.

Die Paradoxien sind geblieben, davon kann man ausgehen. Aber ihre Auflösung wird nicht mehr als Sache der Klugheit aufgefaßt, nicht mehr im Kontext der alten prudentia-Lehre gelehrt. Die Formulierung der Paradoxie als Paradoxie zerstört diese Hoffnung. Was bleibt, ist, oberflächlich betrachtet, eine andere Art von Unterscheidung – die von *Naivität und Zynismus* im Umgang mit Moral. Aber damit machen wir es uns zu leicht, weil dies auf beiden Seiten ohne viel intellektuelle Anstrengung zu haben ist.

Achtet man auf die strukturellen Veränderungen des Gesellschaftssystems, so fällt vor allem die hohe Differenziertheit, Eigendynamik und wechselseitige Abhängigkeit einer Mehrzahl von Funktionssystemen auf. Neben dem politischen System ist an Wirtschaft, Wissenschaft, Recht, Erziehung, Krankenbehandlung, Religion oder an Familie im modernen Sinne zu denken. Diese Entwicklung macht es schwierig, die Gesellschaft auch heute noch als durch Moral integriert zu beschreiben. Es reicht nicht aus, in diesen Funktionssystemen Enklaven oder Ausnahmezustände mit einer gewissen Unmoral vorzusehen, also etwa Profitorientierung in der Wirtschaft oder Unaufrichtigkeit in der Politik, Forschung ohne Rücksicht auf Folgen in der Wissenschaft oder ein sexuelles Interesse am Partner, das über das hinausgeht, was zur Zeugung von Nachwuchs notwendig ist. All das sind Themenkonstellationen des Spätmittelalters und der Frühmoderne. Heute können wir dagegen sehen und haben wir zu akzeptieren, *daß die Werte der verschiedenen Funktionssysteme keine moralischen Werte sind.* Wir würden keinen Sinn darin sehen, Eigentum im Unterschied zu Nichteigentum moralisch zu qualifizieren im Sinne von: das eine moralisch gut, das andere schlecht. Ebenso mit Regierungsmacht und Opposition, krank/gesund, Wahrheit und Unwahrheit als Resultat von Forschung oder Siegen und Verlieren im Sport. Die Zwei-Werte-Codierung der Funktionssysteme läßt sich in keinem Fall mit dem Moralcode von gut/schlecht gleichsetzen, und damit entzieht sich auch die gesamte Selbstorganisation dieser Funktionssysteme einer moralischen Kontrolle. Ja, der Rückzug der Moral aus diesen Bereichen wird durch die Moral selbst gefordert und gedeckt. Wir würden es im heutigen Moralempfinden ablehnen, wollte die Regierungspartei sich für moralisch besser halten – nur weil sie im Augenblick die Mehrheit hat. Ebenso fragwürdig wäre es, jemandem die moralische Achtung zu entziehen, nur weil er einen Prozeß verloren hat und in dieser Sache im Unrecht war. Wir sehen Krankheiten nicht mehr als Gottes Strafe für ein moralisch fragwürdiges Leben, haben aber auch nicht mehr das Problem der Rechtfertigung Gottes angesichts der Tatsache, daß Unschuldige leiden. Bei allen Versuchen von Nobelpreisträgern, ins Weltregiment einzugreifen oder sich für gute Dinge einzusetzen: ihre wissenschaftliche Leistung rechtfertigt das nicht; es handelt sich um einen klaren Mißbrauch verdienter Reputation. Und besonnene Pädagogen werden es wohl ablehnen, Schulversagen zu einem moralischen Desaster auszubauen; sie geben statt dessen in einer Art Verlegenheitsgeste lieber der Gesellschaft die Schuld.

Und so weiter. Wie sind solche Sachverhalte zu verstehen? Liegt vielleicht in ihnen der sozialstrukturelle Grund dafür, daß wir mit den alten Üblichkeiten der ausnahmegespickten Moral nicht mehr auskommen? Liegt unseren Problemen vielleicht eine ganz andere Art von Komplexität zugrunde, die andere Instrumente des Beobachtens und Beschreibens erfordern würde, über die wir noch nicht verfügen?

Jedenfalls fällt auf, daß der Verzicht der Moral auf Codierung der Funktionssysteme moralisch gedeckt, das heißt: für moralisch gut gehalten wird. Die Moral bejaht ihren eigenen Rückzug moralisch. Sie verzichtet darauf, in die Optionen einzugreifen, die die Zwei-Werte-Codes der Funktionssysteme offenhalten. Sie verzichtet darauf, als Selektionsprogramm in Schulen, als politisches Programm, als Wirtschaftsprogramm etc. zu operieren; und, um dies zu wiederholen: sie beurteilt sich selber in dieser Hinsicht moralisch und würde ein zu weit getriebenes Moralisieren mit Interventionen in die Funktionssysteme selber moralisch mißbilligen. Eine Moral dieses Typs verlangt Souveränität für die eigene Entscheidung über ihre eigene Anwendung *und Nichtanwendung*. Sie reagiert damit auf die Tatsache der funktionalen Differenzierung des Gesellschaftssystems.

Wir stehen damit vor einem Problem, mit dem sich die *Ethik* zu befassen hätte. Unter Ethik versteht man seit dem 18. Jahrhundert, und diese Veränderung ist ihrerseits eine Folge des angedeuteten sozialstrukturellen Wandels, nicht mehr die Lehre vom guten, tüchtigen, tugendhaften Leben, sondern eine akademische Theorie der Begründung moralischer Urteile. Aber ist das eine zutreffende Aufgabenstellung für unser Problem? Den Moralisten fällt es ja nicht schwer, ihre Meinungen zu begründen. Wenn man sie zu belehren versucht, gerät man mit ihnen in Streit; denn sie gehen von ihrem Moralschema aus und sehen den, der auch nur wagt, nach einer Begründung für das Gutsein der Moral zu fragen, als jemanden, der die negative Seite ihrer Moral, also das Schlechte, also die Umweltzerstörung, also die Benachteiligung der Frauen ernsthaft in Betracht zieht. Diskutiert man auf dieser Ebene, gerät man in die Alternative von moralischer Naivität und moralischem Zynismus. Von Ethik in einem ernst zu nehmenden Sinne keine Spur!

Eine Ethik, die modernen gesellschaftlichen Verhältnissen gerecht werden will, müßte über Anwendung *und Nichtanwendung* von Moral befinden können. Sie müßte Moral als eine *Form* beobachten können, die *zwei Seiten* hat, nämlich eine gute und eine schlechte, und die *mit beiden Seiten wirkt*. So gesehen konstruiert alles moralische Urteilen gute und schlechte Qualifizierungen. Etwas wird für gut gehalten und anderes eben damit für schlecht. Die Begründungsethiken hatten versucht, genau darauf zu reagieren und wenigstens in hohen Abstraktionslagen noch Gründe ausfindig zu machen, in denen die Urteile konvergieren und Konsens erreichbar ist oder, nochmals abstrahiert, wenigstens als vernünftig gefordert werden könnte. Dies Theorieprogramm ist gescheitert. Die erstrebte Universalität liegt nur in der *Form* der Moral, in der *Zwei*seitigkeit ihres Codes, in der *Unterscheidung* einer guten und einer schlechten Seite. Nicht in irgendwelchen Prinzipien. Gründe gibt es mehr als genug, wenn das heißt: Kriterien anzugeben, nach welchen man die Beurteilung moralisch gut/moralisch schlecht zu handhaben hätte. Aber diese Gründe lassen sich nicht auf eine sozial akzeptable Zentralformel reduzieren. Als Universalform gibt es nur den Code der Moral, und danach wird heute, wie immer schon, in allen Weltgegenden und in allen Sachbereichen moralisiert. Aber in der Frage der Kriterien, das heißt in der Frage, unter welchen Bedingungen es richtig oder unrichtig ist, etwas als gut bzw. schlecht zu bezeichnen, divergieren die Meinungen. Und gerade unter den Bedingungen einer ethisch reflektierten, also einer sich selbst beobachtenden Moral ist nicht zu sehen, wie das geändert werden könnte.

Es gibt inzwischen logische Instrumente, mit denen man solche Sachlagen analysieren kann: Ansätze zu einer operativen, konstruktivistischen Logik, kybernetische Theorien der Beobachtung beobachtender Systeme, Untersuchungen über die logischen Bedingungen der Annahme oder Abweisung von zweiwertigen Schemata wie positiv/negativ, wahr/unwahr, gut/schlecht, ferner Untersuchungen über Paradoxien und über die Bedingungen ihrer operativen Auflösung. Das alles könnte für eine Ethik relevant sein. Ob eine Ethik, die sich solche kognitiven Instrumente aneignet, sich selbst dann noch als moralisch gut empfehlen kann, wird man allerdings bezweifeln können. Und vielleicht würde sie damit das Recht verlieren, den Traditionsnamen Ethik weiterzuführen.

Gleichviel, wir können versuchen, zu beschreiben, was einem Beobachter zweiter Ordnung auffällt, wenn er beobachtet, wie in der Politik mit Moral umgegangen wird. Wir sind dann weniger daran interessiert, selber die Guten und die Schlechten in die Moral einzusortieren, sondern das Interesse gilt den *Folgen* des *Form*gebrauchs, den Folgen des operativen Gebrauchs einer bestimmten Unterscheidung.

Daß die politische Kommunikation mit moralischen Inhalten durchsetzt ist, kann man jeden Tag beobachten. Mit deftigen Ausdrücken wird, wenn man der Berichterstattung in Funk und Presse trauen darf, nicht gespart. Und offenbar tragen die Medien, die dies vorzugsweise aufgreifen, das Ihre dazu bei, den Eindruck entstehen zu lassen, daß politische Kultur eine Kultur der wechselseitigen Beleidigungen ist, die so deutlich gewählt sein müssen, daß jeder sie auch ohne besondere Vorbildung versteht. Würden moralische Invektiven treffen und zutreffen, wäre die Szene schon längst geräumt und es gäbe nur noch einen einzigen Überlebenden: Richard von Weizsäcker. Besonders in Wahlkampfzeiten steigert sich dieses merkwürdige Phänomen. Man fühlt sich an einen Vergleich aus der Prinzessin Brambilla von E.T.A. Hoffmann erinnert: an die beiden Löwen, die mit solchem Grimm aufeinander losgehen und in wütendem Kampf einander auffressen, so daß am Ende nichts übrigbleibt als die beiden Schweife. Aber wer hätte ein Interesse daran, zwischen zwei Schweifen zu wählen?

Das kann, wird man sagen, doch wohl nicht ernst gemeint sein. Aber es geschieht vor unseren Augen. Von Ehrlichkeit keine Spur. Es handelt sich, die Grünen vielleicht ausgenommen, nicht um einen Fall von moralischer Naivität, aber auch nicht eigentlich um moralischen Zynismus. Es geht auch nicht um eine »dialektische« Synthese von Naivität und Zynismus; denn bei Dialektik müßte man, Hegels Theorie folgend, Geist als Wirkstoff vermuten, und Geist läßt sich in diesem Falle nun beim besten Willen nicht beobachten. Eher tippt man auf eine Art Geschäftigkeit im Ausdrucksmedium eines politischen Moralismus. Offenbar handeln Politiker unter der (berechtigten oder unberechtigten, jedenfalls unüberprüfbaren) Zwangsvorstellung, daß die Wähler in der politischen Wahl nach moralischen Kriterien entscheiden.

Dies steht in offenem Widerspruch zu einem Grundpostulat demokratischer politischer Systeme: daß der Wähler in der Lage sein soll, in der politischen Wahl zwischen den bisher regierenden und den bisher opponierenden Parteien zu entscheiden. Das erfordert, daß die Wahl moralisch offengelassen wird. Jede Partei muß, wenn sie sich selbst als demokratisch vorstellen will, die Wählbarkeit anderer Parteien zugestehen. Es käme darauf an, bei moralischer Chancengleichheit das eigene Programm als politisch besser darzustellen oder in der jüngsten Geschichte politische Gründe für die Fortsetzung oder für einen Wechsel im Amt ausfindig zu machen. Wenn sich moralisch ausmachen ließe, wer Achtung und wer Mißachtung verdiente, wäre die politische Wahl eine Konsequenz des moralischen Urteils und gerade nicht ein Test der politischen Leistung oder ein Ausdruck der Vorliebe für einen künftigen politischen Kurs.

Es mag, als Soziologe wird man das immer vermuten, Gründe dafür geben, daß die Dinge so sind, wie sie sind. Vielleicht liegt es an Tendenzen zu einem Zweiparteiensystem mit einer sehr geringen quantitativen Differenz der Hauptparteien, so daß jedes Mittel willkommen ist, um die entscheidenden wenigen Stimmprozente hinzuzugewinnen. Vielleicht liegt es auch daran, daß die großen Themen unserer Tage nicht zu politisch entscheidbaren Alternativen geformt werden können. Man denke an die Abhängigkeit aller wohlfahrtsstaatlichen Politik vom Geschehen auf den internationalen Finanz- und Produktmärkten oder an die vielfältigen Probleme der ökologischen Gefährdung. Wenn in diesen Fragen dem Wähler keine klaren Optionen vorgelegt werden können, sondern jede politische Seite verspricht, das Bestmögliche zu tun, mag ein moralisches Schattenboxen statt dessen den Eindruck aufrechterhalten, der Wähler könne über Entscheidungen entscheiden – und sei es nur durch Entscheidung zwischen den guten und den schlechten politischen Kräften.

Das mag vieles erklären. Wenn aber solche Erklärungen zutreffen, bestätigen sie nur den Grundtenor der Analyse: daß es letztlich politische Konstellationen sind, die den Ausschlag geben in der Frage, ob und mit welchen Spezialfunktionen die Politik auf Moral zurückgreift. Und insofern sind dann Politiker in der Tat auch in ihrer moralischen Selbstdarstellung Opfer der Macht.

Mit diesen Darstellungen haben wir nur wiederholt, was in den theoretischen Voraussetzungen unserer Analyse schon angelegt war. Wir beobachten eine strukturelle Nichtidentität des Moralcodes und des politischen Codes, einen Widerspruch zwischen der kommunikativen Praxis der Politiker und den Funktionspostulaten einer Demokratie, zu der sie sich bekennen. Es gibt keine einfache Reduktion von Politik auf Moral – es sei denn in politischen Systemen, die politische Gegner moralisch disqualifizieren und sie mit diesem Argument aus der Politik entfernen.

Hiermit ist jedoch das Verhältnis von Politik und Moral noch nicht ausreichend erfaßt. Gerade weil es sich um zwei unterscheidbare Unterscheidungen, um zwei verschiedene Formen handelt, zwischen positiven und negativen Werten zu wählen, muß man mit Überschneidungen rechnen. Wir wollen keine Übereinstimmung der beiden Codierungen. Eine solche Übereinstimmung würde, um es weder moralisch noch politisch auszudrücken, die Komplexität des Systems zu stark reduzieren. Aber wir wollen auch keine unmoralisch handelnden Politiker. Und gerade die Unabhängigkeit des politischen Codes von moralischen Bewertungen erfordert eine spezifische Moral zu ihrer Erhaltung – etwa eine Moral der politischen Fairneß.

Man kann es sich am Beispiel des Bereichs verdeutlichen, aus dem die Vorstellung der Fairneß stammt: am Beispiel des Sports. Auch hier wäre es unakzeptabel (und zwar moralisch unakzeptabel), wenn Siegen und Verlieren zu einem moralischen Schicksal gerinnen würden. Die Differenz verweist auf rein sportliche Kriterien. Und eben deshalb gibt es ein moralisches Urteil über die Praktik des Doping, die den Sportcode und seine Kriterien unterläuft, ja zerstört. Die »höhere Amoralität« der Funktionscodes bedarf mithin einer Absicherung in der Moral; oder jedenfalls ist sie mit einer Moral vereinbar, die sicherzustellen versucht, daß der Unterschied von Siegen und Verlieren sportlich verdient ist und das Publikum über sportliche Leistungen informiert und nicht über Biochemie.

Ein anderes Beispiel wären das Plagiat und die Datenfälschung im Wissenschaftssystem – Fälle, mit denen sich Ethikkommissionen amerikanischer Universitäten in der Hauptsache beschäftigen. Auch hier geht es um den Code des Systems, um die kritische Differenz, um den Unterschied, auf den es ankommt und der nur durch Vertrauen und Moral gedeckt sein kann.

In der Politik schließlich findet man genau parallelliegende Probleme im Bereich der Korruption, die die rechtsstaatlichen Grundlagen unterminiert und im Falle der illegalen Beschaffung von Informationen über nicht für die Öffentlichkeit bestimmte Äußerungen anderer Parteien diese diskreditiert. Im einen Falle steht die Differenz von Amtsmacht und Unterworfenen auf dem Spiel, im anderen Falle die Differenz von Regierung und Opposition.

Der Vergleich von Sport, Wissenschaft und Politik läßt eine hochspezifische Angewiesenheit gerade der Funktionssysteme auf Moral erkennen. Die Codes, die die Identität dieser Systeme erkennbar machen, lassen sich nicht wiederum durch diese Codes kontrollieren. Sie bedürfen einer externen Absicherung. Allerdings führt es auch in Probleme, wenn man dafür nun Moral in Anspruch nimmt.

In einer durch die Massenmedien verwalteten Moral nimmt dieses Anliegen der moralischen Kontrolle der Funktionssysteme und speziell der Politik die Form von *Skandalen* an. Das hat viele Vorzüge. Man weiß wenigstens, was zu vermeiden ist und worin man sich vorsehen muß. Skandale heben die Einmaligkeit hervor, sie markieren individuelles Fehlverhalten und lassen damit den normalen Betrieb unmarkiert passieren. Wen es erwischt, der wird geopfert, damit alles andere unverändert weiterlaufen kann. Das erfordert hohe Eindeutigkeit des individuellen Fehlverhaltens mit der Möglichkeit, daß alle Unbeteiligten sich bei der Aufdeckung überrascht und entrüstet zeigen können. All dies ist auf die Selektionsbedingungen der Berichterstattung in Medien abgestellt.

Welches Verhalten skandalträchtig ist, ist damit noch nicht entschieden. Daß Hotelzimmerliebschaften darunter fallen, ist wohl eher eine Merkwürdigkeit der US-amerikanischen Kultur, übertroffen noch durch die Jagd auf »sexuelle Belästigung« in den amerikanischen Universitäten. Politische Empfindlichkeit ist dagegen angebracht, wenn es sich um Angriffe auf den politischen Code handelt, etwa Korruption oder illegales Eindringen in die Geheimnisse anderer Parteien. Hier können Skandale dazu dienen, dem System vor Augen zu führen, wie sehr es in entscheidenden Hinsichten von freiwilliger Beachtung des Codes und von Vertrauen abhängt.

Allerdings hat die Form des Skandals auch gravierende Nachteile. Sie zielt auf Individuen und bestätigt damit die ohnehin verbreitete Überschätzung der Bedeutung einzelner Personen für das politische System. Vor allem aber sind zahlreiche, wirklich skandalöse Eigenarten der Informationsverarbeitung im politischen System gar nicht skandalfähig. Sie werden zwar als Skandale bezeichnet, können aber nicht moralische Entrüstung, sondern bestenfalls Resignation und Apathie erzeugen. Zu denken ist vor allem an die Häufung von erheblichen finanziellen Fehlplanungen, die ohne Unterstellung von Verschleierungsabsichten kaum verständlich sind, sowie an ebenso gravierende ökologische Unaufmerksamkeiten in bereits hochsensibilisierten Zusammenhängen. Man kann angesichts solcher Tatbestände Systemkritik treiben oder Führungspersonal »zur Verantwortung ziehen«, kaum aber in den Apparat selbst eingreifen. Von außen gewinnt man den Eindruck, daß die Verwaltungsbürokratie des Staates wie ein soziales Netzwerk konstruiert ist, dessen Hauptziel darin besteht, sicherzustellen, daß nichts passiert, wenn etwas passiert.

Diese Überlegungen bestätigen erneut den Grundtenor der hier vorgetragenen Analyse: Die Dame ist nicht fürs Feuer, das politische System ist nicht für eine Kontrolle an Hand von moralischen Kriterien gedacht. Es kann sich nur politisch steuern. Damit ist nicht nur gemeint, daß die Wirklichkeit ohnehin wenig Neigung zeigt, der Moral zu folgen; aber auch nicht, daß Moral in der modernen Gesellschaft keine Funktion mehr hätte und nur noch als privates Ressentiment vorkäme. Vielmehr zeigen die Befunde ein komplexeres Bild. Es scheint, daß das politische System, und Gleiches dürfte für andere Funktionssysteme gelten, selbst regelt, in welchen Hinsichten und in welchen Formen Moral relevant wird. Eine politische Ethik hätte vor allem diese Eigenregie des Systems zu reflektieren. Daß es daneben noch moralischen Wildwuchs gibt, soll damit nicht bestritten sein. Die Leute neigen zum Moralisieren, weil das Moralschema gut/schlecht ihnen eine Chance gibt, sich selbst auf der guten Seite zu plazieren. Auch dafür müßte eine Ethik Verständnis aufbringen.

Was mit all dem jedoch fraglich geworden ist, ist der traditionelle Zusammenhang von Moral und Vernunft. Er hatte eine moralische Integrierbarkeit der Gesellschaft vorausgesetzt. Das war unter den Bedingungen eines »holy watching« der Nachbarn, unter den Bedingungen der traditionellen Dorf- und Stadtkulturen bzw. territorial sich ausbreitender Adelsgesellschaften vorstellbar gewesen. Die Abstraktionen des Vernunftbegriffs der Aufklärung haben das Ende dieser Welt angezeigt und sich schließlich selbst gesprengt. Und gerade der einzelne darf wohl erleichtert aufatmen, wenn er erfährt, daß heute niemand, der sich für Moral einsetzt, in Anspruch nehmen kann, die Gesellschaft zu vertreten.

5. Politik, Demokratie, Moral

I.

Seit einigen Jahren breitet sich die Kommunikation über »Ethik« geradezu epidemisch aus – wie die Masern bei Kindern. Wohlgemerkt: nicht die Ethik selbst breitet sich aus, sondern nur die Kommunikation über Ethik. Der Diffusionserfolg scheint davon abzuhängen, daß es sich bei »Ethik« um einen Ausdruck der europäischen Tradition handelt, so daß man bei der Verwendung des Wortes glaubt, voraussetzen zu können, daß jeder weiß und niemand erklären muß, wovon die Rede ist. Solche »pluralistic ignorance« erleichtert die Kommunikation und erklärt vielleicht schon das Diffusionstempo. Auch die Diskussion über »Werte« wird so geführt, als ob unmoralische Werte, die es ja durchaus geben kann, ausgeschlossen sein sollten. Wenn man zurückfragt, bekommt man jedoch keine Antwort, sondern nur einen Hinweis auf dringliche Probleme, die gelöst, eben durch Ethik gelöst werden müssen.

Ich gehe ohne weitere Erläuterung davon aus, daß die akademische Ethik gescheitert ist. Dieser Befund scheint mir evident zu sein, und wenn es eines Arguments bedürfte, dann könnte es genügen, auf die entsetzliche Genauigkeit hinzuweisen, mit der Philosophen, vor allem der analytischen Richtung, Fragen der Ethik behandeln. Jedenfalls hat man davon auszugehen, daß die alte (aristotelische) Ethik, nämlich die intellektuelle Bemühung, die der Sache ihren Namen gegeben hat, im 17. oder spätestens im 18. Jahrhundert aufgegeben werden mußte. Diese Ethik hatte vorausgesetzt, daß das Gute selbstmotivierend wirkt, also eine notwendige kausale Komponente des Handelns sei. Allenfalls Kognitionsfehler könnten das Handeln korrumpieren. Und genau darin sah diese Ethik ihr Problem.

Vor allem aber hatte die Ethos-Ethik sich auf gesellschaftsstrukturelle Voraussetzungen stützen können. Sowohl bei segmentärer als auch bei stratifikatorischer Differenzierung hatte die Form gesellschaftlicher Differenzierung zugleich Schranken des Vergleichs und der moralischen Zumutungen gezogen. Ein Stamm konnte einem anderen nicht mit moralischen Erwartungen kommen, und ebensowenig gab es im Kastensystem Indiens Moralansprüche über Kastenschranken hinweg. In der alteuropäischen Gesellschaft war dies durch die christlich-religiöse Absicherung der Moral bereits anders gewesen, aber es wäre im täglichen Leben auch hier kaum vorstellbar gewesen und jedenfalls nicht ohne Folgen geblieben, daß der Adelige dem Bauern oder der Bauer dem Adeligen Bedingungen persönlicher Achtung oder Mißachtung signalisiert hätte. Man konnte sich auf rechtliche Regulierungen stützen; im übrigen aber nur die Augen gen Himmel richten und schadenfroh auf das Jüngste Gericht hoffen.

Dies wird mit dem Übergang zu funktionaler Differenzierung grundlegend anders, weil sich jetzt die alten Einteilungen und Vergleichsschranken auflösen. Erst jetzt entsteht die Ambition einer universellen und doch gesellschaftspraktischen Moral auf individualistischer, alle sozialen Einteilungen und selbst die Religionen unterlaufender Grundlage. Und jetzt können die Ansprüche an moralische Binnenregulierung aller Individuen aufgestellt und gesteigert werden – freilich, wie wir noch sehen werden, unter Verzicht darauf, daß die Moral zugleich die positiv/negativ-Codierungen der Funktionssysteme metacodiert.

Aber auch in den semantischen Fragen einer formulierten Ethik sah man sich im 18. Jahrhundert genötigt umzudisponieren; allein schon deshalb, weil jede Form teleologischer Kausalität angesichts starker Risse zwischen Vergangenheit und Zukunft ihre Überzeugungskraft verloren hatte. Statt dessen bemühte man sich jetzt um gute, vernünftig einsehbare Gründe für moralische Urteile. Es genügt jetzt nicht mehr, einfach gut zu sein und dies anderen zu empfehlen. Man muß sich für den Fall des Widerspruchs auch noch mit guten Gründen für gutes Handeln ausstatten und in der akademischen Diskussion dann eventuell noch mit besseren Gründen für die Begründung moralischer Urteile.

Letztlich ist es jedoch nicht gelungen, und das kann man heute wissen, damit jeden Widerspruch gegen Urteile in Sachen Moral auszuräumen. In der Moralgesellschaft des ethischen Sozialismus hat man bekanntlich versucht, diesem Problem durch psychiatrische Behandlung der Abweichler abzuhelfen. Psychiatrie gleichsam als notwendiges Supplement der Moral[1] – eine ebenso konsequente wie unbefriedigende Lösung dieses Problems, daß alle Prinzipien und Regeln Dissens ermöglichen, ja geradezu provozieren. Wenn wir aber

1 »Supplement« hier im Sinne des Sprachgebrauchs von Jacques Derrida.

diese Lösung nicht wollen und wenn wir sie jedenfalls politisch für unakzeptabel halten: wie helfen wir uns dann?

Wir müssen davon ausgehen, daß es nicht gelungen ist, unbestreitbar gute Gründe dafür zu finden, daß man gut und nicht vielmehr böse (= bewußt schlecht) handeln solle. Das Umgekehrte wäre ebenso denkbar, und das absolut Böse läßt sich vom absolut Guten ohnehin nicht unterscheiden. Das hat ganz einfach formale Gründe. Denn wenn man mit der Unterscheidung von gut und böse beobachten will, kann man nicht voraussetzen, daß die eine Seite dieser Unterscheidung, nämlich das Gute, zugleich die Unterscheidung selbst legitimiert, die ja auch Böses enthält. Wenn man die Differenz selbst als gut bezeichnen will, und dies war für die Tradition klar, obwohl eine genaue Lektüre der Geschichte vom Sündenfall sie eines Besseren hätte belehren können, dann begeht man einen Verstoß gegen die Logik, die es als Paradoxie behandeln würde, wenn man das Unterschiedene (gut/böse) mit der Unterscheidung selbst identifiziert. Die Ethik, die die Moral beurteilen will, vollzieht zugleich eine moralische Selbstbewertung. Das aber ist eines jener strange loops, jener seltsamen Schleifen, die Douglas Hofstadters Thema sind;[2] eine Operation also, die eine Über- und Unterordnung, eine Hierarchie zugleich in Anspruch nimmt und kollabieren läßt. Ich komme darauf nochmals zurück.

Im Moment geht es mir nur um einen Geländegewinn, sozusagen um das bereinigte Glacis vor der Festung der Soziologie, so daß man ungehindert durch Moral beobachten kann, wie die Moralisten sich aufführen und in welchen Formationen sie aufmarschieren. Denn dafür mag es Gründe geben, die unabhängig von ihrer ethischen Dignität einsichtig sind.

II.

Wenn man es mit dem Unterschied von positiv und negativ zu tun bekommt, fällt einem der Unentscheidbarkeitsbeweis Gödels ein, der die axiomatische Logik unseres Jahrhunderts erschüttert hat. Er beruht auf der Einsicht, daß Aussagen über Zahlen immer zugleich auch Aussagen über die Aussagen über Zahlen implizieren. Dies kann

2 In: Douglas R. Hofstadter, Gödel, Escher, Bach: An Eternal Golden Braid, Hassocks/Sussex UK 1979.

man sehr leicht, was immer man von logischem »Denken« halten mag, in einer Theorie rekursiver, selbstreferentieller Kommunikation übersetzen. Und dann liegt die Übertragung des Arguments von der Logik auf die Ethik auf der Hand. Auch Kommunikationen, die die moralischen Werte gut/böse in Anspruch nehmen, sind immer zugleich Kommunikationen der Kommunikationen und setzen sich als solche der Rückfrage aus. Das heißt aber, daß das Unentscheidsbarkeitstheorem auch für die Ethik gilt. Aber das wiederum besagt nur, daß eine externe Referenz, zum Beispiel eine Gründung der Moral auf ein religiöses Fundament, erforderlich ist. Da hierfür in der modernen Gesellschaft keine eindeutigen Grundlagen gegeben sind oder nur auf politische Weise, und dann undemokratisch, erzwungen werden können, läuft das Argument auf ein Entscheidungsparadox hinaus: Gerade weil Moralfragen unentscheidbar sind, kann und muß man sie entscheiden.[3] Nur kann man dann nicht vermeiden, daß die Entscheidungen als Entscheidungen und das heißt: als auch anders möglich, sichtbar werden und daß ihnen eine letzte, hieb- und stichfeste Begründung fehlt.

Ich gehe deshalb zu einer entscheidungstheoretischen Analyse über, und zwar mit der Frage, wie man den Unterschied von gut und böse in ein Optimierungsprogramm verwandeln könne: soviel Sünde wie nötig, soviel Gutes wie möglich. Sie ahnen vielleicht schon die Nähe zur Politik, etwa zur alten Formel der Staatsraison. Oder zur merkwürdigen necessitas moralis ad optimum, dem Vorläufer der Theodizee-Diskussion.

Bereits an diesem Punkte könnte eine empirische Hypothese hilfreich sein (wenn sie stimmt): In einer sündigen Welt (hic mundus) wird es leichter sein, Kriterien zu ändern statt Verhalten zu ändern. Im einen Falle geht es nur um Semantik, nur um Einführung anderer Werte in die Kommunikation, im anderen Falle um tiefsitzende Gewohnheiten, um Charakter, um ständig reproduzierte Versuchungen, um Verlockungen, die ihrerseits sozial unterstützt werden, zum Beispiel durch Prämien auf Erfolge. Aber man kann dasselbe auch anders formulieren: Wenn das Verhalten den Kriterien folgen soll, müssen die Kriterien dem Verhalten folgen. Kybernetiker würden von Kontrollzirkeln sprechen, die asymmetrisiert werden müssen. Einen

3 So im Ergebnis auch Heinz von Foerster, Ethics and Second-order Cybernetics, Cybernetics & Human Knowing 1/1 (1992), S. 9-19 (14): »Only those questions that are in principle undecidable, we can decide.«

solchen Symmetriebruch hatte in früheren Zeiten die Religion angeboten (und sich eben damit das Problem des Umgangs mit Sündern und Sünderinnen aufgehalst, denen doch das Himmelreich versprochen war). Wie löst eine heutige Ethik dies Problem?

Man kann an zwei mögliche Lösungen denken. Beide lassen sich empirisch beobachten. Die eine ist *Heuchelei*, die andere besteht in der Berufung auf *Werte*. Heuchelei ist eine Form der »langfristigen Investition in Moralität«.[4] Langfristinvestition deshalb, weil auf diese Weise die Kriterien zumindest kommunikativ erhalten bleiben. Schon bei den Romantikern findet man, nach den Enttäuschungen, die die Französische Revolution bereitet hatte, diese Reaktion: mit Moralvorstellungen müsse eine Abgabe an die allgemeine Kasse der Menschlichkeit entrichtet werden.[5] Man läuft zwar das Risiko, daß die Kommunikation ihr Thema ändert und die Heuchelei selbst zum Thema macht. Aber dies Risiko kann verringert werden, wenn alle, zum Beispiel das gesamte politische System oder die Kirche selbst, diesen Ausweg wählen.

Heuchelei wird begünstigt dadurch, daß öffentliche Kommunikation relativ gut erkennbar ist und Sicherheit schafft über das, was gesagt worden ist. Die geradezu neurotische Obsession mit PC – in diesem Fall nicht personal computer, sondern political correctness – ist das genaue Pendant und zeigt an, daß Heuchelei bereits zur politischen Forderung avanciert ist. Handlungen bleiben in ihrem konkreten Zuschnitt, in ihren wirklichen Motiven und vor allem in ihren Folgen zumeist unklar und oft widersprüchlicher Bewertung ausgesetzt, vor allem, wenn sie retrospektiv beurteilt werden. Wollte man jede mögliche Negativbeurteilung in Rechnung stellen, würde man das Repertoire möglicher Handlungen stark einschränken. Schon um

4 So James G. March, Beschränkte Rationalität, Ungewißheit und die Technik der Auswahl, in: ders., Entscheidung und Organisation: Kritische und konstruktive Beiträge, Entwicklungen und Perspektiven, dt. Übers., Wiesbaden 1990, S. 297-328 (321). Ausführlicher und auf Politik bezogen Nils Brunsson, The Organization of Hypocrisy: Talk, Decisions and Actions in Organizations, Chichester 1989; ders., Ideas and Actions: Justification and Hypocrisy as Alternatives to Control, Accounting Organizations and Society 18 (1993), S. 489-506.

5 So liest man es jedenfalls bei Ludwig Tieck, William Lovell, zit. nach Ludwig Tieck, Frühe Erzählungen und Romane, München o. J., S. 240, zu Moralisieren: »doch auch das gehört unter die menschlichen Schwächen und irgend eine Abgabe zur allgemeinen Kasse der Menschlichkeit muß doch jeder brave Erdenbürger einreichen.«

im Bereich des Handelns ausreichende Spielräume offenzuhalten, empfiehlt es sich daher, eine Schicht moralisch einwandfreier Kommunikation darüberzulegen und herauszustellen, daß die besten Absichten verfolgt werden.

Damit mag man bewährten Mustern folgen. Probleme ergeben sich typisch dann, wenn man, und das gerade ist ja die Aufgabe der Politik im Unterschied zur Verwaltung, auf Änderung von Strukturen und Praktiken abzielt. Da Ethik sich typisch mit schon akzeptierten Normen oder Werten zu erkennen gibt, gerät jeder Vorschlag einer Neuerung in ambivalentes Licht. Typisch gelten heute zwar auch Innovation, Kreativität, Lernen als positiv bewertete Verhaltensweisen, vor allem in der Politik; aber natürlich nicht um jeden Preis. Daher kann Heuchelei auch dazu dienen, je nach den Umständen das Neue im Alten oder das Alte im Neuen zu verstecken.[6] Die Betonung kann, wie in der alten Rhetorik der »antiqui« und »moderni«,[7] je nach den Erfolgsbedingungen verschoben werden. Selbsttäuschung und Fremdtäuschung greifen unentwirrbar ineinander, und ob es sich überhaupt um Heuchelei handelt oder um naive Einseitigkeit ist dann eine Frage, die in der sich selbst moralisierenden Kommunikation kontrovers diskutiert werden mag.

Heuchelei war im 17. Jahrhundert zum Thema einer Diskussion geworden, deren Tiefgang nie wieder erreicht worden ist. Es gab schon das moderne Bühnentheater, das Täuschungen, Selbsttäuschungen und Durchschauen von Täuschungen einem Publikum vorführen konnte, dem es überlassen blieb, das im Medium der Fiktionalität Vorgeführte auf sich selbst anzuwenden. Das mußte die alte Ethik, die Lehre von den ständisch bedingten naturalen Perfektionen zum Einsturz bringen. Aber es gab noch die alte Rhetorik, die jetzt neu aufgepflügten Boden fand. Und es gab die religiösen Radikalisierungen des Puritanismus, die sich bemühten, die alten klerikalen Inszenierungen, die Formeln und Rituale aufzulösen, um die Aufrichtigkeit des Glaubens ganz der individuellen Spontaneität zu überlassen; nur um damit auf das Problem zu stoßen, daß kommunizierte Spon-

6 So Karl E. Weick, Re-Punctuating the Problem, in: Paul S. Goodman/Johannes M. Pennings et al., New Perspectives on Organizational Effectiveness, San Francisco 1977, S. 193-225 (207 ff.).

7 Vgl. Robert Black, Ancients and Moderns in the Renaissance: Rhetoric and History in Accolit's Dialogue on the Preeminence of Men of His Own Time, Journal of the History of Ideas 43 (1982), S. 3-32.

taneität schon nicht mehr aufrichtig ist, sondern geheuchelt werden muß. Seitdem fährt die Kommunikation, ob sie will oder nicht, das Tandem expressive Individualität und Heuchelei, und das Individuum wird, ob es will oder nicht, der Zurechnungspunkt für die Manipulation des Anscheins, der im sozialen Verkehr, also auch von der Religion und der Moral, gefordert wird.[8]

Heuchelei stellt sich nach all dem gleichsam automatisch ein, wenn Darsteller einem moralischen Reinigungsritual unterworfen werden, gleichviel ob Gott oder ob die Öffentlichkeit als Beobachter fungieren. Man mag dies in der üblichen Moraltheorie mit angeborener Sündenneigung oder mit »Akrasie« erklären und durch solche Erklärungen normalisieren. Hier interessiert jedoch nicht die Entschuldigung, sondern das Phänomen: das »paradox of purity«.[9] Man weiß, mindestens seit Freud, daß der Darsteller sich durch Beschränkung seines Bewußtseins helfen kann; aber in allen Kontroverssituationen, vor allem also in der Politik, viel wirksamer dadurch, daß er die moralischen Werte »gut« und »schlecht« auf sich und seine Gegner verteilt.

Inzwischen ist die Differenzierung von Politik, Massenmedien und individueller Lebensführung so weit fortgeschritten, daß man im Privatleben nicht mehr Rückschlüsse auf sich selber ziehen muß, wenn man den Politikern Heuchelei vorwirft. Damit verliert aber auch der Vorwurf seine moralische Kraft, denn von Moral kann man nur reden, wenn jeder bereit ist, Rückschlüsse auf sich selbst zuzulassen. Und jetzt dürfte es auch möglich sein, den Strukturwert von Heuchelei darzustellen, ohne damit Heuchelei als gut oder als schlecht zu bezeichnen. Jedermann weiß dann zwar und geht davon aus, daß es eine Diskrepanz gibt zwischen öffentlicher Darstellung und privater Meinungsäußerung. Das Problem ist nur, daß man, wenn die Diskrepanz zutage tritt, die Privatmeinung für die Wahrheit

8 Zu Parallelen zwischen Marktentwicklung, Theaterentwicklung und puritanischer Glaubensdarstellung vgl. Jean-Christophe Agnew, Worlds Apart: The Market and the Theater in Anglo-American Thought, 1550-1750, Cambridge 1986. Die Parallelen zu Webers berühmter Kapitalismus-These liegen auf der Hand; nur sieht man jetzt deutlicher, weshalb der Markt und die Arbeit für den Markt einen Ausweg aus religiöser Verunsicherung bieten konnten, nämlich deshalb, weil es hier auf Heuchelei gar nicht mehr ankommt.

9 Im Sinne der dramaturgischen Theorie von Kenneth Burke, A Grammar of Motives (1945), Neudruck, Cleveland/Ohio 1962, S. 35 ff.

hält und nicht, wie eine bekannte politische Tradition es haben will, die öffentliche Meinung.[10]

Wie sehr Heuchelei sich in dieser Situation als Optimierungsstrategie (und das heißt hier wie immer: als Form der Auflösung einer fundamentalen Paradoxie) empfiehlt, sieht man, wenn man Alternativen überlegt, die als funktionale Äquivalente in Betracht kämen. Eine historisch ausprobierte Alternative ist die Anpassung der Kriterien an das Verhalten. Das war, in der Form einer Minderung des Seelenrettungsaufwands, die Strategie der Jesuiten gewesen. Nachdem dies, noch im Kontext von Religion, diskreditiert worden war, folgte darauf die viel elegantere und zugleich säkularisierbare Erfindung der »Werte«, und das ist die zweite Lösung des Problems der moralischen Codierung. Die Heuchelei wird damit gleichsam entpersonalisiert und in die Form einer Wertgeltung a priori verwandelt, zu der man sich bekennen kann, ohne sich damit irgendwie festlegen zu müssen. Die Geschichte dieser Begrifflichkeit müßte aufgearbeitet werden. Jedenfalls geht es um eine normative Aufladung von Präferenzen, und schon im 18. Jahrhundert wird der Wertbegriff in diesem allgemeinen Sinne gebraucht – zum Beispiel in der Form der Frage nach dem Wert von Zwecken.[11] Die Lösung liegt, unter unserer Problemstellung betrachtet, in einer Multiplikation von Wertbeziehungen unter Offenlassen des Verhältnisses der Werte zueinander. Die Werte werden bestimmt, der Wert der Werte bleibt jedoch unbestimmt, denn darüber entscheidet man nicht mehr auf Grund einer Wertehierarchie, sondern nur noch situationsbezogen, also opportunistisch; eventuell auf Grund von Ideologien, die nichts anderes sind als stabilisierte Opportunismen, die aus dem Spektrum der Wertesemantik das auswählen, was man für bestimmte Zwecke benötigt. Die Werte rechtfertigen die Zweckwahl, weil die Zwecke die Wertewahl rechtfertigen.

Der Erfolg dieser Lösung ist daran zu erkennen, daß sie ernsthaft

10 So die brasilianische Zeitschrift Veja vom 7. 9. 1994, S. 33, aus Anlaß des Ricúpero-Skandals (einer versehentlich über das Fernsehen verbreiteten privaten Unterhaltung des Ministers): »Óbvio que todo mundo diz uma cosa em público e outras no âmbito privado, as pessoas de confiança. O chato, para o ministro, é que todo munda sabe, por experiências próprias, que as conversas particulares são muito mais sinceras do che as declarações públicas.«

11 Vgl. abseits der Prominenz großer philosophischer Theorien zum Beispiel Karl Heinrich Heydenreich, System der Ästhetik, Leipzig 1790, Nachdruck Hildesheim 1978, S. 181.

und nicht nur zynisch kommuniziert wird. Neuerdings kommt die Lehre vom Wertewandel hinzu. Man muß sich, insbesondere wenn man Parteiprogramme formuliert, was Werte betrifft auf dem laufenden halten. Da man aber bewährte Werte nicht einfach fallenlassen kann (und warum sollte man, wenn ohnehin Pluralismus angesagt ist?), kommt der Wert der Aktualität der Werte hinzu. Aber das ändert nichts daran, daß man über die Benennung von Werten das Verhalten nicht steuern kann. Sie sind eine Art semantisches Kapital, das man verwenden kann je nachdem, was die Situationen, in denen man zu entscheiden hat, nahelegen. Es geht, so kann man schließen, um eine Heuchelei zweiter Ordnung, um eine Heuchelei mit eingebauter Entheuchelung. Man kann sich, heute jedenfalls noch, auf Werte berufen, ohne daß der Vorwurf des Zynismus aufkommt. Die Gesellschaft reagiert darauf mit einer Abwertung der »politischen Klasse« oder anderer elitärer Gruppierungen, die sich, kommunikativ schwer angreifbar, der Sprache der Werte bedienen.

Heuchelei kann natürlich nicht moralisch belohnt oder ethisch begründet werden. Sie ist nur ein intelligenter Umgang mit der Paradoxie des binären Codes der Moral, und ein Umgang, der sich als normale Praxis vielfach bewährt hat. Wenn eine Ethik jedoch etwas komplexere Ansprüche an sich selbst stellt, muß es irritierend auf sie wirken, daß sie mit einem so intelligenten und so verbreiteten kommunikativen Verhalten wie Heuchelei nicht besser umgehen kann, als es moralisch zu verurteilen; so als ob die Moral besser dastünde, wenn es keine Heuchelei gäbe. Moralisten mögen ihre eigene Weise der Entparadoxierung des Paradoxes weiterhin pflegen. Sie mögen es weiterhin für gut halten, die Bösen als böse zu bezeichnen und sich selbst nach dem Vorbild Rousseau nicht zu schonen. Aber sie sind nur in kleinen Zahlen erträglich, nur unter der Voraussetzung, daß von niemandem sonst ein derart heroisches Verhalten verlangt wird, und außerdem nur dann, wenn ihnen der Zugang zu den Guillotinen verweigert wird.

Hin und wieder mag ein Beobachter die Versuchung spüren, hineinzustechen und die aufgeblasene Luft entweichen zu lassen.[12] Aber

12 Eine offenbar alte Versuchung. Siehe aus dem Jahrhundert der Entdeckung von Heuchelei, Simulation und Unaufrichtigkeit Pierre Nicole, Essais de Morale, Erstauflage Paris 1671-1674, Bd. I, 6. Aufl., Paris 1682, S. 6: »Il faut piquer cette enflure pour en faire sortir le vent.« Nicole empfiehlt dann aber doch im Sinne christlicher Zivilität (ähnlich wie Baltasar Gracián im Sinne humanistischer Zivili-

dann schützt den Politiker die Unerreichbarkeit, die ihm die Massenmedien garantieren, oder auch die Zivilität einer Interaktionskultur.

III.

Eine entscheidungstheoretische Analyse führt bereits ziemlich weit in dem Versuch, faktisches Verhalten zu erklären, sofern man nur beachtet, daß es in der Moral, und dann auch in der Ethik, nicht um ein Prinzip geht, sondern um eine Differenz; oder in anderer Sprache: um eine Form, die als Beobachtungsschema nur verwendet werden kann, wenn man ihre beiden Seiten beachtet, wenn man sie als Form mit zwei Seiten praktiziert. Diese Analyse kann man mit Mitteln der Systemtheorie ergänzen. Denn binäre Codes sind nicht nur operationsleitende Unterscheidungen, sondern oft auch Strukturen, die es ermöglichen, Funktionssysteme der Gesellschaft zu identifizieren.

Die wichtigsten Funktionssysteme der modernen Gesellschaft unterscheiden sich dadurch, daß sie verschiedene Codierungen verwenden. Wenn man vom Eigentumscode (Haben/Nichthaben) ausgeht und mit Transaktionen die Codewerte umverteilt, operiert man in der Wirtschaft. Geht es um wahr/unwahr, ordnet die Kommunikation sich der Wissenschaft zu. Im Falle der Religion kann man eine Codierung nach Transzendenz/Immanenz annehmen. Das Medizinsystem wird nur tätig, wenn jemand als krank und nicht als gesund beschrieben wird. In der Politik liegt die primäre Codierung in der Frage, ob man die den Staatsämtern übertragene Macht ausübt oder ihr unterworfen ist, und eine sekundäre Codierung darin, ob man in Bezug auf die Leitung des Staates an der Regierung oder in der Opposition ist. Wer die als Code benutzten Unterscheidungen nicht unterscheiden kann, könnte unter heutigen Bedingungen nur Konfusion stiften. Das schließt wechselseitige Interferenzen nicht aus; aber selbst dann kann und muß man beobachten können, welches System welche Interdepenzen für eigene Operationen in Anspruch nimmt oder durch sie gestört wird. Der Tod eines Diktators wird medizintechnisch so lange aufgeschoben, bis die Nachfolge geklärt ist.

Offenbar hat die moderne Gesellschaft kein besonderes Funk-

tät) das Schweigen und die Konzentration auf Selbsterkenntnis und eigenes Seelenheil.

tionssystem für Moral ausdifferenziert. Über die Gründe mag man spekulieren. Wahrscheinlich genügt die Ausdifferenzierung des Rechtssystems bereits, um hinreichende Orientierung an normativen Erwartungen und hinreichende Sicherheit in Bezug auf ihre Durchsetzbarkeit zu erzeugen. Jedenfalls ist auf diese Weise vermieden worden, daß die gesellschaftliche Funktion moralischer Codierung nur in einem Spezialsystem und *nirgendwo sonst* relevant wird. Die in allen anderen Fällen typische Kombination von *Universalität* der Problemkompetenz und *Spezifikation* der Systemreferenz gilt hier nicht. Statt dessen findet man in der Moral eine eigentümlich moderne Ausprägung, die den Funktionssystemen nicht gestattet ist. In der Moral gilt *Universalität der Codierung* (auf jede Lebenssituation kann die Unterscheidung von gut und böse angewandt werden) *ohne Kriterienkonsens.* Obwohl es immer um dieselbe Unterscheidung gut/böse geht, gibt es viele Moralen je nachdem, welche Kommunikationscluster sich auf welche Programme verständigen können. In den Funktionssystemen gibt es natürlich auch Dissens (etwa zwischen politischen Parteien oder wissenschaftlichen Theorien oder unterschiedlichen Symptomatologien bei der Beurteilung von Krankheiten). Aber, bedingt durch die Grenzen und durch die Autopoiesis der Funktionssysteme, ist der Trend zur Profilierung der Systeme auf der Ebene ihrer Programme sehr viel stärker ausgeprägt.

Wenn es aber überhaupt eine Mehrheit von binären Codes gibt und wenn die Gesellschaft als ein einheitliches System fungieren, also »polykontextural« operieren soll, muß jedem Code ein unsichtbarer »dritter Wert« hinzugefügt werden, mit dem der Code sich selbst bezeichnet.[13] In anderer Ausdrucksweise: die Gesellschaft muß eine Ebene für transjunktionale Operationen bereithalten, auf der entschieden werden kann, ob ein bestimmter Code, zum Beispiel der von Recht und Unrecht, angewandt oder nicht angewandt werden soll.[14] Das gilt für die Codes der einzelnen Funktionssysteme im Ver-

13 »self-indication« im Sinne von Francisco J. Varela G., A Calculus for Self-Reference, International Journal of General Systems 2 (1975), S. 5-24.

14 Gotthard Günther spricht manchmal von einem Bedarf für eine mehrwertige Logik, manchmal auch von den transjunktionalen (also nicht nur disjunktiven oder konjunktiven) logischen Operationen der Annahme oder Ablehnung spezifischer positiv/negativ-Unterscheidungen. Siehe insb. Cybernetic Ontology and Transjunctional Operations, in: Gotthard Günther, Beiträge zur Grundlegung einer operationsfähigen Dialektik, Bd. 1, Hamburg 1976, S. 249-328.

hältnis zueinander, es gilt aber auch, und aus den gleichen Gründen, für das Verhältnis der Funktionscodes zur Moral so wie umgekehrt für das Verhältnis der Moral zu den Funktionscodes. Es muß also in der Moral einen Einschaltungswert bzw. einen Ausschaltungswert geben, dessen Benutzung darüber entscheidet, ob ein Thema moralisiert werden soll oder besser nicht. Und es muß dazu Programme bzw. Kriterien geben, die Anweisungen darüber enthalten, unter welchen Bedingungen die Einschaltung bzw. die Ausschaltung des Moralcodes sich empfiehlt. Dieser dritte Wert und seine Funktion des Einschaltens bzw. Ausschaltens von Moral scheint der Ethik unbekannt geblieben zu sein. Statt dessen sucht sie nach Prinzipien oder Gründen, die der Moral das Recht geben, die Unterscheidung von gut und böse selbst für gut zu halten.

Aber es muß ihn geben, diesen dritten Wert. Denn anderenfalls würden alle Funktionscodes mit dem Moralcode integriert werden, und das würde es über eine moralische Integration der Gesellschaft ausschließen, daß die Funktionssysteme selbst an Hand ihrer Codes unterschieden werden. Dann aber wäre die Gesellschaft nichts anderes als ein System der Verteilung von Achtung und Mißachtung.

IV.

Der dritte Wert bezieht die Moral auf die Gesellschaft, und wenn die Ethik versagt, muß eben die Soziologie ihn entdecken. Der Soziologie fällt es nicht schwer, zu zeigen, daß die Moral vielerlei Gebrauch von Moral moralisch mißbilligt. Und das gilt vor allem für die Überdetermination der Funktionscodes durch die moralischen Werte.

Es würde Transaktionsmöglichkeiten auf ein Minimum reduzieren, wollte man Eigentümer für moralisch gut und Nichteigentümer für moralisch böse halten; denn wer würde sein Eigentum hergeben, wenn er sich dadurch von gut in böse verwandeln würde. Es mag ja sein, daß Arme eher ins Himmelreich kommen als Reiche; aber die Unterscheidung Eigentum haben/nichthaben ist keineswegs identisch mit der von reich und arm. Auch die bloße Umkehrung würde nicht helfen. Eigentümer wären dann böse und Nichteigentümer gut. Aber auch das würde Transaktionen unterbinden oder zumindest mit dem Risiko des moralischen Ansehensverlustes belasten. Und offenbar läßt dieses Problem sich nicht in der Form von Preisen ausdrükken. Der Moralgewinner müßte den Moralverlierer finanziell entschädigen. Aber selbst wenn dies ökonomisch, also marktförmig zu machen wäre: es würde die Moral ruinieren. Es gibt also strikt moralische Gründe, von einer solchen Synchronisation der Codes abzusehen.

Dasselbe kann man für alle Codes ausführen. Wir erwähnen nur noch die Codes des politischen Systems: amtliche Macht und Regierung/Opposition.[15] Es wäre, um es milde auszudrücken, unfair, wollte man die Regierenden mit einem Moralbonus belohnen – sei es im Verhältnis zu den Adressaten ihrer Entscheidungen, sei es im Verhältnis zur Opposition. Und es wäre »undemokratisch« (wie man sagt), wollte man der Wählerschaft zumuten, in der politischen Wahl die Kandidaten oder gar die sie nominierenden Parteien nach moralisch gut und böse zu sortieren; denn das würde die Wählbarkeit im Prinzip negieren[16] (es sei denn, daß eine hinreichend große Zahl von Wählern den Morallehren des Marquis de Sade folgen). Und wieder: eine solche Synthese von Moral und Macht würde nicht nur die Politik, sondern auch die Moral selbst diskreditieren. Dann ist es schon besser, die Politiker auf gegenseitige Heuchelei zu verpflichten, die es ausschließt, moralisch zu wählen. Und in der Tat scheinen Karriereorientierung und Heuchelei die »Eigenwerte« zu sein, die im politischen Betrieb Rekursivität und damit stabile Identitäten garantieren.

Die Ethik wird sich damit abfinden – oder das Terrain der Moralforschung der Soziologie überlassen müssen.

15 Siehe zum Folgenden auch Niklas Luhmann, Die Ehrlichkeit der Politiker und die höhere Amoralität der Politik, in: Peter Kemper (Hg.), Opfer der Macht: Müssen Politiker ehrlich sein?, Frankfurt 1993, S. 27-41.

16 Vgl. hierzu Talcott Parsons, »McCarthyism« and American Social Tension: A Sociologist's View, Yale Review 1955, S. 226-245. Das Argument von Parsons wird (auch ohne Bezugnahme auf ihn) wohl allgemein geteilt – auch zum Beispiel von Gertrud Nunner-Winkler, Moral in der Politik – Eine Frage des Systems oder der Persönlichkeit, in: Festschrift für Renate Mayntz, Baden-Baden 1994, S. 123-149, die sich aber im Hinblick auf andere Probleme und mit einem stärker normativen Moralbegriff für eine stärkere Gewichtung der Moral in der Politik einsetzt. Nur bleibt auch dann noch die Frage: Was macht man mit denen, die anderer Meinung sind und bleiben? Kann eine Moral es sich leisten, sie zu ignorieren?

V.

Aus der Nichtidentität der Codierungen folgt natürlich nicht, daß Moral in der politischen Kommunikation keine Bedeutung hätte. Die höhere Amoralität der Codierungen muß zwar respektiert werden, wenn man Regression auf ein niedrigeres Funktionsniveau vermeiden will. Und Heuchelei ist dann die Form, in der der Sündenpegel des Systems konstant gehalten und die Wahlchancen verbessert oder verschlechtert werden können. Aber das schließt es nicht aus, anschließend zu fragen, welche besondere Funktion die Bezugnahme auf den Moralcode im politischen System erfüllt.

Wenn man die politische Praxis beobachtet, spricht viel für die Annahme, daß die Moral dazu dient, pathologische Fälle zu bezeichnen.[17] Denn moralische Kommunikation steht einerseits unter dem Verbot der Selbstexemption. Wer moralisch kommuniziert und sich als Autor kenntlich macht, muß akzeptieren, daß seine Kriterien auch auf ihn selbst angewandt werden. Das ist eines der Probleme, das sich bei der Entdeckung und Ausnutzung politischer Skandale ergibt – besonders wenn eine verbreitete Praxis, wie jüngst in Italien, plötzlich als skandalös beschrieben wird.[18] Die moralische Kommunikation wirkt also auf den zurück, der sie riskiert. Außerdem streuen ihre Effekte breit und unter modernen Verhältnissen unkontrollierbar. Denn sie betreffen nicht nur, wie das Recht, bestimmte Verhaltensweisen, sondern die Person als Einheit, und wirken sich dadurch auf nahezu allen Rollen dieser Person aus. (Kann man sie noch einladen? Kann man sich mit ihr öffentlich zeigen?) Die moralische Kommunikation unterläuft mithin die sonst im System gebräuchlichen Unterscheidungen. Aber wozu? Doch wohl nicht, um der Moral in der Form von Skandalen wenigstens einige Triumphe zu gönnen!

17 Diese und die folgenden Überlegungen zur Funktion moralgeladener Kommunikation beziehen sich nur noch auf das politische System. Für andere Funktionssysteme wären ganz andere Analysen angebracht. So mag im Rechtssystem der Hinweis auf Moral eine Begründungshilfe bei der Interpretation von Normen sein, und im Religionssystem mögen moralische Gewißheiten, soweit sie kommunikativ erzeugt werden können, dazu beitragen, die Absichten Gottes zu verdeutlichen.

18 Das Bemerkenswerte der italienischen Praxis ist, daß Personen in Haft genommen und dann erpreßt werden, im Aufdecken von Skandalen mitzuwirken. Im Moment ist noch nicht zu sehen, daß diese Praxis selbst als skandalös betrachtet wird.

Möglicherweise handelt es sich um eine besondere Art des politischen Lernens. Das wäre dann ein Lernen, das weder auf Planung noch auf Prognose beruht, sondern sich durch die Entdeckung von Vergangenheit anregen läßt. Es kann mit Evidenzen arbeiten, nicht nur mit Vermutungen, bei denen sofort die weitere Vermutung aufkommt, daß der Lernvorschlag sich auf Interessen und auf manipulierte Informationen stützt. Und es handelt sich um ein Lernen, das zwar als Lernen funktioniert, aber keine Gewähr dafür bietet, daß das System sich nach dem Lernen in einem besseren Zustand befindet als vor dem Lernen.[19] Es handelt sich in jedem Falle um das genaue Gegenteil von Reformpolitiken, die sich vorstellen, an der Zukunft lernen zu können. Die politische Moral stellt sich, um eine Unterscheidung von Odo Marquard zu verwenden, von Zielstreben auf Defektflüchten um.[20] Diese Theorie des moralischen Lernens könnte ganz gut erklären, weshalb in einer Zeit, in der der Reformoptimismus abnimmt, die Bereitschaft, Skandale zu entdecken, zunimmt.

VI.

Wenn man die Problemstellung auf hohe Abstraktion einstellt, gewinnt man den Eindruck, als ob Ethik und Soziologie funktional äquivalent operieren, also einander wechselseitig ersetzen könnten. Dazu muß man die Paradoxie erkennen, die sich daraus ergibt, daß man einen binären Code, also eine bestimmte Unterscheidung, zugleich als Einheit und als Differenz benutzen will. Das läuft, wie oben notiert, auf prinzipielle Unentscheidbarkeit hinaus. Dann bleibt nur die Frage, wie eine solche Paradoxie wiederaufgelöst, wie sie entfaltet werden kann. Hierzu machen Ethik und Soziologie unterschiedliche Angebote. Die Ethik sucht (sofern sie ihrer Tradition treu

19 Zu diesen Eigentümlichkeiten eines nichtadaptiven (wenngleich so gemeinten) Lernens vgl. James G. March/Johan P. Olsen, The Uncertainty of the Past: Organizational Learning under Ambiguity, European Journal of Political Research 3 (1975), S. 147-171; dt. Übers. in: a. a. O. (1990), S. 373-398. Zu den entsprechenden Problemen einer Reformpolitik, die vor allem lernen muß, schnell genug zu vergessen, woran die bisher unternommenen Reformen gescheitert sind, vgl. Nils Brunsson/Johan P. Olsen, The Reforming Organization, London 1993.

20 So Odo Marquard, Kompensation: Überlegungen zu einer Verlaufsfigur geschichtlicher Prozesse, zit. nach dem Wiederabdruck in: ders., Aesthetica und Anaesthetica: Philosophische Überlegungen, Paderborn 1989, Anm. 11 (S. 150 f.).

bleiben will) gute Gründe dafür, daß es gut sei, die Unterscheidung gut/böse als Form moralischer Kommunikation zu verwenden. Und wenn es schon eo ipso (oder a priori) gut ist, kann es nicht noch darauf ankommen, welche Folgen es hat; zumal wenn es gegenwärtig ganz unsicher ist, wie der Entscheider selbst und die, die ihn beobachten, die Folgen bewerten werden, wenn sie eingetreten sind.

In einer (inzwischen überholten) logischen und linguistischen Terminologie (Russell, Tarski usw.) kann man auch sagen, daß diese Art Ethik ein Mehrebenenproblem verkennt: Sie kommuniziert *innerhalb* einer Unterscheidung so, als ob sie zugleich *über* die Unterscheidung kommunizieren könnte. Sie verkennt zugleich das Gödel-Problem: daß sie mit Aussagen über gut und böse immer zugleich die Kommunikation solcher Kommunikation kommuniziert. Die Konfusion, und damit das Paradox, bleibt in der Kommunikation selbst unentdeckt, weil man nicht gut gegen das Gute kommunizieren kann, für das die Kommunikation sich einsetzt. Sie reagiert also schweigend und gibt dem Problem eine andere, besser kommunizierbare Form. Damit kommen dann die Therapeuten ins Geschäft.

Offensichtlich kann man diesem Problem nicht dadurch ausweichen, daß man soziale Transzendentalien, raffinierte Nutzenkalküle oder immer bessere Werte einbringt. Auch die Logik kann nicht helfen, weil sie selbst vor dem Paradox der operativen Einheit des Unterscheidens passen muß. Eher wird man sich an die Mathematik wenden können, die Zeichen manipuliert, ohne sich um deren »Referenz« oder um »Wahrheitswerte« zu kümmern.[21] Aber das gibt dem Problem eine so generelle Fassung, daß es kein Ausweichen mehr gibt, sondern nur noch eine Konfrontation mit diesem Problem: daß die Grundlage und die Bedingung der Möglichkeit jeder Beobachtung und jeder Beschreibung nicht in einem *Prinzip* zu finden sind, das den Beobachter auf die gute, wahre, schöne oder sonstwie ontologisch ausgezeichnete Seite seiner Unterscheidung bringt, sondern vielmehr in einem *Paradox*, das er auflösen, dem er eine besser brauchbare Unterscheidung substituieren muß, um überhaupt etwas bezeichnen und anderes ausschließen zu können.

Auch die Soziologie hat hier keinen besseren Stand. Aber sie hat vielleicht die besseren Nerven. Sie hat zumindest den Vorteil, die em-

21 Ein inzwischen viel diskutierter Versuch in dieser Richtung ist: George Spencer Brown, Laws of Form (1969), Neudruck New York 1979. Vgl. auch Dirk Baecker (Hg.), Kalkül der Form, Frankfurt 1993.

pirische Plausibilität eines bestimmten Unterscheidungsgebrauchs in einer bestimmten Gesellschaft testen zu können. Das ändert nichts an der Kontingenz aller Unterscheidungen, mit denen Beobachten ermöglicht werden kann. Aber damit findet sie sich in der guten Gesellschaft der Schöpfungstheologie, die ja immer schon von der supramodalen Notwendigkeit der Kontingenz gesprochen hatte.

Die Soziologie könnte der Moral reflektierenden Ethik ein Übernahmeangebot machen und alles andere den Moralisten überlassen. Aber man kann zweifeln, ob sie damit gut beraten wäre in einer Gesellschaft, die so viel Hoffnungen auf Ethik setzt.

Daß eine solche Rhetorik der Moral für Individuen nicht besonders attraktiv ist, kann man gut verstehen. Man kann sich nur darüber wundern, daß Politiker anscheinend davon ausgehen, daß sich Wähler durch diese Rhetorik beeindrucken lassen – und nicht nur durch die Skandale selbst. Im Zuge einer immer stärkeren Individualisierung von Selbsterfahrung und Fremderfahrung ist es geläufig geworden, daß Kommunikation einer eigenen Ordnung folgt und sich kaum dazu eignet, wirkliches Denken und Fühlen von Individuen zum Ausdruck zu bringen. (Das ist vielmehr eher dann der Fall, wenn die Kommunikation als Kommunikation entgleist.) Für Kommunikation ist fehlende Aufrichtigkeit und Authentizität und, wenn man so sagen darf, doppeltes Spiel zur normalen Erfahrung geworden. Diderots Paradoxe sur le Comédien beschreibt eine inzwischen alltägliche Situation.[22] Auch wenn der einzelne sich selbst als Beobachter beobachtet, würde er kaum annehmen, daß er als Inkarnation moralischer Regeln in die Welt blickt; wie immer er dann doch bereit sein mag, seinen Lebensgenuß durch Moral einzuschränken. Und erst recht wird er Wertbekenntnisse anderer als das nehmen, was sie sind: als Kommunikation.

Gerade deshalb ist die Authentizität und das Bewußtsein der Einzigartigkeit der Selbsterfahrung in der modernen Gesellschaft stärker entwickelt, als man aus der öffentlichen Kommunikation ablesen kann. Es gibt literarische Prototypen dafür. Zu den bekanntesten[23] zählt wohl der erste eindeutige Fall, Rousseaus Confessions. Hier

22 Im übrigen hatte schon Thomas Hobbes dies im Begriff der »Person« festgehalten. Siehe Leviathan ch. XVI: »So that a Person, is the same that an Actor is, both on the Stage and in common Conversation.«

23 So Jean-Jacques Rousseau, Confessions, zit. nach Œuvres complètes (Éd. de la Pléiade), Bd. 1, Paris 1959, S. 5.

liest man ebenso provokativ wie programmatisch am Anfang: »Si je ne vaux pas mieux, au moins je suis autre.« Und das war gesagt in der Absicht authentisch-aufrichtiger Kommunikation, die sich nicht mehr auf Prominenz oder Vernunft oder Moral stützen will, sondern nur noch auf Individualität. Vielleicht zwingen die Geschäfte und die Pflichten der Repräsentation Politiker dazu, genau umgekehrt zu taktieren und den Eindruck zu erwecken, nicht anders zu sein als die anderen, aber besser. Aber dann darf es nicht erstaunen, wenn die politische Kommunikation nur noch als das genommen wird, was sie ist: als Reden.

Das muß nicht auf »Politikverdrossenheit« hinauslaufen, wenn nicht weitere Enttäuschungen mit Politik hinzukommen. Aber man kann vermuten, daß die Distanz des Wählers zur Politik und ein Nicht-mehr-Hinhören zunehmen werden. Man sieht es ja ohnehin, durch Bilder abgelenkt, im Fernsehen. Und das mag die Folge haben, daß Wählerentscheidungen mehr als bisher den letzten Ereignissen und den Eingebungen des Augenblicks folgen werden.

VII.

Von den universalistischen binären Codes der Funktionssysteme unterscheidet sich der Moralcode dadurch, daß er nicht auf ein spezifisches System verweist, das allein unter diesem Code operiert und die eigenen Operationen daran erkennt. Die für die moderne Gesellschaft typische Kombination von Universalismus und Spezifikation versagt. Es ist aber diese Kombination, die es ermöglicht, eine Mehrheit von universalistischen Orientierungen zu institutionalisieren, ohne dies mit einer religiösen Abschlußformel zu legitimieren. Die Moral dagegen vertritt einen Universalismus ohne Spezifikation. Sie kann natürlich auf eigene regulative Kriterien verweisen, aber das ersetzt nicht die Einschränkung, die andere Codierungen an der für sie spezifischen Systemreferenz finden. So ist also zu fragen, wie die Moral als Universalismus ohne Spezifikation zurechtkommt.

Man hat den Eindruck, daß Moralen unter diesen Bedingungen auf universelle Geltungsansprüche verzichten – nicht notwendig in ihrer Ethik, mit der sie nach wie vor Universalität proklamieren, wohl aber in ihrer kommunikativen Praxis. Denn praktisch gehen Moralisten davon aus, daß sie es mit Gegnern zu tun haben, die nicht überzeugt werden können. Die Moral nimmt damit kämpferische Züge an. Sie entflammt sich geradezu am Konflikt und begründet ihren Standpunkt mit Hilfe der Ablehnung einer anderen Einstellung, die sie in der Gesellschaft vorfindet. In genau diesem Sinne wird sie, um auf einen um 1700 üblichen Sprachgebrauch zurückzugreifen, *enthusiastisch*,[24] wenn nicht *fanatisch*. Der Gegenbegriff zu Enthusiasmus wäre, und auch dies mit Schwerpunkt im 18. Jahrhundert, *Ironie*.[25]

Beispiele für enthusiastische Moral findet man in den neuen sozialen Bewegungen, die sich in der Form von Protesten äußern, aber auch im Bereich der religiösen oder ethnischen Fundamentalismen. Das Einigungsmotiv scheint hier das gemeinsame »Gegenetwas« zu sein, oft gegen die Auswirkungen des weltweiten Universalismus der Funktionssysteme. Bezeichnend ist ferner, daß auf die Selbstbeschreibung der Gegner keine Rücksicht genommen wird; daß man also von einer Beobachtung zweiter Ordnung auf eine Beobachtung erster Ordnung zurückschaltet. Und schließlich: daß man sich nicht mit Kritik begnügt, sondern sich aktiv, oft unter Einsatz von Leib und Leben, für die eigene Sache engagiert. All das vermittelt den Eindruck, daß die moderne Kombination von Universalismus und Spezifikation ersetzt wird durch eine Kombination von Universalismus und Partikularismus. In der Theorie der Parsons'schen pattern variables wäre das eine paradoxe Kombination, weil sie die Extremwerte derselben Dimension zugleich zu realisieren sucht. In der distanzierten Beobachtung zweiter Ordnung erscheinen solche Positionen daher als unglaubwürdig; zumindest werden sie als Eigentümlichkeiten bestimmter Beobachter angesehen und auf diese zugerechnet. Das diskreditiert ihre Universalitätsansprüche und kann sehr leicht dazu führen, daß der berechtigte Kern solcher Proteste nicht mehr wahr-

24 Zur Begriffsgeschichte siehe Susie J. Tucker, Enthusiasm: A Study in Semantic Change, Cambridge 1972. Für das 18. Jahrhundert war im übrigen eine Doppelwertung kennzeichnend: im religiösen Kontext negativ und im Kontext der Dichtung positiv. Das mag mit dazu beigetragen haben, daß der Begriff des Enthusiasmus wertungsmäßig ambivalent überliefert wird. Man begrüßt Enthusiasten, soweit man glaubt, ihre Motivation, die umsonst zu haben ist, nutzen zu können. Aber man befürchtet zugleich, daß sie, wie man sagen könnte, unzivil vorgehen und vermeidbaren Streit auslösen könnten.

25 Begriffsgeschichtlich Norman Knox, The Word Irony and its Context, 1500-1755, Durham/N. C. 1961. Ein Hinweis auf die Aufnahme des Begriffs in der Romantik erübrigt sich wohl.

genommen wird. Es geht dann nur noch um Versuche bestimmter Gruppen, angesichts der offenen Kontingenzen der modernen Welt ihre Identität zu retten. Aber darauf kann man dann nur antworten: was schert es mich, daß du Probleme mit dir selber hast!

Es scheint somit, daß es für eine derart enthusiastische Moral zwar soziologische Beschreibungen, aber keine Ethik mehr geben kann – es sei denn eine ironische Ethik, an die man sich erst noch gewöhnen müßte.

VIII.

Eine abschließende Überlegung soll der Frage gelten, welchen praktischen Nutzen eine nichtmoralisierende Ethik haben könnte, die die Probleme und die Risiken des Moralisierens kennt und berücksichtigt.

Aus den bisherigen Analysen ergeben sich keine diskreten Rückschlüsse auf Inhalte einer für heutige Verhältnisse adäquaten Ethik. Weder führt die logische Analyse der Unentscheidbarkeit von Wertkonflikten zu ethischen Regeln, obwohl sie zu der Einsicht führt, daß *eben deshalb* Entscheidungen erforderlich sind. Noch können die soziologischen Einsichten über die Funktion von Heuchelei und die Inkompatibilität der binären Codierungen direkt in ein ethisches Programm umgewandelt werden. Man sieht zwar, daß eine Ethik, wenn sie denn eine Reflexionstheorie moralischer Kommunikation sein will, heute andere Probleme zu lösen hat als zu Lebzeiten des »Subjekts«. Man sieht aber nicht, welche Formen der Entfaltung der Unterscheidungsparadoxie der Moral als Ethik angeboten werden könnten. Weiterhin fehlt sogar der Sinn für die Eigenart dieses Problems.

Einstweilen bleibt daher nur die Möglichkeit, sich genauer anzusehen, was denn im Alltag des politischen Sprachgebrauchs von »Ethik« erwartet wird. Achtet man darauf, aus welchen Anlässen und wozu Ethik-Kommissionen eingesetzt werden, dann liegt die Antwort auf der Hand: zur unverbindlichen (auch politisch unverbindlichen) Vorbereitung rechtlicher Regulierungen.[26] Es werden Probleme erörtert und Lösungen gesucht. Mit den unter der Bezeichnung »Ethik« lau-

26 Siehe als ein Beispiel für viele Claire Neirinck (Hg.), De la bioéthique au bio-droit, Paris 1994.

fenden philosophischen Traditionen hat das wenig zu tun. Man hat noch nie gehört, daß in solchen Kommissionen oder »Diskursen« Kantianer mit materialen Werteethikern oder Regelutilitaristen gestritten hätten. Man nutzt nur die überlieferte Unterscheidung von Moral bzw. Ethik und Recht, um zu signalisieren, daß keine rechtlich verbindlichen Entscheidungen zu erwarten sind. Man steht nicht unter Einigungszwang und auch nicht unter der Notwendigkeit, Machtverhältnissen Rechnung zu tragen. Es geht um einen Austausch von Argumenten, um Verständigungen, in denen von niemandem erwartet wird, daß er seine Überzeugungen auf dem Altar der Moral opfert. Oft sind Probleme der Ungewißheit und des Risikos so dominierend, daß ohnehin nur »positive«, das heißt vorläufige Regulierungen vorgeschlagen werden können. Bedingung der Interaktion ist dabei, daß die Beteiligten davon absehen, wechselseitig Achtung oder Mißachtung aufs Spiel zu setzen.

Wenn »Ethik« so verstanden wird, dann kann sie als eine Parallelaktion zu den Kontingenzen und Unwägbarkeiten, den Karrierespielen und den Zustimmungskalkülen der Parteiendemokratie begriffen werden, als ein zweiter Weg der Problembearbeitung, der Reduktion von Ungewißheit, der Konsenssuche. Der achtungsgebietende Begriff der Ethik hat dann die Funktion, Distanz zu legimitieren und zugleich den Anschein zu pflegen, als ob es nicht um Interessen ginge. So verstanden gehört Ethik mit zur höheren Amoralität einer demokratischen politischen Kultur.

6. Wirtschaftsethik – als Ethik?

Ich muß es gleich am Anfang sagen: es ist mir nicht gelungen, herauszubekommen, worüber ich eigentlich reden soll. Die Sache hat einen Namen: Wirtschaftsethik. Und ein Geheimnis, nämlich ihre Regeln. Aber meine Vermutung ist, daß sie zu der Sorte von Erscheinungen gehört wie auch die Staatsräson oder die englische Küche, die in der Form eines Geheimnisses auftreten, weil sie geheimhalten müssen, daß sie gar nicht existieren.

Dieser Vermutung folgend setze ich meine Analysen auf der Ebene eines Beobachters zweiter Ordnung an. Das heißt: ich beobachte und beschreibe Kommunikationen, die implizit voraussetzen oder auch explizit betonen, daß es eine Wirtschaftsethik gibt, nach der man sich richten sollte. Offensichtlich dient die Form einer Norm dazu, das Geheimnis zu bestätigen und dabei zu verbergen, daß es eines ist, nämlich das Geheimnis selbst geheimzuhalten. Denn diese Form erlaubt den Rückzug auf eine Position, die dann sagt, daß es diese Ethik, wenn es sie etwa nicht gibt, wenigstens geben sollte. Und dafür kann man dann in der Tat gute Gründe angeben.

Aber einem nur an Tatsachen interessierten Soziologen erscheint dies eher als eine spezifische Art von Krankheit. Man könnte sie nach einer Diagnose von Ottmar Ballweg[1] »Appellitis« nennen. Sie ist im Prinzip harmlos, keinesfalls lebensgefährlich; aber für den, der davon befallen ist, zeitweise doch recht schmerzhaft. Man sieht das an eigentümlichen Zuckungen und an der Heftigkeit und Insistenz, mit denen der Kranke agiert und andere anzustecken versucht.

I.

Eine erste Überlegung gilt nun den Tatsachen des historischen Wortgebrauchs. Als Ethik bezeichnet man seit dem auslaufenden 18. Jahrhundert eine akademische Disziplin, die sich mit der Begründung moralischer Urteile befaßt und sich zugleich praktisch für ein ent-

1 Siehe: Jahrbuch für Rechtssoziologie und Rechtstheorie, Bd. 2 (1972), S. 581, dort als Appellantentum bezeichnet. Ballweg konnte damals nur kleinere Anfälle beobachten. Inzwischen ist die Krankheit so allgemein verbreitet, daß sie unter der Bezeichnung »Ethik« für Gesundheit gehalten wird.

sprechend begründbares Verhalten einsetzt. Vorausgegangen war eine zweitausendjährige Tradition, die unter Ethik die Lehre vom éthos verstand und unter éthos die Perfektionsform des natürlichen Lebens – im Mittelalter dann noch eingeschränkt als natürliche Perfektion der selbstbestimmten Lebensführung im Unterschied von Bedingungen, die vom sozialen Kontext des Hauses (Ökonomik) oder der Zivilgesellschaft (Politik) vorgegeben sind. Daß diese Konzeption aufgegeben werden mußte, hängt sicher mit dem strukturellen Übergang zur modernen Gesellschaft zusammen und muß, trotz aller gegenwärtigen Versuche einer Flucht in diese Vergangenheit,[2] als irreversibel gelten. Denn daß die akademische Ethik ihrerseits an wohlbekannte Schwierigkeiten geraten ist, rechtfertigt es noch nicht, auf noch ältere Konzeptionen zurückzugreifen.

Diese Schwierigkeiten lassen sich an Hand von drei Beispielen – und es dürften die wichtigsten sein – kurz in Erinnerung rufen.

Die erste betrifft die deduktive Unergiebigkeit des kantischen Sittengesetzes. Es führt nicht zu konkreten Handlungsanweisungen. Das haben sowohl Juristen als auch Pädagogen als auch Kunstkritiker (Hugo, Feuerbach, Herbart, A.W. Schlegel) sehr rasch bemerkt und sich statt dessen um eine eher institutionelle und professionelle Absicherung ihres Handlungsbereichs bemüht. Um 1800 war in dieser Hinsicht Einverständnis erreicht.[3]

Die zweite Schwierigkeit betrifft die Erfahrung, daß eine materiale Wertethik, wie sie teils von Neukantianern, vor allem aber von Max Scheler empfohlen wurde, keine Vorsorge für die Regelung von Wertkonflikten enthält. Noch niemandem ist es gelungen, diese vielen unbestreitbaren Werte bzw. Unwerte zuverlässig zu verkabeln – und auch dafür noch Konsens zu finden. Die Werte schließen jeweils nur ihren Gegenwert aus – mit offenen Flanken. Und das heißt, daß die Werte zwar konsensfähige Gesichtspunkte bzw. gesamtgesellschaftliche Einschätzungen markieren, daß aber alle Entscheidungen immer in den Funktionssystemen und ihren Organisationen bzw. pri-

2 Siehe nur Alasdaire MacIntyre, Der Verlust der Tugend, dt. Übers. Frankfurt 1987, oder, stärker elitär, Leo Strauss, The Rebirth of Classical Political Rationalism, Chicago 1989.

3 Daß die Absonderung eines besonderen Begriffs der »Praxis« diesen Schlag abzumildern versuchte, sei zugestanden. Ich nehme aber nicht an, daß mit Wirtschaftsethik heute eine sich in der bloßen Tatsache des Handelns selbst vollendende Praxis gemeint sein kann.

vat getroffen werden müssen und hier nur durch das entscheidende System bestimmt sind. Bei wirtschaftlichen Entscheidungen also durch die Wirtschaft selbst, durch das Unternehmen oder durch den Privathaushalt, der mit knappem Einkommen rechnen muß.

Die dritte Ethik, die des Utilitarismus, hat ihr Problem in der sozialen Aggregation individueller Präferenzen. Das ist mindestens seit Arrow bekannt.[4] Dem pflegt man zwar durch Hinweis auf den Wittgensteinschen Regelbegriff auszuweichen, der zeigt, daß man von Regeln nur sprechen kann, wenn die Regel in mehr als einem Falle angewandt wird. Dessen Tücke liegt dann aber darin, daß er ein Sprachspiel voraussetzt und nicht anzugeben vermag, welches Sprachspiel im Einzelfall zu spielen ist.

Das sind entmutigende Perspektiven, von denen sich die Ethik-Diskussion bis heute nicht befreien konnte. Sie tragen jedoch dem für die Soziologie wichtigsten Einwand noch gar nicht Rechnung, nämlich der Einsicht, daß schlecht gemeintes Handeln wohltätige Folgen haben kann, während umgekehrt gut gemeintes Handeln oft in den Folgen mißlingt. Daraufhin proklamiert man den Übergang von einer Gesinnungsethik zu einer Verantwortungsethik, die jedoch daran scheitert, daß man die Zukunft nicht kennen kann. So verlagert sich die Diskussion heute auf eine Risikoethik, die aber ihrerseits keine Regeln für die ethisch zu empfehlende, »richtige« Risikobereitschaft entwickelt hat, sondern auf die inzwischen hochpolitisierte Diskrepanz zwischen den Perspektiven der Entscheider und der Betroffenen aufläuft. Daraufhin hat man kurze Zeit auf Verfahren der gemeinsamen Beratung, auf »Prozeduralisierung«, auf Partizipation gesetzt – nur mit dem Resultat, daß inzwischen auch diese Hoffnung ruiniert ist.[5]

Ob man in diesem akademischen Trümmerhaufen noch reparable Objekte finden kann, mag man bezweifeln. Die Kenner halten sich auffallend zurück.[6] Worauf immer Ethik sich beziehen soll: auf die Perfektionsform menschlicher Lebensführung oder auf als gut begründbare Regeln: sie kann nicht länger einseitig am Guten orientiert sein. Die Frage ist vielmehr, ob und unter welchen Umständen es sinnvoll oder gar geboten sein könnte, sich an der *Unterscheidung*

4 Siehe Kenneth J. Arrow, Social Choice and Individual Values, New York 1951.

5 Vgl. hierzu Niklas Luhmann, Soziologie des Risikos, Berlin 1991.

6 Siehe etwa Wolfgang Kluxen, Moralische Aspekte der Energie- und Umweltfrage, Handbuch der christlichen Ethik, Bd. 3, Freiburg 1982, S. 379-424.

von gut und schlecht bzw. gut und böse zu orientieren. Es könnte ja sein, daß die Wahl dieses Beobachtungs- und Beurteilungs*schemas* so gravierende Konsequenzen hat, daß die Ethik eher zur Vorsicht raten müßte.[7] Wenn überhaupt eine reductio ad unum in Betracht kommt, wenn also überhaupt der Code der Moral noch als Einheit behandelt werden kann, dann nicht als »das Gute«, sondern als die Paradoxie, auf die man stößt, wenn man nicht entscheiden kann, ob die Unterscheidung von gut und schlecht ihrerseits gut ist oder schlecht.[8]

Vielleicht steckt dieses Problem hinter den ganz offenkundigen Artikulationsschwierigkeiten der Branche Ethik. Zumindest eine Forderung drängt sich zwingend auf: Bei allen Diskussionen über Ethik im allgemeinen und über Wirtschaftsethik im besonderen sollten die Protagonisten sich gehalten fühlen, genau zu sagen, was sie meinen und welche Regeln sie unter der Bezeichnung Ethik für moralisch begründbar halten. Diese Forderung ist ihrerseits kein (in diesem Falle wäre das ein paradoxes) ethisches Gebot, sondern schlicht eine Frage des Interesses an der weiteren Beteiligung an solchen Diskussionen. Ich suche schon die Wagenschlüssel in meiner Tasche.

II.

Aber als Beobachter zweiter Ordnung hat man Interesse an Milieus, an Seltsamkeiten, an Versuchen, herauszubekommen, warum andere nicht sehen, daß sie nicht sehen, was sie nicht sehen.

Bei einem erneuten Durchgang durch das Thema empfiehlt sich eine andere Problemstellung, nämlich die Frage, wieso Ethik und in ähnlicher Weise auch Kultur heute in aller Munde ist. Wieso sich Wertpapierfonds Ethikfonds nennen, um zu suggerieren, daß man hier gutes Geld mit gutem Gewissen verdienen könne; und weshalb

7 Das entspricht der Verlagerung logischer Problemstellungen (vor allem auch solcher der Du-Subjektivität) auf die Ebene transjunktionaler Operatoren, wie man sie bei Gotthard Günther findet. Siehe z. B. Cybernetic Ontology and Transjunctional Operations, in: ders., Beiträge zur Grundlegung einer operationsfähigen Dialektik, Bd. 1, Hamburg 1976, S. 249-328. Hier geht es dann nur noch um die Frage, ob positiv/negativ-Unterscheidungen eines Beobachters erster Ordnung akzeptiert oder rejiziert werden.

8 Für die Ethik im üblichen Sinn ist das keine Frage, für sie versteht es sich von selbst, daß es gut ist, zwischen gut und schlecht zu unterscheiden.

überhaupt die Wirtschaftsführung nicht nur auf Börsennotierungen, Profite und Marktanteile blickt, sondern darüber hinaus auch das Bedürfnis hat und ihm nachgibt, sich verbal mit der öffentlichen Meinung zu arrangieren.

Solche Ethikwellen stellen seit der Einführung des Buchdrucks jeweils am Ende eines Jahrhunderts ein – so als ob dann die Zeit sei, in einer Art prophetischem Rückblick mit den Tendenzen des Jahrhunderts abzurechnen.[9] Ein Moralisieren liegt ja besonders dann nahe, wenn Situationen, für die andere verantwortlich sind, als pathologisch empfunden werden. Man mag hier an die letzte Blüte von Adelstheorien in der zweiten Hälfte des 16. Jahrhunderts denken, die aber weder mit dem Tridentinum, noch mit der Zentrierung aller Entscheidungssouveränität im modernen Staat zurechtkam; oder an die am Ende des 17. Jahrhunderts aufkommende Diskrepanz zwischen öffentlich und privat, Darstellung und Aufrichtigkeit, Staatsaffairen und der »liberty of the club« (Shaftesbury); oder an den am Ende des 18. Jahrhunderts sichtbaren, mit der Französischen Revolution besiegelten Zusammenbruch der Adelsgesellschaft; oder an die Fragen, die man am Ende des 19. Jahrhunderts an die notwendigen Beschränkungen des wirtschaftlichen Gewinnstrebens bzw. des politischen Imperialismus zu stellen hatte. Und wer wollte bestreiten, daß die Situation heute, mit anderen Themen zwar, recht ähnlich ist. Und da es keine in die Zukunft blickende Prophetie geben kann, das werden mir Theologen bestätigen, kommt es eben zu einer Rückschau auf die Versündigungen des Jahrhunderts.

An Themen des Nachdenkens fehlt es auch heute nicht. Die ökologischen Konsequenzen der technischen Ausstattung der modernen Gesellschaft sind in aller Munde. Ebenso die hohen Risiken moderner Technologien und die Probleme ihres »containment«. Ferner die nicht abnehmenden, sondern zunehmenden Diskrepanzen zwischen Industrieländern und peripheren Ländern der modernen Gesellschaft. Auch die Unfähigkeit der Staatenwelt, die Kriegsgefahr wirksam zu bannen, und die Unfähigkeit der Wirtschaft, ihre Überproduktion, vor allem in der Landwirtschaft, dorthin zu schaffen, wo Hunderttausende an Hunger sterben oder auch nur: anlagebereites Geld zur Investition zu bringen. Und nicht zuletzt: der Zusammenbruch des

9 Siehe dazu Niklas Luhmann, Paradigm lost: Über die ethische Reflexion der Moral, Frankfurt 1990 (in diesem Band S. 253-269).

sozialethischen Riesenexperiments dieses Jahrhunderts, des Sozialismus, und die eher dürftige Erklärung, dies liege an der Überlegenheit der Marktwirtschaft. Aber wenn dies die Themen sind: wo ist die Ethik, die darauf antworten könnte? Oder wird etwa Ethik gerade deshalb als Medizin verschrieben, weil sie zwar nicht heilt, aber den Juckreiz der Probleme verringert?

Was nun speziell die Wirtschaft betrifft, so darf zunächst daran erinnert werden, daß bereits Adam Smith mit dem Versuch gescheitert war, die Wirtschaft als Anwendungsfall seiner Theorie der moralischen Sympathie zu behandeln. Nachträglich sah er denn auch ein, daß es wohl besser sei, dem Schuster einen angemessenen Preis zu bieten als sich auf dessen moralische Gefühle zu verlassen. Ein gewisses Unbehagen bleibt – vor allem, weil es der Wirtschaftstheorie anscheinend genügt, Akteure, Handlungen, Objekte, Interaktionen und deren Voraussetzungen in quantitativen terms, bezogen auf Eigentum, zu beschreiben – als Kapital, Kreditmargen, Preise usw. Und daß es, was besonders Marx enerviert hatte, ausreiche und sogar rational sei, Materialkosten, Geldkosten und Arbeitskosten schlicht zu bilanzieren, um zu sehen, ob und wie ein Unternehmen unter gegebenen Marktbedingungen rentabel geführt werden könne. Aber wie, um Himmels willen, soll man dies nun mit Ethik korrigieren? Durch Einfügung eines Sonderkontos Ethik in die Bilanz?

Ein anderes Beispiel könnte man dem Organisationsbereich der Wirtschaft entnehmen. Es ist klar, daß hier jede Hierarchie zirkulär kurzgeschlossen wird. Das hebt die alte Form von Herrschaft auf, die nach Hegel darauf beruhte, daß nur der Knecht, nicht aber der Herr, beobachten mußte, wie er beobachtet wurde. Diese Herren, die nur als Beobachter erster Ordnung fungierten, es also nur mit Objekten zu tun hatten, gibt es heute nicht mehr, oder wenn, dann nur als Anomalien, als Anachronismen. Die modernen Führungslehren betonen, daß auch und gerade die Chefs lernen müssen, zu beobachten, wie sie beobachtet werden.[10] Aber die Hierarchie der Posi-

10 Siehe etwa Heinz von Foerster, Principles of Self-Organization in a Socio-Managerial Context, in: Hans Ulrich/Gilbert J. B. Probst (Hg.), Self-Organization and Management of Social Systems: Insights, Promises, Doubts, and Questions, Berlin 1984, S. 2-24, oder aus der Sicht eines Unternehmensberaters Rudolf Wimmer, Die Steuerung komplexer Organisationen: Ein Reformulierungsversuch der Führungsproblematik aus systemischer Sicht, in: Karl Sandner (Hg.), Politische Prozesse in Unternehmen, Berlin 1989, S. 131-156. Auf Grund älterer Vorlagen (siehe

tionen und Verantwortungen bleibt; und sie wird vermutlich in Organisationen, in denen risikoreiche Entscheidungen anfallen, eher noch zunehmen.[11] Nicht ohne gute Gründe kann man vermuten, daß Organisationen im Vollzug einer solchen Beobachtung des Beobachtens und des Beobachtetwerdens noch konservativer werden, als sie es ohnehin schon sind, und dann Risikoprobleme mit einer Art konspirativem »illusion of control« angehen werden.

Logisch informierte Theorien sagen hierzu, daß es bei derart zirkularisierten, verwickelten Hierarchien zur »Gödelisierung« kommt, das heißt: zum Griff nach externen Referenzen. Das könnte die Faszination durch Ethik erklären. »Supertangling creates a new inviolate level«, liest man in einem nicht zufällig zum Bestseller avancierten Buch.[12] In der Rechtstheorie genießt Ronald Dworkin hohes Ansehen, weil er meint, das Rechtssystem komme mit Regeln nicht aus, es müsse sich auch nach Prinzipien richten – und damit sind gemeint: moralische Prinzipien mit unmittelbarer Rechtsgeltung.[13] Das heißt aber: ein »jumping out of the system«[14] kommt nicht in Frage, und es ist deshalb auch weniger wichtig, ob es solche »inviolate levels« tatsächlich gibt. Es genügt, daß man sich systemintern auf sie beziehen kann – so wie in der Logik heute alles, was nicht be-

nur Tom Burns, Micropolitics: Mechanisms of Institutional Change, in: Administrative Science Quarterly 6 (1961), S. 257-281, anhand von Untersuchungen in der britischen Elektronik-Industrie mit turbulenten Marktlagen) spricht man heute vermehrt von »mikropolitischen« Ansätzen in der Organisationsforschung. Siehe nur Günther Ortmann et al., Computer und Macht in Organisationen: Mikropolitische Analysen, Opladen 1990, mit speziellem Interesse an Risikofragen.

11 Siehe den Forschungsüberblick bei James G. March/Zur Shapira, Managerial Perspectives on Risk and Risk Taking, Management Science 33 (1987), S. 1404-1418. Zur Zeit ist allerdings die Forschung noch zu sehr auf Einstellungen individueller Manager zu Risiken und nicht hinreichend auf organisationsinterne Erwartungsstrukturen bezogen.

12 Siehe Douglas R. Hofstadter, Gödel, Escher, Bach: An Eternal Golden Braid, Hassocks/Sussex UK, 1979, S. 688; dt. Übers.: 11. Auflage, Stuttgart 1988.

13 Siehe Ronald Dworkin, Taking Rights Seriously, Cambridge/Mass. 1978; dt. Übers.: Frankfurt 1984; ders., A Matter of Principle, Cambridge/Mass. 1985; Law's Empire, Cambridge/Mass. 1986. Daß dies eher amerikanischem als englischem Rechtsdenken entspricht, also durchaus nicht als typisch fürs common law genommen werden darf, zeigen Patrick S. Atiyah/Robert S. Summers, Form and Substance in Anglo-American Law: A Comparative Study of Legal Reasoning, Legal Theory, and Legal Institutions, Oxford 1987.

14 A. a. O.

weisbar ist, als Axiom geführt werden kann, auch dann, wenn es sich nicht an eigener Evidenz legitimiert. Es wird nur für die Fortsetzung der Operationen benötigt.

Also fahren Manager zu Tagungen und Fortbildungskursen, lassen sich über Kultur und Ethik oder »ganzheitliches Denken« belehren, üben sich in Meditation oder in seltsamsten Arten des survival training. Ein wachsender Dienstleistungsmarkt scheint sich hier zu entwickeln, und Ethik mittenmang. Weil es funktional ist, funktioniert es auch. Ob sich irgend etwas davon auf Entscheidungen auswirkt, ist eine offene Frage.[15] Erst recht mag man sich fragen, ob bei Entwürfen einer Ethik für »die Wirtschaft« auch und in gleichen Anteilen an Pförtner und Aktionäre, Arbeiter, Gewerkschaftler und Konsumenten gedacht ist, also direkt oder indirekt an jede wirtschaftliche, an Zahlungen gebundene Transaktion. Oder geht es nur um Empfehlungen für die Selbstdarstellung der Manager?

Aber selbst wenn auf diese Weise und in etwas anderer Phrasierung nur das entstünde, was Jean Paul den »echten *Schein* der *Tugend*« genannt hatte,[16] könnte darin ein Fortschritt liegen – und auch Jean Paul sah es so: ein Fortschritt gegenüber dem unzivilisierten Betragen einer älteren Zeit.

III.

Freilich läßt diese eher wissenssoziologische Analyse alle ernsthaften Theoriefragen offen. Die Frage bleibt, ob Ethik diejenige Theorieform ist, mit der man angemessen auf die Lage der Gesellschaft am Ende dieses Jahrhunderts reagieren kann. In den guten Absichten der Ethik-fans könnten sich schlimme Folgen verbergen, nämlich eine Ablenkung von allen ernsthaften Versuchen, die moderne Gesellschaft und in ihr das Funktionssystem Wirtschaft zu begreifen.

Man sollte sich nicht zu sehr darauf verlassen, daß diese Aufgabe bei den so erfolgreichen Wirtschaftswissenschaften in den besten Händen ist. Aus der Distanz soziologischer Theorie fragt man sich vielmehr, ob es nicht eine realitätsnähere Beschreibung der Wirt-

15 Aus vielen skeptischen Stimmen siehe nur Uwe Doll, Seelen-Balsam für Manager, Innovatio 7 (1991), S. 26-28.

16 Hesperus, zit. nach Werke (hg. von Norbert Miller), Bd. 1, München 1960, S. 471-1236 (803).

schaft geben könnte als die der gegenwärtig vorherrschenden mathematischen Darstellung hochaggregierter Daten. Und wenn es sie geben könnte: Läge dann nicht eine Lösung für die Orientierungskrisen der Wirtschaft eher in der Orientierung der Wirtschaft an der Wirtschaft selbst als in der Orientierung an Ethik?

Daß die von außen ansetzende Organisationsberatung heute kaum noch in den Händen der Betriebswirtschaftswissenschaft ist (was diese kann, können die Firmen selber), gibt zu denken. Offensichtlich gibt es – trotz einer bemerkenswerten, das Paradox streifenden Klassik in dieser Frage[17] – keine ausreichende Behandlung der Probleme des Beobachtens des Beobachtens. Makroökonomisch wird dies Problem mit Hilfe von Preisen gelöst.[18] Daß *dies* Problem *so* gelöst wird, hat weitreichende Folgen. Organisationsintern besagt dies jedoch wenig; denn wie man seit langem weiß, ermöglicht der Markt keine direkten Rückschlüsse auf richtige Organisation. Man darf sich daher auch nicht wundern, daß Firmen, die im Technologiebereich innovativ gestimmt sind, in Organisationsfragen zur Konservierung der vorhandenen Strukturen neigen.[19] Es wird über »Führungsstile« diskutiert; aber uns verrät schon die Verwendung des Stilbegriffs, daß es an theoretischer Durchdringung des Themas fehlt.

Ähnliche Schwierigkeiten deckt man auf, wenn man die Frage stellt, was es an Wissen gibt, um den *richtigen Zeitpunkt* für Entscheidungen ausfindig zu machen. Auch dies ein klassisches, früher unter »prudentia« abgehandeltes Thema. Es stellt sich heute verschärft in einer Gesellschaft, in der man ohne viel Übertreibung behaupten kann, daß alles, was zweckmäßig ist, nur im Moment zweckmäßig ist. In der Zentralbankpolitik mag man solche Strukturen erkennen. Versuche zur Steuerung der Wirtschaft müssen offenbar mit labileren Bedingungen und rasch widerrufbaren Entscheidungen arbeiten und mit Situationen, in denen schon die Mitteilung von Einschätzungen und Absichten Effekte hat im Sinne einer sich selbst erfüllenden oder untergrabenden Prognose. Prognosen haben unter diesen Umständen

17 Zu denken ist vor allem an Oskar Morgenstern, Vollkommene Voraussicht und wirtschaftliches Gleichgewicht, Zeitschrift für Nationalökonomie 6 (1935), S. 337-357.

18 Siehe dazu Dirk Baecker, Information und Risiko in der Marktwirtschaft, Frankfurt 1988, insb. S. 199 ff.

19 Siehe für den Fall der Anschaffung von Datenverarbeitungssystemen Ortmann et al., a. a. O. (1990).

nur den Sinn, die Gesichtspunkte zu spezifizieren, die im nächsten Moment ihre Korrektur veranlassen werden.

Das mag für die Geldpolitik gelten und hier wie eine Touring-Maschine funktionieren, in der der eigene Output laufend als Input verwendet wird. Im Verhältnis zu dieser höchsten Labilität ist aber die Wirtschaft in ihren Sektoren Produktion und Arbeit außerordentlich träge. Das zeigt sich bei Versuchen, die Reste der sozialistischen Wirtschaftsimperien auf Marktwirtschaft umzustellen. Oder bei Versuchen, eine Wirtschaft, in der mit Inflation gerechnet wird und dies in die Finanzstruktur der Unternehmen und der Haushalte eingebaut ist, von diesem Übel mit Hilfe monetaristischer Politikmittel zu befreien. Daß dies nicht gelingt, zeigt sich gegenwärtig in Brasilien. Die Einstellungen stellen sich nicht auf die Maßnahmen ein.

Ein weiteres Problem liegt im hohen Maß an spekulativer im Vergleich zu investiver Verwendung von Geldmitteln. Schätzt man das Verhältnis Tag für Tag 10:1, wird man nicht ganz falsch liegen. Und es kommt hinzu, daß Investitionen mehr in den Konsumgüterbereich gehen als in den Infrastrukturbereich. Man weiß inzwischen, daß die sozialistische Wirtschaftsplanung solche Fragen nicht besser lösen, ja nicht einmal sehen konnte, da sie Informationen nur im Schema Erfüllung/Nichterfüllung ihrer eigenen Planziele wahrnehmen konnte. Daß dies gescheitert ist, befreit uns aber nicht von eigenen Sorgen.

Viel von diesen Problemen geht darauf zurück, daß wir wirtschaftliche Rationalität nur an Hand von unternehmensspezifischen Bilanzen erkennen können, und auch dies nur bei ausreichender Differenzierung von Unternehmen und Markt. Rationalität fällt also in detaillierten, aber eben kleinen Formaten an. Das besagt auch, daß die Geldpolitik nur die Möglichkeit hat, auf Grund des jeweils historisch bestimmten augenblicklichen Zustands des Systems ausgleichend zu wirken. Die Beobachtungsinstrumente sind dann hochaggregierte Daten, die niemanden sonst in der Wirtschaft interessieren. Außerdem wachsen in der neueren Literatur die Zweifel, wenn nicht an Rationalität, so doch an Rationalisierung; und dies in zwei Hinsichten: was gesamtgesellschaftlichen Fortschritt betrifft und was die Motivation zum Handeln betrifft.[20] Auch das mag dann Rückfra-

20 Zu letzterem zum Beispiel Nils Brunsson, The Irrational Organization: Irrationality as a Basis for Rationality and Change, Chichester 1985; ders., The Organization of Hypocrisy: Talk, Decision and Actions in Organizations, Chichester 1989.

gen an »Ethik« motivieren: daß man nicht mehr unbefangen davon ausgehen kann, die Rationalität des wirtschaftlichen Optimierens im Verhältnis von Zweck und Mittel sei aufs Ganze gesehen rational. Wenn aber nicht: was dann?

Solche Probleme resultieren, direkt oder indirekt, aus den Rahmenbedingungen des Wirtschaftssystems der modernen Gesellschaft, und zwar genauer: aus der Ausdifferenzierung und der operativen Schließung des Systems mit Hilfe des Mediums Geld. Wieweit ein solches »disembedding« faktisch gelingt,[21] ist eine berechtigte Frage – besonders für Fälle, in denen die Wirtschaft das Subsistenzniveau der Bevölkerung nicht mehr halten kann (also in der Sprache des frühen 19. Jahrhunderts »Pauperismus« erzeugt) oder gar die Gesellschaft selbst auf Exklusion großer Bevölkerungsteile aus praktisch allen Funktionssystemen beruht. Wir belassen es auch hier bei der Formulierung eines Problems.

Um zu der Frage zurückzukehren, ob Ethik hier die richtige Adresse ist. Man könnte daran denken, wenn es doch um externalisierende Referenz geht, statt dessen den Traditionsbegriff der »politischen Ökonomie« wiedereinzuführen. Oder besser noch: daran zu denken, daß die Wirtschaft als Funktionssystem *in der Gesellschaft* operiert und gerade diesem Umstand ihre eigene Autonomie, operative Geschlossenheit, Eigendynamik verdankt. Vor dem Hintergrund einer in den Finanzmärkten, aber auch auf Firmenebene rasch sich verdichtenden Internationalität müßte diese Reflexion von Volkswirtschaften auf Weltwirtschaft und damit auf Weltgesellschaft umgestellt werden.

Die Ethiker werden versucht sein, es sich leicht zu machen und zu sagen, das sind nicht unsere Probleme. Sie werden in die Welt des Sollens flüchten. Aber wir haben es mit realen Problemen zu tun. Und jede, auch nur ganz oberflächliche Analyse zeigt, daß dies Strukturprobleme sind, die nicht auf die Art und Weise der Ethik gelöst werden können. Ethik wendet sich immer an individuelles Verhalten – oder jedenfalls ist diese Vorstellung seit dem Mittelalter mit dem Begriff der Ethik verbunden. Schon im Organisationsbereich hat die Organisationstheorie (selbst in ihren wirtschaftswissenschaftlichen

21 Siehe Karl Polanyi, The Great Transformation (1944), zit. nach der deutschen Übersetzung (unter demselben Titel), Frankfurt 1978. Vgl. auch Marc Granovetter, Economic Action and Social Structure: The Problem of Embeddedness, American Journal of Sociology 91 (1985), S. 481-510.

Varianten) aber die Vorstellung der individuellen Unternehmerentscheidung aufgegeben. Entscheidung ist das, was bei Kommunikationsprozessen innerhalb organisierter Systeme herauskommt; und Teilentscheidung ist das, was den Entscheidungsprozeß in Episoden gliedert und vorantreibt; und all dies unweigerlich im Modus der Beobachtung zweiter Ordnung. Es spricht nichts dagegen, solche Prozesse mit Sollwerten ethischer Art zu unterfüttern; oder auch, wie in den Professionen, zumindest »unethisches« Verhalten zu markieren und auszugrenzen.

Aber gibt es eine solche, dicht an den Problemen operierende Ethik schon? Und wenn, ist es mehr als das, was man in der Soziologie früher als »grassroots« oder als »informale Organisation« bezeichnet hatte?

Ich würde mich freuen, darüber etwas mehr und vor allem: Genaueres zu hören.

IV.

Ein letzter erstaunter Blick soll der Beobachtung gelten, daß sich ausgerechnet Theologen für Ethik und sogar für Wirtschaftsethik interessieren. Wieso das?

Ob die Schlange wirklich der Teufel war, ist zwar heute schwer festzustellen. Möglicherweise war es ein practical joke Gottes mit dem Ziel, die Menschen nach der Schonphase des Paradieses mit den wirklichen Sachverhalten des Unternehmens Schöpfung zu konfrontieren. Wie immer, es spricht viel dafür, daß die Moral vom Teufel ist. Das gilt insbesondere für ihre Ausprägung als Gerechtigkeit, wie sie schon im Mittelalter als Sache des Teufels angesehen wurde, dem dann die trickreichen Seelenrettungsaktivitäten Mariens gegenüberstanden, während Gott der nicht unterscheidende, nicht vergleichende, intuitive Zugriff auf den Einzelfall vorbehalten blieb. Schon damals hatte aber die Theologie Schwierigkeiten mit diesem Problem. Die Beobachtungsweise Gottes, heißt es zum Beispiel bei Nikolaus von Kues, ist nicht auf Unterscheidungen angewiesen. Gott sei »ante omnia quae differunt«.[22] Es gibt viele Erläuterungen dieser These. Gott sei weder Ursprung noch Nicht-Ursprung, weder Sein

22 De venatione sapientiae, zit. nach Philosophisch-Theologische Schriften, Wien 1964, Bd. 1, S. 1-189 (56).

noch Nicht-Sein, weder Unterschiedenheit noch Nicht-Unterschiedenheit.[23] Ich kenne keine Stelle, in der es hieße, Gott sei weder gut noch böse, sondern auch gegenüber Moral indifferent.

Die Ehe von Theologie und Moral ist zwar kirchlich getraut worden, aber sie ist unglücklich verlaufen und unfruchtbar geblieben. Jedenfalls ist sie zutiefst unreligiös. Religion gibt die Kraft, das, was man tut, für gut zu halten; und sie gibt zugleich eine Möglichkeit, dies zu kommunizieren. Es mag sich um Hexenverfolgungen oder um terroristische Aktivitäten, um das Managen eines Hotels oder um politische Einsätze für Benachteiligte handeln, um das Entdekken immer neuer Sterne, obwohl ihre Zahl bereits riesig ist, oder um die Einrichtung verkehrsberuhigter Straßen, wo die Autos nachts gegen unbeleuchtete Betonkästen fahren. Die Ethik scheint von der Illusion zu leben, daß es dafür gute, letztlich überzeugende, intersubjektiv stichhaltige Gründe geben könne.

Diese Annahme ist aber heute kaum mehr zu halten. Und vielleicht ist hier ein radikaler Verzicht nötig, um zurückzufinden zu dem, was Religion bedeuten kann.

23 De Deo abscondito, a. a. O., S. 299-309 (304 ff.).

7. Interaktion, Organisation, Gesellschaft

Anwendungen der Systemtheorie

Zu den Aufgaben wissenschaftlicher Theoriebildung gehört es, das Verhältnis von Anwendungsbreite und Tiefenschärfe ihrer Begriffe und theoretischen Hypothesen zu regulieren. Je mehr Sachverhalte ein Begriff übergreifen soll, desto unbestimmter wird er. Wissenschaftspolitisch ist dieses Gesetz von außerordentlicher Bedeutung. Je stärker ein Fach entwickelt wird und je mehr verschiedenartiges Wissen sich ansammelt, desto schwieriger wird es, noch eine Gesamtkonzeption zu bilden, die man wissenschaftlich vertreten könnte. Der Fortschritt scheint in eine Fülle unzusammenhängender Details zu führen. Die Integration des Faches bleibt dagegen spekulativ veranlagten Unternehmern überlassen, die sich von den fachüblichen Standards dispensieren und sich mit Geschick der Kontrolle entziehen. Ihnen kann die Kreation von kurzlebigen Begriffsmoden gelingen, die die Forschung allenfalls anregen, nicht aber wirklich anleiten können. Die Zusammenschau ist mit dem Makel des Unseriösen behaftet, die Wissensvermehrung selbst mit dem Makel der Zusammenhanglosigkeit – beides Formen der Beliebigkeit.

In den Bannkreis dieses Problems geraten zwangsläufig alle Versuche, für die Wissenschaft der Soziologie eine allgemeine Theorie zu entwickeln. Ansprüche dieser Art erheben heute vor allem eine allgemeine Theorie sozio-kultureller Evolution und eine allgemeine Theorie sozialer Systeme. Beiden Ansätzen hat man nicht ohne Grund vorgeworfen, daß sie in dem Maße ihrer Verallgemeinerung inhaltsleer und damit wissenschaftlich unbrauchbar werden. Würde ein Soziologe die gegenwärtige Lage der Soziologie untersuchen, müßte ihm dieser Gegensatz von spekulativ vorgehenden Denk-Unternehmern einerseits und den nur noch an Spezialfragen interessierten Forschern andererseits auffallen. Für eine sinnvolle Arbeitsteilung liegen diese Positionen zu weit auseinander. Daraus ergeben sich Systemkrisen innerhalb des Faches Soziologie. Und es scheint nicht zuletzt dieses Dilemma zu sein, das dem Soziologen heute den dritten Weg, die Flucht ins normative Bekenntnis und ins gesellschaftspolitische Engagement, nahelegt. Bei dieser Lage des Faches hat die Frage vordringliches Interesse, ob und wie es gelingen kann, allgemeine Konzepte ohne Verlust ihrer integrativen Funktion in brauchbare Forschungstheorien zu übersetzen. Die Absicht dieses Vortrages ist es, dieses Problem am Beispiel der Theorie sozialer Systeme zu erläutern.

I.

Von sozialen Systemen kann man immer dann sprechen, wenn Handlungen mehrerer Personen sinnhaft aufeinander bezogen werden und dadurch in ihrem Zusammenhang abgrenzbar sind von einer nichtdazugehörigen Umwelt. Sobald überhaupt Kommunikation unter Menschen stattfindet, entstehen soziale Systeme; denn mit jeder Kommunikation beginnt eine Geschichte, die durch aufeinander bezogene Selektionen sich ausdifferenziert, indem sie nur einige von vielen Möglichkeiten realisiert. Die Umwelt bietet immer mehr Möglichkeiten, als das System sich aneignen und verarbeiten kann. Sie ist insofern notwendig komplexer als das System selbst. Sozialsysteme konstituieren sich durch Prozesse der Selbstselektion – so wie Lebewesen durch Prozesse der Autokatalyse. Sowohl ihre Bildung als auch ihre Erhaltung impliziert daher eine Reduktion der Komplexität des überhaupt Möglichen.

Geht man von dieser These aus, dann liegt darin zugleich eine Regel für die Bildung besonderer Systemtypen. Soziale Systeme können sich auf verschiedene Weise bilden je nachdem, unter welchen Voraussetzungen der Prozeß der Selbstselektion und der Grenzziehung abläuft. Unter diesem Gesichtspunkt lassen sich *Interaktionssysteme*, *Organisationssysteme* und *Gesellschaftssysteme* unterscheiden. Diesem Unterschied entsprechen die derzeit wichtigsten Schwerpunkte soziologischer Forschung: die Theorie des Interaktionsverhaltens oder der symbolisch vermittelten Interaktion, die Organisationstheorie und die allerdings noch schwach entwickelten Ansätze zu einer Theorie der Gesellschaft. Die Systemtheorie relativiert und integriert diese verschiedenen Forschungszweige der Soziologie mit der Folge, daß es nicht mehr möglich ist, eine dieser Systemperspektiven absolut zu setzen. Selbst die Gesellschaftstheorie als Theorie des umfassenden Sozialsystems wird von hier aus in ihre Schranken verwiesen. Sie betrifft zwar das umfassende Ganze, muß aber erkennen, daß es niemals möglich ist, das Ganze ganz zu erforschen.

Zunächst müssen jetzt die drei Anwendungsfälle der Systemtheorie je für sich erläutert werden. Danach können wir etwas über die zwischen ihnen bestehenden Beziehungen ausmachen.

1. *Interaktionssysteme* kommen dadurch zustande, daß *Anwesende sich wechselseitig wahrnehmen.* Das schließt die Wahrnehmung des Sich-Wahrnehmens ein. Ihr Selektionsprinzip und zugleich ihr Grenzbildungsprinzip ist die Anwesenheit. Wer nicht anwesend ist, gehört nicht zum System – wie eng immer im übrigen seine Beziehungen zu den Teilnehmern sein mögen.

Beispiele für Interaktionssysteme sind: das gemeinsame Mittagessen in der Familie (nicht die Familie selbst), die einzelne Kabinettsitzung (nicht die Regierung als solche), das Schlangestehen an der Theaterkasse, eine Skatrunde, eine Massenversammlung, eine Schlägerei, eine Taxifahrt. In all diesen Fällen genießen die Anwesenden eine bevorzugte Beachtlichkeit – allein schon deshalb, weil sie stören könnten oder weil sie jederzeit Initiativen entfalten könnten. Die Rücksicht auf Nichtanwesende tritt vergleichsweise zurück, mögen sie auch noch so mächtig oder noch so sehr geliebt sein. Diese Systemgrenze zeigt sich darin, daß man nur *mit* Anwesenden, aber nicht *über* Anwesende sprechen kann; und umgekehrt nur *über* Abwesende, aber nicht *mit* ihnen. Wie jedermann weiß, macht es für die Selektion der Themen einen erheblichen Unterschied aus, mit wem man über wen spricht.

Sprache macht es möglich, Nichtanwesendes im Interaktionssystem zu behandeln, also Aspekte der Umwelt im System zu thematisieren, indem für Anwesenheit Zeichen substituiert werden, die Abwesendes repräsentieren können. Die Umwelt wird sozusagen symbolisch-verkürzt in das System einbezogen. Auf diese Weise können die Umweltbeziehungen des Systems beträchtlich verdichtet und intensiviert werden; sie können vor allem zeitlich in die Vergangenheit und in die Zukunft erstreckt werden, setzen also keine Punkt-für-Punkt-Korrelation zwischen System und Umwelt mehr voraus. Das ist der entscheidende Vorteil menschlicher im Vergleich zu tierischer Interaktion.

Allerdings ist dieser Vorteil in Interaktionssystemen nur unter einschneidenden Beschränkungen zu gewinnen. Es kann immer nur einer der Anwesenden auf einmal reden. Zumindest leiden die Verständlichkeit und die Koordinierbarkeit der Beiträge und tendieren sehr rasch gegen Null, wenn mehrere zugleich das Wort ergreifen und eigensinnig weiterreden. Das heißt: Interaktionssysteme müssen sich bei höheren Ansprüchen auf innere Ordnung auf jeweils ein Thema konzentrieren, das im Zentrum gemeinsamer Aufmerksamkeit steht. Mehrere Themen können nur im Nacheinander behandelt werden. Die Beteiligten müssen ihre Beiträge auf das jeweils aktuelle Thema beschränken, oder sie müssen versuchen, eine Themenänderung durchzusetzen. Das kann zu stillen Machtkämpfen, zu Kämpfen um den Mittelpunkt der Szene und um die Aufmerksamkeit der anderen führen. Es gibt schon auf der ursprünglichsten Ebene elementarer Interaktion von Angesicht zu Angesicht *keine Sozialsysteme mit gleichverteilten Chancen.*

Vor allem aber ist das Erfordernis thematischer Konzentration ein sehr *zeitraubendes* Strukturprinzip. Alle Beiträge werden in die Form des Nacheinander gezwungen. Das kostet Zeit. Außerdem ist die lineare Form der Sequenz ungünstig für die Koordination sachlich sehr komplexer Kommunikationen. Alles in allem können Systeme, die unter diesen strukturellen Beschränkungen operieren, keine sehr hohe Komplexität erreichen: weder in ihren eigenen Möglichkeiten, noch in ihren Umweltbeziehungen.

2. Diese Beschränkungen lassen sich auf der Ebene einfacher Interaktionssysteme prinzipiell nicht überwinden; mehr Leistung kann nur in Systemen anderen Typs ermöglicht werden, die sich *zwar nicht von Interaktionen, wohl aber von den Beschränkungen der Systembildung auf der Ebene von Interaktionen unabhängig machen können.* Dies erreichen Sozialsysteme vom Typ *Gesellschaft.*

Gesellschaft wird klassisch definiert als das umfassende und dadurch unabhängige, autarke Sozialsystem. Es umfaßt nicht notwendig alle Handlungen, die es objektiv gibt, geschweige denn: alle Menschen. Wir wollen daher präziser sagen: Gesellschaft ist *das umfassende Sozialsystem aller kommunikativ füreinander erreichbaren Handlungen.* In der heutigen Zeit ist die Gesellschaft Weltgesellschaft. Es gibt nur noch ein einziges Gesellschaftssystem. In früheren Zeiten war dies jedoch anders. Wir brauchen deshalb einen Begriff, der sowohl die Einzigkeit als auch eine Mehrheit von Gesellschaftssystem bezeichnen kann.

Gesellschaft ist danach nicht einfach die Summe aller Interaktionen, sondern ein System höherer Ordnung, ein System anderen Typs. Die Gesellschaft muß in der Lage sein, auch die möglichen Kommunikationen unter jeweils Abwesenden oder mit jeweils Abwesenden mitzusystematisieren. Ihr Regulativ übergreift die Grenzen der Interaktionssysteme und macht sich damit unabhängig von deren Grenzbildungs- und Selbstselektionsprinzip. Ihre eigenen Grenzen sind die Grenzen möglicher und sinnvoller Kommunikation, vor allem Grenzen der Erreichbarkeit und der Verständlichkeit. Sie sind viel abstrakter und, wie die Kulturgeschichte zeigt, sehr viel unschärfer definiert als die Grenzen von Interaktionssystemen.

Im Vergleich zu diesem weiten Gesellschaftsbegriff hatte die alteuropäische Tradition den Begriff der Gesellschaft enger gefaßt als politisch-rechtlich konstituiertes System, als societas civilis. Auch heute halten viele Soziologen, vor allem Talcott Parsons, an einem normativen Gesellschaftsbegriff fest. Danach wird die Einheit der Gesellschaft auf die gemeinsame Anerkennung eines Mindestbestandes an Normen bzw. Werten konstituiert. Dabei wird jedoch der strukturell erforderliche ebenso wie der faktisch bestehende Konsens überschätzt. Und auch dem Sklaven, auch dem Verbrecher, auch dem Hippie muß danach unterschoben werden, daß er im Grunde die Normen der Gesellschaft anerkennt.

Gerade der Soziologe müßte jedoch wissen, daß auch der Verbrecher als Verbrecher eine gesellschaftliche Existenz führt; und dies nicht nur dadurch, daß er mit Rücksicht auf die Norm und die Polizei seine Tat versteckt, sondern darin, daß er das Verbotene will. Es gibt eine Eigenlogik des Bösen, die mit zur Gesellschaft gehört und nicht außerhalb ihrer Grenzen liegt. Deshalb kann nicht der Normkonsens Grundlage des Gesellschaftssystems sein, sondern nur die Disjunktion von konformem und abweichendem Verhalten mit entsprechender Differenzierung von Erwartungen und Reaktionen.

Ein Gesellschaftsbegriff, der auf mögliche Kommunikation abstellt, hat überdies den Vorteil, daß er Platz hat für Geschichte. Damit ist nicht nur gemeint, daß der Begriff allgemein genug ist, um die historische Vielfalt der Gesellschaftsformationen zu übergreifen. Er gibt darüber hinaus das Prinzip der Geschichtsbildung an. Jede Kommunikation führt, da sie einen Prozeß wechselseitiger Selektion in Gang setzt, zwangsläufig zum Aufbau von Strukturen, die dann ihrerseits als Bedingung der Möglichkeit weiterer Kommunikation fungieren. Die Bedingungen, unter denen dieser Prozeß zum Aufbau komplexer Gesellschaftssysteme führt, werden in der Theorie der sozio-kulturellen Evolution zusammengefaßt. Nur Gesellschaftssysteme sind mögliche Träger evolutionärer Prozesse.

Dabei ist Evolution immer zugleich Bindung an Geschichte und Befreiung von Geschichte; sie schließt an vorliegende Errungenschaften an, macht das Gesellschaftssystem aber zugleich von deren genetischen Bedingungen unabhängig. So stützt sich zum Beispiel wissenschaftliche Forschung heute nicht mehr auf diejenigen theologischen, ökonomischen und technischen Gegebenheiten, die die Ausdifferenzierung des Wissenschaftssystems in der frühen Neuzeit ermöglicht hatten, sondern sehr viel einfacher und direkter auf inzwischen etablierte Erfolgserwartungen.

Anders als in Systemen elementarer Interaktion ist ein solches Abstoßen von Geschichte hier kein simpler Prozeß des Vergessens; vielmehr ein Prozeß funktionaler Substitution. Die Gesellschaft ist, da sie ja jede mögliche Kommunikation umfaßt, eine selbstsubstitutive Ordnung. Sie muß alle Änderungen an das vorhandene System anschließen und kann nicht, wie Interaktionen, einfach aufhören und neu anfangen.

3. In komplexen Gesellschaftsordnungen gewinnt schließlich ein dritter Typ von Sozialsystemen immer größere Bedeutung, der sich in zahlreichen Bereichen gesellschaftlichen Lebens sozusagen zwischen das Gesellschaftssystem und die einzelnen Interaktionssysteme schiebt, nämlich der Typus *Organisation.* Dabei handelt es sich um eine voll eigenständige Entwicklung, die ein neuartiges Prinzip der Grenzziehung und Selbstselektion verkörpert und sich weder auf den Typus Interaktion noch auf den Typus Gesellschaft zurückführen läßt.

Als organisiert können wir Sozialsysteme bezeichnen, die die Mitgliedschaft an bestimmte Bedingungen knüpfen, also Eintritt und Austritt von Bedingungen abhängig machen. Man geht davon aus, daß die Verhaltensanforderungen des Systems und die Verhaltensmotive der Mitglieder unabhängig voneinander variieren können, sich aber unter Umständen zu relativ dauerhaften Konstellationen verknüpfen lassen. Mit Hilfe solcher Mitgliedschaftsregeln – etwa Autoritätsunterwerfung gegen Gehalt – wird es möglich, trotz frei gewählter, variabler Mitgliedschaft hochgradig künstliche Verhaltensweisen relativ dauerhaft zu reproduzieren. Man muß nur ein allgemeines Gleichgewicht von Attraktivität des Systems und Verhaltensanforderungen sicherstellen und wird unabhängig davon, ob für jede Einzelhandlung natürlich gewachsene Motive oder moralischer Konsens beschafft werden können. Die Motivlage wird über Mitgliedschaft generalisiert: Die Soldaten marschieren, die Schreiber protokollieren, die Minister regieren – ob es ihnen in der Situation nun gefällt oder nicht.

In der Form von Mitgliedschaftsregeln können differenzierte Ämterstrukturen und Kommunikationsschranken, Rechte auf Mittelgebrauch und Verantwortlichkeiten, Weisungsketten und Kontrollmechanismen eingerichtet werden, zu deren Pauschalanerkennung der Eintretende verpflichtet wird. Und er kann sogar noch verpflichtet werden, sich Regeln der Änderung dieser Mitgliedschaftsbedingungen zu unterwerfen. Der Organisationsmechanismus ermöglicht nicht nur sachliche, sondern auch zeitliche Generalisierung; nicht nur höchst verschiedenartiges Handeln zugleich, sondern auch hohe Flexibilität und Anpassungsfähigkeit an veränderte Umstände – alles freilich unter der Generalbedingung, daß die Mitgliedschaft vorteilhafter bleibt als die Nichtmitgliedschaft.

Selbstverständlich gibt es, wie bei allen Systemtypen, Beschränkungen dessen, was sich auf diese Weise erreichen läßt. Wir wissen zum Beispiel, daß der Organisationsmechanismus auf dem Dienstleistungssektor schlechter funktioniert als auf dem Produktionssektor, auf höheren Ebenen der Verwaltungsbürokratien schlechter als auf unteren, unter den Bedingungen der Hochkonjunktur und der Vollbeschäftigung schlechter als in einer Wirtschaft mit überschüssigen Arbeitskräften. Entscheidend ist jedoch, daß nur über den Organisationsmechanismus ein so hohes Maß an Motivgeneralisierung und Verhaltensspezifikation erreicht werden kann, wie es die moderne Gesellschaft in vielen ihrer wichtigsten Funktionsbereiche benötigt.

II.

Wir können nunmehr den ersten Teil unserer Überlegungen zusammenfassen und zum zweiten Teil überleiten.

Die allgemeine Theorie sozialer Systeme formuliert nur sehr abstrakte Begriffe und Rahmenbedingungen für die Analyse der sozialen Wirklichkeit. Sie klärt immerhin prinzipiell, wie soziale Systeme sich durch Prozesse der Selbstselektion und der Grenzziehung konstituieren. Dieser Konstitutionsprozeß läuft aber unter je besonderen

Bedingungen ab, so daß Systemtypen entstehen, die sich nicht aufeinander zurückführen lassen. Nicht alle Sozialsysteme bilden sich nach der Formel Interaktion, nicht alle Sozialsysteme nach der Formel Gesellschaft und erst recht nicht alle nach der Formel Organisation. Daher haben auch die diesen Systemtypen zugeordneten Theorien nur eine begrenzte Tragweite. Keine von ihnen erfaßt die gesamte soziale Wirklichkeit. Selbst das umfassende System der Gesellschaft enthält zwar die anderen Systemtypen in sich, ist aber deswegen noch nicht ihr Prototyp.

Ein solcher Forschungsansatz, der letztlich aus dem Systembegriff selbst folgt, bringt erhebliche Komplikationen mit sich. Er ermöglicht dadurch aber auch einen realistischeren Zugriff auf die soziale Wirklichkeit. Im zweiten Teil unserer Überlegungen soll in drei Hinsichten gezeigt werden, wie diese Vorteile eingebracht werden können. Wir berücksichtigen dabei in erster Linie Themen, von denen man behauptet hatte, die Systemtheorie könne sie nicht angemessen behandeln: sozialer Wandel und Konflikt.

1. Man kann die soziokulturelle Evolution beschreiben als zunehmende Differenzierung der Ebenen, auf denen sich Interaktionssysteme, Organisationssysteme und Gesellschaftssysteme bilden. Betrachten wir zunächst die Anfangs- und Endpunkte dieser Entwicklung: In den einfachsten archaischen Gesellschaftsformationen sind Interaktion, Organisation und Gesellschaft nahezu identisch. Die Stammesgesellschaft besteht aus dem Umkreis absehbarer, für den einzelnen zugänglicher Interaktionen. Sie stößt wie eine Organisation Personen, die sich nicht fügen, aus und nimmt, vor allem durch Heirat, Personen auf. Interaktion, Organisation und Gesellschaft sind strukturell ineinander verschränkt und limitieren sich wechselseitig. Entsprechend unscharf sind, wie Ethnologen häufig beobachtet haben, die Grenzen und die Selbst-Identifikationen dieser Gesellschaften.

Umgekehrt ist es für die heute sich realisierende Weltgesellschaft unmöglich, sich als einheitliches Organisationssystem zu konstituieren – allein schon deshalb nicht, weil der Motivationsmechanismus der Organisation Möglichkeiten des Eintritts und Austritts, also Kontingenz der Mitgliedschaft voraussetzt. Die Entwicklung zur einheitlichen Weltgesellschaft führt mithin zwangsläufig zur Trennung der Systemtypen Gesellschaft und Organisation. Erst recht werden Interaktionssysteme und Gesellschaftssystem auseinandergezogen. Die Gesellschaft hat ihre Realität nicht mehr in der bloßen Möglichkeit, Interaktionssysteme zu bilden. Sie läßt sich nicht als Summe der alltäglichen Begegnungen begreifen. Das zeigt sich zum Beispiel an dem Auseinanderklaffen der Interaktionsmoral auf der einen Seite und der gesellschaftlichen Erfordernisse etwa auf wirtschaftlichem, politischem, technischem oder wissenschaftlichem Gebiet. Angesichts dieser Diskrepanzen bleiben die Forderungen nach interaktiver Partizipation am gesellschaftlichen Geschehen hoffnungslos hinter der Wirklichkeit zurück. Sie bilden nur Symptome dafür, daß die Diskrepanz wahrgenommen wird.

Zwischen diesen Grenzpunkten der Primitivgesellschaften auf der einen, der Weltgesellschaft auf der anderen Seite liegt die Ära der regional limitierten Hochkulturen, der wir unser kulturelles Erbe verdanken. Für sie ist kennzeichnend, daß das Gesellschaftssystem eine Größe und Komplexität erreicht, die den Umfang der für den einzelnen möglichen Interaktionen definitiv sprengt. In den städtischen Zentren bilden sich bereits Organisationen, vornehmlich für religiöse, politische, militärische, kommerzielle Funktionen oder für einzelne Produktionsaufgaben. Aber noch ist der Zugriff der Organisation auf die Lebensführung im Alltag gering, und umgekehrt wird die Gesellschaft selbst als politische Organisation, als handlungsfähige Korporation begriffen. Man kann eine moralische Integration der Gesellschaft zwar nicht mehr erreichen, kann sie sich in den herrschenden Schichten auf Grund der eigenen Interaktionsmoral aber noch vorstellen. Die Differenzierung der Systemtypen ist angesetzt, aber noch nicht vollständig und irreversibel durchgeführt.

In dieser sehr globalen Perspektive kann man mithin die soziokulturelle Evolution kennzeichnen als zunehmende Differenzierung der Ebenen für Systembildung. Das ist keine zureichende Theorie der Evolution, wohl aber ein Aspekt der Evolution, der mit anderen korreliert. In dem Maße, als diese Ebenen- und Typendifferenzierung sich durchsetzt, wird die soziale Wirklichkeit komplexer. Zugleich können die unterschiedlichen Systemtypen verschiedenartige Funktionen übernehmen und sich schärfer gegeneinander profilieren. Interaktion braucht nicht mehr zugleich Organisation oder Gesellschaft zu sein und umgekehrt. So kann im Rahmen von Interaktionssystemen das konkrete Einfühlungsvermögen und das reflexive soziale Bewußtsein etwa in Form von Intimbeziehungen ins Ungewöhnliche gesteigert werden, wenn die Interaktion nicht mehr mit gesellschaftlich durchgehenden Normalitätserwartungen belastet ist. Die organisatorische Spezifikation des Verhaltens kann immens gesteigert werden, wenn Organisationssysteme so weit ausdifferenziert werden, daß sie nicht mehr auf andere gesellschaftliche Rollen ihrer Mitglieder, etwa auf religiösen Glauben oder politische Aktivität, Familienstand oder nachbarliche Beziehungen, Rücksicht nehmen müssen. Schließlich kann nur so die Gesamtgesellschaft zu höchster Komplexität gesteigert werden, wenn sie als System nicht mehr auf Reduktionen angewiesen ist, die durch Organisation oder durch Interaktion vermittelt werden; wenn sie zum Beispiel als gesellschaftliches System nicht mehr zugleich korporativ organisierte kollektive Handlungsfähigkeit garantieren muß, sondern sich darauf beschränken kann, in einem sehr allgemeinen Sinne Kompatibilität der Funktionen und Strukturen aller Teilsysteme zu ermöglichen.

2. Damit sind wir bei unserem nächsten Problem: Eine vollständige Trennung der Ebenen ist natürlich nicht möglich, da alles soziale Handeln in der Gesellschaft stattfindet und letztlich nur in der Form von Interaktion möglich ist. Je weiter die Systemebenen auseinandergezogen und je schärfer die Systemtypen differenziert werden, desto akuter stellen sich Folgeprobleme ein, die die Vermittlung zwischen den Ebenen betreffen.

Hierzu einige Beispiele:

Je rationaler Organisationssysteme konzipiert und im Hinblick auf ihre spezifische Leistungsfähigkeit ausgebaut werden, desto schwieriger wird es, das organisatorisch Mögliche in der Interaktion auch zu realisieren. Die Interaktion folgt ihren eigenen Systemgesetzen und nimmt das Organisationsprogramm nicht oder nur begrenzt auf. Das organisatorisch Vorgesehene wird auf der Ebene der Interaktion unterlaufen, deformiert oder gar absichtlich zum Entgleisen gebracht. Eine gute Illustration dafür bietet das Verhältnis der offiziellen Kirchendogmatik zur Beichtpraxis, das über Jahrhunderte hinweg im Rahmen der sogenannten Moralkasuistik reflektiert worden ist. Das kirchenamtliche Lehrgebäude, das an die kirchenorganisatorisch für verbindlich erklärten Dogmen anknüpft, sie interpretiert und integriert, wird unter dem Druck der kommunikativen Situation in der Beichte deformiert; man kann in vielen Fällen nicht zugleich dogmatisch belehren und sich kommunikativ auf den Beichtenden einlassen. Es gibt Regeln, ja Handbücher voller Regeln für die Lösung dieses Konflikts, die aber dogmatisch prekär und suspekt geblieben, zum Teil geheimgehalten worden und kirchenpolitisch unter Titeln wie Laxismus und Probabilismus verteufelt worden sind.

In einer Gesellschaft, die in fast alle Funktionsbereiche Organisationssysteme einschalten muß, wird dieses Problem universell relevant. Wohlgemerkt handelt es sich nicht nur um Ungehorsam oder heimlichen Widerstand der Untergebenen. Vielmehr fallen die Herrschenden selbst den Kapazitätsschranken ihrer Interaktionssysteme zum Opfer – nicht selten zur Verzweifelung ihrer Untergebenen. So behandelt ein umfangreicher Bericht zur Reform der Struktur von Bundesregierung und Bundesverwaltung aus dem Jahre 1969 dieses Problem für die höchste Regierungsinstanz, für das Kabinett. Auch die Kabinettssitzung ist eben nur ein Interaktionssystem mit jeweils nur einem Thema, sequentieller Arbeitsweise, hohem Zeitaufwand, geringer sachlicher Komplexität und einem entsprechenden Rückstau im Informationsfluß. Daher finden Untergebene Anlaß, sich den Kopf darüber zu zerbrechen, wie sie verhindern könnten, daß das Interaktionssystem ihrer Vorgesetzten das organisatorisch Mögliche blockiert und sinnvolle Vorhaben entgleisen läßt.

Eine zweite Gruppe von Beispielen entnehmen wir dem Verhältnis von Organisationssystemen und Gesellschaftssystem. Zunächst fällt auf, daß in hochkomplexen Gesellschaften keine der zentralen Funktionen des Gesellschaftssystems voll und ganz auf ein einheitliches Organisationssystem übertragen werden kann – und zwar heute weniger als je zuvor. Im Wirtschaftssystem etwa könnten, selbst wenn es gelänge, Produktionsorganisationen durch eine zusammenfassende weltweite Planung zu integrieren, Produktionsentscheidungen und Konsumentscheidungen gleichwohl nicht zu einer Organisation zusammengeschlossen werden. Ebenso bleiben die Funktionen der Erziehung, mit welcher Schwerpunktverteilung immer, auf Schulsysteme und Familien verteilt. Die politischen Funktionen werden gerade in komplexen Gesellschaften nicht nur in der Regierungs- und Verwaltungsbürokratie wahrgenommen, sondern benötigen außerdem spezifisch politische Organisationen wie Parteien und Interessenverbände außerhalb des im engeren Sinne »staatlichen« Apparates. Selbst die historisch gut etablierte Einheit von Kirchenorganisation und Religionssystem gerät gerade durch diese Identifikation heute in vieldiskutierte Anpassungsschwierigkeiten.

All dies deutet darauf hin, daß Gesellschaftsfunktionen nicht pauschal an Einzelorganisationen delegiert werden können, sondern die Funktionen nochmals differenziert und spezifiziert werden müssen, bevor sie organisationsfähig werden. Damit bleibt nicht nur das Verhältnis etwa von Wirtschaft und Politik oder von Politik und Erziehung ein gesellschaftsstrukturelles Problem, sondern auch noch innerhalb der einzelnen Funktionssysteme etwa das Verhältnis von Elternhaus und Schule oder von Politik und bürokratischer Verwaltung. Außerdem können bei der Mehrzahl von verschiedenartigen Organisationen innerhalb der einzelnen Funktionsbereiche interaktionelle Koordinationsformen nicht entbehrt werden. So erfordert politische Planung ganz konkrete interaktionelle Kontakte zwischen Politikern und Spitzenbürokraten. Damit treten die schon erörterten Engpaßprobleme auch an dieser Stelle auf, ohne eine organisatorische Lösung finden zu können.

Die Kehrseite dieses Problems der Delegation von Gesellschaftsfunktionen auf Organisationen ist, daß innerhalb von Organisationssystemen gesamtgesellschaftliche Funktionen nicht angemessen reflektiert werden können. Der Variationsspielraum gesellschaftlicher Funktionen und die Bedingungen der Kompatibilität ihrer Erfüllungsweisen lassen sich auf der Ebene der Organisationsziele und -kriterien nicht angemessen ausdrücken. Die Funktion der Religion ist kein mögliches Dogma, die Funktion des Rechts keine Norm, die Funktion der Politik keine Legitimationsformel; die »Grenzen wirtschaftlichen Wachstums« sind ein mögliches Kongreßthema, aber kein Entscheidungskriterium für Unternehmer und Unternehmungen. Selbst in der Wissenschaft, selbst in der organisierten sozialwissenschaftlichen Forschung tragen die Kriterien, auf denen die Wahl der Methoden und die Annahme und Verwerfung von Hypothesen beruht, zur Reflexion der gesellschaftlichen Funktion von Wissenschaft nichts bei, und man muß damit rechnen, daß diese Diskrepanz mit der Konsolidierung erfolgreicher Forschung nicht abnimmt, sondern zunimmt.

Das Reflexionsdefizit der Organisationen ist besonders augenfällig, weil es mit einem Höchstmaß an differenzierter Sensibilität, mit einem Höchstmaß an Auflösungsvermögen, mit einem Höchstmaß an organisierter Informationsverarbeitungskapazität zusammenfällt. Diesem Dilemma kann man sich sicher nicht durch einen Kopfsprung in Weltanschauungen entziehen, die eine Reflexion nicht nötig oder, wie der Marxismus, schon hinter sich haben. Aber unerprobt sind die Möglichkeiten, gesamtgesellschaftliche Reflexion und organisiertes Entscheiden gegeneinander zu relativieren und im Bewußtsein der Diskrepanz miteinander zu vermitteln. Dazu ist vielleicht am ehesten die Wissenschaft im Stande, weil ihre Selektionskriterien ohnehin nur ein schwaches organisatorisches Fundament haben.

3. Die Bedeutung der zunehmenden Differenzierung von Systemebenen und Systemtypen läßt sich an einem Sonderproblem besonders gut vorführen, nämlich am Problem des *Konflikts.* Von Konflikt wollen wir immer dann sprechen, wenn ein Teilnehmer an Interaktionen es ablehnt, Selektionsvorschläge zu übernehmen *und diese Ablehnung mitteilt.* Es ist für den Begriff gleichgültig, ob die Annahmezumutung auf Wahrheit, Liebe, auf rechtliche oder moralische Normen oder auf Übermacht gestützt wird; entscheidend ist die Benutzung des Negationspotentials zur Ablehnung der zugemuteten Selektion. Weder die bloße Existenz von Standes- oder Klassenunterschieden noch die funktionale Differenzierung des Gesellschaftssystems sind als solche schon Konflikte, aber sie können als konfliktsträchtige Lagen beschrieben werden, und es interessiert dann, unter welchen zusätzlichen Bedingungen sie zum Ausbruch von Konflikten führen.

Wir analysieren zunächst auf der Ebene der Interaktion unter Anwesenden. Die Rückkommunikation der Weigerung, einer Selektionszumutung nachzukommen, stößt hier auf besondere Schwierigkeiten. Sie ist deshalb problematisch, weil diese Systeme unter der Bedingung thematischer Konzentration operieren, also jeweils nur ein Leitthema traktieren können. Wird der Konflikt durch Weigerung zum Thema gemacht, strukturiert das Gesamtsystem sich entsprechend um. Man reagiert auf dieses neue Thema, und es entsteht eine Kontroverse, wenn nicht ein Streit, der mehr oder weniger limitiert, was dann im System noch möglich ist. Interaktionssysteme können offene Konflikte schlecht nebenherlaufen lassen, dazu sind sie nicht komplex genug. Sie haben nur die Wahl, Konflikte zu vermeiden oder Konflikte zu sein.

Interaktionsnah strukturierte archaische Gesellschaftssysteme finden sich den entsprechenden Beschränkungen ausgesetzt. Sie stehen beständig vor der Alternative der Konfliktunterdrückung oder des offenen und gewaltnahen Streites. Darauf sind ihre pressionsreichen Schlichtungsverfahren eingestellt. Sie können deshalb nur primitive Formen gesellschaftlicher Differenzierung entwickeln, die einerseits in der Konfliktunterdrückung effektiv sind und andererseits gegen Gewaltakte und Sezessionen relativ immun. Das leisten Formen segmentärer Differenzierung nach Häusern, Geschlechtern, Wohngemeinschaften, Siedlungen.

Alle weitere Entwicklung setzt eine Steigerung des Konfliktspotentials auf der Ebene der Gesellschaft voraus, und dies in zweifacher Hinsicht: als Möglichkeit, Konflikte durch Rückkommunikation von Verweigerungen zu erzeugen, und als Möglichkeit, Konflikte als laufende Angelegenheit zu ertragen und in kritischen Fällen zu entscheiden. Mit zunehmender Komplexität steigt die Differenzierung der Interessen und Perspektiven, nehmen die Anlässe und die strukturellen Möglichkeiten für Negationen zu. Die Sozialordnung muß jetzt vorsehen, daß Rechtsnormen geändert, daß Tauschofferten ohne Kränkung zurückgewiesen, daß behauptete Wahrheiten bezweifelt werden; daß man dem religiösen Zeremoniell fernbleibt, ohne dadurch die Gefühle anderer zu verletzen, oder gar aus Religionsgemeinschaften austritt. An der Steigerung der Negationspotentiale hängt die Möglichkeit, jeweils andere Spezialinteressen konsistent zu verfolgen. Außerdem beruht darauf die Dynamik der gesellschaftlichen Entwicklung, die Möglichkeit, Gegebenes zu variieren. Schließlich setzt der gesamte Organisationsmechanismus gesteigerte Mobilität mit Möglichkeiten zum Abbrechen und Neueingehen sozialer Beziehungen voraus. Differenzierung, Innovation und Organisation hängen damit ab von einer *Normalisierung des Konfliktverhaltens.*

Die Lösung dieses Problems liegt in einer stärkeren Differenzierung von Interaktionssystemen und Gesellschaftssystem. Ein solches Auseinanderziehen von Interaktion und Gesellschaft hat die Folge, daß die Gesellschaft vom Konfliktsmodus ihrer Interaktionssysteme unabhängig wird. Sie kann, ohne ihre eigene Kontinuität zu gefährden, in weitem Umfange den Abbruch von Interaktion als Modus der Konfliktlösung zulassen. Sie kann, vor allem im Rahmen ihres Rechtssystems, besondere Interaktionssysteme zulassen, die auf die Behandlung von Streitfällen spezialisiert sind. Und sie kann allgemein die Konflikttoleranz erhöhen, indem sie die Expansion der Konflikte einschränkt. Die Konkurrenz auf dem Markt, die große ideologische Kontroverse, die konterkarierenden Schachzüge in der

Mikropolitik der Organisationen schließen es nicht aus, daß man gemeinsam zum Essen eingeladen wird oder auf Empfängen nebeneinandersteht. Daß man nicht mehr auf konkret-gemeinsames Zusammenleben angewiesen ist, erleichtert sowohl das Abbrechen als auch das Fortsetzen sozialer Beziehungen im Konfliktsfalle.

Andererseits heißt dies, daß eine Transposition von Konflikten auf die Ebene des Gesellschaftssystems eine mehr oder weniger künstliche, politische Aggregation von Interessen erfordert. Ihre Klassenlage muß den Betroffenen bewußt gemacht, wenn nicht eingehämmert werden als Voraussetzung einer Politisierung des unterstellten Klassenkonflikts. Hier könnte eine Theorie sozialer Massenbewegungen anschließen. Solche Bewegungen kommen unter den angegebenen Bedingungen als historische Prozesse selektiver Selbststeigerung zustande. Sie bauen ihre eigenen Voraussetzungen phasenweise auf, gewinnen ihre Dynamik und Entwicklungsrichtung also aus ihrer eigenen Geschichte. Die Heftigkeit von Interaktionskonflikten, in die sie ausmünden können, ergibt sich aus der Künstlichkeit der Interessenaggregation und aus der Eliminierung anderer Möglichkeiten im historischen Prozeß. Im Verhältnis zum gesamten Interaktionsvolumen werden gesamtgesellschaftliche Konflikte in komplexen Gesellschaften seltener und gefährlicher.

Dies Bild rundet sich ab, wenn man das Konflikthandeln in Organisationen mit in Betracht zieht. Organisationssysteme unterwerfen alle Mitglieder einem Modus hierarchischer Konfliktsbehandlung und -entscheidung, dessen Anerkennung sie zur Mitgliedschaftspflicht machen. Zugleich differenzieren sie interne und externe Konflikte und unterbrechen deren Zusammenhang mit sonstigen Konflikten ihrer Mitglieder. Man darf sich im Dienst nicht an seinen Privatfeinden rächen, darf den Kindern des politischen Gegners keine schlechteren Zensuren erteilen oder umgekehrt dem Lehrer die Auszahlung eines Bankkredits verweigern, weil er schlechte Zensuren erteilt hatte. Entsprechend ist es eine für Organisationen typische Mitgliederpflicht, intern bestehende Konflikte – etwa Meinungsverschiedenheiten des Kollegiums in der Versetzungskonferenz – nach außen zu verbergen. In welchem Umfange diese Gebote faktisch realisiert werden können, ist eine empirische Frage. Keine Frage ist jedoch, daß mit Hilfe dieses neuen Systemtyps Organisation Konflikte in einem Umfange ermöglicht und reguliert werden können, wie es auf der Basis von Interaktion und Gesellschaft allein nicht möglich wäre.

III.

Die analytische Technik, die diesem Vortrag zu Grunde liegt, war eingangs als relativ kompliziert charakterisiert worden. Bisher haben wir jedoch, wie für einen Vortrag nicht anders möglich, einen ziemlich einfachen Weg der Analyse beschritten. Wir hatten das Moment der Selbstselektion und Grenzziehung am Systembegriff hervorgehoben und auf dieser Grundlage verschiedene Formen der Systembildung unterschieden, nämlich Interaktion, Organisation und Gesellschaft. Deren Differenzierung wurde dabei nicht nur als eine rein begriffliche Unterscheidung angesehen, sondern als ein Produkt der soziokulturellen Evolution dargestellt, also historisch relativiert. Daher konnten wir fragen und an einigen Beispielen kurz skizzieren, wie unter wechselnden Bedingungen und bei zunehmender Komplexität des Gesellschaftssystems diese Systemtypen auseinandertreten, sich spezifizieren und sich wechselseitig funktional entlasten. Schon diese Analyse geht wesentlich über das hinaus, was sich mit einem typenspezifisch verkürzten, also nur interaktionistischen oder nur gesellschaftstheoretischen Bezugsrahmen erreichen läßt. Gleichwohl ist diese Betrachtungsweise in einer wichtigen Hinsicht noch viel zu einfach: Sie läßt die Verschachtelungsverhältnisse zwischen den Systemen außer acht.

Als selektive Prozesse können Handlungen mehreren Systemen zugleich angehören, können sich also an mehreren System/Umwelt-Referenzen zugleich orientieren. Soziale Systeme sind daher nicht notwendig wechselseitig exklusiv – so wie Dinge im Raum. So gehört jedes Interaktionssystem und jedes Organisationssystem auch zu einem Gesellschaftssystem, und ein Interaktionssystem kann, braucht aber nicht einer Organisation angehören. Die Sitzung einer Fakultätskonferenz beispielsweise ist ein Interaktionssystem für sich mit einer eigenen Ablaufgeschichte und selbstbestimmten Möglichkeitshorizonten und Selektionen; sie ist zugleich System in einer Organisation, die wiederum Teilorganisation einer größeren Organisation ist und dem Subsystem Erziehung des Gesellschaftssystems zugehört.

Bei einem solchen Aufbau sind die jeweils umfassenderen Systeme für die eingeordneten Systeme in *doppelter* Weise relevant: Sie geben ihnen bestimmte strukturelle Prämissen vor, auf Grund deren ein selbstselektiver Prozeß anlaufen kann und in seinen Möglichkeiten begrenzt wird. Und sie ordnen zugleich die nähere Umwelt des

Teilsystems. In diesem *doppelten* Zugriff liegt die *Bedingung der Freiheit* für Systementwicklungen.

Bleiben wir beim Beispiel der Fakultätskonferenz: Das einzelne Interaktionssystem einer solchen Konferenz setzt beispielsweise Teilnahmeverpflichtungen und eine Satzung voraus; es kommt nicht zufällig zustande. Auch weiß man schon vor Beginn der Sitzung, wer Dekan ist. Die Konferenz setzt ferner gesellschaftliche Errungenschaften und Selbstverständlichkeiten voraus – etwa daß die Teilnehmer Uhren haben, die annähernd gleiche Zeit zeigen. Ressourcen und Restriktionen umfassenderer Systeme beschränken mithin das, was in dem Interaktionssystem möglich ist. Nur auf Grund solcher Limitationen haben bestimmte Erwartungen in bezug auf Verhalten und auf Ergebnisse eine Chance. Dazu kommt, daß die gleichen Übersysteme, die die Bedingungen der Möglichkeit vorgeben, auch die Umwelt des Interaktionssystems ordnen. Diese Umwelt garantiert, daß Beschlüsse überhaupt einen Adressaten haben, daß Studenten am Studium, daß Habilitanden an einer Habilitation interessiert sind, daß es Zeitungen gibt, in denen man Ausschreibungstexte abdrucken lassen kann, usw.

Nur diese Tatsache einer organisatorisch und gesellschaftlich schon geordneten Umwelt ermöglicht es dem Interaktionssystem, fremdgesetzte Prämissen zu unterlaufen und strukturelle Determinationen entgleisen zu lassen: Gegen Satzungsbestimmungen wird in der Situation ein moralischer Druck mobilisiert, der voraussetzt, daß die Teilnehmer an wechselseitiger Achtung interessiert sind oder zumindest nicht sagen werden, daß sie es nicht sind. Oder: Es kann satzungswidrig beschlossen werden, die Interaktion aus dem Erziehungssystem in das politische System zu verlagern und aus gegebenem Anlaß ein Empörungstelegramm an eine ausländische Botschaft zu richten; aber doch nur unter der Voraussetzung, daß die Post funktioniert und die Botschaft wirklich eine Botschaft ist. Die Gesellschaftsstruktur, die im eigenen Hause abgelehnt wird, muß in der Umwelt bejaht werden oder umgekehrt. Eine Totalkritik bleibt folgenlos. Proteste brauchen Adressaten.

An diesem bewußt extrem gewählten Beispiel läßt sich ablesen, daß die Bewegungsfreiheit der Interaktionssysteme auf unvollständiger Koordination der umfassenderen Systeme beruht. Perfekte Interdependenz von allem mit allem ist in sozialen Systemen und erst recht in komplexen Gesellschaftssystemen unmöglich. An ihre Stelle tritt der Doppelzugriff auf Teilsysteme über Strukturvorgaben und Umweltvorgaben. Dies ermöglicht *innerhalb* umfassenderer Systeme die Konstitution von Sozialsystemen, die *anderen* Selbstselektions- und Grenzziehungsprinzipien folgen, also einen anderen Systemtyp realisieren. Die Gesamtgesellschaft bleibt mit Organisationssystemen und mit Interaktionssystemen kompatibel, weil sie für diese eine geordnete Umwelt ist und zugleich Bedingungen der Möglichkeit von Strukturbildung garantiert.

Natürlich gewinnen diese Ansätze erst im Zuge weiterer Ausarbeitung Theoriefähigkeit im engeren Sinne und erst damit wissenschaftliches Interesse; nämlich dann, wenn man zeigen kann, wie Systemstrukturen unter bestimmten Umweltbedingungen variieren und welche Selektionsmöglichkeiten sie den Systemprozessen dadurch eröffnen bzw. verschließen. Erst dann kann man feinfühligere Fragen stellen wie die, ob ein *organisatorisch* oktroyiertes Prinzip der Mehrheitsentscheidung, für das es auf der Ebene des *Gesellschaftssystems* strukturelle Gründe geben mag, auf der Ebene der *Interaktion* noch moralisches Argumentieren ermöglicht. Fragen dieser Art sind dann aber nicht mehr für jede Interaktion, jede Organisation, jede Gesellschaft, geschweige denn für jedes Sozialsystem formulierbar. Sie setzen einschränkende Bedingungen der Relevanz voraus. Entsprechend kann man Resultate solcher Forschungen nur begrenzt generalisieren.

Spricht man von »der Systemtheorie«, heißt das also nicht, daß nur Aussagen in unbestimmter Allgemeinheit über Systeme schlechthin produziert werden sollen. Entscheidend ist, daß von der generalisierten Theoriebasis aus mit relativ *einfachen* Mitteln *hochkomplexe* Forschungsansätze produziert werden können, die zur Komplexität der sozialen Wirklichkeit in einem adäquaten Verhältnis stehen. Dieses Postulat ist eine ins Zeitliche übertragene Fassung des alten Problems der Einheit in der Mannigfaltigkeit oder, wie Leibniz formuliert, der größtmöglichen Ordnung größtmöglicher Vielfalt.

Die Systemtheorie löst diese Problem auf exemplarische Weise durch die Grundannahmen, die sie als universell verwendbaren Systembegriff voraussetzt: daß nämlich Systeme sich durch Prozesse der Autokatalyse oder Selbstselektion im Hinblick auf eine Differenz zur Umwelt konstituieren. Dadurch ist die Richtung der Spezifikation vorgezeichnet. Sie erfordert den Einbau besonderer Annahmen über Prozesse der Grenzziehung und des Strukturaufbaues. Daran schließt die Typenbildung an. Durch Konstruktion von nur drei Typen sozialer Systeme: Interaktion, Organisation und Gesellschaft, und durch Annahme von nur zwei Relativierungen, nämlich Evolution der Typendifferenz und jeweils systemspezifische Umweltperspektiven, entsteht ein bereits hochkomplexes Gesamtbild der sozialen Wirklichkeit, das vorstellungsmäßig nicht mehr kontrolliert werden kann.

Wenn das nicht möglich ist: Wo liegen dann die Motive für die Annahme eines solchen Forschungsansatzes?

Die moderne Wissenschaft ist selbst ein Sozialsystem, ein Teilsystem der Gesellschaft, und ihre Motive weichen daher von den sonst gesellschaftsüblichen ab. Durch ein immens gesteigertes Auflösungsvermögen ist die Welt für die Wissenschaft äußerst komplex geworden. Das hat Konsequenzen für die Wahl von Forschungsansätzen. Sie kann in *sachlicher* Hinsicht *nicht* auf unmittelbare Einsichtigkeit, auf Evidenz des Begriffserlebens gestützt werden. Und sie kann in *zeitlicher* Hinsicht *nicht* auf eine Art Vorweggewißheit der Wahrheit des Forschungsresultates gestützt werden; sie muß vielmehr die Möglichkeit der Unwahrheit offenhalten. Deshalb braucht man für die Wahl von Forschungsansätzen Ersatzkriterien. Als solche können dienen zum einen der Anschlußwert in bezug auf vorhandene Forschung, zum anderen die Komplexität des begrifflichen und methodischen Kontrollvermögens. Der hier vorgestellte systemtheoretische Ansatz versucht, beiden Kriterien Rechnung zu tragen, nämlich Problemstellungen der vorhandenen Forschung auf einem Niveau höherer Komplexität zu rekonstruieren. Ob solche Kriterien sinnvoll sind, mag die Wissenschaftstheorie diskutieren. Ob der Ansatz Erfolg haben wird, kann sich nur in der Forschung selbst erweisen.

8. Gibt es in unserer Gesellschaft noch unverzichtbare Normen?

I.

Zur Einstimmung in das Thema dieses Vortrags mag nach gutem Juristenbrauch die Vorgabe eines Falles dienen. Stellen Sie sich vor, Sie seien ein höherer Polizeioffizier. In Ihrem Lande – und das könnte in nicht zu ferner Zukunft auch Deutschland sein – gäbe es viele linke und rechte Terroristen, jeden Tag Morde, Brandanschläge, Tötung und Schäden für zahlreiche Unbeteiligte. Sie hätten den Führer einer solchen Gruppe gefangen. Sie könnten, wenn Sie ihn folterten, vermutlich das Leben vieler Menschen retten – zehn, hundert, tausend, wir können den Fall variieren. Würden Sie es tun?

In Deutschland scheint die Sache einfach zu sein. Man sieht im Grundgesetz nach. In Artikel 1 (Menschenwürde) ist keine Ausnahme vorgesehen.[1] Der Nichtfachmann staunt zwar zunächst, daß die Norm als Tatsache formuliert ist. Also kann auch Foltern die Menschenwürde nicht verletzen? Der Jurist wird ihn eines Besseren belehren. So weit, so gut. Wenn nicht rechtlich, so jedenfalls juristisch.

Für das nicht so gesetzespositivistisch denkende common law gibt es eine umfangreiche Diskussion, die hier relevant ist. Die Frage lautet, ob jede Rechtsfrage letztlich auf Grund einer Folgenabwägung entschieden werden könne. Dann könnte man diese Entscheidung durch Manipulation der Folgenbewertung beeinflussen. Oder ob es unverzichtbare Rechte gebe, die ungeachtet aller Folgen der Entscheidung zu beachten seien.[2] Es fällt auf, daß von *Rechten* die Rede ist und nicht etwa, wie Pufendorf, Kant und vor allem das jüdische Recht es nahelegen würden, von *Pflichten*.[3] Das Betonen von Rechten mag liberales Erbgut sein, hat aber auch den Vorteil, daß man damit rechtstechnisch zugleich über Klagebefugnisse disponiert. Außer-

1 Siehe dazu auch Winfried Hassemer, Unverfügbares im Strafprozeß, Festschrift Werner Maihofer, Frankfurt 1988, S. 183-204.

2 Siehe hierzu prominent: Ronald Dworkin, Taking Rights Seriously, Cambridge/Mass. 1978, dt. Übers. Frankfurt 1984.

3 Vgl. für viele George Horowitz, The Spirit of Jewish Law (1953), Nachdruck New York 1973, z. B. S. 7 f.

dem ist weltweit von Menschenrechten die Rede und nicht von Menschenpflichten. Doch hilft diese Frage uns nicht bei der Entscheidung, denn wir hätten immer noch die Vorentscheidung zu treffen, ob es gänzlich folgenindifferente Rechte gibt – oder nicht.

Man kann, um die Entscheidung zu erschweren und letztlich unentscheidbar zu machen, den angenommenen Fall variieren. Die Terroristen haben eine Atombombe, und es kommt darauf an, diese zu finden und unschädlich zu machen. Würden Sie foltern?

Es liegt nicht in der Kompetenz des Soziologen, die Entscheidung zu treffen oder auch nur: eine bestimmte Entscheidung zu empfehlen (»unter Abwägung aller Umstände«, wie die Juristen sagen). Als Soziologe interessiert man sich für das *Problem*. Oder wie man auf Grund bestimmter theoretischer Vorgaben sagen könnte: für die *Form des Problems*. Man kann es nur falsch machen. Es handelt sich um einen Fall von »tragic choice«.[4] Während im Normalfalle Juristen keinen Zweifel haben, daß sie im Recht sind, wenn sie zwischen Recht und Unrecht unterscheiden und entsprechend entscheiden (wie immer das dann begründet wird), könnte dieser Fall umgekehrt liegen: man ist im Unrecht, wenn man zwischen Recht und Unrecht unterscheidet. Die gewohnte Auflösung der Paradoxie der Selbstreferenz des Codes Recht/Unrecht, die darin besteht, daß man den positiven Wert draufdoppelt und die Unterscheidung selbst für rechtmäßig erklärt, funktioniert nicht. Oder sie funktioniert nur, wenn man dieselbe Operation des Auflösens der Paradoxie beim negativen Wert ansetzt. Wie in frühen griechischen Tragödien ist schon die Behauptung des Rechts ihrerseits Unrecht. Der Code selbst muß erst erzeugt, erst paradoxiefrei institutionalisiert werden. Athena greift ein, setzt den Gerichtshof des Areopag ein und behält sich selbst die Entscheidung von (wie die Amerikaner in ihrer unnachahmlichen Art sagen würden) »hard cases« vor.

Da unser Recht einer religiösen Legitimation entbehrt, kommt dieser Ausweg für uns nicht in Betracht. Wir verfügen auch nicht mehr über die Institution der »Gottesurteile«, mit denen früher solche »hard cases« entschieden wurden.[5] Wir wissen zwar dank Gödel,

4 So formulieren Ökonomen. Siehe Guido Calabresi/Philip Bobbitt, Tragic Choices, New York 1978.

5 Siehe Jean Bottéro, L'ordalie en Mésopotamie ancienne, Annali della Scuola Normale Superiore di Pisa, Classe di Lettere e Filosofia ser. III, Bd. XI, S. 1005-1067. Vgl. aber auch Salem Alafenish, Der Stellenwert der Feuerprobe im Gewohnheits-

daß wir solche Probleme der systemeigenen Paradoxie »gödelisieren« müssen und dafür externe Referenzen brauchen. Aber zugleich lehrt uns die Entwicklung der Semiologie seit Saussure, daß es solche externen Referenzen nicht gibt, sondern daß ein System auf selbsteingeführte Unterscheidungen angewiesen bleibt.

Wir haben mit diesen Überlegungen zwar keine Entscheidung gewonnen, wohl aber die Einsicht, daß es sich um ein Problem von hohem theoretischen Rang handelt. Da empfiehlt es sich auf alle Fälle, jedes moralische Urteil (und das heißt auch: jede ethische Konstruktion des Problems) zu vermeiden, weil das nur dazu führen könnte, die eine oder die andere Option moralisch zu diskreditieren[6] und den Teufel im Recht mit dem Beelzebub der Moral auszutreiben. Statt dessen schlage ich vor, auf eine soziologische Analyse zurückzugreifen, also die Distanz des Soziologen zum Rechtssystem auszunutzen. Von vornherein sollte klar sein, daß der Jurist davon keinen Entscheidungsvorschlag erwarten kann. Aber auch eine gewisse semantische Reorganisation des Wissens mag hilfreich sein – zumindest bei dem Bemühen, eine für die moderne Gesellschaft angemessene Formulierung des Problems zu erreichen.

Denn es könnte gut sein, daß uns eine lange Tradition mit einer Fehlsteuerung der Problemstellung belastet. Vielleicht erwarten wir immer noch, aber wahrscheinlich erfolglos, einen Zusammenhang von Entscheidung und Prinzip, eine erlösende Abschlußformel, ein System im Sinne Kants oder ein allgemeines, a priori geltendes Gesetz.[7] Aber der Letztgrund allen Entscheidens liegt vielleicht nicht in einem Prinzip, sondern in einem Paradox.

recht der Beduinen des Negev, in: Fred Scholz/Jörg Janzen (Hg.), Nomadismus: Ein Entwicklungsproblem, Berlin 1982, S. 143-158.

6 Hierzu bedenkenswerte Vorbehalte im jüdischen Recht – aber wiederum: auf Grund einer religiösen Legitimation. Vgl. Robert M. Cover: The Supreme Court, 1982 Term. Foreword: Nomos and Narrative, Harvard Law Review 97 (1983), S. 4-68.

7 Siehe für den Traditionsbezug etwa Girolamo Cardano, De Uno, Liber, zit. nach: Hieronymus Cardanus, Opera Omnia, Bd. 1, Lyon 1663, Nachdruck Stuttgart-Bad Cannstatt 1966, S. 277-283, S. 277: Unum bonum est, plura vero malum. Vgl. auch die gegen die Aristoteliker gerichtete Garantie von oben: non ergo tendunt in unum sed ab uno procedunt (S. 279).

II.

Die Distanz des Soziologen beginnt nicht erst bei der schon auf eine Entscheidung zugespitzten Frage, ob es in der modernen Gesellschaft unverzichtbare Normen gebe – oder nicht. Sie findet sich vielmehr schon in der Auffassung des Normativen selbst und insofern ganz allgemein. Juristen (und dasselbe würde mutatis mutandis für Ethiker gelten) setzen beim Normbegriff eine besondere Existenzweise voraus, die seit dem 19. Jahrhundert auch als »Geltung« bezeichnet und von faktischem Sein unterschieden wird. Sie arbeiten mit dieser Voraussetzung, weil es für das Rechtssystem darauf ankommt, Fakten den Normen zuzuordnen und zu entscheiden, ob ein Verhalten der Norm entspricht oder gegen sie verstößt. Deshalb sucht das Rechtssystem in der *Unterscheidung* von Normen und Tatsachen die Grundlage für die eigene Art und Weise, Welt zu beobachten. Die Soziologie ist dagegen frei, auch Normen als Tatsachen zu behandeln – selbstverständlich als Tatsachen besonderer Art. Eine mögliche Konstruktion ist: Normen als Formeln für *kontrafaktisches Erwarten* aufzufassen, das heißt: für Verhaltenserwartungen, die sich durch faktisches Verhalten nicht irritieren lassen, sondern auch dann festgehalten werden, wenn sie enttäuscht werden.[8] Hier ist die Leitunterscheidung dann nicht Tatsachen/Normen sondern Lernen/Nichtlernen. Die übliche Redeweise, die auf »Sollen« abstellt und von »Geltung« spricht, wird dann begriffen als Ausdruck für das Recht zur Lernverweigerung, zum Durchhalten von Erwartungen auch für den Fall, daß sie enttäuscht werden. Aber es handelt sich immer um tatsächlich vorkommende und feststellbare Erwartungen, also im Sozialsystem der Gesellschaft um Sachverhalte, die man an empirisch erkennbaren Kommunikationen abgreifen kann. Und dann wird es auch zu einer Faktenfrage, ob die Kommunikation »unverzichtbarer Normen« in einer Gesellschaft Erfolg hat oder nicht, wovon dies abhängt und welchen Belastungsproben (Fall: Terroristen besitzen Atombombe!) die Akzeptanz einer solchen Norm gewachsen ist.

In einer etwas anderen Terminologie kann man die kulturelle Erfindung der Normativität auch als eine *Realitätsverdoppelung* beschreiben – so wie man zwischen Spiel und Ernst unterscheiden kann oder nach der Evolution von Sprache zwischen den Sprachzeichen und

8 Vgl. näher Niklas Luhmann, Rechtssoziologie, 2. Aufl., Opladen 1983, S. 40 ff.; ders., Das Recht der Gesellschaft, Frankfurt 1993.

dem, was sie bezeichnen; und Ähnliches gilt für die Annahme eines religiösen Hintergrundsinns der phänomenalen Welt oder für die Unterscheidung des Kunstsystems zwischen fiktionaler Realität und realer Realität – wie immer man sich in solchen Fällen dann die Kopplung und die Möglichkeiten einer Grenzüberschreitung vorstellt. Es ist keine Frage, daß sprachliches Kommunizieren real geschieht, auch wenn es nicht das »ist«, was es »bezeichnet«. Es ist auch keine Frage, daß normgemäßes Verhalten real erwartet wird, auch wenn es, eben deshalb, von dem erwarteten Verhalten unterschieden werden muß und nicht mit ihm verwechselt werden darf. Erst mit Hilfe solcher Realitätsverdoppelungen gewinnt man die Möglichkeit, eine zugespitzte Vorstellung von realer Realität, von harter, faktischer Wirklichkeit zu pflegen – gerade weil man dies unterscheiden und es von der anderen Seite der Unterscheidung aus beobachten kann. Kulturgeschichtlich wird es nicht falsch sein, hier zunächst an die Semantik religiöser Transzendenz zu denken; und dann sieht man auch, daß sowohl Recht als auch Kunst in allmählichen Prozessen der Ausdifferenzierung entstehen, die dann eigene Formen der Gegenüberstellung, also auch eigene Beschreibungen der realen Realität erzeugen.[9] Die Härtung der Realität wird erst über Fiktionalität möglich, der nominalistische Faktenindividualismus (Ockham und Nachfolger) schafft sich in einer dazu passenden Sprachtheorie sein Fundament. Der Induktionsschluß problematisiert sich selbst und legitimiert sein Realitätsdefizit über bloße »habits« (Hume) und heute über statistische Analysen, die für keinen konkreten Fall etwas besagen.[10] Und so auch das heutige positive Recht.

Anders als Gesellschaften, die von einer religiösen Weltsetzung ausgingen, können wir Heutigen diese auf Verdoppelungen beruhenden Realitätsbeschreibungen nicht mehr in einem transzendenten Prinzip zusammenfassen. Auch das transzendentale Subjekt hat in dieser Hinsicht (und in anderen) versagt. Unsere Gesellschaft beschreibt sich selbst »polykontextural«,[11] das heißt mit Hilfe einer

9 Für die alteuropäische Poetik vgl. etwa Heinz Schlaffer, Poesie und Wissen: Die Entstehung des ästhetischen Bewußtseins und der philologischen Erkenntnis, Frankfurt 1990.

10 Dazu George Spencer Brown, Probability and Scientific Inference, London 1957.

11 Gotthard Günthers Terminologie. Siehe z. B. Life as Poly-Contexturality, in: Gotthard Günther, Beiträge zur Grundlegung einer operationsfähigen Dialektik, Bd. 2, Hamburg 1979, S. 283-306.

Mehrheit von Unterscheidungen, wobei die Unterscheidungen, mit denen ein Beobachter seine Gegenstände bezeichnet, zugleich dazu dienen, ihn selbst von seinen Gegenständen zu unterscheiden, ihn also in einen »unmarked space« zu versetzen,[12] von dem aus er etwas, aber nicht sein Beobachten, beobachten kann.

Für die folgenden Überlegungen zum Thema der Unverzichtbarkeit bestimmter Normen geben diese Überlegungen die Freiheit, zu beschreiben, wie das Rechtssystem dies Problem beschreibt, und dabei mit soziologischem Blick Nichtbeliebigkeiten zu entdecken. Wir verlassen damit auch die für die Soziologie eher typische Art, nach der »Institutionalisierbarkeit« von Normen zu fragen. Dabei geht es letztlich um die Frage, ob und in welchen Hinsichten normatives Erwarten seinerseits normativ erwartet wird, und vor allem darum: ob und wie weit dieses normative Erwarten normativen Erwartens ohne weitere Information unterstellt werden kann.[13] Auf diese Weise käme man zwar zu einer empirischen Analyse der sozialen Erfolgschancen von Normierungen, nicht aber zu dem hier interessierenden Problem, ob und mit welchen semantischen Mitteln das Rechtssystem die *Unverzichtbarkeit* von Normen begründen kann.

III.

Fragt man nach rechtstheoretischen oder rechtsphilosophischen Versuchen, unverzichtbare Normen auszuweisen und zu begründen, wird der Blick, auch heute noch, aufs Naturrecht gelenkt. Zwar sollte uns warnen, daß bereits von »ewiger Wiederkehr« des Naturrechts gesprochen worden ist,[14] und Norberto Bobbio hat daraus denn auch auf eine mangelnde Reife geschlossen.[15] Aber da der Begriff zu den wenigen gehört, die im Gespräch geblieben sind, und da immer wieder vom Naturrecht Absicherung gegen politische Greueltaten erwar-

12 Nach Georg Spencer Brown, Laws of Form, Neudruck New York 1979.

13 Siehe dazu, immer noch lesenswert, Floyd Henry Allport, Institutional Behavior: Essays Toward a Re-interpreting of Contemporary Social Organization, Chapel Hill/N.C. 1933.

14 So die vielgenannte Publikation von Heinrich Rommen, Die ewige Wiederkehr des Naturrechts, 2. Aufl., München 1947.

15 Siehe Norberto Bobbio, Giusnaturalismo e positivismo giuridico, 2. Aufl., Milano 1972, S. 159 ff. (190).

tet wird, liegt es nahe, dies zu prüfen. Dabei stößt man allerdings auf Eigentümlichkeiten einer Tradition, die in der heutigen Diskussion kaum noch gegenwärtig sind. Und das gilt sowohl für den aristotelischen Naturbegriff als auch für die wenigen Hinweise in der textlichen Überlieferung des römischen Zivilrechts.

Für Aristoteles war Natur von Technik, von hergestellten Produkten unterschieden und durch diese Unterscheidung bestimmt gewesen. Zur Natur zählten danach unter anderen auch Wesen, die sich selber beobachten können, also Menschen, aber auch Städte oder sonstige soziale Körper. Fragt man folglich, wie eigene oder fremde Natur zu beobachten sei, stößt man auf die Weisung: der Beobachter solle auf den perfekten Zustand und nicht auf die korrupten Zustände achten.[16] Offenbar kann die Natur danach einen natürlichen und einen naturwidrigen Zustand annehmen. Sie selbst liegt damit dem Beobachter, der entsprechend unterscheiden muß, als ein in sich paradoxer Seinssachverhalt vor Augen. Diese Paradoxie wird durch die Annahme einer Selbstnormierung der Natur in Richtung auf eigene Perfektion aufgelöst. Natur wird als teleologisch geordnet begriffen, und Aristoteles geht davon aus, daß die Natur in den meisten Fällen das erreicht, woraufhin sie angelegt ist. Man hat es also nur mit defizienten Restbeständen zu tun. Dafür sorgt dann unter anderen die ökonomische Ordnung des Hauses und die politische Ordnung der Stadt. Dieser Naturbegriff ist heute nicht mehr üblich, aber auch das in ihn eingebaute Deckungsverhältnis von Normalität und Normativität würde uns kaum überzeugen.

In den überlieferten Texten des römischen Zivilrechts ist nicht deutlich zu erkennen, wieweit genau dieser Naturbegriff eine Rolle gespielt hat. Aber man findet einen ganz ähnlichen Sachverhalt. In einer im Mittelalter viel benutzten Ulpian-Stelle wird das Naturrecht vom ius gentium und vom Zivilrecht unterschieden, wird aber keineswegs als übergeordnetes Recht angesehen. Vielmehr ist das Naturrecht dadurch ausgezeichnet, daß es alle Lebewesen, also Menschen und Tiere steuert.[17] Die Folge ist, daß man die zivilisatorische

16 So Pol. 1254a/36-37 (formuliert mit skopeîn, also beobachten!). Vgl. auch Thomas von Aquino, Summa Theologiae IIa, IIae q. 57a.2 ad primum: »Natura autem hominis est mutabilis. Et ideo id quod naturale est homini potest aliquando deficere.«

17 Siehe D 1.1.1.3: »Ius naturale est, quod natura omnia animalia docuit.« Beachtlich im übrigen, daß die Natur sich selbst lehrt. Das Naturrecht muß also nicht gelehrt

Entwicklung als *Abweichung vom Naturrecht* begreifen muß.[18] Die Ehe schränkt den natürlichen Fortpflanzungstrieb ein. Das Eigentum schränkt den gleichen Zugang aller zu allen Gütern (die als ursprünglich angenommene Gütergemeinschaft) ein. Und Institutionen wie Sklaverei, Leibeigenschaft oder vertragliche Lohnarbeit schränken das ein, was als natürliche Freiheit vorausgesetzt werden muß. Sowohl die Legisten als auch die Kanonisten des Mittelalters konstruieren folglich die Rechtslage in der Gesellschaft als Abweichung vom Naturrecht, obwohl sie zugleich – und wieder stoßen wir auf eine verdeckte, eine aufgelöste Paradoxie – Begriffe wie communitas, universitas, civitas als Bezeichnung von natürlichen Körpern benutzen.[19]

Diese Problembehandlung ändert sich nicht grundlegend, wenn man im 17. Jahrhundert mit der Lehre vom Sozialvertrag (pactum unionis) arbeitet. Nur setzt das die grundlegende Paradoxie schärfer ins Relief. Der Ausgangspunkt liegt jetzt in der Annahme individuell verfügbarer Freiheit; aber das heißt eben auch (und dies unbestritten bis weit ins 18. Jahrhundert hinein), daß es zur Freiheit gehört, aus wohlüberlegten Gründen auf Freiheit verzichten zu können. Später wird man noch deutlicher die Paradoxie in den Freiheitsbegriff selbst einbauen und sie *in ihm* durch eine genau darauf abzielende Unterscheidung auflösen: durch die Unterscheidung von libertas und licentia.[20]

und gelernt, nicht studiert werden. Das Studium bezieht sich auf die Texte, nicht auf die Natur!

18 Dazu mit vielen Belegen Rudolf Weigand, Die Naturrechtslehre der Legisten und Dekretisten von Irnerius bis Accursius und von Gratian bis Johannes Teutonicus, München 1967.

19 Und dazu paßt dann ein anderer, ebenfalls vielzitierter Gaius-Text aus D.4.5.8.; daß eine Veränderung des Rechtsstandes (hier capitis deminutio) Naturrechte nicht auslöscht, »quia civilis ratio naturalia iura corrumpere non potest«. Wie immer: die Rechtsentscheidungen passen zwar zueinander, nicht aber die an sie angehängten Merksprüche und Begründungsformeln, die das Mittelalter dann aus den Texten herauszieht.

20 Im übrigen kann diese Unterscheidung, weil sie den Freiheitsbegriff durch Entparadoxierung brauchbar macht, sowohl eher konservativen als auch revolutionären Zwecken dienen; es geht nur noch um Ausschaltung von Willkür aus dem Begriff. Siehe z. B. Christian Wolff, Jus naturae methodo scientifica pertractatum Pars I, §§ 150 f., zit. nach der Ausgabe Frankfurt-Leipzig 1740, Nachdruck Hildesheim 1972, S. 90 f., und Richard Price, Observations on the Nature of Civil Liberty, The Principles of Government and the Justice and Policy of the War with America, 2. Aufl., London 1776, S. 12 ff.

In dieser Fassung hat die historische Semantik des Naturrechts die Feudalordnung und ihre Auflösung, den neu entstehenden Territorialstaat und den Übergang zum absolutistischen Staatsverständnis begleiten können; und auch der aufgeklärte Absolutismus, ja selbst der Übergang zum konstitutionellen Staat liberaler Prägung bedient sich noch des Naturrechtsgedankens.[21] Im Gegensatz zu allem, was man nach 1945 vermutet und postuliert hatte, besticht die Semantik des Naturrechts gerade durch ihre politische Anpassungsfähigkeit. Dabei kommt der Gedanke der Menschenrechte und ihrer Unveräußerlichkeit erst gegen Ende des 18. Jahrhunderts ins Gespräch, und dies in Staaten, die noch Sklaverei, Verfolgung von Religionsgegnern, massive Enteignungen von »Royalisten«, aber als Zeichen der Modernität auch immense Spekulationsgewinne kennen: den Staaten Nordamerikas. Das alles spricht dafür, daß nur noch eine floskelhaft verwendbare Worthülse übriggeblieben ist, die jetzt einer verfassungsmäßigen Positivierung bedarf.[22] Jedenfalls ergibt sich aus dem historisch erschließbaren Sinn von Naturrecht nichts, was unsere Frage nach der Geltung unverzichtbarer Normen in der heutigen Gesellschaft beantworten könnte.

IV.

Wie hatte man überhaupt annehmen können, daß *irgendeine* Norm *in sich selbst* aus ihrer eigenen Natur heraus die Garantie für unverbrüchliche, unverzichtbare Geltung enthalte? In der alten Welt war dies durch Ursprungsmythen garantiert gewesen – ihrerseits Auflösungen der Paradoxie des Anfangs ohne ein »vorher«. Seit der frühen Neuzeit übernimmt die (in der Antike kaum gebrauchte) Metapher der »Rechtsquelle« diese Funktion.[23] Hinter der Vorstellung eines vorganglosen Ursprungs verbirgt sich aber die Paradoxie einer

21 Vgl. für die neuere Zeit und für den Übergang ins 19. Jahrhundert Diethelm Klippel, Politische Freiheit und Freiheitsrechte im deutschen Naturrecht des 18. Jahrhunderts, Paderborn 1976.

22 Oder, wie Klippel a. a. O. zeigt, nur fortgesetzt wird, wenn eine Verfassung politisch nicht erreichbar ist.

23 Vgl. anstelle von noch fehlenden, gründlichen begriffsgeschichtlichen Forschungen René Sève, Brèves réflexions sur le Droit et ses métaphores, Archives de philosophie du droit 27 (1982), S. 259-262. Viel Material auch bei Juan B. Vallet de Goytisolo, Estudios sobre fuentes del dereche y método jurídico, Madrid 1982.

Entscheidung, die eine Alternative konstruiert, in der sie selbst nicht mehr vorkommt.[24] Wodurch ist eine solche Annahme plausibel? Offenbar nicht dadurch, daß man weiter zurückfragt nach dem Ursprung des Ursprungs oder dem Grund des Grundes. Die Metapher hat den Sinn eines Reflexionsstops, hat die Funktion, den Entscheider der Entscheidung unsichtbar zu machen. Und wenn sie plausibel ist, dann aus anderen Gründen.

Als Soziologe darf man vermuten, daß Paradoxieentfaltungen dieser oder anderer Art, also die Substitution von identitätsfesten Unterscheidungen, ihre Plausibilität ihrer gesellschaftsstrukturellen Adäquität verdanken. Dies erfordert wissenssoziologische Analysen. Dafür benutzen wir nicht mehr die Marx-Mannheim-Diktion, die auf Klassenlage oder Standorte, letztlich also auf (bewußte oder unbewußte) akteurspezifische Interessen zurückgriff. Wir ersetzen sie durch die Annahme eines Zusammenhangs der Semantik einer Gesellschaft mit der jeweils vorherrschenden Form der Systemdifferenzierung.[25]

Es fällt nicht schwer, zu zeigen, daß die Semantik des Naturrechts (sofern man sie in der vorstehenden Darstellung akzeptiert) mit den immanenten Imperativen einer Adelsgesellschaft, also mit stratifikatorischer Differenzierung zusammenhängt und dadurch ihre Überzeugungskraft erhält. Daß eine Gesellschaft mit höheren Ordnungsansprüchen auf Abweichung vom Naturrecht gegründet sein muß, bildet genau die Erfordernisse der Ausdifferenzierung einer Adelsschicht ab. Die Familiengenealogie muß über Abstammung, also über Ehe gesichert sein, was immer der natürliche Fortpflanzungstrieb sich sonst noch an Pathologien leistet. Der Adel muß Grundbesitz sein eigen nennen und verteidigen können, was immer sonst noch für Bedürfnisse anfallen.[26] Stratifizierte Gesellschaftssysteme erfor-

24 Siehe dazu G. L. S. Shackle, Imagination, Formalism, and Choice, in: Mario J. Rizzo, Time, Uncertainty, and Disequilibrium: Exploration of Austrian Themes, Lexington/Mass. 1978, S. 19-31.

25 Siehe zur Einführung Niklas Luhmann, Gesellschaftliche Struktur und semantische Tradition, in: ders., Gesellschaftsstruktur und Semantik, Bd. 1, Frankfurt 1980, S. 9-71.

26 Dies muß nicht unbedingt und wird normalerweise auch nicht über Individualeigentum im juristischen Sinne gesichert sein und setzt nicht einmal eine klare Unterscheidung von Strafrecht und Zivilrecht für die Zuordnung von Herrschafts- und Abwehrbefugnissen voraus. Erst die Geldwirtschaft erzwingt hier, vor allem zur Absicherung von Krediten, individuelle Verfügungsrechte, also eine Auflösung der Feudalordnung. Siehe dazu und zu den Folgen der ersten englischen Inflation

dern Ungleichheit des Rangs und der Ressourcenverteilung, und sie sehen darin eine unerläßliche (unverzichtbare!) Bedingung sozialer Ordnung. Und dazu gehört auch, daß Arbeitsleistungen beschafft, also Freiheiten eingeschränkt werden müssen, wofür man sich erst sehr spät auf eine ausreichende Attraktivität des Annehmens und Wiederausgebens von Geld, also auf Lohnarbeit stützen kann.

Daß diese Ordnung als *Abweichung* vom Naturrecht deklariert werden muß, mag auffallen. Aber das reicht offenbar aus, um die Beziehung zur Natur, wie sie in einem Essenzenkosmos ewig gegeben oder wie sie von Gott geschaffen ist, darzustellen und den Abweichungen jeweils spezifische Begründungen zu geben. Diese Entparadoxierung der Paradoxie ist in der vorhandenen Ordnung, für die keine Alternativen in Sicht sind, plausibel.

Dasselbe gilt für den aristotelischen Naturbegriff. Er kann unmittelbar in die Selbstdarstellung des Adels hineincopiert werden. Adel erfordert Geburt und Tüchtigkeit (areté, virtus), also eine Natur, die nicht von selbst schon das ist, was sie ist, sondern der Beachtung und Pflege bedarf. Eine riesige Literatur, die in den Adelskrisen des 16./17. Jahrhunderts noch einmal aufblüht, diskutiert die Gewichtung dieser Kriterien.[27] Die Erziehungslehren betonen, daß gerade das Jugendalter durch Passion und Verführung besonders gefährdet sei. Aber das bezieht sich auf Kinder mit Geburt, condition, qualité. Für Juristen ist jedenfalls klar, daß ein Bauer durch noch so viel Tugend nicht adelig werden könne.[28] Es bedurfte dazu einer Nobilitierung bzw. der Registrierung alten Adels. Die Ambivalenz des Naturbegriffs bewährt sich, könnte man sagen, in einer Diskussion, der es an Anschaulichkeit und an Kriterien für die Bewältigung der

um 1200 Robert C. Palmer, The Origins of Property in England, Law and History Review 3 (1985), S. 1-50; ders., The Economic and Cultural Impact of the Origins of Property 1180-1220, Law and History Review 3 (1985), S. 375-396.

27 Vgl. aus der umfangreichen Sekundärliteratur etwa Claudio Donati, L'idea di nobiltà in Italia: Secoli XIV-XVIII, Rom/Bari 1988; Arlette Jouanna, L'idée de race en France au XVIe siècle et au début du XVIIe, 2. Aufl., 2 Bde., Montpellier 1981; Ellery Schalk, From Valor to Pedigree: Ideas of Nobility in France in the Sixteenth and Seventeenth Centuries, Princeton 1986.

28 »Rusticus, licet probus, dives & valens, tamen non dicitur nobilis«, liest man bei Bartolus, De Dignitatibus, fol. 45v and ad 52, zit. nach der Ausgabe Omnia, quae extant, Opera. Venetiis 1602, Bd. VIII. In der Wirklichkeit waren die Verhältnisse freilich keineswegs so eindeutig, zumal es praktisch um Steuerbefreiung ging.

Probleme nicht fehlt – solange die Gesellschaft in der Form der Stratifikation differenziert ist.

Heute ist die Gesellschaft anders konstruiert, und das hat weitreichende, bis in alle Details der sozialen Semantik hineinreichende Folgen. Die Primärform gesellschaftlicher Differenzierung ist von Stratifikation auf funktionale Differenzierung umgestellt. Das betrifft vor allem die gesellschaftliche Stellung der Individuen – und so war denn auch bis weit ins 19. Jahrhundert hinein die Betonung der Individualität der Individuen derjenige semantische Mechanismus, mit dem die alte Ordnung der gesellschaftlichen Einteilungen unterlaufen wurde. Die gesellschaftliche Stellung der Individuen ergibt sich nicht mehr aus ihrer Herkunft, sondern aus ihren Karrieren, die freilich durch Herkunft unterschiedlich begünstigt bzw. benachteiligt werden. Aber Herkunft (und eventuell Rasse oder Geschlecht) wirken auf einen komplizierten Integrationsmechanismus ein, der eine primär temporale Struktur hat, so daß die erreichten Positionen Voraussetzung sind für das Erreichen weiterer Positionen und jeder Schritt abhängt von einem kontingenten (zum Beispiel konjunkturempfindlichen) Zusammenwirken von Selbstselektion und Fremdselektion.

Dies entspricht einer Zeitorientierung, in der Vergangenheit und Zukunft nicht mehr durch Wesensformen mit zugeordneten Notwendigkeiten/Unmöglichkeiten immer schon verbunden sind, sondern durch Entscheidungen gekoppelt werden müssen. Das schließt ein, daß man auch das nicht mehr Änderbare auf Entscheidungen zurechnet und Entscheidungen im Hinblick auf davon abhängige, aber noch nicht festlegbare Entscheidungsserien plant. Die Zeit wird daher nicht mehr in der Differenz von aeternitas/tempus erfahren, so daß es auch keine zeitinvarianten Normen geben kann. Vielmehr ist der dominierende Zeitunterschied der von Vergangenheit und Zukunft, und als Gegenwart zählt nur noch die Grenze, die diese beiden Seiten der Zeitform trennt, aber in ihr nicht verortet werden kann. Daher muß auch die soziale Orientierung auf Unsicherheit und Risiko, auf »im nächsten Moment anders« umgestellt werden,[29] und es kommt darauf an, Sozialformen der Verständigung zu entwikkeln, die eine solche Instabilität aushalten und an ihr reifen. Das gilt auch für Normprojektionen, mit denen man versucht, künftiges Er-

29 Hierzu Niklas Luhmann, Soziologie des Risikos, Berlin 1991.

warten auf das Schema konform/abweichend zu verpflichten und damit Positionen günstig/ungünstig zu verteilen – mit dem Vorbehalt, daß die Entscheidung eventuell geändert wird.

Der Grund für ein solches Ausmaß an Individualisierung und Temporalisierung liegt in der funktionalen Systemdifferenzierung. Sie erlaubt es nicht, konkrete Individuen einem bestimmten Funktionssystem und nur diesem zuzuordnen, so daß das eine nur rechtlich, das andere nur erzieherisch, das nächste nur wirtschaftlich und ein weiteres nur politisch »existiert«. Vielmehr muß die gesellschaftliche Inklusion offengehalten und alle Individuen müssen mit Zugang zu allen Funktionssystemen ausgestattet werden. Eben deshalb werden Freiheit und Gleichheit abstrakt normiert, so daß sich das Ausmaß an Freiheitsbeschränkung und an Ungleichheit aus den Inklusionsregulierungen der Funktionssysteme ergibt. Der Grund für die Wahl dieser Normform liegt darin, daß die Zukunft unvorhersehbar ist und man daher mit unbekannten Handlungsfolgen rechnen muß. Es kann dann auch keine gesellschaftliche Rangordnung der Teilsysteme im Verhältnis zueinander geben, also keine Repräsentation der Gesellschaft in der Gesellschaft, sondern die Einwirkungen der Teilsysteme aufeinander, die viel intensiver sind als in der älteren Ordnung, wechseln gesellschaftlich unsteuerbar von Situation zu Situation; und dies nicht nur im Nacheinander der Ereignisse, sondern auch gleichzeitig, so daß auch die innergesellschaftliche Umwelt für die Systeme unkontrollierbar wird.

Wenn diese Analyse auch nur im groben zutrifft, muß dies Konsequenzen haben für das Thema der Unverzichtbarkeit einer oder mehrerer fundamentaler Normen. Es wäre sicher voreilig, hieraus auf »Dezisionismus«, Relativismus oder grundsätzliche Beliebigkeit des »anything goes« zu schließen. Das sind nur Abwertungen, die sich aufdrängen, wenn man auf die Orientierungssicherheiten der alten Welt nicht verzichten will. Man wird im Gegenteil erwarten müssen, daß auch eine derart rekursive, nicht hierarchisch, sondern heterarchisch geordnete Struktur kontingenter Operationen »Eigenwerte« erzeugt und »inviolate levels« projektiert, die ihrem Ordnungstypus gerecht werden.[30] Die Frage ist nur: in welchen Formen?

30 Zu »Eigenwerten« im Anschluß an diesen logisch-mathematischen Begriff Heinz von Foerster, Objects: Tokens for (Eigen-)Behaviors, in: ders., Observing Systems, Seaside/Cal. 1981, S. 273-285 sowie weitere Beiträge in diesem Band. Zu »inviolate levels« als Formen der Entfaltung von Paradoxien der Selbstreferenz Douglas

V.

Achtet man auf das, was die moderne Gesellschaft sich selbst empfiehlt, so lautet der Slogan: Werte. Der Wertbegriff hat eine lange, mehrgleisige Geschichte, die jedoch für unsere Fragestellung nichts hergibt. Das gilt sowohl für den Adelsbegriff des valor als auch für die auf Wirtschaft bezogene Unterscheidung von Wert und Preis. Schon im 18. Jahrhundert findet man einen mehr beiläufig verwendeten, unspezifizierten Wertbegriff, aber eine semantische Höchstrangposition gewinnt dieser Begriff erst im Laufe des 19. Jahrhunderts. Und das ist ein erster Anhaltspunkt für die Annahme einer spezifisch modernen Semantik.

Diese Aufwertung verdankt der Begriff sicher der Philosophie – teils der philosophischen Unterscheidung von Sein und Gelten, teils dem Neukantianismus, teils der Phänomenologie, in allen Fällen einem unstillbaren Hunger nach Aprioris. In der Philosophie ist der Begriff inzwischen aus der Mode gekommen. Für die Formulierung von Parteiprogrammen und für die Rechtsprechung des Bundesverfassungsgerichts scheint er dagegen unentbehrlich zu sein. Er ersetzt hier, was Formulierungen betrifft, die Orientierung an einer Realanalyse der gesellschaftlichen Situation, mit der die Politik konfrontiert ist, und die Orientierung an klassischen Formen der juristischen Dogmatik (etwa: subjektive Rechte). Er markiert genau das, was wir suchen: Höchstrelevanz mit normativem Gehalt. Man möchte daher gern genauer wissen, auf was (außer auf sich selbst) dieser Begriff sich bezieht. Und für die Soziologie müßte das heißen: auf welche Art von Realität.

An der Verwendung von Werturteilen im laufenden kommunikativen Verhalten fällt auf, daß sie nicht thesenförmig behauptet werden, sondern per implicationem mitlaufen. Werte »gelten« in der Kommunikationsweise der Unterstellung. Man geht davon aus, daß in bezug auf Wertschätzungen Konsens besteht, Vorverständigungen benutzt werden können. Man nimmt, wenn davon die Rede ist, daß Rauchen die Gesundheit schädigt, an, daß alle Beteiligten den Positivwert Gesundheit schätzen und nicht den Negativwert Krankheit. Oder: Leben und nicht Tod, Frieden und nicht Krieg, Freiheit und nicht Unfreiheit, Demokratie und nicht Tyrannei usw. Die Frage:

R. Hofstadter, Gödel, Escher, Bach: An Eternal Golden Braid, Hassocks, UK 1979, insb. S. 686 ff.

wieso?, unterbleibt, weil explizite Thematisierungen in der Kommunikation immer so verstanden werden, daß Annahme oder Ablehnung der Sinnzumutung in Betracht kommen. Dies auch nur zu insinuieren würde am Sinn der Wertgeltung vorbeigreifen und in der Kommunikation nicht oder allenfalls als Provokation verstanden werden. Werte gelten also, das zeigt die Beobachtung real laufender Kommunikation, unbegründet. Dann kann aber auch nicht zu ihrer Begründung aufgefordert werden. Werte eignen sich deshalb in der Praxis als Reflexionsstop. Wenn das nicht funktioniert, differenzieren sich kleinere Systeme aus, in denen es funktioniert. Von der fernsehinspirierten Normalkommunikation aus gesehen erscheinen solche Abweichungen dann als radikal, fundamentalistisch, esoterisch. Sie werden mit Distanziersemantiken behandelt, obwohl nach Genesis und Geltung der gleiche Modus vorliegt wie im Bereich der universell akzeptierten Werte. Selbst Differenzierungen und Distanzierungen, selbst Kontroversen und Kämpfe stellen also die Wertesemantik *als Form* nicht in Frage. Auch das mag als Indikator für einen »inviolate level«, für eine Natur und Vernunft ersetzende Tiefenlage der Normfixierungen dienen.

Wie Sterne am Himmel gibt es aber unzählige Werte, weshalb man Grundwerte braucht, um Emphase auszudrücken. Hier werden dann Traditionsbegriffe wie Freiheit, Gleichheit, Gerechtigkeit, Frieden, Sicherheit, Würde, Wohlfahrt, Solidarität benutzt, um Sonderrang zu markieren.[31] Damit überhöht sich die Ordnung der Wertreferenzen selbst noch einmal. Aber selbst wenn es um leicht zitierbare Werte geht, ändert das nichts am implikativen Geltungsmodus. Man kann, auch und gerade dann, in der laufenden Kommunikation nicht die Frage stellen, ob diese Werte angenommen oder abgelehnt werden.

In dieser Form sind Werte leicht zu haben. Falls bestimmte Werte fragwürdig werden, bilden sich neue »inviolate levels«. Aber die Sache hat einen Haken: Aus den Werten folgt nichts für die Entschei-

31 Traditionsbegriffe – dabei ist in Rechnung zu stellen, daß alle diese Begriffe im Übergang von stratifizierter zu funktional differenzierter Gesellschaft ihren Sinn und zum Teil auch ihre Sprachform ändern. Bereits Pufendorf stellt, was Würde betrifft, von dignitas auf dignatio um. Securitas streift im 17. Jahrhundert die alten religiösen Konnotationen einer angemaßten Selbstsicherheit ab. Freiheit wird im 18. Jahrhundert singularisiert. Solidarität gibt es überhaupt erst im 19. Jahrhundert, weil hier bereits ein Bezug auf Folgen funktionaler Differenzierung (zunächst: Industrialisierung) mitsignalisiert wird.

dung von Wertkonflikten. Es gibt, wie oft gesagt, keine festliegende hierarchische (transitive) Ordnung derart, daß bestimmte Werte bestimmten anderen immer vorzuziehen sind, Freiheit auf alle Fälle wichtiger ist als Sicherheit, Frieden immer wichtiger ist als Freiheit, Gerechtigkeit immer wichtiger als Frieden usw. Die Vorziehensfrage ist nur mit Bezug auf den passenden Gegenwert vorentschieden (Frieden ist besser als Krieg), nicht aber mit Bezug auf widerspruchsvolle Anforderungen unterschiedlicher Wert/Unwert-Unterscheidungen. Verschiedene Werte schließen einander wechselseitig nicht aus, sie lassen daher immer auch das Hinzufügen neuer Werte zu. Sie bleiben somit allesamt verfügbar als Orientierungsgesichtspunkte im System. Darauf gründen Werttheoretiker ihre Hoffnung auf Stabilität. Wertkollisionen bleiben auf Einzelfälle beschränkt. Aber genau das sind die Fälle, in denen Werte ihre praktische Relevanz erweisen müssen. Sie verlieren ihren direktiven Wert genau dann, wenn er benötigt wird. Und ebenso umgekehrt: da Entscheidungen immer und nur fällig sind, wenn Werte konfligierende Anforderungen stellen (weil anderenfalls die Entscheidung schon entschieden wäre[32]), bleiben die Entscheidungen selbst ungeregelt.

Für Vergleichszwecke mag es nützlich sein, zu sehen, wie dies Kollisionsproblem auf der Ebene der typischen Konditionalprogramme des Rechts gelöst wird. Entweder geschieht dies durch Aufhebungsregeln: Neues Recht bricht altes Recht oder (wenn es um Verfassungsrecht geht) umgekehrt. Oder man bringt die Kollision in das Schema von Regel und Ausnahme. Man bestätigt die Regel, wie gesagt wird, wenn man Ausnahmen konzediert. Auf diese Weise erzeugt das Recht Wachstum, Differenziertheit, Fallangemessenheit in Formen, die als solche tradiert werden können. All dies läßt sich jedoch nicht auf die Wertebene transponieren. Weder beseitigt ein Wert den anderen im Kollisionsfalle; noch ergibt sich ein Komplexitätsgewinn in Form von stabilen (und zuwachsbereiten) Regel/Ausnahme-Regulierungen. Über Wertkollisionen kann immer nur ad hoc entschieden werden, weil man die aus der Situation gewonnenen Anhaltspunkte zur Begründung der Werteabwägung braucht. Das gilt erst recht, wenn mehr als zwei Werte im Spiel sind: Je mehr Werte, desto mehr Chaos auf der Ebene des Entscheidens.

32 »Only *those* questions that are in principle undecidable, *we* can decide«, kann man mit Heinz von Foerster, Ethics and Second-order Cybernetics, Cybernetics & Human Knowing 1 (1992), S. 9-19 (14), hinzufügen.

Da haben wir wiederum das allfällige Paradox. Man kann es auch in eine modaltheoretische Fassung bringen. Werte sind *notwendig*, um Entscheidungen einen Rückhalt in Unbezweifeltem zu geben. Entscheidungen bringen diese *Notwendigkeit* aber in die Form der *Kontingenz*. Die Notwendigkeit der Beachtung von Werten wird ihrerseits, wenn es zur Entscheidung kommt, eine kontingente Bewertung, die je nach Wertekonstellation, Entscheidungslage und Einflüssen auf den Entscheidungsgang verschieden ausfallen kann. Rechtsprechung und Rechtsdogmatik sprechen von »Wertabwägung«,[33] aber das ist eine Formel, die ihre Einheit nur darin hat, daß sie nicht verrät, zu welchen Ergebnissen sie führt, die also (wie für Paradoxieentfaltungen typisch) nicht sagt, daß sie nicht sagt, was sie nicht sagt. Selbstverständlich ist das kein »Fehler«, der zu rügen wäre, sondern eine transitorische Semantik, die die Bildung von Präzendenzentscheidungen ermöglicht, die im weiteren dann mit der bewährten Technik juristischer Analyse der Entscheidungsgründe beachtet oder in einen Prozeß des distinguishing and overruling weiterentwickelt werden können.

Soweit es auf Werte und Entscheidungen ankommt, operiert die Gesellschaft somit unter der Bedingung *selbsterzeugter Ungewißheit*.[34] Sie schafft erst den »Rahmen«,[35] der festlegt, daß nicht festgelegt wird, was als Entscheidung herauskommen wird. An die Konsequenzen für die soziale Interaktion, für die ständige Fortschreibung von modifizierten Verständigungen und für eine entsprechende Selbstdarstellungskultur wird man sich erst gewöhnen müssen.

Man mag zweifeln, ob daraus jemals so etwas wie eine juristische Begrifflichkeit klassischen Stils entstehen wird. Vielleicht geht die Entwicklung eher in Richtung auf eine für das common law typische Präzendenzbindung mit einem entsprechend komplexen Bedarf an Entscheidungskenntnissen und einem anderen, weniger begrifflichen Argumentationsstil. Über Gründe für Rechtsmittelzulassung ist das auch im kontinentalen Recht schon längst verbreitete Praxis. Auf kei-

33 Vgl. für viele Hans-Martin Pawlowski, Methodenlehre für Juristen: Theorie der Norm und des Gesetzes, 2. Aufl., Heidelberg 1991, S. 378 ff. und passim.

34 So in etwas anders zugeschnittenem Zusammenhang Karl-Heinz Ladeur, Postmoderne Rechtstheorie: Selbstreferenz – Selbstorganisation – Prozeduralisierung, Berlin 1992.

35 »frame« im Sinne von Erving Goffman, Frame Analysis: An Essay on the Organization of Experience, Cambridge/Mass. 1974.

nen Fall kann aus der paradoxen Fundierung des Rechts auf Beliebigkeit der Entscheidungen geschlossen werden und auch nicht auf externe Einflüsse auf die Rechtspraxis. Eher ist mit schlecht synchronisierbaren Eigenentwicklungen des Rechtssystems zu rechnen. Aber das wäre dann ein typisch erwartbares Merkmal eines funktional differenzierten Gesellschaftssystems: daß Veränderungen in den Funktionssystemen zugleich schneller und langsamer laufen und daß Synchronisationen immer schwieriger werden.

Mehr, als offiziell zugestanden wird, hat sich das Problem der Unverzichtbarkeit angebbarer Normen oder Normbestände damit aufgelöst. Die Ersatzlösung, die schon praktiziert wird, sieht als Einheitsformel nur noch eine entfaltungsfähige Paradoxie vor. Man kann die Geschichte des Problems rückblickend so konstruieren, als ob dies immer schon so gewesen wäre. Aber das ist eine für unsere Zeit geschriebene Geschichte. In der heutigen Gesellschaft dürfte es auf die Einsicht ankommen, daß das Problem nicht in der Differenz von Prinzipientreue und Beliebigkeit liegt. Prinzipien müßten so generalisiert sein, daß sie nichts mehr besagen. Andererseits kommt aber Willkür in der sozialen Wirklichkeit rein faktisch gesehen nicht vor. Die Frage kann deshalb nur sein, ob es auch in Zukunft gelingt, die erreichte Autonomie, Selbstdetermination und operative Schließung des Rechtssystems beizubehalten.[36] Dann ist es keine Frage, daß dieses System die eigene Autonomie strukturieren, die Paradoxie der Einheit der eigenen Unterscheidungen (selbst der von Recht und Unrecht) entfalten und mit der Notwendigkeit der Kontingenz zurechtkommen kann. Die Unverzichtbarkeit der Norm – das ist die Autopoiesis des Systems.

VI.

Selbst dann bleibt aber immer noch das Problem der tragic choices, das Problem des Rechts zur Rechtswidrigkeit. Von Kant bis Habermas kann man eine Suche nach Lösungen beobachten, die dem Konzept der Systemautonomie nahekommt. Für Kant ist der »ewige

36 Zu dieser Begrifflichkeit Niklas Luhmann, Operational Closure and Structural Coupling: The Differentiation of the Legal System, Cardozo Law Review 13 (1992), S. 1419-1441, sowie die anschließende Diskussion. Ausführlicher: Niklas Luhmann, Das Recht der Gesellschaft, a. a. O.

Friede« nur durch Staaten zu gewährleisten, die Individuen Rechtsschutz gewähren.[37] Habermas fügt diesem Desiderat den Gesichtspunkt der demokratischen Beteiligung der Betroffenen an den rechtsstaatlichen Verfahren hinzu.[38] Beide Vorschläge sind insofern modern, als sie einen dogmatischen (metaphysischen, religiösen, undiskutierbaren) Vorgriff auf richtige Entscheidungen vermeiden, der vorab schon Böcke und Schafe sortieren würde. Aber beide Vorschläge sind auch durch Weltfremdheit und Rechtsferne bestimmt. Weder Kant noch Habermas stellen sich dem Problem des Rechts zur Rechtswidrigkeit. Für beide liegt die Lösung des Problems in Einrichtungen, die es ermöglichen, sich den Einsichten der Vernunft zu fügen. Die Vernunft wird ihrerseits wie ein Gerichtshof behandelt oder wie eine Einsichtsquelle, die unter der Bedingung von zwangloser Kommunikation genau das ermöglicht, was sie voraussetzt, nämlich Verständigung ohne Zwang. Aber: wenn es überhaupt Negation gibt, gibt es nicht nur positive, sondern auch negative Selbstreferenz, und die heutige Weltlage lenkt den Blick eher auf das Problem der unrechtmäßigen Entscheidung über Recht und Unrecht – zum Beispiel im eingangs genannten Fall der Folter oder in Fällen der internationalen Intervention oder in Fällen der nachträglichen Verurteilung von »Verbrechen«, die zur Zeit ihrer Begehung durch positives Recht (aber nicht durch angeblich »überpositives« Recht) gedeckt waren.

Es kommt hinzu, daß trotz einer weltweit kommunizierenden Weltgesellschaft mit erheblichen Interdependenzen in allen Funktionsbereichen die Funktionsautonomiepostulate Rechtsstaat und Demokratie nur für wenige Regionen als durchgesetzt gelten können[39] – durchgesetzt in dem Sinne, daß Verstöße als Einzelfälle behandelt werden können, die in dem System, gegen das sie verstoßen, mit dessen Verfahren bearbeitet werden können. Weltweit ist das eher die Ausnahme als die Regel, und dies, obwohl nirgendwo ein Alternativkonzept in Sicht ist. Eine Gesamtdiagnose müßte deshalb lauten,

37 Siehe zu Kants Traktat Zum ewigen Frieden, den im Text genannten Gesichtspunkt herausarbeitend, Fernando R. Tesón, The Kantian Theory of International Law, Columbia Law Review 92 (1991), S. 53-102.

38 So Jürgen Habermas, Faktizität und Geltung: Beiträge zur Diskurstheorie des Rechts und des demokratischen Rechtsstaats, Frankfurt 1992.

39 Siehe hierzu Marcelo Neves, Verfassung und Positivität des Rechts in der peripheren Moderne: Eine theoretische Betrachtung und eine Interpretation des Falls Brasilien, Berlin 1992.

daß die Weltgesellschaft auf funktionale Systemdifferenzierung umgestellt ist, doch in vielen Funktionsbereichen (inclusive Wirtschaft, Politik und Recht) eine evolutionär so unwahrscheinliche Differenzierungsform nicht durchsetzen kann – aber eben: auch keine andere!

Dieser Situation scheint das massive Auftreten von »tragic choices« zu entsprechen: wirtschaftliche Entwicklung nur über Exklusion großer Teile der Bevölkerung; Demokratisierung nur über Präsidialdespotie und desgleichen; Rechtsgarantien nur über das Recht zur Rechtswidrigkeit. Beschränkt man die Untersuchung auf das Rechtssystem (womit man unter anderem die viel komplizierteren Probleme einer allzuständigen »Ethik« ausklammert), dann findet man durchaus erfolgreich juridifizierte Beispiele für unser Problem der Paradoxie des Systemcodes Recht/Unrecht – einen berühmten und einen weniger berühmten, dafür aber hochaktuellen Fall.

Der klassische Fall ist der Fall der Derogation, der rechtswidrigen Durchbrechung des Rechts durch den Inhaber der höchsten politischen Gewalt.[40] Im Mittelalter wurde dieses Recht zur Rechtswidrigkeit als Komponente der allumfassenden iurisdictio angesehen und damit zum Beispiel in die Nähe zu Ausnahmeregelungen, etwa zur Gewährung von Privilegien gerückt. Die frühe Neuzeit sah darin ein Problem der »Staatsräson«. So wurden zum Beispiel die Staatsmorde Venedigs begründet (öffentliche Interessen des Gemeinwesens gehen privaten Rechten vor!).[41] Man verlangte allerdings, daß dies seufzend geschehe und nur in Notfällen. Auf dieser Grundlage hat dann, parallel zur Entwicklung eines Rechts zur Enteignung gegen Entschädigung auf Grund des dominium eminens, sich die Vorstellung eines ius eminens für Notstände durchgesetzt. Im 18. Jahrhundert fällt das in das Repertoire der normalen Rechtsbefugnisse

40 Für die ältere Literatur siehe Alessandro Bonucci, La derogabilità del diritto naturale nella scolastica, Perugia 1906. Vgl. auch Rodolfo de Mattei, Il problema della deroga e la »Ragion di Stato«, in: Enrico Castelli (Hg.), Cristianesimo e Ragion di Stato, Rom 1953, S. 49-60; ders., Dal Premachiavellismo al Antimachiavellismo europeo del Cinquecento, Florenz 1969.

41 Vgl. z. B. Giovanni Maria Memmo, Dialogo ..., Vinegia 1563, S. 12: »Et meglio è, che un Cittadino privato patisca a torto, che permettendogli si tanta licenza, & autorità, egli si faccia lecito d'opprimere la publica libertà, per la conservazione della quale è lecito a una Republica fare ogni opera, quantunque ingiusta, derivando da quella una tanta utilità, quanta e la libertà publica.«

des Souveräns[42] und schließlich unter die Gegenstände, die in einer Verfassung zu regeln sind.

Eine andere, weniger berühmte Rechtsentwicklung geht von der Annahme aus, daß der Gebrauch von Rechten nicht rechtswidrig sein könne. »Qui suo iure utitur neminem laedit.« Aber dann müßte man alles verbieten, was andere möglicherweise schädigt. Die harte Alternative »entweder Recht oder Unrecht«, die als Code des Systems sinnvoll ist und bleibt, würde auf die Ebene der Programme durchschlagen. Um das zu verhindern, hat man Rechtsfiguren erfunden, die vorsehen, daß auch ein nicht vorwerfbarer (rechtmäßiger, schuldfreier) Rechtsgebrauch für etwa eintretende Schäden haftbar machen kann (Gefährdungshaftung, strict liability).[43] Das setzt als Begleitinstitution Versicherbarkeit und Möglichkeiten der Kostenabwälzung über Preise und dann wieder: juristische Gleichbehandlung von Marktkonkurrenten voraus.

Man muß nur die Kraft der Imagination ein wenig anstrengen, um zu sehen, daß unser Fall der Folter eine ähnliche Struktur hat. Man könnte deshalb auch hier an eine ähnliche juristische Lösung denken – ungeachtet aller legalistischen Bedenken auf Grund von Art. 1 GG. Etwa: Zulassung von Folter durch international beaufsichtigte Gerichte, Fernsehüberwachung der Szene in Genf oder Luxemburg, telekommunikative Fernsteuerung, Verschiebung der Unterscheidung Recht/Unrecht in die Option des Opfers, Held oder Verräter zu sein. Insgesamt keine sehr befriedigende Lösung. Aber es befriedigt ja auch

42 Vgl. etwa Carl Weitzel, Von der Macht weltlicher Regenten wider die göttliche (sic) Rechte Gesetze zu geben, Frankfurt, Leipzig 1749.

43 Die richtungsweisende deutsche Monographie ist Josef Esser, Grundlagen und Entwicklung der Gefährdungshaftung: Beiträge zur Reform des Haftpflichtrechts und zu seiner Wiedereinordnung in die Gedanken des allgemeinen Privatrechts, München 1941. Für die Code-Problematik Recht/Unrecht siehe auch Rudolf Merkel, Die Kollision rechtmäßiger Interessen und die Schadensersatzpflicht bei rechtmäßigem Handeln, Straßburg 1895. Die Argumentationsweise des common law, die im Ausgang vom Begriff gefährlicher Objekte zu vergleichbaren Ergebnissen geführt hat, findet man gut nachgezeichnet bei Edward H. Levi, An Introduction to Legal Reasoning, University of Chicago Law Review 15 (1948), S. 501-573. Die neuere Diskussion in den USA erregt sich vor allem über die enormen Schadenshöhen und über die Grenzen der Versicherbarkeit, die wiederum über wirtschaftliche Folgewirkungen ganz Unschuldige leiden läßt. Siehe nur George L. Priest, The New Legal Structure of Risk Control, Daedalus 119/4 (1990), S. 207-227.

nicht, wenn man gar nichts tut und Unschuldige dem Fanatismus der Terroristen opfert.

VII.

Weltweit gesehen kann man derzeit eine steigende Aufmerksamkeit für Probleme der Menschenrechte beobachten. Zwar vermag die alt- oder neueuropäische Begründungsdiktion über Natur oder Vernunft kaum noch zu überzeugen. Auch sind Rechte des Typs »Freiheit« und »Gleichheit« wenig geeignet, als Menschenrechte zu fungieren. Sie sind in sich paradox gebaut. Das heißt: sie schließen ihr Gegenteil ein und müssen deshalb immer durch Gesetz oder Vertrag modifizierbar sein. Die Disposition darüber läßt sich nicht zentralisieren. Was man beobachten kann, ist jedoch eine sehr ursprüngliche Art der Normgenese auf Grund von skandalösen Vorkommnissen, über die die Massenmedien weltweit berichten. Ob es Texte gibt, die das verbieten, und von wem sie beschlossen sind, wer sie ratifiziert hat und wer nicht, spielt dabei kaum eine Rolle. Man ist nicht darauf angewiesen, Rechtstext und Verhalten zu vergleichen, um daran abzulesen, ob etwas gegen das Recht verstößt oder nicht. Auf einer viel unmittelbareren Ebene kann der Skandal selbst eine (vorher gar nicht formulierte) Norm erzeugen. Gemeint sind Fälle wie: Zwangsdeportationen und -umsiedlungen, spurloses Verschwinden von Personen mit staatlicher Verhinderung der Aufklärung, rechtswidrige Verhaftungen und Folterungen sowie politische Morde jeder Art. Wer in solchen Fällen empört reagiert und kontrafaktische Erwartungen zum Ausdruck bringt, muß nicht mit Dissens rechnen – fast so, wie wenn der Normsinn durch sakrale Mächte gedeckt wäre. Die Normgenese folgt dem Durkheim-Modell, sie bedient sich der colère publique.[44] Eine juristische Formgebung, eine völkerrechtliche Regulierung kann daran nur anschließen, aber nicht selbst die Rolle einer Rechtsquelle übernehmen.

Vorherrschende Tendenz, vor allem seit Ende des Zweiten Weltkrieges und der Dekolonialisierung des Erdballs, ist es, die Menschenrechte auszuweiten – sowohl weltweite Beachtung zu fordern als auch die Inhalte zu erweitern. Entsprechend der Entwicklung zum Wohl-

44 Siehe hierzu Émile Durkheim, De la division du travail social, Neudruck der 2. Aufl., Paris 1973, insb. Kap. II, S. 35 ff.

fahrtsstaat ist auch im Bereich der Menschenrechte das Abwehrkonzept durch ein Versorgungskonzept ergänzt, wenn nicht ersetzt worden. Man stellt vermeintlich grundlegende Bedürfnisse und Interessen »des« Menschen zusammen und fordert Abhilfe.[45] Das entspricht genau dem oben behandelten Wertkonzept und schafft all denen, die sich professionell oder feiertäglich damit befassen, einen guten Ausgangspunkt für Kommunikation. Die Frage, wie Wertkonflikte entschieden werden, kann dabei zunächst hintangestellt werden. Politisch ist diese Vorstellung eine Basis von Forderungen der ärmeren an die reicheren Länder. Zugleich mit dieser Ausweitung kommt es jedoch zu einem erschreckenden Ausmaß an Verletzungen von Mindestanforderungen an Menschenwürde. Die Inflationierung der Idee und der Terminologie mag daher zu dem verbreiteten Eindruck führen, daß die Menschenrechte ohnehin mißachtet werden (man spricht auch von »Idealen«) und daß in dieser Frage alle im Glashaus sitzen. Deshalb empfiehlt es sich, die Menschenrechtsdiskussion auf die Probleme der Verletzung der Menschenwürde einzuschränken.[46] Wenn das nicht mehr vorkommt, mag man mit der juristenüblichen Vorsicht weitersehen.

Entsprechend müßte man auch die Anlässe unterscheiden: »exemplarische Unrechtserfahrung«[47] ist eine Sache, Entsetzen und (hilflose) Wut eine andere. Es darf jedenfalls nicht um eine Art von Sozialarbeit weltweiten Stils gehen, wenn man nach einer alle Interessenkonflikte unterlaufenden Norm sucht. Daß dies kein Einwand gegen Sozialarbeit oder Entwicklungshilfe ist, sollte sich von selbst verste-

45 Siehe nur Winfried Brugger, Menschenrechte im modernen Staat, Archiv des öffentlichen Rechts 114 (1989), S. 537-588; ders., Stufen der Begründung von Menschenrechten, Der Staat 31 (1992), S. 19-38 – allerdings mit Hinweis auf die Gefahr der »Inflationierung« (a. a. O., 1992, S. 31) und der Ideologisierung (a. a. O., 1992, S. 30), die jedoch bei diesem Konzept kaum zu vermeiden sind. Skeptisch in bezug auf die *juristische* Eignung *anthropologischer* Begründungen äußert sich auch Eibe H. Riedel, Theorie der Menschenrechtsstandards, Berlin 1986, S. 205 ff., 346 ff.

46 So auch Heiner Bielefeldt, Die Menschenrechte als Chance in der pluralistischen Weltgesellschaft, Zeitschrift für Rechtspolitik 21 (1988), S. 423-431.

47 So Brugger, a. a. O. (1989), S. 562, und a. a. O. (1992), S. 21 f. mit der Unterscheidung »exemplarische Unrechtserfahrungen« und »elementare Leidenserfahrungen« und mit einem differenzierten Kriterienkatalog. Im letztgenannten Sinne verstehe ich die Formulierung von Heiner Bielefeldt a. a. O. (1988), S. 430: konkrete geschichtliche Unrechtserfahrungen. Aber man sollte sie verschärfen, um Skandalöses von begründeten Unzufriedenheiten mit den Zuständen zu unterscheiden.

hen. Aber bei politischer Opportunität und bei begrenzten ökonomischen Möglichkeiten handelt es sich um Probleme eines anderen Kalibers. Von welteinheitlich erfahrenen Menschenrechtsverletzungen kann man nur bei schlechterdings unakzeptablen Vorkommnissen sprechen, bei denen keine Abwägung mehr möglich ist und allenfalls noch für tragic choices Verständnis erwartet werden kann. Unrecht auf jeden Fall.

Man könnte in dieser Situation die Semantik der Menschen*rechte* durch eine Semantik der Menschen*pflichten* ersetzen. Das würde heißen: die Staatsregierungen in Pflicht zu nehmen, mindestens in dieser Hinsicht auf ihrem Territorium für Ordnung zu sorgen. Und es entspräche einer anwachsenden Tendenz, auch das weltgesellschaftliche System für Politik stärker zu strukturieren und die Staatsorganisationen nicht nur als Ausdruck des Willens des »Volkes« zu verstehen, sondern auch, und vielleicht in erster Linie, als internationale Adresse in Fragen der Ordnungsvorsorge.

Aber man müßte dann auch bedenken, was mit dem Terminologiewechsel aufgegeben wird. Die Rede von subjektiven Rechten war ein Paradoxieentfaltungsprogramm gewesen. Es ging darum, *subjektiven* Rechten *objektive* Gültigkeit zu verleihen, sprich: Individualität gesellschaftlich anzuerkennen und damit die Ungeselligkeit des Individuums zur Grundlage einer Regelung im Rechtssystem der Gesellschaft zu machen. Das hat sich, ungeachtet aller rechtstheoretischen Kontroversen, die auf die Unlogik dieses Gedankens hinweisen konnten, in der Rechtspraxis durchaus bewährt. Gerade diese Figur hat sich aber auch als Grundlage für das Überziehen aller möglichen Ansprüche erwiesen bis hin zu dem Anspruch, Recht und Politik nach Maßgabe der eigenen Meinung des Individuums zu gestalten. Das mag je nach politischen Rahmenbedingungen toleriert oder nicht toleriert werden, aber wenn es zu Kämpfen der Individuen gegeneinander führt, wird der Staat (sofern es ihn noch gibt) nicht tatenlos zuschauen können, weil er beiden Seiten recht gibt. Es mag also zu einem Plausibilitätsverlust des Paradoxieentfaltungsprogramms der subjektiven Rechte kommen – nicht unbedingt zu einem Verzicht auf die rechtstechnische Figur, wohl aber zu Fragen an die Relevanz dieser Figur, wenn das Problem der Unverzichtbarkeit bestimmter systemzentraler Normen gestellt wird.

Im Ergebnis verändert diese Analyse also auch die Art und Weise, in der die Unverzichtbarkeit von Normen zum Problem wird. Es geht, realistisch gesehen, nicht um Abschlußformeln für ein Normengebäude, nicht um Prinzipien, nicht um eine Grundnorm oder einen alles zusammenfassenden und überbietenden Höchstwert. Aber es geht auch nicht darum, die Entscheidung zu vertagen, bis zwanglos geführte Diskurse zu einem vernünftigen, für alle Einsichtigen konsensfähigen Ergebnis geführt haben, und nur Verfahrensbedingungen dafür sicherzustellen. Kognitiv gesehen handelt es sich um Paradoxien, um nicht logisch, sondern nur kreativ auflösbare Selbstblockierungen des Erkennens. Und normativ gesehen handelt es sich um Skandale mit normengenerierender Potenz. Das Problem hat angesichts weltgesellschaftlicher Realitäten und angesichts eines darauf reagierenden, sich ausbreitenden intellektuellen Defätismus hohe gegenwärtige Aktualität. Die Frage, mit der diese Situation uns konfrontiert, ist letztlich natürlich: was man tun kann. Aber eine dafür unerläßliche Vorfrage ist: wie man angemessen beobachten und beschreiben kann.

9. Paradigm Lost: Über die ethische Reflexion der Moral[1]

I.

Wenn man sich als fachidentitätsbewußter Soziologe mit theoretischen Materialien befaßt, die üblicherweise von Philosophen behandelt werden, fallen einem zwangsläufig andere Sachverhalte auf. Ob dies zu einem fruchtbaren Gespräch zwischen den Disziplinen führen kann, ist abstrakt kaum zu klären. Die Ehre, die Sie mir mit der Verleihung des Hegel-Preises erweisen, könnte aber ein Anlaß sein, dieser Frage an einem Beispiel nachzugehen.

Man spricht gegenwärtig in sehr unterschiedlichen Zusammenhängen viel von Ethik. In der Zeitung »Neue Westfälische« vom 6. Juli 1988 las ich zum Beispiel: »Während die Produzenten ethischer Präparate über staatliche Eingriffe stöhnen, nehmen die Umsätze der Selbstmedikationshersteller langsam, aber stetig zu.« Zunächst denkt man: ist denn Ethik keine Selbstmedikation mehr? Dann kommt man auf die Idee, daß es sich um einen Druckfehler handeln könnte.[2] Um so bemerkenswerter, hätte Sigmund Freud gesagt, die Ethikwelle hat bereits das Unbewußte erreicht.

Dies sollte nicht sonderlich überraschen. Mit geradezu astrologischer Regelmäßigkeit kommt es in den 80er Jahren eines jeden Jahrhunderts zu einer solchen Ethikwelle – mindestens seit der Verbreitung des Buchdrucks. In den 80er Jahren des 16. Jahrhunderts findet man den eindrucksvollen Justus Lipsius und all das, was man später Neostoizismus nannte. Manche datieren um 1580 den Beginn einer

1 Rede anläßlich der Verleihung des Hegel-Preises 1989.

2 Auf Rückfrage bestätigte die Zeitung, daß es sich um einen Druckfehler handeln müsse. Der ursprünglich beabsichtigte Sinn konnte jedoch nicht mehr ermittelt werden. Nach weiteren Informationen spricht jedoch die pharmazeutische Industrie, fern von den Quellen, tatsächlich von ethischen Präparaten, vermutlich aber nicht in einem philosophisch informierten Sinne. Frau Elfriede Reinke teilt mit, daß es sich um eine Übersetzung aus dem Englischen handele und »verschreibungspflichtige Präparate« bedeute. Aus anderen Quellen höre ich, daß Präparate ethisch seien, wenn bei der Entwicklung eigene Forschungsarbeit eine Rolle spielt. Auch alter Apothekersprachgebrauch wurde mir als Quelle genannt. Wie immer: ein blühender Sprachgebrauch auch außerhalb der Philosophie.

theologisch unabhängigen Moraltheorie.[3] Das mag übertrieben sein. Jedenfalls findet man gut hundert Jahre später nach langen Diskussionen über das Problem der aufrichtigen Devotion eine theoretische Neuformierung. Das alte Schema Tugend/Laster wird supercodiert. Das heißt: es wird auf der Seite der Tugend nochmals gespalten in wahre und falsche Tugenden. Die wahre Tugend wird zu einem den Theologen überlassenen Leerbegriff, der von den falschen Tugenden her erläutert wird.[4] Da die Theologie jedoch die damit gestellte Aufgabe nicht theoretisch löst, sondern sich aufs Mahnen, Klagen und Schimpfen verlegt,[5] stagniert die weitere Entwicklung. Statt dessen kommt es zu einer Radikalisierung des Konzepts der Selbstliebe und, damit verbunden, zu einer Verschärfung der Differenz von göttlichem Heilsplan und weltlicher (menschlicher) Ordnung.[6] Das leitet über zu einem Moralkonzept, das die Selbstliebe selbst sozialisiert und folglich die moralischen Regeln nicht mehr, wie noch Locke, als Spezifikationen des Willens Gottes auffaßt,[7] sondern als Ausprägung natürlicher Gefühle.[8] Die Sozialanalyse macht sich unabhängig von dem Anspruch der Theologen, Gott beobachten und seine Kriterien kennen zu können, und damit unabhängig von den

3 So Joseph Dedieu, Les origines de la morale indépendente, Revue pratique d'apologétique 8 (1909), S. 401-423, 579-598.

4 Siehe für eine theologische Version z. B. De la Volpilière, Le Caractère de la véritable et de la fausse piété, Paris 1685. Das Problem, das sich damit der Theologie stellt und von ihr nicht mehr gelöst werden kann, zeigt sich rein quantitativ: vier Seiten über véritable piété und, mit Blick auf die Welt, 466 Seiten über fausse piété. Für eine weltliche Ethik mit ähnlicher Verteilung siehe die bekanntere Schrift von Jacques Esprit, La fausseté des vertus humaines, 2 Bde., Paris 1677/78.

5 Rückblickend gesehen kann man einen weiteren Grund nennen: das Fehlen einer hinreichend abstrakten Theorie binärer Codierung.

6 Es genügt vielleicht, Namen zu nennen: Blaise Pascal, François de La Rochefoucauld, Pierre Nicole, Jacques Esprit, Balthasar Gracián, und als Zeitraum: 1670-1690.

7 Speziell hierzu und zur Polemik gegen Locke, die zur schottischen Moralphilosophie überleitet, John Dunn, From Applied Theology to Social Analysis: The Break Between John Locke and the Scottish Enlightenment, in: Istvan Hont/Michael Ignatieff (Hg.), Wealth and Virtue: The Shaping of Political Economy in the Scottish Enlightenment, Cambridge 1983, S. 119-135.

8 Zuerst wohl die gegen Hobbes gerichtete Schrift von Richard Cumberland, De legibus naturae disquisitio philosophica, London 1672. Die erste englische Übersetzung folgt 1727. Die Verspätung zeigt an, daß man auf Shaftesbury warten mußte.

damit verbundenen Selbstzweifeln. Statt dessen setzt man dazu an, die Bedingungen sozialer Ordnung aus sich heraus zu erkunden.

Sehr bald darauf enttäuscht jedoch die gesellschaftliche Entwicklung die so begründeten Hoffnungen und erzwingt eine neuartige Reflexion auf die Rationalitätsgrundlagen moralischer Urteile. In den 80er Jahren des 18. Jahrhunderts führt Kant auf den deutschen Sonderweg des Transzendentalismus. Im Westen beginnen mit Bentham Bemühungen um einen utilitaristischen Rationalitätskalkül. Gleichzeitig erscheint, aus dem Gefängnis heraus, die Umkehrphilosophie des Marquis de Sade.[9] Mit diesen drei Varianten etabliert sich erstmals Ethik als Reflexionstheorie der Moral. Aber was ist daran neu?

Philosophiegeschichtlich beeindruckt natürlich der enorme Aufwand an intellektueller Bemühung und eine bisher in diesen Fragen ungewöhnliche theoriekonstruktive Sorgfalt – so als ob die Ethik sich in sich selber als Theorie gegen Zweifel an der Moral absichern müßte. Dem Soziologen wird eher auffallen, daß erstmals die alte Einheit von Moral und Manieren aufgegeben wird. Das findet man noch nicht bei Harrington, nicht bei Montesquieu, nicht bei den schottischen Moralphilosophen – um nur einige zu nennen. Die alte Ethik war mit dieser Einheit von Moral und Manieren immer von sozialer Schichtung und im 18. Jahrhundert dann schließlich noch von Fragen der Eigentumsverteilung abhängig gewesen. Damit bricht die gegen Ende des 18. Jahrhunderts neu einsetzende ethische Reflexion. Und vielleicht erklärt sich der jetzt notwendige Theorieaufwand – oder wenn man de Sade einbeziehen will: der Skandalaufwand – einfach dadurch, daß angesichts eines radikalen Umbaus des Gesellschaftssystems der Bezug auf das Sozialsystem Gesellschaft aufgegeben werden mußte und nicht ersetzt werden konnte.

Die nächste Welle kommt pünktlich. Zu Beginn der 80er Jahre des 19. Jahrhunderts füllen nach langer Abstinenz plötzlich wieder Ethikvorlesungen die Vorlesungsverzeichnisse deutscher Universitäten. Der Neukantianismus nimmt sich auch dieser »praktischen« Fra-

9 Den Vergleich mit Kant haben schon Max Horkheimer und Theodor Adorno vorgeschlagen, allerdings auf der fragwürdigen Grundlage einer Theorie der »bürgerlichen« Bewegung. Siehe den Exkurs II; Juliette oder Aufklärung und Moral, in: Dialektik der Aufklärung, zit. nach Theodor W. Adorno, Gesammelte Schriften, Bd. 3, Frankfurt 1981.

gen an,[10] nicht ohne heftige Immunreaktionen im Stile Nietzsches auszulösen. Man hat es mit Nationalismus, Imperialismus, Kolonialismus, Sozialismus und ähnlichen Ungeheuerlichkeiten zu tun. Und wieder hofft man auf Ethik. Freilich kommt es kaum zu nennenswerten theoretischen Innovationen – es sei denn, man wollte die Aufwertung des Wertbegriffs, die Unterscheidung von Sein und Geltung, die sozialpsychologische Sensibilisierung transzendentaler Aprioris durch Simmel oder die Entgegensetzung von formaler (kantischer) und materialer Wertethik durch Scheler als Theorieleistung ansehen.

Wie nicht anders zu erwarten, findet sich im gleichen Jahrzehnt des 20. Jahrhunderts dasselbe Phänomen, allerdings schwächer in der Ausführung und fast nur noch in der Form von Appellen und Notbremsen. Bewährte Namen der Tradition werden wieder ins Gespräch gebracht. Hans Jonas proklamiert das Prinzip Verantwortung. Und politische Kommissionen zur Artikulation undurchsetzbarer Interessen und zur Vorbereitung provisorischer Regulierungen erhalten ihren Auftrag im Namen von Ethik.

Ich überlasse es Astrologen zu erklären, wieso dieser Komet Ethik regelmäßig gegen Ende des Jahrhunderts und ziemlich genau im 9. Jahrzehnt erscheint. Meine Frage ist, ob und wie wir ihn in der gesellschaftlichen Lage am Ende des 20. Jahrhunderts nutzen können. Und meine Antwort wird lauten: nicht durch Fortschreiben und Reformulieren der Texttraditionen, sondern nur durch Kooperation von soziologischer Gesellschaftstheorie und ethischer Reflexion.

II.

Hierzu muß man zunächst einen empirisch brauchbaren Begriff von Moral bilden. Ich verstehe unter Moral eine besondere Art von Kommunikation, die Hinweise auf Achtung oder Mißachtung mitführt. Dabei geht es nicht um gute oder schlechte Leistungen in spezifi-

10 Hierzu Klaus Christian Köhnke, Entstehung und Aufstieg des Neukantianismus: Die deutsche Universitätsphilosophie zwischen Idealismus und Positivismus, Frankfurt 1986, insb. S. 426 ff. Weitere Untersuchungen hierzu im gegenwärtig laufenden Simmel-Projekt der Fakultät für Soziologie, Bielefeld. Zur soziologischen Kritik siehe vor allem Georg Simmel, Einleitung in die Moralwissenschaft: Kritik der ethischen Grundbegriffe, 2 Bde., Berlin 1892/93.

schen Hinsichten, und etwa als Astronaut, Musiker, Forscher oder Fußballspieler, sondern um die ganze Person, soweit sie als Teilnehmer an Kommunikation geschätzt wird.[11] Achtung oder Mißachtung wird typisch nur unter besonderen Bedingungen zuerkannt. Moral ist die jeweils gebrauchsfähige Gesamtheit solcher Bedingungen. Sie wird keineswegs laufend eingesetzt, sondern hat etwas leicht Pathologisches an sich. Nur wenn es brenzlig wird, hat man Anlaß, die Bedingungen anzudeuten oder gar explizit zu nennen, unter denen man andere bzw. sich selber achtet oder nicht achtet. Der Bereich der Moral wird hiermit empirisch eingegrenzt und nicht etwa als Anwendungsbereich bestimmter Normen oder Regeln oder Werte definiert. Das hat den Vorzug höherer Eindeutigkeit im Vergleich zu Versuchen, die Spezifik moralischer (etwa im Unterschied zu rechtlichen) Regeln auf der Ebene der Normen oder Werte zu bestimmen. Vor allem aber gewinnen wir damit die Möglichkeit zu fragen, was geschieht, wenn irgendwelche Konditionierungen (und seien es solche des Rechts oder der politischen Kultur, der Rassenunterschiede oder des persönlichen Geschmacks) moralisiert werden mit der Folge etwa, daß man meint, jemanden nicht mehr achten und nicht mehr einladen zu können, wenn sich herausstellt, daß bei ihm zu Hause eine Bismarck-Büste auf dem Klavier steht.

Wenn dies Moral heißen darf, wenn es also bei diesem Begriff nur um die Konditionen des Achtungsmarktes geht, dann haben wir die Hand frei für eine davon unterscheidbare Verwendung des Begriffs Ethik oder ethisch. Ethik ist, so könnte man jetzt sagen, die Beschreibung der Moral. Diese Beschreibung war bis ins 18. Jahrhundert hinein als Beschreibung eines normativ-rationalen Sonderbereichs der Natur angelegt.[12] Erst in den letzten Dekaden des 18. Jahrhunderts, ich hatte das bereits erwähnt, bildet sich eine Ethik aus, die den Anspruch einzulösen versucht, eine Reflexionstheorie der Moral zu

11 Siehe die entsprechende Unterscheidung von esteem und approval bei Talcott Parsons, The Social System, Glencoe/Ill. 1951, S. 109, 130 ff. und passim.

12 Alle Einzelheiten muß ich hier überspringen – so z. B. die Frage, ob es sinnvoll ist, von einem biblischen »Ethos« zu sprechen; ferner die Umstellung von einer habitus-Beschreibung zu einer Beschreibung, die in der Ethik Zustimmung zu eigenem Verhalten, also Schuldfähigkeit voraussetzt; und schließlich auch die Reduktion der Ethik auf Regeln der Herrschaft über das je eigene Verhalten im Unterschied zur Herrschaft über die Hausgesellschaft (Ökonomik) und Herrschaft über die politische Gesellschaft (Politik) als Einteilung der in den Schulen gelehrten philosophia moralis.

sein. Wenn dies, soziologisch interpretiert, mit der Umstellung der Gesellschaft von stratifikatorischer Differenzierung auf funktionale Differenzierung zusammenhängt, dürfte diese Fassung des Problems der Moralbeschreibung auch für uns noch verbindlich sein. Dahinter können wir nicht zurück – so gerne man sich bei Aristoteles re-inspirieren möchte. Aber die Frage bleibt: was genau ist da zu reflektieren; und in dieser Frage könnte sich seit dem Ende des 18. Jahrhunderts, seit der vorletzten Ethikwelle, manches geändert haben.

III.

In der utilitaristischen ebenso wie in der transzendentaltheoretischen Ethik ging es um die rationale bzw. (im deutschen Sonderfall) vernünftige Begründung moralischer Urteile. Mit dieser Version konnte die Ethik sich selbst als moralisches Unternehmen begreifen, sich in ihre eigene Beschreibung der Moral einbeziehen und, vereinfacht gesagt, sich selbst für gut halten. Das setzte zwar eine Distanzierung von ethischen Theorien der Vergangenheit voraus; ferner, mindestens implizit, auch ein Vertrauen in die Friedensgarantien und die Interessenneutralität des Verfassungsstaates. Fast kann man, wenn man dies herausstellt,[13] von einer politischen Ethik neuen Stils sprechen. Jedenfalls war ein Moment der Distanz zu Lebensformentscheidungen und Zweckwahlen eingebaut. Immer aber ging es um die Begründung moralischer Urteile und, auf dieser Schiene, um ein Theorie/Praxis-Verhältnis zur Moral.

Wenn man aber als Soziologe die Praxis der moralischen Kommunikation betrachtet, kommen einem Zweifel, ob hier das Problem liegt, mit dem eine Ethik sich beschäftigen sollte. Gründe gibt es mehr als genug, und es ist nicht schwierig, sie stilistisch in konsensfähige Form zu bringen. Das war der Rhetorik geläufig gewesen. Abstrahiert man in Richtung auf wirklich gute Gründe, reißt die Möglichkeit ab, aus solchen Prinzipien Schlüsse zu ziehen. Das hatte nicht geschadet, solange die Schichtung intakt war und Sozialisation einspringen konnte. Wenn das nicht mehr der Fall ist: wie sollte man dann die Hoffnung haben, sozialstrukturelle Bedingungen durch eine Theoriefigur, mag sie noch so raffiniert angelegt sein, zu ersetzen?

13 Vgl. hierzu Charles E. Larmore, Patterns of Moral Complexity, Cambridge 1987.

Verzichtet man auf diese Ambition, wird der Blick frei für andere Möglichkeiten, moralische Kommunikation in ihren gesellschaftlichen Zusammenhängen zu begreifen. Ohne Vollständigkeit oder gar Systematik anzustreben, möchte ich einige Gesichtspunkte nennen, an denen rasch deutlich wird, daß eine Gesellschaftstheorie die Ethik in andere Probleme, vielleicht auch in andere Aufgaben führen wird.

(1) Vor allem muß zugestanden werden, daß keines der Funktionssysteme durch Moral in das Gesellschaftssystem eingebunden werden kann. Die Funktionssysteme verdanken ihre Autonomie einer jeweils verschiedenen Funktion, aber auch einer je besonderen binären Codierung, also zum Beispiel der Unterscheidung von wahr und unwahr im Falle des Wissenschaftssystems oder der Unterscheidung von Regierung und Opposition im demokratischen politischen System. In keinem dieser Fälle können die beiden Werte dieser Codes mit den beiden Werten des Moralcodes kongruent gesetzt werden. Es darf gerade nicht dahin kommen, daß man die Regierung für strukturell gut, die Opposition für strukturell schlecht oder gar böse erklärt. Das wäre die Todeserklärung für Demokratie. Dasselbe läßt sich leicht nachprüfen am Falle von wahr/unwahr, von guten oder schlechten Zensuren, von Geldzahlungen oder deren Unterlassen, von Liebesentscheidungen für diesen und keinen anderen Partner. Die Funktionscodes müssen auf einer Ebene höherer Amoralität eingerichtet sein, weil sie ihre beiden Werte für alle Operationen des Systems zugänglich machen müssen. Ein Bewußtsein dieser Abkopplung von Moral hat im übrigen, wie immer von Zweifeln geplagt, die Funktionssysteme seit dem Beginn ihrer Ausdifferenzierung getragen. Man kann dies an der Literatur über Staatsräson und über wirtschaftliches Gewinnstreben als Bedingung des Wachstums nachlesen, oder auch an der Semantik der passionierten Liebe und an den Vorstellungen über die Freiheitsfunktion des Rechts. Selbst das Jüngste Gericht konnte nie ganz als eine rein moralische Endabrechnung aufgefaßt werden; das wäre auf einen Sieg des Teufels über Marien hinausgelaufen.[14] Es ist dann nur konsequent, wenn man im 18. Jahr-

14 Siehe zu der für das hohe und späte Mittelalter typischen Szene Gérard Gros, Le diable et son adversaire dans l'Advocacie Nostre Dame (poème du XIVe siècle), in: Le diable au moyen âge (Doctrines, problèmes moraux, représentations) Aix-en-Provence 1979, S. 237-258.

hundert die Hölle als Reich der perfekten moralischen Inszenierung beschreibt.[15]

Also muß eine in Funktionssysteme differenzierte Gesellschaft auf eine moralische Integration verzichten. Aber zugleich behält sie die kommunikative Praxis bei, Menschen durch Konditionierung von Achtung und Mißachtung als ganze Personen anzusprechen. Moralische Inklusion also wie gehabt, aber ohne moralische Integration des Gesellschaftssystems. Was könnte eine Ethik dazu sagen?

(2) Empirisch gesehen ist moralische Kommunikation nahe am Streit und damit in der Nähe von Gewalt angesiedelt. Sie führt im Ausdruck von Achtung und Mißachtung zu einem Überengagement der Beteiligten. Wer moralisch kommuniziert und damit bekanntgibt, unter welchen Bedingungen er andere und sich selbst achten bzw. mißachten wird, setzt seine Selbstachtung ein – und aufs Spiel. Er wird dann leicht in Situationen kommen, in denen er stärkere Mittel wählen muß, um Herausforderungen zu begegnen. Mit der Institution des Duells hatte man versucht, dieses Problem zu privatisieren, und es hat Jahrhunderte gedauert, bis das Recht sich gegen diesen letzten Seufzer der alten Oberschicht, wie der Marquis Mirabeau das nannte,[16] durchsetzen konnte – ein heute nur noch selten beachteter Fall des Siegs des Rechts über die Moral.

Wenn man diesen polemogenen Ursprung und die entsprechenden Effekte der Moral in Rechnung stellt: darf man der Ethik dann raten, Moral umstandslos für moralisch gut zu halten? Oder verwechselt man dann nicht zwei Begriffe – den des moralischen Codes von gut und schlecht, der Achtung bzw. Mißachtung symbolisiert, und den des Positivwertes »gut« als eines Moments dieses Codes, das für sich allein gar nicht vorkommen kann?

(3) Dies führt auf ein drittes Problem, das der Tradition wohlbekannt war, heute aber kaum noch angemessen berücksichtigt wird. Jeder binäre Code, auch der der Moral, führt bei einer Anwendung auf sich selbst zu Paradoxien. Man kann nicht entscheiden, ob die Unterscheidung von gut und schlecht ihrerseits gut oder nicht vielmehr schlecht ist. Bekanntlich hat dies Problem den Menschen das

15 So Jean-Frédéric Bernard, Eloge d'Enfer: Ouvrage critique, historique et moral, 2 Bde., La Haye 1759.

16 »Les guerres des gentilhommes, dont les derniers soupirs ont été les duels« heißt es im L'ami des Hommes, ou Traité de la population (1756), zit. nach der Ausgabe Paris 1883, S. 19.

Paradies gekostet und, vorher schon, dem Besten der Engel seine Verdammung gebracht.[17] Es gibt also theologische Analysen dieser Paradoxie. Auch die Rhetorik hat immer schon gewußt, daß alle Tugenden als Laster und alle Laster als Tugenden dargestellt werden können. Sobald man beginnt, Folgen in Betracht zu ziehen und auf eine Verantwortungsethik hinzuarbeiten, schlägt diese Paradoxie auf die Motivation durch. Wenn verwerfliches Handeln gute Folgen haben kann, wie die Ökonomen des 17. und 18. Jahrhunderts uns versichern, und wenn umgekehrt die besten Absichten in Schlimmes ausarten können, wie man in der Politik sehen kann, dann stoppt die moralische Motivation sich selber. Soll die Ethik dann zu gutem oder zu schlechtem Handeln raten? Wie man weiß, hat sie dieses Problem der Wirtschaftstheorie bzw. der politischen Theorie überlassen, also dem Markt bzw. dem Verfassungsgesetz, und sich eine eigene Stellungnahme erspart.

(4) Mein letztes Beispiel bezieht sich auf die Form, in der die Zukunft in Entscheidungen sichtbar gemacht und rationalisiert wird. Das wird heute mit dem Begriff des *Risikos* behandelt. Einerseits geht ein immenser Forschungsaufwand in die Rationalisierung von Risiken. Bei allem Kalkulationsaufwand ist jedoch letzte Sicherheit nicht zu erreichen; bei einiger Überlegung wird sogar davon abgeraten, auch nur diesen Versuch zu unternehmen, da genau das zu riskant sei.[18] Andererseits gilt dies Kalkül sowie das gesamte Konzept des Risikos nur für den Entscheider, der an die Folgen seiner eigenen Entscheidung denkt. Aus dem Risiko der einen ergibt sich jedoch eine Gefahr für die anderen. Empirische Untersuchungen zeigen, daß man in bezug auf eigenes Verhalten mehr oder weniger risikobereit sein kann, auf Gefahren, die aus dem Verhalten anderer resultieren, dagegen hochempfindlich reagiert. Testen Sie das im Straßenverkehr! Auch erste Aids-Untersuchungen zeigen entsprechende Muster. Und natürlich gilt dies für all die Aufgeregtheiten, die sich im Umkreis von Kernkraftindustrien, chemischen Industrien oder von gentechnologischen Forschungen ansammeln.

Die soziologischen Forschungen stehen hier ganz am Anfang. Wenn es aber zutrifft, daß Zukunftsperspektiven ganz verschiedene

17 Die Sufi-Mystik führt dies übrigens direkt auf eine paradoxe (oder jedenfalls: so wahrgenommene) Weisung Gottes zurück – ein Fall von double bind! Siehe Peter J. Awn, Satan's Tragedy and Redemption: Iblis in Sufi Psychology, Leiden 1983.

18 So jetzt Aaron Wildavsky, Searching for Safety, New Brunswick 1988.

Kriterien anwenden, je nachdem, ob das Problem aus der Perspektive eines Risikos oder aus der Perspektive einer Gefahr angegangen wird – also je nachdem, ob es sich um eine Folge eigener Entscheidungen oder um eine Folge von Entscheidungen anderer handelt –, dann sprengt diese neuartige, für die moderne Gesellschaft typische Differenz herkömmliche Konsenserwartungen – mögen sie nun unter dem Gesichtspunkt der Vernunft oder unter dem Gesichtspunkt ethischer Prinzipien formuliert sein.

Auf der einen Seite kondensiert Moral unter dem Gesichtspunkt der Betroffenheit, und sie wird sozial generalisiert mit dem Erwartungsdruck, Betroffenheit durch die Betroffenheit anderer zu zeigen, »Wie gehst du denn damit um?« fragt ein Individuum das andere. In dieser Sicht können aber keine Kriterien des Entscheidens unter Risiko gefunden werden. Die Betroffenen lassen sich nur blind auf das Risiko der Risikovermeidung ein. Die Differenz von Risiko und Gefahr zeigt mithin ein Problem sozialer Verständigung an, das heute bereits dazu ansetzt, die alten Probleme der Wohlfahrtsverteilung vom ersten Platz der politischen Relevanz zu verdrängen. Und wieder sieht man, inmitten der Ethikwelle am Ende dieses Jahrhunderts, nicht einmal eine angemessene Thematisierung dieses Problems, geschweige denn Gesichtspunkte, die als Lösung oder wenigstens als Regulierung zu überzeugen vermöchten.

Offenbar gibt es hier ein Spannungsverhältnis zwischen Zeitdimension und Sozialdimension, für das noch keine ethischen Regulative gefunden sind. Der Umgang mit der eigenen Zukunft muß, will man Rationalitätschancen ausschöpfen, in einer Weise freigegeben werden, die zu sozialen Belastungen führen kann. Dasselbe Problem tritt übrigens im Bereich der Knappheit, also in der Wirtschaft auf. Je mehr der eine seine Zukunftsvorsorge verstärkt und dafür Mittel festlegt, desto knapper werden die Güter für andere, die sie gegenwärtig schon nutzen wollen oder nutzen müssen. Dafür haben traditionale Gesellschaften zwar eine Moral ausbilden können, vor allem die Moral der männlichen Selbstbehauptung gegenüber Rivalen;[19] aber die Überführung dieser Moral in geldwirtschaftliche Sozialordnungen ist nie gelungen.[20] Knappheit und Risiko sind genau komplementäre

19 Vgl. George M. Foster, Peasant Society and the Image of the Limited Good, American Anthropologist 67 (1965), S. 293-315.

20 Für entsprechende Anlässe zu Bauernrevolten etc. siehe E. P. Thompson, The Moral Economy of the English Crowd in the 18th Century, Past and Present 50

Zeitperspektiven. Im einen Falle will man trotz Knappheit soviel Zukunftssicherheit wie gegenwärtig erreichbar – auf Kosten anderer. Im anderen Falle will man Rationalitätschancen ausschöpfen, die in der Inkaufnahme von Unsicherheit liegen – und wieder: auf Kosten anderer. Für beide Fälle sind Rationalitätskalküle entwickelt worden, die auf einer Indifferenz für soziale Folgen beruhen. Für beide Fälle gibt es keine Ethik, die die Spannung von Zeitdimension und Sozialdimension zum Ausgleich bringen könnte. Deshalb sind Verteilungsprobleme für unsere Gesellschaft zu politischen Problemen geworden; und Risikoprobleme haben alle Aussichten, denselben Weg zu nehmen.

Viele Gründe also anzunehmen, daß die ethische Reflexion in den gegen Ende des 18. Jahrhunderts gefundenen Formen nicht mehr funktionieren kann. Paradigm lost. Aber Paradigm regained? Schon am Ende des 18. Jahrhunderts sieht man zwar ein neues Interesse aufkommen; aber es formt sich als Interesse an Sprache: Herder, dann Humboldt. Heute mündet dieser Strom in ein breites, verzweigtes Delta und nimmt sogar Momente der alten Rationalitätsdiskussion auf; aber es geht nur um Sprachhandlungen. Man sieht nicht, wie von da aus eine Gesellschaftstheorie entstehen könnte, die die moderne Gesellschaft angemessen beschreibt. Man müßte im theoretischen Design von Sprachhandlungen auf Kommunikation umstellen und von Sprache auf soziales System.

Jedenfalls hat die sogenannte linguistische Wende der Philosophie zu wichtigen Innovationen geführt. In unserem Zusammenhang ist vor allem eine von ihnen relevant: daß die Forschung über Sprache sich der Sprache bedient und deshalb in ihrem eigenen Gegenstand wieder vorkommt.[21] Man wird sich fragen müssen, ob dasselbe auch für Moral gilt. Wer über Moral forscht, muß nicht unbedingt eine Ethik schreiben, die sich selber einer moralischen Beurteilung unterwirft. Wer über Moral forscht, kann aber nicht vermeiden, dies

(1971), S. 76-136; James S. Scott, The Moral Economy of the Peasant: Rebellion and Subsistence in Southeast Asia, New Haven 1976. Beide Arbeiten schematisieren allerdings den Kontrast in einer Weise, die der ethischen Reflexion (etwa eines Adam Smith) nicht voll gerecht wird.

21 Lars Löfgren, Toward System: From Computation to the Phenomenon of Language, in: Marc E. Carvallo (Hg.), Nature, Cognition and System, I: Current Systems-Scientific Research on Natural and Cognitive Systems, Dordrecht 1988, S. 129-155 (129), nennt dies das »autological predicament«.

als gesellschaftliche Kommunikation zu tun. Insofern zumindest kommt auch er in seinem Gegenstandsbereich wieder vor. Der selbstreferentielle Zirkel kann damit weiter ausgezogen, er kann nicht vermieden werden. Man kann dies als Hinweis darauf festhalten, daß jede Begründung von Aussagen über Ethik und Moral selbstreferentiell angelegt sein muß; aber daß man immer noch die Wahl hat, ob es sich um den engen Zirkel einer Ethik handeln muß, die ihre eigene moralische Qualität mitbegründet, oder ob der weite Zirkel einer Gesellschaftstheorie ausreicht, der nur impliziert, daß alle Forschung als gesellschaftliche Kommunikation operiert und daß nur in der Gesellschaft, in der unter anderem auch moralische Unterscheidungen vorkommen, über Moral geforscht werden kann.

IV.

Konzentriert auf Fragen der moralträchtigen Begründung moralischer Urteile, hat die Ethik den Bezug zur gesellschaftlichen Realität verloren. Vielleicht ist das der Grund, weshalb sie als interessenunabhängige Instanz gefragt ist. Aber wie kann Ethik in Angelegenheiten einer Gesellschaft urteilen, die sie nicht kennt?

Weder das transzendentaltheoretische noch das utilitaristische Paradigma, wie immer neoisiert, können hier weiterhelfen.[22] Trotzdem wäre es falsch, in einer Art Überreaktion das ganze Unternehmen Ethik für überholt zu erklären oder es, mit einer Formulierung von Diderot, auf den Tick des Moralisierens zurückzuführen.[23] Es gibt ja moralisch konditionierte Kommunikation, sie kommt vor; und also hat die Ethik eine Aufgabe, dazu Stellung zu nehmen.

Auch ein zweiter Ausweg erscheint als unbegehbar: Man kann

22 Als Soziologe könnte man hier an das Frühwerk von Talcott Parsons denken, an das heute wieder viel diskutierte Buch The Structure of Social Action, New York 1937. Es orientiert sich an Klassikern der Soziologie, die entweder die individual-utilitaristische oder die transzendental-theoretische Position in Soziologie übersetzen, und es versucht zu zeigen, daß beide Versuche auf ein und dieselbe soziologische Theorie hinauslaufen. Das wird nach fünfzig Jahren noch immer ernsthaft diskutiert. Vgl. dazu den instruktiven Beitrag von Hans Joas, Die Antinomien des Neofunktionalismus – eine Auseinandersetzung mit Jeffrey Alexander, Zeitschrift für Soziologie 17 (1988), S. 272-285.

23 So in: Satire I: Sur les caractères et les mots de caractère, de professions etc., zit. nach Œuvres, Paris (Éd. de la Pléiade) 1951, S. 1217-1229 (1228).

nicht eine soziologische Gesellschaftstheorie an die Stelle setzen, die eine Ethik einzunehmen hätte. Das wäre nicht zuletzt für die Soziologie selbst unakzeptabel. Wenn Ethik eine Reflexionstheorie der Moral sein und bleiben soll (und es wäre wenig sinnvoll, den historisch fixierten Ausdruck anders zu verwenden), muß sie sich selbst an den Code der Moral binden, also sich selbst dem binären Schematismus von gut und schlecht unterwerfen; sie muß selbst etwas Gutes und nichts Schlechtes wollen, während es der Soziologie auf Wahrheit bzw. Unwahrheit ihrer Aussagen ankommt. Daß auch Soziologen moralisch bewertet werden können, so wie alles menschliche Verhalten, steht dem nicht entgegen. Aber die Forschungsprogramme der Soziologie unterstellen sich, wenn sie denn Wissenschaft ausführen wollen, nicht dem Moralcode, sondern dem Wahrheitscode.

Nur so ist denn auch eine Soziologie der Ethik, eine historisch-soziologische Analyse der ethischen Semantiken möglich. Nur so kann man zu einer soziologischen Kritik der gesellschaftlichen Adäquität von Ethiken kommen und monieren, daß die Ethik sich, länger als vertretbar, durch ihre eigenen Texttraditionen bestimmen läßt. Eine solche Analyse kann in eigener Verantwortung Strukturen der modernen Gesellschaft klären und die Probleme angeben, die im Zuge der Reproduktion dieses Gesellschaftstyps auftreten.

Mehr als zur Zeit Kants und zur Zeit der Französischen Revolution kann man heute die Konsequenzen dieser Gesellschaftsformation beobachten und beschreiben; und das ist die Aufgabe, der sich die Soziologie am Ende dieses Jahrhunderts zu stellen hat. Das führt aber weder direkt noch indirekt zu einer moralischen Bewertung. Ohnehin ist die Gesellschaft kein möglicher Gegenstand moralischer Bewertung; und erst recht wäre es absurd, diejenigen, die die moderne Gesellschaft für gut halten, deswegen für schlecht zu halten; oder diejenigen, die die Gesellschaft kritisch ablehnen, deswegen zu achten. Das sind im Grunde nur Denkfehler, die leicht zu vermeiden sind, denn die Gesellschaft als das umfassende System aller Kommunikationen ist weder gut noch schlecht, sondern nur die Bedingung dafür, daß etwas so bezeichnet werden kann.

Nachdem all dies gesagt ist und die entsprechenden Vorbehalte registriert sind, kann man gleichwohl erkennen, daß die Gesellschaftstheorie der Ethik Vorgaben machen kann. Eine Moral kann sich über solche Vorgaben natürlich hinwegsetzen, indem sie sich für andere Bedingungen der Achtung und Mißachtung einsetzt. Sie mag zum

Beispiel ihre Welt nach Umweltzerstörern und Umweltschützern einteilen oder von dem Prinzip ausgehen, daß eine Alternative im Zweifel besser ist als das, was man bisher versucht und empfohlen hat. Es gibt viele Möglichkeiten des moralischen Kommunizierens, und es fehlt nicht an Werten und guten Gründen, auf die man sich dabei berufen kann. Von einer Ethik sollte man aber verlangen können, daß sie die Strukturen des Gesellschaftssystems mitreflektiert, wenn sie der Moral ein Gütezeugnis oder auch nur eine Unbedenklichkeitsbescheinigung ausstellt.

Wenn nun die Annahme zutrifft, daß die moderne Gesellschaft nicht mehr über Moral integriert sein kann und auch nicht mehr den Menschen über Moral ihre Plätze anweisen kann, dann muß die Ethik in der Lage sein, den Anwendungsbereich der Moral zu limitieren. Müssen wir denn Tag für Tag hinnehmen, daß die Politiker der Regierungs- und der Oppositionsparteien sich verbalmoralisch bekämpfen, obwohl wir, Demokratie richtig verstanden, gar nicht aufgefordert sind, zwischen ihnen unter Gesichtspunkten der Moral zu wählen? Müssen denn regionale Autonomiebewegungen unter moralischen Vorzeichen gestartet werden? Muß denn eine vorsorgliche rechtliche Einschränkung riskanter Forschungen oder Produktionstechnologien als moralisches oder sogar ethisches Gebot lanciert werden, wo wir doch nächstes Jahr bei besserer Information eine noch schärfere oder eine weniger scharfe Regulierung bevorzugen werden? Und vor allem: wie soll die Übernahme von Risiken mit Achtungserweis oder mit Achtungsentzug sanktioniert werden, wenn es gar kein nichtriskantes Verhalten gibt und die Ethik, bislang jedenfalls, keine konsensfähigen Kriterien entwickelt hat?

Angesichts dieser Sachlage ist es die vielleicht vordringlichste Aufgabe der Ethik, vor Moral zu warnen. Das ist kein unbedingt neues Desiderat. Das 18. Jahrhundert hatte zu diesem Zwecke den Humor erfunden, gleichsam als Wellenbrecher für überraschende Moralstürme. Aber das setzt zu viel Disziplin und zu viel schichtspezifische Sozialisation voraus. Auch ist das Warnen selbst ja eine paradoxe Tätigkeit mit dem Ziel, ihre eigene Überflüssigkeit zu erzeugen. Vielleicht könnte man deshalb der Ethik, nachdem sie nun einmal Reflexions*theorie* der Moral geworden ist, höhere Ansprüche an sich selber zumuten.

Ob eine Ethik überhaupt möglich ist, die die Verhältnisse in der modernen Gesellschaft berücksichtigt *und* sich selber für gut erklärt, kann man als Soziologe nicht abschließend beurteilen. Zweifel sind angebracht. Jedenfalls reicht der politische Bedarf allein nicht aus und ebensowenig der gute Wille derjenigen, die sich darum bemühen. Wenn aber solche Versuche unternommen werden, sollten sie jedenfalls gewissen theoretischen Mindestansprüchen genügen. Zumindest sollte man erwarten können, daß die Ethik sich nicht einfach mit der guten Seite der Moral solidarisiert und die schlechte vergißt, sondern die Moral als eine *Unterscheidung* thematisiert, nämlich als die Unterscheidung von gut und schlecht oder gut und böse. Dann gelangt sie sofort vor die Frage, wann es denn gut ist, diese Unterscheidung zu verwenden, und wann nicht. Dazu müßte man erst einmal die Unterscheidung unterscheiden können, und die Frage wäre: von was? Man müßte, in der Sprache Gotthard Günthers formuliert, sich über Akzeptionswerte und Rejektionswerte in bezug auf Unterscheidungen verständigen können,[24] Oder in der Sprache der konstruktivistischen Epistemologie systemtheoretischen Zuschnitts: Man müßte beobachten können, mit Hilfe welcher Unterscheidungen Beobachter beobachten und was sie damit sehen und was sie nicht sehen können.[25] Gelänge eine solche Ethik, dann würde sie zugleich Verständnis dafür aufbringen können, daß eine sehr *spezifische* Unterscheidung, nämlich die von gut und schlecht, *universell*, also auf alles Verhalten angewandt werden kann. Und nach Meinung des Soziologen Talcott Parsons ist genau diese Kombination der pattern variables spezifisch/universell eine Eigenart moderner Weltorientierung.[26]

24 Vgl. vor allem die Abhandlungen Das metaphysische Problem einer Formalisierung der transzendental-dialektischen Logik: Unter besonderer Berücksichtigung der Logik Hegels, und: Cybernetic Ontology and Transjunctional Operations, in: Gotthard Günther, Beiträge zur Grundlegung einer operationsfähigen Dialektik, Bd. 1, Hamburg 1976, S. 189-247 und 249-328.

25 Siehe Heinz von Foerster, Observing Systems, Seaside/Cal. 1981, die wichtigsten Beiträge auch auf deutsch in: ders., Sicht und Einsicht: Versuche zu einer operativen Erkenntnistheorie, Braunschweig 1985.

26 Zu oft variierten Darstellungen vgl. Talcott Parsons/Robert F. Bales/Edward A. Shils, Working Papers in the Theory of Action, Glencoe/Ill. 1953, insb. S. 63 ff., und ders., Pattern Variables Revisited, American Sociological Review 25 (1960), S. 467-483, neu gedruckt in: ders., Sociological Theory and Modern Society, New York 1967, S. 192-219. Einer der seltenen Versuche zu einer soziologischen Theorie der Moral hat hier seine Grundlage, nämlich Jan J. Loubser, The Contribution of Schools to Moral Development: A Working Paper in the Theory of Action, Interchange 1 (1970), S. 99-177, neu gedruckt in: C. M. Beck/E. V. Sullivan

Bei einem differenztheoretischen Ansatz löst sich im übrigen das alte Problem des Verhältnisses von Moral und Freiheit von selber auf. Die Tradition hatte Freiheit als Voraussetzung moralischer Beurteilung angesehen und sich nur mit der Art dieser Voraussetzung befaßt – auf die Problematik reagierend mit einer Entwicklung von naturalen über religiös-transzendente zu transzendentalen Referenzen. Das ließ nur die Möglichkeit zu, Freiheit als Eigenschaft des Menschen zu begreifen. Aber wie?

Eine soziologische Theorie könnte dagegen annehmen, daß Freiheit gleichsam als Nebenprodukt von Kommunikation anfällt. Denn wenn immer etwas Bestimmtes kommuniziert wird, kann man dazu ja oder nein sagen (und wenn nicht, dann nicht). Die moralische Kommunikation macht hier keine Ausnahme. Auch ihre Gebote können abgelehnt werden. Aber während es im normalen Gang der Kommunikation Routinen gibt für die Behandlung von Ablehnung und Widerspruch, versucht die Moral, die Freiheit, die sie doch voraussetzen muß und selbst reproduziert, auf die gute Seite festzulegen, also aufzuheben. Eben deshalb ist Freiheit, vor allem als Problem der Ethik, zum Thema geworden. Dabei mußte die Ethik etwas voraussetzen, was sie nicht gutheißen kann, und mußte sich folglich auf schwierigste Konstruktionen einlassen, um diese Paradoxie aufzulösen.

Ohne Paradoxie kein Fortschritt, könnte man sagen. Aber vielleicht ist diese spezifische Form ganz unnötig. Wenn Freiheit nicht als Voraussetzung der Moral, sondern als Nebenprodukt der Kommunikation eingeführt wird, ist sie mit der Strukturdeterminiertheit aller selbstreferentiellen Systeme kompatibel. Der alte Streit von Determinismus und Indeterminismus löst sich auf. Man gelangt statt dessen vor die Frage, welchen Sinn es hat, die bei aller Kommunikation ohnehin anfallende Freiheit, anzunehmen oder abzulehnen, moralisch zu recodieren, wenn auch dies nur auf eine Unterscheidung hinausläuft, deren Werte gut/schlecht in der Kommunikation eben-

(Hg.), Moral Education: Interdisciplinary Approaches, Toronto 1971, S. 147-179. Loubser allerdings sucht den Weg zur Moral über eine modern/traditional-gemischte Kombination von pattern variables, nämlich affective neutrality/quality und universalism/diffuseness. Das versuche ich im Text dadurch zu vermeiden, daß ich die eher traditionale Struktur der *Moral* von spezifisch modernen Anforderungen an *Ethik* unterscheide.

falls die Freiheit des Annehmens oder Ablehnens erzeugen – und diesmal mit sehr problematischen Folgelasten.

Gleichviel, all diese Ansätze zu Theorien, die Unterscheidungen unterscheiden können, haben ein großes Vorbild in der Logik Hegels. Diese Logik bietet einen nie wieder übertroffenen Versuch, Unterscheidungen zu prozessieren im Hinblick auf das, was an ihnen identisch bzw. different ist. Noch niemandem ist es gelungen, dasselbe anders zu richten. In der Kybernetik zweiter Ordnung, im Konzept der Polykontexturalität von Gotthard Günther und in der operativen Logik der »Laws of Form« von George Spencer Brown sucht man allerdings ganz andere Wege für ein sehr ähnliches Problem. Bei alldem kommt es nicht mehr darauf an, Objekte zu bestimmen, sondern Unterscheidungen zu unterscheiden. Für einen Soziologen ist das dünne, zu dünne Luft. An einer Theorie der modernen Gesellschaft interessiert, kann er nur wünschen: das müßte man können.

10. Ethik als Reflexionstheorie der Moral

I.

Die folgenden Überlegungen verstehen sich nicht als Beitrag zum Problem der Wertfreiheit in den Sozialwissenschaften. Sie legen keinen Wert – keinen Wert! – auf dieses Etikett. Die hinreichend bekannten Diskussionen dieses Themas haben sich in der Unklarheit der Fragestellung festgefahren und sollten in dieser Form nicht fortgeführt werden. Vorauszuschicken ist nur, daß eine soziologische Untersuchung beabsichtigt und daß zu hoffen ist, daß sie nicht wertlos sein wird.

Auch die Zuordnung zum Funktionssystem Wissenschaft sollte notiert werden. Das hat Konsequenzen, auf die vorab hingewiesen werden muß, gerade wenn es um das Thema Moral geht. Wenn man mit Anspruch auf Wissenschaftlichkeit Sachverhalte beobachten und beschreiben will, genügen die Worte des täglichen Lebens nicht. Man muß Begriffe bilden. Wie weit diese Begriffe sich in der Wortwahl von dem Sprachgebrauch des täglichen Lebens entfernen dürfen, ist eine Frage, die mit Vorsicht und Bedachtsamkeit zu entscheiden ist. Aber wie immer: beobachten und beschreiben kann eine Wissenschaft nur das, was sie mit Begriffen bezeichnen kann. Das heißt: andere Begriffe, andere Sachverhalte. Darin liegen Freiheiten, die im Effekt zur Multiplikation der Phänomene führen, und zugleich Schwierigkeiten für die weitere Verständigung. Darin liegen Chancen der Innovation, aber auch Gefahren einer Fehlinvestition, die den Aufwand nicht lohnt. Innerhalb der Wissenschaft sind diese Doppeleffekte schwer zu kontrollieren. Nicht immer, ja eigentlich nur selten, reichen empirische Methoden der Verifikation bzw. Falsifikation aus. Die Begriffe haben unterschiedliche Qualität je nach ihrer theoretischen Verarbeitung. Aber unabhängig davon gilt, daß man mit unterschiedlichen Begriffen unterschiedliche Welten konstruiert und daß die Frage, was damit gemacht werden kann, erst am Ertrag entscheidbar ist.

Diese vorsorglichen Bemerkungen sind besonders angebracht, wenn man sich als Soziologe dem Gebiet der Moral und der Ethik nähert. Hier gibt es in unübersehbarer Menge Vorwegfestlegungen terminologischer Art, die ohne soziologische Kontrolle zustande gekommen sind, aber gleichwohl den Gegenstand markieren, um den es geht. Man muß daher im Auge behalten, ob und wie weit der Soziologe sein Recht zur Definition seiner Begriffe ausüben kann, ohne seinen Gegenstand zu verfehlen. Außerdem handelt es sich um einen hochinfektiösen Gegenstand, den man nur mit Handschuhen und mit möglichst sterilen Instrumenten anfassen sollte. Sonst infiziert man sich selbst mit Moral und setzt das, was als wissenschaftliche Untersuchung begonnen hatte, einer moralischen Verwendung aus; so wie Durkheim am Ende einer vermeintlich soziologischen Analyse resümierte: »En un mot, notre premier devoir actuellement est de nous faire une morale.«[1] Die gegen Durkheim zu fordernde Enthaltsamkeit in Sachen Moral soll keineswegs besagen, daß die Wissenschaft behaupte, keiner moralischen Beurteilung zu unterliegen. Es geht nicht darum, eine Enklave in der Welt der Moral zu beanspruchen. Die Moral kann alles beurteilen – ebenso wie die Wissenschaft selbst. Der Moralcode gut/schlecht bzw. gut/böse hat ebenso universelle Relevanz wie der Wissenschaftscode wahr/unwahr. Wie groß immer die Reichweite: die Jurisdiktion darüber obliegt der Moral bzw. der Wissenschaft für je ihren Bereich. Es mag sogar Überschneidungsbereiche geben – zum Beispiel wenn die Ethik in Anspruch nimmt, eine Wissenschaft zu sein, die (verführt durch die Schlange?) wahre und unwahre Urteile fällen kann. Aber selbst dann macht es einen Unterschied aus, ob man Beobachtungen und Beschreibungen primär am Moralcode oder primär am Wahrheitscode orientiert. Diejenige Unterscheidung, mit der man einen Beobachtungsbereich konstituiert, läßt sich im Vollzug weiterer Beobachtungen zwar noch ergänzen, nicht aber eliminieren.[2] Wir unterscheiden die hier vorgelegte Analyse von ihrem Gegenstand, von der Ethik selbst. Hier wird also keine Ethik geschrieben, sondern Ethik beobachtet, und dies erfordert eine Differenz. Das soll mit dem Titel »Ethik als Reflexionstheorie der Moral« ausgedrückt sein. Außerdem mag es aber auch für die Ethik selbst fraglich sein, ob sie sich weiterhin um eine Begründung der Moral bemühen solle. Jede Begründung findet sich, durch

1 Émile Durkheim, De la division du travail sociale (1893), zit. nach der 2. Aufl., Neuausgabe 1930, 9. Druck, Paris 1973, S. 406 (dt.: ders., Über soziale Arbeitsteilung. Studie über die Organisation höherer Gesellschaften, Frankfurt 1992, S. 480).

2 Daß dies nicht zuletzt eine Frage der historischen Semantik, der möglichen Unterscheidungen und der erlaubten Anschlußfähigkeiten ist, sei hier im Vorgriff auf die weiteren Untersuchungen nur angemerkt.

ihren puren Vollzug, dem Vergleich mit anderen Möglichkeiten und damit dem Selbstzweifel ausgesetzt. Sie sabotiert sich laufend selbst, indem sie den Zugang zu anderen Möglichkeiten eröffnet, wo sie ihn verschließen möchte. Wenn wir dies beobachten, führt uns das zu der Konsequenz, Begründung sei ein paradoxes Unternehmen, das sich, wie immer, mit irgendeiner Art von Unehrlichkeit auf den Weg bringen muß. Aus der Perspektive einer solchen Beobachtung liegt es nahe, der Ethik vorzuschlagen, auf eine Begründung der Moral zu verzichten und statt dessen sich selbst als Reflexionstheorie der Moral zu verstehen.

Jedenfalls geht eine soziologische Beschreibung von dieser Annahme aus. Die Ethik kann die Moral nicht begründen, sie findet sie vor, und sie hat es dann mit der Problematik dieses Befundes zu tun. Was immer nun die Moral selbst zu sein behauptet: ihre wissenschaftliche Analyse hängt von einem Begriff der Moral ab. Wenn unterschiedliche Begriffe gebildet werden, erzeugt man unterschiedliche Unterscheidungen, unterschiedliche Bezeichnungen und folglich unterschiedliche Tatsachen. Wer meinen Begriffsvorschlag nicht wenigstens versuchsweise zugrunde legen will, braucht nicht weiter zu folgen. Er bekäme nur zu sehen, was er nicht sehen will.

II.

Im Rahmen einer theoretischen Konzeption, die soziale Systeme als Kommunikationssysteme auffaßt,[3] und im Anschluß an frühere Untersuchungen über Moral[4] soll der Begriff der Moral eine *besondere Art von Kommunikation* bezeichnen – also weder eine Verfaßtheit des menschlichen Charakters (éthos) noch eine bestimmte (innere) Gesinnung, aber auch nicht ein System von Normen oder sonstigen Regulativen menschlichen Verhaltens. Es geht weder um psychische Sachverhalte noch schlechtweg um Texte. Der Realitätsbezug wird ausschließlich durch den Begriff der Kommunikation vermittelt. Es

3 Vgl. Niklas Luhmann, Soziale Systeme: Grundriß einer allgemeinen Theorie, Frankfurt 1984.

4 Vgl. Niklas Luhmann, Soziologie der Moral, in: Niklas Luhmann/Stephan H. Pfürtner (Hg.), Theorietechnik und Moral, Frankfurt 1978, S. 8-116; ders., I fondamenti sociali della morale, Fenomenologia e società 7 (1984), S. 9-20.

geht also immer um eine in besonderer Weise als moralisch qualifizierte Kommunikation, aber dann natürlich auch um die Auswirkungen einer solchen Qualifizierung auf psychische und soziale Systeme. Eine Kommunikation nimmt moralische Qualität an, wenn und soweit sie menschliche Achtung oder Mißachtung zum Ausdruck bringt. Dies kann direkt durch Lob oder Tadel geschehen, wird zumeist aber implikativ mitgeteilt, das heißt durch Hinweis auf Bedingungen, die regeln, welche Ansichten und welche Handlungen Achtung oder Mißachtung verdienen.

Wenn es um Moral gehen soll, müssen die Bedingungen für Achtung und Mißachtung für Ego und für Alter dieselben sein. Wenn Ego dem Alter Bedingungen seiner Achtung bzw. Mißachtung zuflaggt, unterstellt er sich selbst denselben Bedingungen. Moralische Kommunikation erzeugt Bindung – auch und gerade dann, wenn sie zunächst nur den anderen mit Verhaltensregulierungen überzieht. Es geht also immer um eine Beziehung zwischen *zwei* Unterscheidungen: *Ego und Alter* und *Achtung und Mißachtung*. Die zweite Unterscheidung wird dann benutzt, um die erste zu neutralisieren; vielleicht könnte man auch sagen: um von ihr abzulenken. Der Ausdruck von *Differenz* (Achtung/Mißachtung) wird benutzt, um *Selbigkeit* mitzuteilen, nämlich Selbigkeit der Bedingungen, nach denen über Achtung und Mißachtung zu entscheiden ist.

Es gibt vermutlich nur eine einzige Theorie, die diese Sachlage in Frage stellen wollte, und zwar (nach einigen Vorläufern in der Literatur des 18. Jahrhunderts) die des Marquis de Sade.[5] Hier ging es nicht einfach nur um eine triviale Umkehrung von gut und böse, sondern darum, die Selbstachtung genau auf die Bedingungen aufzubauen, die eine Mißachtung des anderen ermöglichen, und dies zu kommunizieren und *dadurch* verbindlich zu machen. Der theoretische Rang dieses Versuchs, den Zerfall des moralischen Kosmos zu formulieren, sollte nicht durch die nur moralische Mißachtung des Autors verdeckt werden. Es geht in seinem Moralkonzept nach wie

5 Eine besonders erwähnenswerte moderne Version ist die Umkehrung der Kreuzesszene im »Deathwatch« von Jean Genet. Der Held ist Held, weil er Mörder ist; aber er allein darf seine Selbstachtung darauf gründen und verachtet die, die ihn als Beispiel zu nehmen versuchen. Und er wird eben deshalb ermordet, weil nur in dieser Tat ein anderer die Paradoxie von Verachtung als Selbstachtung ausleben kann. (Ich orientiere mich an einer Aufführung 1975 in einem Off-off-broadway-Theater von New York.)

vor um Selbigkeit, nur eben in inverser Relation von Achtung und Mißachtung.

In kleineren Gesellschaften werden die Bedingungen für Achtung/Mißachtung sozial eingegrenzt. Sie gelten nur für Mitglieder der Gesellschaft. Nach außen hin kann man sich amoralisch verhalten.[6] Entsprechend können die Bedingungen der Moral in unformulierten Selbstverständlichkeiten belassen bleiben oder relativ lebensnah behauptet werden. Dann bleibt auch das Risiko, mit moralischer Kommunikation zu scheitern, relativ gering. Das ändert sich jedoch, wenn die Gesellschaften größer und komplexer werden und man die Personen nicht mehr kennt, die man mit Moral überzieht. Erst solche Gesellschaften bilden dann eine ernsthafte Semantik, eine Ethik aus, mit der die Moral in ihrer Moralität gegen etwaigen Widerspruch abgesichert wird.

Will man auf den »Ursprung der Moral« zurückkommen, ist es angesichts solcher historischer Befunde sinnvoll, zwei Unterscheidungen zu unterscheiden. Die erste, die natürliche, die sich im täglichen Leben sichtbar aufdrängt, ist die von Ego und Alter – sei es im Kommunikationsprozeß selbst (Sprecher und Hörer), sei es im Verhältnis derer, die kommunizieren, zu denen, über die kommuniziert wird (wir und die anderen). Diese Unterscheidung ist, und zwar in ihren beiden Varianten, Ausgangspunkt der Moralbildung. Die Moral selbst führt dann eine querstehende Unterscheidung ein, eben die von Achtung und Mißachtung. Diese Unterscheidung unterscheidet Ego/Alter-Beziehungen je nachdem, ob Achtung oder Mißachtung ausgedrückt wird, und sie entzieht den Ausdruck von Achtung bzw. Mißachtung der Beliebigkeit, sie konditioniert ihn in einer Weise, die für beide Seiten gleichsinnig gilt (oder dies zumindest beansprucht). Dadurch eignet sich die moralische Kommunikation dazu, die existentielle Differenz von Ego und Alter zu überbrücken. Sie beseitigt nicht etwa die Unterschiede körperlicher und mentaler Existenzen (sonst würde sie sich selber aufheben), sie bleibt vielmehr auf deren Unterschiede bezogen. Aber sie vollzieht gesellschaftliche Inklusion, indem sie die Kommunikation so einrichtet, daß Bedingungen der Übereinstimmung symbolisiert und in der Kommunikation signalisiert werden können – was immer auch dazu führt, daß sie faktisch zur Wahl gestellt werden.

6 Vgl. hierzu die sehr umstrittenen, in Apulien durchgeführten Untersuchungen von Edward C. Banfield, The Moral Basis of a Backward Society, Glencoe/Ill. 1958.

Es liegt nahe, zu vermuten, und Untersuchungen einfacherer Gesellschaften scheinen das zu bestätigen, daß eine moralische Konditionierung sich zunächst in der Kommunikation entwickelt und sich auf die Teilnehmer der Kommunikation beschränkt (erste Variante). Die Umwelt bleibt amoralisches Feindland. Sie kann weder über Achtung noch über Mißachtung einbezogen werden. Die Unterscheidung System/Umwelt insuliert Geltungsbereiche der Moral. Erst sehr allmählich und vermutlich nur in Hochkulturen, das heißt nur aufgrund von Schrift und aufgrund von komplexeren (Ungleichheit einbeziehenden) Formen der Differenzierung, entwickeln sich ausgreifende Formen der Moral, die auch andere Völker und auch Personen einbeziehen, mit denen man nie in Kontakt kommt. Rein praktisch kann daraus ein ius gentium entstehen. Auch *Fremde* können nach *eigenen* Moralvorstellungen nicht beliebig behandelt werden, wenngleich sie nicht die Vollrechte von Bürgern in Anspruch nehmen können. Man unterstellt dann eine Gesellschaft über allen Gesellschaften und bezieht sich damit auf die Unterscheidung des Menschen von allen anderen (sterblichen und unsterblichen) Lebewesen.

Hochkulturen sind in diesem Sinne moralisch integrierte Gesellschaften, und ihre Religionen können sich nicht von Moral distanzieren. Sie sind, auf sehr unterschiedlichen regionalen und semantischen Grundlagen, je für sich Weltgesellschaften – ob nun Konfuzius oder Moses, Christus oder Mohammed solchen regionalen Universalismen einen faktisch und historisch (und damit auch regional) lokalisierbaren Anknüpfungspunkt bieten. Die Realisierung dieses Typus zeigt jedoch zugleich Grenzen und Folgeprobleme an. Die Regionalgesellschaften geraten in Kontakt, sie beginnen miteinander zu kommunizieren, aber ihre Religionsmoralen sind, gerade wegen ihrer weltgesellschaftlich-universalistischen Ambition, unüberbrückbar different. Es kann auf dieser Basis keine Metareligion geben (man hat es im 18. Jahrhundert versucht), die genügend Glaubensstärke und vor allem genügend Lebensformbestimmung erreichen könnte. Eine Weltambition ist als Differenz zu anderen Weltambitionen eingebaut. Und keine Religion dieser Art ist *in der anderen* sprachfähig.[7] In dieser historischen Situation wird es schließlich sinnvoll (was nicht heißt: daß es gelingen *muß*), die moralischen Universalismen durch eine weitere Unterscheidung zu unterscheiden, und sie damit zu be-

7 Zu diesem Problem siehe vor allem Jean-François Lyotard, Le différend, Paris 1983.

zeichnen, zu identifizieren, zu begrenzen im Kontext einer neuen Unterscheidung, die dann ihrerseits nicht mehr beanspruchen kann (es sei denn in einer paradoxen Weise), als Moral zu gelten. Sicher gab es auch vorher schon Leistungseinschätzungen außerhalb moralischer Qualifikation, aber erst in dieser historischen Situation wird es sinnvoll, die Unterscheidungen von Ego/Alter und Achtung/Mißachtung (gut/schlecht) durch eine dritte Unterscheidung zu ergänzen: durch die von menschlicher Achtung und fachlichem oder sonstigem Respekt.[8] Die Moral konstituierenden Bedingungen beziehen sich nicht auf Spezialfähigkeiten wie etwa Leistungen als Sportler oder als Musiker. Es handelt sich also nicht um Arten des Könnens, bei denen man im Rahmen gesellschaftlicher Arbeitsteilung getrost akzeptieren kann, daß andere mehr können oder anderes können als man selber. Zwar können auch berufliche Leistungen moralisch qualifiziert sein etwa in dem Sinne, daß erwartet wird, daß jeder den einmal gewählten Beruf ordentlich, gewissenhaft und mit Kompetenz ausübt. Entscheidend ist aber, daß Moral sich nicht auf Asymmetrisierungen einläßt, sondern Bedingungen hochhält, die für alle an der Kommunikation Beteiligten gelten. In diesem Sinne beziehen sich die Begriffe Achtung/Mißachtung auf die *Person als ganze* und auf ihre Zugehörigkeit zur Gesellschaft. Es sind Bezeichnungen für, oder indirekt: Hinweise auf, die *Inklusion* der Person in die Gesellschaft.[9] Auch das gilt freilich nur als in der Kommunikation benutzter Sinn. Deshalb sprechen wir von »Person«. Es geht auch hier also nicht um psychische oder gar organische Prozesse, sondern nur um kommunikativ funktionierenden Sinn, was immer an Realitäten außerhalb der Kommunikation damit thematisiert wird.

Umgekehrt gewinnt mit der neuen Unterscheidung auch der Leistungsbereich sein Eigenrecht, daß heißt sein Recht auf eigene Kriterien. Er steht außerhalb der moralischen Disjunktion und wird sich selbst deshalb weder als moralisch noch als unmoralisch bezeichnen, obwohl zugestanden werden muß, daß die Moral selbst das jederzeit könnte. Eine so anforderungsreiche Semantik, die eine Unterscheidung (moralisch/unmoralisch) rejiziert, die ihrerseits eine Un-

8 Vgl. die Unterscheidung von esteem und approval bei Talcott Parsons, The Social System, Glencoe/Ill. 1951, insb. S. 109, 130 ff. und passim.

9 An dieser Stelle mag diese Bestimmung genügen. Wir werden auf die Probleme zu sprechen kommen, die sich ergeben, wenn die Moral nicht mehr gesamtgesellschaftlich inkludiert.

terscheidung (Ego/Alter) rejiziert, ist nicht sofort formulierbar. Man kann in historischen Untersuchungen daher nur sehr indirekt erkennen, woran der Bedarf für ein Transzendieren der moralischen Beurteilung zum Ausdruck kommt – etwa an den Sinnveränderungen von »virtuoso« bei der Übertragung vom Italienischen ins Englische im 17. Jahrhundert.[10] Jedenfalls versagt das, was im Anschluß an die Tradition, und sei es in Ablehnung und Neuformulierung, an »Ethik« entwickelt wird, vor diesem Problem und verstrickt sich, wie wir noch sehen werden, statt dessen in die Paradoxien einer moralischen Beurteilung der Moral.

Damit sind bereits Feststellungen von sehr weittragender Bedeutung getroffen. Machen wir uns ihre Implikationen und ihre Konsequenzen klar. Zunächst: jede moralische Kommunikation ist symmetrische Kommunikation. Das, was sie als Moral postuliert, gilt für beide Seiten und darüber hinaus für alle, denen die Kommunikation zugemutet wird. Im Bereich der Arbeitsteilung und des Spezialistentums ist dagegen eine Anerkennung von Leistungen gerade dann erforderlich, wenn man es selber nicht kann. Man gibt gerne zu, daß man nicht weiß, wie ein Auto zu reparieren ist, daß man nicht Geige spielen kann und heute sogar: daß man kein Latein gelernt hat; und man stellt um so höhere Anforderungen an das Können anderer. Läßt man sich einmal auf Asymmetrisierungen ein, tendieren diese zur Selbstverstärkung, zur »Hyperkorrektion«, zur Übertreibung. Anders ließe sich soziale Differenzierung nicht einrichten. Aber wenn man andere moralisch beurteilt, kommuniziert man zwangsläufig mit, daß dieselben Bedingungen auch für den gelten, der das Urteil äußert. Ob »Imperativ« oder nicht und ob »kategorisch« oder nicht: die Selbstbindung ist eine Implikation des Sinnes moralischer Kommunikation. Wer sich selbst von moralischen Verbindlichkeiten freihalten will, kann diese auch anderen nicht zumuten. Er muß dann einen anderen Modus der Kommunikation wählen – oder er drückt sich mißverständlich aus und setzt eine Kommunikation in Gang, die das Mißverständnis ausarbeitet und eventuell korrigiert.

Auf diese Weise ist Inklusion in die moralische Kommunikation eingebaut. Der andere kann zwar immer noch ablehnen oder modifi-

10 Zur Illustration der Ausgangsterminologie siehe etwa Matteo Palmieri, Vita civile, zit. nach der kritischen Ausgabe von Gino Belloni, Florenz 1982, mit der typischen Doppelformulierung des »bene et virtuosamente vivere« oder der »vita de' virtuosi« (S. 5).

zieren. (Oft läßt er sich unversehens einfangen.) Aber der, der die Mitteilung initiiert und formuliert, findet sich durch sie gebunden, und er tut gut daran, das vorher zu bedenken. Es ist diese Symmetrie, die die Inklusion bewirkt, nämlich beide Seiten und alle Mitgemeinten einbezieht.

Andererseits gibt es keine Exklusion von Personen aus der Gesellschaft.[11] Solange jemand an Kommunikation teilnimmt, und sei es im Gefängnis oder in einem Versteck von Terroristen, nimmt er an Gesellschaft teil. Und gerade Terroristen legen ja typisch Wert auf diese Teilnahme. Sie legen einen Zettel an den Ort ihrer Tat oder schicken einen »Bekennerbrief«, um mitzuteilen, sie seien es gewesen. Dies scheint gemeint zu sein, wenn die Moral, gebunden an ihre eigene Terminologie, ein Postulat der Unverzichtbarkeit der Menschenwürde aufstellt. Als Kommunikationsteilnehmer sind andere nicht zu eliminieren, es sei denn: man tötet sie. Ob das ein Verstoß gegen die Menschenwürde wäre, mag die Hermeneutik dieses Begriffs klären. Jedenfalls muß man, wenn man nicht tötet, ertragen, daß andere, die den Moralgeboten nicht folgen, trotzdem noch da sind. Wir können sie moralisch verurteilen, sie mit Verachtung strafen. Dann müssen wir hinnehmen, daß sie ungestört weiterreden und ihre Ansichten verbreiten. Wir versuchen, ihnen wenigstens den Zugang zu den Massenmedien abzuschneiden. Dann drucken und funken sie selber. Das Kommunikationssystem Gesellschaft folgt eigenen Ordnungen, es kann nur Nichtkommunikation ausschließen, indem es Kommunikation durch Kommunikation reproduziert. Es kann nicht Menschen ausschließen, die ja ohnehin nicht zum System, sondern zur Umwelt des Systems gehören.

Die Moral kann also nicht über Inklusion/Exklusion entscheiden,[12] sie kann nur die Inklusion schematisieren, und das ist die Funktion ihres Codes, wie immer die historische Semantik im Laufe der Zeiten ihn formuliert.

11 Es sei daran erinnert, daß wir von *Personen* sprechen, d.h. von Adressen des Kommunikationsprozesses. Die Semantik der Individualität bezeichnet dagegen heute das, was jemand aus sich selbst heraus ist (als »Subjekt«). Sie hat sich von der Semantik der Personalität abgelöst und von Inklusion auf Exklusion umgestellt. Vgl. dazu N. Luhmann, Individuum, Individualität, Individualismus, in: ders., Gesellschaftsstruktur und Semantik, Bd. 3, Frankfurt 1993, S. 149-258.

12 Über einen solchen Versuch und sein Scheitern berichtet Kai T. Erikson, Wayward Puritans: A Study in the Sociology of Deviance, New York 1966.

Hiermit ist schon sichtbar geworden, welche Last die Moral ab initio übernimmt. Sie muß die Unmöglichkeit der Exklusion durch Verachtung kompensieren. Gerade diese Unmöglichkeit, jemanden aus der Mitwirkung an Gesellschaft auszuschließen (es sei denn: man tötet ihn), gibt der Moral ihre Emphase, ihren Eifer, ihre Aufdringlichkeit. Man kann nicht ausschließen, man kann nur bewerten. Das führt, wenn nicht Restriktionen eingebaut werden, sehr rasch in die Heftigkeit, die Zornigkeit, die kämpferische Aufspreizung des moralischen Urteils. Wenn man nicht töten kann oder nicht töten will, muß man etwas *statt dessen* tun. Man verurteilt moralisch, wenn jemand gegen die Bedingungen des Achtungserweisens verstößt und wenn man nicht vermeiden kann, daß er weiterhin da ist und weiterhin kommuniziert. Dann muß wenigstens seine Kommunikation devaluiert werden.

Diese Darstellung der Moral ist rein empirisch gemeint. Sie verweist auf entsprechende Tatsachenfeststellungen und stellt sich einer empirischen Überprüfung. Sie kommt ohne Festlegung auf bestimmte moralische Normen oder Prinzipien aus. Sie läßt offen, was als Bedingung von Achtung bzw. Mißachtung fungiert. Anstelle von Festlegungen ist an dieser Stelle eine »Variable« vorgesehen, über die Moral mit anderen Variablen, insbesondere solchen der Gesellschaftsstruktur, korreliert werden kann. Die Frage, welche Bedingungen moralisch gelten, das heißt: in moralischer Kommunikation erfolgreich herangezogen werden, bleibt damit der gesellschaftlichen Kommunikation überlassen. Wie niemand bestreiten wird, kann die Moralisierung von Kommunikation historisch wie kulturell sehr verschiedene Formen annehmen, kann sehr verschiedenen Bedingungen einen Moralwert verleihen, kann sich aus sehr verschiedenen Gründen ereifern und dann auch wieder auf sehr verschiedene Weise auf das reagieren, was sie selbst angerichtet hat. Es mag durchaus weitverbreitete Moralthemen geben, die man nirgendwo (oder fast nirgendwo) ausläßt. Die hier vorgestellte soziologische Theorie der Moral behandelt diese Frage aber als einen begrifflich nicht vorentscheidbaren offenen Punkt. Sie kommt daher zu Aussagen über Moral, ohne ihrerseits bestimmte Bedingungen einfordern und dann auch akzeptieren zu müssen.[13] Damit wird nicht bestritten (wie könnte man das

13 Die weiter unten zu formulierende Kritik der Ethik ist folglich nicht als moralische Kritik gemeint (obwohl sie, wenn man moralisieren will, natürlich auch so formuliert werden kann). Sie verweist lediglich auf ein nicht gesehenes Problem, auf eine

auch?), daß es universalistische Ethiken oder sogar universalistische Moralen gibt. Es gibt Ethiken und Moralen, die »für alle Menschen« entworfen sind. Aber aller Universalismus ist konditionierter Universalismus und ist bei seinen Konditionen zu fassen.[14] Wo immer Theorien oder sonstige Weltsichten mit Universalitätsansprüchen aufgestellt werden, kann man die Tatsache, daß dies geschieht, auf die dazu verwendeten Einschränkungen beziehen. Der Beobachter sieht dann das, was der Universalisierer für die Welt hält, als die Nische, die seine Universalismen ermöglicht.

Wenn man nun in dieser Weise beobachtet, was ein Moralist beobachtet, treten nicht nur seine Bedingungen, sondern auch seine Risiken an den Tag. Moral ist ein riskantes Unternehmen. Wer moralisiert, läßt sich auf ein Risiko ein und wird bei Widerstand sich leicht in der Lage finden, nach stärkeren Mitteln suchen zu müssen oder an Selbstachtung einzubüßen. Moral hat daher, soweit sie sich nicht im Selbstverständlichen aufhält und hier fast unnötig ist, eine Tendenz, Streit zu erzeugen oder aus Streit zu entstehen und den Streit dann zu verschärfen. Moral ist polemogener Natur. Wer immer bei Meinungsverschiedenheiten moralisch argumentiert, setzt seine Selbstachtung ein, um seinen Anforderungen und Argumenten Nachdruck zu verleihen. Es fällt dann schwer, den Rückzug anzutreten und das als eine leere Hülse zu hinterlassen, was man vorher als eigene Identität aufs Spiel gesetzt hatte. Man hat sich selbst durch Moral exponiert, hat seine eigenen Meinungen mit Bedingungen verknüpft, hat Selbstachtung und Fremdachtung in die Kommunikation eingebracht und kann dann, auch wenn es um Bagatellen geht (Beispiel: Volkszählung!), nicht die Moral selbst bagatellisieren. So können Steppenbrände entstehen – und die Erfahrungen, die Europa seit dem Hochmittelalter mit religiös aufgezogenen Aufständen und Unterdrückungen, mit den Schrecken der Inquisition, mit Kriegen um

ungelöste Aufgabe, fordert aber nicht, daß Selbstachtung und Fremdachtung der Ethiker nun ausgerechnet hier aufs Spiel gesetzt werden sollten.

14 Vgl. für den Parallelfall der Erkenntnistheorie Nicholas Rescher, The Strife of Systems: An Essay on the Grounds and Implications of Philosophical Diversity, Pittsburgh 1985, S. 196: »There is indeed universality, but only in conditionalized form«. Für die systemtheoretische Begründung siehe W. Ross Ashby, Principles of Self-Organizing Systems, in: Heinz von Foerster/George W. Zopf (Hg.), Principles of Self-Organization, New York 1962, S. 255-278; auch in: Walter Buckley (Hg.), Modern Systems Research for the Behavioral Scientist: A Sourcebook, Chicago 1968, S. 108-118.

moralisch verbindliche Wahrheiten und mit aus Empörung entstandenen Revolten gemacht hat, sollten eigentlich beim Stichwort Moral immer gleich dieses Problem vor Augen führen.

III.

Wenn hier ein Problem, vielleicht *das* Problem der Moral liegt: wie hat sich die Ethik dazu eingestellt?

Im großen und ganzen dürfte die Antwort lauten: sie hat das Problem übergangen, wenn nicht geflissentlich ignoriert. Zumindest in ihrem dominanten Trend, ihre Apokryphen lassen wir erst einmal außer acht, hat sie sich mit der Moral solidarisiert. Sie hat ihre Aufgabe darin gesehen, für die Moral und damit zugleich für sich selbst gute Gründe zu beschaffen. Alle aufkommenden Zweifel wurden in Begründungszweifel umgesetzt. Aber wie konnte man übersehen, daß es der Moral an guten Gründen nun wirklich nicht fehlt? Und wie konnte man übersehen, daß jede Verstärkung des Guten immer auch eine Verstärkung des Schlechten, eine Steigerung der Differenz herbeiführen muß? Wie konnte man verkennen, daß eine Unterscheidung zu reflektieren ist und nicht nur die Güte des Guten?

Aber wir greifen vor. Zunächst einmal gilt es, einen problembezogenen Begriff von Ethik zu finden, der eine hinreichende Distanz zur ethischen Literatur ermöglicht, um deren Analyse es geht. Die Ethikbegriffe dieser Tradition variieren ihrerseits, sind also unser Gegenstand und können nicht zugleich unser analytisches Instrument sein. Andererseits muß dieses Instrument sich zur Beobachtung des Gegenstandes eignen, es kann also nicht willkürlich gewählt werden. Dies Problem von Distanz und Adäquität kann eine funktionale Begriffsbildung lösen. Wir verstehen unter Ethik deshalb eine Reflexionstheorie der Moral, das heißt: jede kognitive Beschreibung, die sich auf die Probleme der Moral einläßt und sie zu reflektieren versucht. Die Funktion der Ethik wäre es demnach, der Moral eine Theorie der Moral zu liefern – und genau hier liegt das Problem!

Man kann sich fragen, welchen Reflexionsbedarf erzeugt die Moral, wenn sie etwa sieht, daß die Bösen obsiegen oder jedenfalls nicht zum Verstummen gebracht werden können und daß die Guten Hilfe benötigen. Man kann sich aber auch fragen: welchen Reflexionsbedarf erzeugt das Gesellschaftssystem, wenn sich herausstellt, wie die

Moral wirkt und welche Folgen sie hat? Diese beiden Ansatzpunkte, der moralinterne und der moralexterne, sind zunächst inkompatibel. Gerade darin könnte aber die Aufgabe, oder auch nur: das Problem, der Ethik liegen. Die Ethik könnte eine Vermittlungsfunktion übernehmen – etwa als gesellschaftliche Sprecherin der Moral, aber auch als Übersetzerin gesellschaftlicher Anforderungen an die Moral. Und vielleicht ist dies, und nicht nur ein Prestigeinteresse, ein Grund dafür, daß die Ethik Wert darauf legt, als Wissenschaft angesehen zu werden.

Statt voreilig Anschluß an das Funktionssystem Wissenschaft zu suchen und hier auf eine eher abweisende Skepsis zu stoßen, kann man aber auch, gut funktionalistisch, das Problemverständnis der Ethik vertiefen. Die dazu notwendige Fragestellung hatten wir bereits angedeutet: Wenn es keine Exklusion von Kommunikationsteilnehmern (Personen) aus der Gesellschaft gibt, welchen Sinn hat es dann, die Inklusion moralisch zu schematisieren? Und wenn es keine Kommunikation außerhalb der Gesellschaft, also auch keinen externen Beobachter der Gesellschaft gibt, wie läßt sich dann die Moral in der Gesellschaft beobachten und beschreiben?

Eine große, sicherlich zu respektierende Tradition hatte die Antwort auf diese Frage über den Begriff der Vernunft zu geben versucht. Diese Vernunft wurde trotz der Vielheit der Menschen im Singular gedacht – mit der Möglichkeit zu folgern: eine Vernunft, also nur eine Philosophie, also nur eine Moral. Folgt man dieser Extravaganz, dann ist in der Tat das Problem schon gelöst. Man muß nur noch wissen: wie. Damit wurde postuliert, daß die Teilhabe an dieser singularen Vernunft als Form gesellschaftlicher Inklusion für alle möglich sei mit der Folge, daß die dann doch unbestreitbaren Ausnahmen hospitalisiert, zur Arbeit erzogen oder sonstigen Exklusivbehandlungen unterworfen werden mußten – das große Thema Foucaults. Und auch der externe Beobachter wurde durch das Postulat der Vernunft ersetzt mit der Folge, daß die Vernunft als sich selbst beurteilende Letztinstanz gedacht werden mußte. Der selbstreferentielle Zirkel mußte im System punktuell zugelassen und alles auf diesen Punkt hin asymmetrisiert werden. Aber das konnte nur auf die Frage führen und sie zugleich unbeantwortbar machen: wer oder was denn diese Position besetzen und besetzt halten konnte.

Darauf zurückblickend gewinnt man den Eindruck, daß dies eine zu menschliche Lösung gewesen ist – zwar sympathisch auf den ersten Blick, aber doch unheilvoll in den unvermeidlichen Folgen, die man dann guten Gewissens in Kauf zu nehmen hatte, nämlich in den Folgen für die nicht auszuschließenden Auszuschließenden. Vernunft ist und bleibt bei aller Abstraktion in Richtung auf transzendentale Aprioristik oder in Richtung auf Utilitätskalkül eine dem Menschen zumutbare Sache und damit auch etwas, was schneidend scharf Menschen sortiert. Wenn nun das wieder beobachtet wird, und die Dialektik der Aufklärung hat dafür die Szene geboten, kann es zu einer Resignation kommen, die ihrerseits nur im Schatten der Vernunft gedeiht. Solche Vernunftschattengewächse müssen aber nicht die letzte Auskunft bleiben. Vielleicht geht es ohne Vernunft besser.

Die folgenden Überlegungen haben jedoch nicht das Ziel, eine neue vernunftfreie Ethik zu entwerfen. Das muß der Philosophie und wahrscheinlich auch ruhigeren Zeiten überlassen bleiben. Wir benutzen die bisher skizzierte Begrifflichkeit und die sich aus ihr ergebenden Fragestellungen nur als Ausgangspunkt für historisch-semantische Analysen.

Wir gehen davon aus, daß alle Moral in der Gesellschaft kommuniziert, folglich alle Ethik in der Gesellschaft geschrieben werden muß. Daraus ergeben sich Konditionierungen, die nicht frei gewählt werden können, vor allem Konditionierungen der Evidenzen und Plausibilitäten, die man in Anspruch nehmen kann. Im 18. und frühen 19. Jahrhundert ist diese Einsicht zunächst unter dem Gesichtspunkt von Rationalitätsenttäuschungen aufgenommen und bearbeitet worden. Das hat zu sehr heterogenen Theoriebildungen geführt je nachdem, ob man die Konditionierungen individualpsychologisch begriff oder historisch als Zeitgeist oder ökonomisch-gesellschaftlich als zwingende Präferenz für eigene Interessen. Die Folge war aber immer die gleiche: eine Entwertung von Rationalitätsansprüchen und ein Interesse für Sekundärrationalitäten. Wir machen uns von dieser Blickrichtung (und damit auch von der Notwendigkeit der Enttäuschungsverarbeitung) ganz frei mit der Einsicht, daß Systembildung, Organisation, ja Ordnung überhaupt immer Konditionierungen erfordert und daß dies um so mehr gilt, wenn Hochsemantiken der Erkenntnis oder der Moral entwickelt werden.

Das führt schließlich auf die Suche nach empirisch erforschbaren Zusammenhängen von Gesellschaftsstrukturen und moralischen bzw. ethischen Semantiken – unabhängig von aller Bewertung als rational, richtig oder moralisch gut. Solche Korrelationen dürfen jedoch nicht statisch und auch nicht nur epochentypologisch aufgefaßt werden. Es geht nicht nur um die Feststellung, daß jede Zeit die ihr entsprechende Moral ausbildet. Vielmehr ist der Zusammenhang selbst dem evolutionären Wandel unterworfen, und dies ohne eine quasi naturgesetzliche Synchronisation. Das heißt: die Unterscheidung von Moral und Ethik ist selbst ein historisches Artefakt, und sie ist erst möglich, wenn die Gesellschaft hinreichend komplex geworden ist, um ihre eigene Moral zu problematisieren.

Will man in dieser Richtung ermitteln, scheint es wenig ratsam zu sein, den Begriff des Ethos oder der Ethik über seine griechischen Ursprünge und die daran anschließenden Traditionen auszudehnen und auf Verhältnisse anzuwenden, die sich selbst nicht mit diesem Wort beschreiben konnten. Das gilt auch für das Gesellschaftssystem Altisraels. Die moderne Literatur spricht zwar auch in bezug auf diese Gesellschaft und die durch sie produzierten Texte von »Ethos«. Was man empirisch feststellen kann, scheint jedoch durch eine spezifische Unterscheidung bestimmt zu sein, nämlich durch das Ungenügen des auf vergangenes Verhalten bezogenen, an Sanktionen orientierten Rechts. Man sucht für Ermahnungen, die darüber hinausgehen und künftiges, eventuell gar nicht sanktionierbares Verhalten dirigieren wollen, eine normative Semantik anderen Typs – und findet sie in der Religion.[15] Wenn dies die Problemstellung und die orientierungsleitende Unterscheidung war, bot sie keinen Anlaß, zwischen Moral und Religion zu unterscheiden (was nicht heißen muß und für die älteren Zeiten auch nicht heißen soll, daß die Religion eine besonders moralbezogene Qualität angenommen hatte). So gab es zwar Probleme der Theodizee und Probleme des wissenden, kommunikativen Zugangs zu Gott, aber, anders als in der griechischen Stadt, keinen Anlaß zur Ausarbeitung einer moralspezifischen Semantik.

Ganz anders der griechische Fall. Hier wird man davon auszugehen haben, daß umgangssprachlich benutzte Worte wie agathós, áristos, areté (und noch deutlicher: lateinisch virtus) Qualifikationen bezeichnen, die im täglichen Leben erwartet und bewertet werden: Männlichkeit, Durchsetzungsvermögen, Tapferkeit, Großzügigkeit –

15 Vgl. (aber mit dem Wort Ethos!) Eckart Otto, Sozial- und rechtshistorische Aspekte in der Ausdifferenzierung eines altisraelischen Ethos aus dem Recht, Osnabrücker Hochschulschriften, Schriftenreihe des Fachbereichs III, Bd. 9 (1987), S. 135-161, mit weiteren Literaturhinweisen.

mit den entsprechenden Empfindlichkeiten für negative Erscheinungen. Es geht um Bedingungen erfolgreichen Handelns, und speziell um Bedingungen, die männliche Angehörige der Oberschicht zu erfüllen haben. Die »ethische« Stilisierung dieser Qualitäten, die man in den Texten von Platon oder Aristoteles findet, ist bereits Verfeinerung und Fixierung mit den Mitteln einer Schriftkultur und damit Ansatzpunkt für eine Ideenevolution. Aber auch das, was unter dem Titel Ethik gesammelt wurde, hatte nichts mit Grundlagen oder Begründungen der Moral zu tun. Aristoteles stellt einfach fest, daß Menschen das Gute suchen und das Schlechte meiden; und es ist ja gewiß nicht unrealistisch zu sagen: das kann gezeigt werden, das ist so. Über den Begriff des Ethos fand man Zugang zu Unterscheidungen, die eng an die Typik gesellschaftlicher Differenzierung angeschlossen waren (und sich deshalb auch von »Politik« theoretisch nicht sauber trennen ließen). Es ging primär um die Unterscheidung von Stadt/Land (oder auch pólis/oíkos, bzw. formal: Zentrum/Peripherie) und sekundär, aber in der Folgetradition bis hin zur italienischen Frührenaissance sehr wirksam, um die Unterscheidung von Adel und Volk, also um Stratifikation. Der Ethosbegriff diente damit der auszeichnenden Hervorhebung gegenüber anderem, das zwar auch zum Sozialsystem Gesellschaft gehörte, aber nicht im eigentlichen Sinne und nicht im Sinne menschlicher Perfektion. Man hört nichts von einem Ethos der Ruderer in den Galeeren. Die Auszeichnung ließ die Möglichkeit des Ungenügens, der privatio (stéresis) oder Korruption offen; sie benutzte deshalb einen normativen Naturbegriff, der es ermöglichte, sie als natürlich-gutes und damit glückliches Leben oder auch als perfekte Verfaßtheit (héxis, habitus) des Menschen zu begreifen.

Dies sind bis weit in die Neuzeit hinein traditionsbildende Unterscheidungen, die den Aufbau einer ethischen Semantik bestimmen und – für sich selbst unsichtbar – an sozialstrukturelle Differenzierungen angeschlossen waren. Damit waren Bedingungen gegeben, die es dieser alteuropäischen Ethik ermöglichten, weit über die Gesellschaft hinauszuwirken, der sie entstammten, und noch im Übergang zur modernen Gesellschaft in einer Zeit, in der man noch nicht sehen konnte, was kommt, als Orientierungshilfe zu dienen. In anderer Hinsicht haben sich die Probleme der Ethik aber auch verschärft. Das gilt vor allem für die semantische Bearbeitung von Problemen der Selbstreferenz.

Schon in den Begriff der habituell-tüchtigen Verfaßtheit (Tugend) war eine Einheit von Selbstreferenz und Fremdreferenz eingebaut gewesen, die später zunehmend Kopfzerbrechen bereitet hat. Bei Aristoteles[16] wird das immer um seiner selbst willen erstrebte Glück (eudaimonía) aufgebrochen in die Gesichtspunkte Ehre (timé), Lust (hedoné), Vernunft (noûs) und andere Tüchtigkeiten (areté), die dann ihrerseits teils um ihrer selbst willen, teils um des damit verbundenen Glücks willen gewählt werden. Man kann darin eine Variante des für Hochkulturen typischen Emanationsschemas erkennen. Aus Selbstreferenz entsteht die Differenz von Selbstreferenz und Fremdreferenz. Solange die Gesellschaftsstruktur hinreichend präzisiert, was mit diesen Begriffen gemeint ist, ist eine weitere Explikation unnötig. Das wird bereits im Mittelalter anders, soweit der Bezug der Ethik auf einen zur Perfektion inklinierenden habitus ersetzt wird durch die Orientierung an individueller Schuld. Daraufhin entsteht eine schon stärker ausdifferenzierte Moralkasuistik. Sobald dann zusätzlich das Verhältnis von Gesellschaftsstruktur und Moral ambivalent wird und verschiedene Interpretationen ermöglicht, wird die Ethik als Beschreibung der Moral selbst problematisch.

Wir werden zu zeigen versuchen, daß im Übergang zur neuzeitlichen Gesellschaft die Gesellschaftsstrukturen sich ändern, ohne daß sogleich schon eine Ethik bereitstünde, die die Konsequenzen auf dem Gebiete der Moral reflektieren könnte. Man muß sich mit Modifikationen, freilich tiefreichenden Modifikationen, am Traditionsgut begnügen, denn man kann unmöglich in der Epoche des Übergangs, und sie reicht vom 17. bis ins 20. Jahrhundert, die moralische Einbeziehung des Menschen in die Gesellschaft gleichsam ersatzlos aufgeben. Die freilich radikalen Veränderungen der ethischen Semantik, insbesondere die fachliche Ausbildung von Ethik als Reflexionstheorie der Moral, erfüllen die Funktion einer Überleitungshilfe. Die Ethik fängt zumindest einen Teil der Orientierungslast auf. Sie gerät unter Abstraktionsdruck. Ihre traditionellen, prudentiellen, kasuistischen Formen erscheinen als unzureichend. Auf zunehmende Differenzierung wird durch zunehmende Generalisierung reagiert, weil man festhalten will, daß die Gesellschaft als moralischer Körper, als moralische Einheit begriffen werden muß, und weil alles, was diese Einheit zum Ausdruck bringen soll, jetzt über zunehmender Diffe-

16 Vgl. Nikomachische Ethik 1097 a 34-1097b 6.

renzierung und zunehmender Kontingenz formuliert werden muß. Die moralische Einheit der gesellschaftlichen Inklusion wird auf Biegen und Brechen gedehnt, und die Philosophie sieht sich zu höchster Virtuosität herausgefordert, bis man schließlich die selbsttragende Kraft der modernen Strukturen erkennen kann und zugleich einsehen kann, daß die Probleme und die Folgen dieser Gesellschaftsformation nicht mehr in moralische Kategorien eingefangen und nicht mehr in der Form der Verteilung von Achtung und Mißachtung gelöst werden können. Die ganze Hilflosigkeit der Moral zeigt sich dann in der letzten Fassung ihrer gesellschaftlichen Ambition: daß nur noch der Achtung verdient, der gegen die Gesellschaft ist.

Diese noch sehr abstrakt gehaltene Vorschau auf das, was folgt, kann davon profitieren, daß man die Inklusionsfunktion der Moral beachtet, denn dadurch wird auch die Betreffbarkeit der Moral durch gesellschaftsstrukturelle Veränderungen, die Inklusionsformen berühren, deutlich. Von dieser Seite her ist es unsere Ausgangshypothese, daß die europäische Gesellschaft in den vergangenen Jahrhunderten von stratifikatorischer Differenzierung in ein funktional differenziertes System umgebaut wird.[17] Stratifikatorische Differenzierung korreliert immer noch sehr stark mit Zentrum/Peripherie-Differenzierung, und beide Differenzierungsformen beruhen auf multifunktionalen Grundeinrichtungen, nämlich Familien (Haushalten) in entsprechend lokalen Milieus. Eine solche Ordnung leistet Inklusion durch Zugehörigkeit zu einem Haushalt oder, in einigen Fällen, zu einer funktional äquivalenten Korporation (z. B. Klöster, Universitäten). Im Prinzip findet das Individuum dadurch einen festen Platz in der Gesellschaft. Dann kann die Restregulierung der Inklusion der Moral überlassen bleiben, die dann nur noch zu bestimmen hat, wem nach Maßgabe seiner Herkunft und seines Verhaltens Achtung geschuldet ist und welches Verhalten Mißachtung auf sich zieht. Diese Bedingungen gehen verloren, wenn die Gesellschaft sich auf einen Primat funktionaler Differenzierung umstellt; denn dann gibt es jene multifunktionalen Einheiten nicht mehr, denen der einzelne voll und ganz angehören, in denen er leben kann. Das Inklusionsproblem muß in ein Problem des freien und möglichst gleichen Zugangs zu allen Funktionssystemen transformiert werden, an denen der einzel-

17 Siehe einführend: Gesellschaftliche Strukturen und semantische Tradition, in: Niklas Luhmann, Gesellschaftsstruktur und Semantik, Bd. 1, Frankfurt 1980, S. 9-71.

ne je nach Bedarf durch Kommunikation »partizipiert«. Das Funktionieren der Funktionssysteme wird im weitläufigsten Sinne zur Lebensbedingung für jeden – und die Inklusionsfunktion der Moral läuft gewissermaßen leer.

Die Heftigkeit moralischer Konflikte im späten Mittelalter und in der frühen Neuzeit geben einen ersten Anhaltspunkt für diese These. Sie beziehen sich primär auf Themen der Religion, befassen sich aber in der dadurch gegebenen Form auch mit der sozialen Relevanz des Geldes und mit der rechtlichen Legitimität politischer Herrschaft. Jedenfalls sprengt das thematische Spektrum bereits die als stabil vorausgesetzte ständische Ordnung, die sich ihrerseits in diesen Konflikten verhärtet. Man kann neue Probleme der Inklusion (etwa des neuen Reichtums der Kaufleute oder der seelenheilverängstigten Unterschichten oder der zunehmend reichsunabhängigen politischen Herrschaften, seien es Städte, seien es Territorien) nur über Moral lösen, oder man kann es sich jedenfalls nur so vorstellen. Eben dies führt aber nicht zu moralischer Einigkeit, sondern zu moralisch angeheizten Konflikten. Damit diskreditiert die Moral sich selbst. Das kann man jedoch nicht zugeben, weil keine anderen Modi der Inklusion sichtbar sind; und man braucht es auch nicht zuzugeben, weil immer die andere Seite Schuld hat am Konflikt und dies zur Erklärung ausreicht. Die Frage, wer den Streit angefangen und wer Schuld hat, läßt sich, wie man heute sagt, »punktuieren« und damit mehrperspektivisch auffassen. Nur das Recht entwickelt allmählich die Kompetenz, die Frage, wer Recht und wer Unrecht hat, unabhängig zu machen von der Frage, wer den Streit angefangen hat – freilich nur auf der Basis einer sich im 18. Jahrhundert dann durchsetzenden Differenzierung von Recht und Moral. Seit der Mitte des 17. Jahrhunderts hat auch der neue Territorialstaat genügend Kompetenz zur Sicherung des Friedens, selbst unter moralischen Eiferern. Sie brauchen nicht mehr eingesperrt zu werden, jubelt Guez de Balzac nach dem Fall von La Rochelle; es genüge, sie mit anderen Untertanen an die langen Ketten der souveränen Friedensherrschaft zu binden.[18] Diese Errungenschaften beruhen bereits auf funktionaler Differenzierung. Sie gefährden zusammen mit der Ausdifferenzierung von Geldwirtschaft und forschungsorientierter Wissenschaft bereits die

18 »Il les tiendra par de plus long chaines ... les laissant vivre avec le reste de ses Subjects«, heißt es in Jean-Louis de Guez de Balzac, Le prince (1631), zit. nach Œuvres, Paris 1854, S. 5-208 (22).

ständische Ordnung. Aber ein neues Prinzip gesellschaftsstruktureller Stabilität ist noch nicht erkennbar. Die Zukunft liegt, wie immer, im Dunkel und kann nur im Spiegel der Vergangenheit gelesen werden, und hier sieht man bei aller Diskontinuität in Richtung »Fortschritt« Kontinuität in der Gründung der Gesellschaft perfektibler Menschen auf Moral.

So kommt es, daß das 18. Jahrhundert sich wie keines zuvor als Jahrhundert der Moral feiern kann und selbst die Religion diesem Gesichtspunkt unterordnet. Angesichts überwundener oder doch domestizierter Konflikte kommt es noch einmal zu einer Apotheose der Moral. Zarastro singt für ein ganzes Jahrhundert: »Wen solche Lehren nicht erfreuen, verdienet nicht, ein Mensch zu sein«. Dann bleibt aber die Frage: was machen wir mit ihm?

IV.

Die Form, in der Moral in den Lateinschulen gelehrt, also tradiert wird, ist seit dem Bekanntwerden der antiken Texte im Mittelalter bestimmt durch das Schema Tugenden und Laster. Die Ethik (damals: Teil der philosophia moralis) hatte ihre Lehre mit diesem Schema zu bestreiten. Inhaltlich wurden Kataloge aufgestellt, die es ermöglichten, verschiedene Tugenden und verschiedene Laster nacheinander zu behandeln. Wollte man den Beobachter mitthematisieren, so erschien dieser als Lob der Tugenden und als Tadel der Laster. Wollte man die rhetorischen Anreize verstärken, konnte das Schema als Konflikt der Tugenden und der Laster präsentiert werden.[19] Lernvorgänge wurden häufig durch die Spiegelmetapher wiedergegeben. Jeder Blick in das Material zeigt, daß die Moral des Schemas vorausgesetzt wird und im Schema selbst als Präferenz für die Tugenden erscheint.[20] Die Tugenden wurden mit Nachdruck empfohlen, die La-

19 Siehe als ein Beispiel Willem Jordaens, Conflictus virtutum et viciorum, neu ediert mit einer Einleitung zur Themengeschichte und zur Gattung solcher Streitgespräche von Alf Önnerfors, Opladen 1986.

20 Vgl. z. B. Ritamary Bradley, Backgrounds for the Title *Speculum* in Medieval Literature, Speculum 29 (1954), S. 100-115; Herbert Grabes, Speculum, Mirror und Looking-Glass: Kontinuität und Originalität der Spiegelmetapher in den Buchtiteln des Mittelalters und der englischen Literatur des 13. bis 17. Jahrhunderts, Tübingen 1973; Marianne Shapiro, Mirror and Portrait: The Structure of Il libro del Cortegiano, Journal of Medieval and Renaissance Studies 5 (1975), S. 37-61.

ster mit Schärfe abgelehnt. Diese Vorgabe bedeutet, daß die Moral selbst im Konflikt als Partei auftrat, nämlich für die Tugenden und gegen die Laster Partei ergriff und damit den Konflikt selbst legitimierte. Sie bedeutete auch, daß im Spiegel die Tugenden zu sehen waren, nicht aber derjenige, der in den Spiegel schaut, um sich über sich selbst zu informieren. Die Selbstreferenzprobleme waren ausgeblendet bzw. gar nicht erst aufgenommen. Sie blieben, eng verbunden mit den Paradoxien des Codes und der Frage nach der Herkunft des Bösen in einer von Gott geschaffenen Welt, Sache der Theologie, nicht der Ethik. Und eben deshalb war die Unterscheidung von Tugenden und Lastern auch nicht als Code der Moral reflektierbar – als ein Code, der sich seinerseits von anderen Codes unterscheiden läßt. Der Beobachter wird nur in der Form einer (ebenfalls der Moral unterstehenden) Punkt-zu-Punkt-Zuordnung hineingenommen. Den Tugenden wird man durch Lob gerecht, den Lastern durch Tadel. Es würde gegen die Moral, die auch ihn bindet, verstoßen, wollte der Beobachter über Kreuz urteilen und sich als Tugendtadler oder Lasterlober aufführen. Das wird erst der Marquis de Sade wagen.

Bemerkenswert ist ferner, daß die Morallehre sich keineswegs in der Darstellung von Tugenden und Lastern erschöpft und dann gleichsam nur noch tautologisch verfährt, indem sie die Tugenden lobt und die Laster tadelt. Es gibt außerdem wichtige Gegenstände, die als natürliche Sachverhalte vorgeführt und dann erst moralisch schematisiert werden. Das gilt zum Beispiel für die Lehre von den Passionen, aber auch für die Lehre von den Sitten und Gebräuchen mit besonderer Berücksichtigung der durch Stratifikation gegebenen Unterschiede. Solchen Aufgliederungen, wie immer fein differenziert und kreuztabellarisch ausgearbeitet, wird dann letztlich wiederum eine moralische Unterscheidung angehängt, die Passionen, Sitten usw. nach gut und schlecht ordnet.[21] Auch dann, wenn die Theorie nicht von Moral ausgeht, sondern eine Beschreibung der menschlichen und sozialen Natur gibt, läuft sie auf ein moralisches Urteil hinaus. Insofern bringt denn auch die »science des mœurs« des 17. Jahrhunderts, die sich für solche Themen interessiert, keine neue Moral. Man muß sich nicht darüber wundern, daß die Moral selbst sich mit ihrem eigenen Code identifiziert. Das versteht sich

21 Siehe z. B. Aegidius Columna Romanus (Egidio Colonna), De regimine principum, (1277/79) Rom 1607 (Nachdruck Aalen 1967), S. 153 ff. für passiones, S. 188 ff. für mores.

von selbst. Aber auch die Ethik als Lehre der Moral identifiziert sich mit diesem Code. Sie lehrt nicht etwa, wann Moral angebracht ist und wann nicht, sondern sie versucht selbst, zugunsten der Tugenden und gegen die Laster einzuschreiten. Sie vertritt nicht den Standpunkt eines demgegenüber selbständigen, wahlfähigen Individuums. Die Ziele verstehen sich (noch) von selbst, nur die Mittel bedürfen je nach den Umständen der Auswahl.[22] Das heißt: man sieht keinerlei Bedarf für Motivforschung oder gar für Motivberatung. Die Moral gilt als Natur, die virtus als perfectio rationis. Die Wahlfreiheit selbst ist ein Erfordernis der Moral, ein Erfordernis moralischer Verantwortlichkeit. Sie bildet keine Position, von der aus man sich für das Moralschema oder gegen das Moralschema entscheiden könnte. Wer sich gegen die Moral entscheiden würde, würde deshalb als jemand gesehen werden, der sich gegen die Tugenden und für die Laster entscheidet; er würde nicht Lob verdienen, sondern Tadel. Die fraglose und alternativlose Geltung des Moralschemas wird auch ontologisch und kosmologisch zum Ausdruck gebracht. Die binäre Struktur, der zufolge man zwischen gut (Sein) und schlecht (Nichtsein) gestellt ist (aber nicht bestimmen kann, *was* gut und *was* schlecht ist), ist keine Eigentümlichkeit des Menschen, nicht einmal eine Eigentümlichkeit der Lebewesen, sondern allen Entitäten durch die Natur mitgegeben.[23] Die Natur hat eine Richtung auf Perfektion, wie die Heilige Allianz von Schöpfungstheologie und Aristotelismus lehrt: natura enim semper ex imperfecto ad perfectum procedit.[24] Alles Schlechte (Böse) wird als destruktiv, alles Gute als konstruktiv oder perfektiv erfahren.[25] Wer gegen die Moral verstößt, stört die Ordnung, handelt destruktiv. Daß dies vorkommen kann, muß die An-

22 Consilium non est de fine, sed de his quae sunt ad finem, heißt es bei Colonna, a. a. O., S. 496. Oder Matteo Palmieri, Vita civile, zit. nach der kritischen Ausgabe von Gino Belloni, Florenz 1982, S. 68 f.: Niuno consiglio è mai del fine, ma in che modo et con che mezi al fine si possa venire.

23 Appetere enim esse & bonum, & fugere non esse & malum, quod naturaliter appetimus, prout natura nostra convenit cum omnibus ontibus, sic est de iure naturali, heißt es gut aristotelisch bei Colonna, a. a. O., S. 523.

24 Colonna, a. a. O., S. 5. Annibale Romei, Dell'honore, in: Discorsi, Ferrara 1586, S. 58 ff., löst mit Hilfe dieses Gedankens auf geschickte Weise das Grundproblem der Adelstheorie, das Verhältnis von Geburt und Verdienst. Die imperfekte angeborene, nur zu bewahrende Tugend/Ehre strebt nach Perfektion, die aber erst noch erworben werden muß.

25 Noch in der Mitte des 17. Jahrhunderts meint Edward Reynolds, A Treatise of the

thropologie erklären. Das gibt der Lehre von den Passionen ihre moralische Bedeutung.[26] Je nach Ausgestaltung dieser Anthropologie und mit ständigem Seitenblick auf theologische Implikationen wird dann die Erklärung für das Vorkommen moralischer Verfehlungen mitgeliefert – sei es über die Bindung der Seele an den Körper, sei es über Unkenntnis, sei es über Irrtum. Jedenfalls ist die Moral selbst nicht die Ursache dafür, daß es Laster gibt, obwohl sie selbst sich durch die Unterscheidung von Tugenden und Lastern Gehör verschafft. Vielmehr erklären die Devianzerklärungen zugleich, daß moralische Erziehung möglich ist als ein ständiger (wiederum moralisch positiver) Kampf gegen die körperabhängigen Passionen, gegen Unkenntnis und gegen Irrtum.

Der auf Moral eingestellte, ihr dienende Naturbegriff unterscheidet sich in wesentlichen Hinsichten von dem der modernen Naturwissenschaften. Vor allem ist das, was gegen die Natur verstößt, nicht deshalb schon unmöglich.[27] Wenn etwas »Unnatürliches« vorkommt, zwingt das nicht zur Änderung der Naturvorstellung, sondern zur moralischen Verurteilung des Abweichenden. Der Naturbegriff fun-

Passions and Faculties of the Soule of Man, London 1640, Nachdruck Gainesville/Fl. 1971, S. 519: Malum est destructivum, bonum est perfectivum.

26 Siehe als Ersatz für die aus wohlerwogenen Gründen nicht geschriebene Ethik Descartes' dessen Traktat Les Passions de l'Ame, Paris 1649.

27 Das hier auftretende Problem wird im übrigen durchaus gesehen und durch eine Unterscheidung *innerhalb* des Begriffs der Natur berücksichtigt. Bei der Behandlung des Themas »Quod homo naturaliter est animal civilis, non obstante quod contingat aliquos non civiliter vivere« (lib. III.I, cap. III, S. 406 f.) unterscheidet Egidio Colonna a. a. O. (1607) eine Natur, die keine Ausnahmen zuläßt, so wie das Feuer nicht umhinkann zu wärmen und der Stein nicht umhinkann zu fallen, und die Natur des Menschen, die als solche bezeichnet werden kann, »quia habet quendam impetum & quandam aptitudinem naturalem, ut civiliter vivat«, aber durchaus auch die Möglichkeit läßt, anders zu leben, sei es aus Notwendigkeit, sei es aus Korruption, sei es auch um höherer Ziele der vita contemplativa willen. Übrigens bezeichnet hier der Naturbegriff nicht einmal den Normalfall, denn civiliter vivere heißt hier: in der Stadt leben, und damals lebten die meisten Menschen noch auf dem Lande.
Auch in dieser Hinsicht ist im übrigen der Marquis de Sade ein konsequenter Umkehrer der Voraussetzungen des traditionellen Räsonnements: Das, was die Natur ermöglicht, ist deshalb auch erlaubt, und die zivilisatorische Gewohnheit, es dann noch nach gut und schlecht zu schematisieren, ist deshalb verfehlt. Zu allen möglichen Weisen des Sexualverhaltens heißt es: »La possibilité de les faire d'abord est une première preuve qu'elles ne l'offensent point.« (Justine, ou les malheurs de la vertu, 1791, zit. nach der Ausgabe Paris 1969, S. 48)

giert also nicht als Kriterium für kognitives Lernen; er dient einer moralischen Disposition, die das, was der Natur entspricht, bejaht und das, was ihr widerspricht, ablehnt. So wird ständig mit Bezug auf die Natur moralisch argumentiert. Es widerspricht der Natur, um der Lust und nicht um der Zeugung willen geschlechtlich zu verkehren. Es widerspricht der Natur, Zinsen zu nehmen (weil artifizielle Dinge wie Geld sich nicht vermehren können). Daß der Verstoß trotzdem möglich ist, wird dann nicht als »Falsifikation« der Theorie behandelt, sondern nur als Anlaß für Entrüstung und Verurteilung angesehen. Die Natur dient als Instanz für Appelle und überprüfende Argumentation; aber dies nur deshalb, weil sie selbst moralisch Partei ist und für die gute, perfekte, von Gott geschaffene Welt steht.

In einer bemerkenswerten Hinsicht wird bei aller kosmologischen Fundierung der Moral jedoch bereits ein Spezialbegriff für Ethik gebildet und der Ökonomik und Politik gegenübergestellt. Die Ethik hat es mit der Ordnung des Verhaltens einzelner zu tun, die Ökonomik mit der Ordnung der Hausgesellschaft, die Politik mit der Ordnung der politischen Gesellschaft (civitas, regnum, res publica usw.).[28] Diese Unterschiede können jedoch noch durch eine allgemeine Moralwissenschaft zusammengehalten werden, da man davon ausgeht, daß die Einzelmenschen Teile der Hausgesellschaften und die Hausgesellschaften Teile der politischen Gesellschaft sind. Die Ethik findet sich damit eingeordnet in ein kosmologisches Schema, das über die Unterscheidung von Ganzem und Teilen expliziert wird. Sie ist also keine Theorie der Reflexion der natürlichen Moral schlechthin, sondern nur mit dem Verhalten von Teilen des Ganzen befaßt. Wie leicht zu erkennen, hängt diese Situierung der Ethik ab von der Voraussetzung einer natürlichen Inklusion der Menschen in die Gesellschaft und damit von sozialstrukturellen Bedingungen, die dieser Voraussetzung Plausibilität verleihen, und das wird durch theoretische Zweifel und Interpretationsprobleme im Bereich der religiösen Fundierung von Moral zunächst nicht in Frage gestellt. Die Stabilität des Moralschemas ist aber nicht nur ontologisch (kosmologisch), sie ist auch logisch gegen Demontage abgesichert. Die Einheit der Differenz von moralisch guten und moralisch verwerflichen Ver-

28 So unterscheidet Colonna, a. a. O., S. 308 f., die morales scientiae in: Ethica, quae est de regimine sui, & Oeconomica, quae est de regimine familiae, & Politica, quae est de regimine civitatis & regni.

haltensweisen wird zwar nicht als solche bezeichnet (was eine metamoralische Unterscheidung erfordern würde), aber sie wird in die Moral selbst als eine Zentralnorm wieder eingeführt, nämlich als Gebot des Maßes, der rechten Mitte (milieu) und der Vermeidung von Extremen (modestie, justice).[29] Darin liegt eine moralimmanente Risikokontrolleinrichtung, eine eingebaute Norm der Selbstkorrektur. Man darf es auch mit Moral nicht zu doll treiben, sondern muß von der rechten Mitte aus auf die Umstände achten. Im Umgang mit Moralgeboten bedarf es zusätzlich noch der prudentia. Es muß auf die Zeitbedingungen geachtet werden, die nicht in jedem Moment günstig sind. Entsprechend lassen die Tugendformulierungen Raum für Anpassungen an die Verhältnisse, Verzögerungen, ja selbst für »Dissimulation« der eigentlichen Absichten.[30] Logisch gesehen läuft dieser Rat an die Moral, sich nicht rücksichtslos zu verwirklichen, auf eine verkappte Paradoxie hinaus oder auf die Annahme, daß es zwischen gut und böse noch einen dritten Wert gebe, den der moralischen Umsicht. Das ist ein sehr altes, in vielen Kulturen geläufiges Entparadoxierungsmodell,[31] das sich jedoch nicht als solches zu erkennen gibt. Das Problem der Digitalisierung des Codes wird in das codierte System hineingenommen und mit den Mitteln des Codes, mit einer Wiederanwendung des Codes auf die durch ihn geschaffenen Probleme abgeschwächt. Es kann dann gut sein, nicht so gut zu sein, wie es der Code an sich fordern würde. Auch die Rechtslehre kennt entsprechende Selbstkorrekturen.[32] Da die Evolution keine logisch widerspruchsfrei beschreibbare Welt erzeugt hat, scheint es sich in der Evolution zu bewähren, wenn man Probleme erst erzeugt und sich dann mit ihnen beschäftigt. Und das geschieht

29 Vgl. als Beispiel die Ausführungen von François Loryot, Les Fleurs des Secretz moraux: Sur les Passions du Cœur humain, Paris 1614, S. 661 ff., zum Thema: pourquoi le milieu est la place la plus honorable.

30 Siehe speziell hierzu Bacons Essay of Simulation and Dissimulation, zit. nach F. G. Selby, Bacon's Essays, London 1895, S. 12-15. (Auch andere Essays von Bacon sind unter diesem Gesichtspunkt bemerkenswert.) Vgl. ferner Torquato Acetto, Della dissimulazione onesta (1641), in: Benedetto Croce/Santino Caramella (Hg.), Politici e moralisti del seicento, Bari 1930, S. 143-173; Madeleine de Scuderi, Conversations sur divers sujets, Bd. 1, Lyon 1680, S. 300 ff.

31 Vgl. hierzu Edmund Leach, Social Anthropology, Glasgow 1982, grundsätzlich S. 8 f.

32 Vgl. Alessandro Bonucci, La derogabilità del diritto naturale nella scholastica, Perugia 1906.

dann jeweils mit den Strukturvorgaben (»frames«, »schemes«, »scripts«, wie man heute sagt), die dem Problem zugrunde liegen. In genau diesem Sinne kann auch die Moral sich zunächst einmal selbst helfen.

Diese ausweglose (logisch ausweglose) Bindung an Moral läßt sich schließlich auch an der Form erkennen, in der Distanz zugelassen wird. Die Aufgabe einer etwas distanzierten Präsentation des Moralschemas obliegt der *Rhetorik*, die wie zur Entlastung der Ethik erfunden zu sein scheint. Verschwistert mit der Ethik stellt die Rhetorik genügend Gegenbegriffe bereit, um jedem Verhalten, das man akzeptieren will (oder muß), gerecht zu werden. Das Recht kann streng praktiziert werden, dann ist es rühmenswerte severitas. Es kann nachsichtig und mit Milde oder mit Dissimulation der Kenntnis von Verstößen praktiziert werden, dann ist es rühmenswerte clementia.[33] Selbst die Frage, ob ein Verhalten zu loben (zum Beispiel als Freigebigkeit) oder zu tadeln ist (zum Beispiel als Verschwendungssucht), kann man sich offenhalten, um sich nach den Umständen richten zu können. Man kann in den Schulen auch lernen, *wie* man Tugenden und Laster mündlich und schriftlich (z. B. brieflich) zu präsentieren hat. Hier geht es nicht mehr nur um die Sache selbst, sondern um ihre Kommunikation.[34] Die Kommunikation wird sich darum bemühen, die präferierten Meinungen (Handlungen) auf die Seite der Tugenden und die dispräferierten Meinungen (Handlungen) auf die Seite der Laster zu bringen. Sie kann das Moralschema als Ordnungsschema erfolgreicher Kommunikation verwenden. Sie erreicht den Kulminationspunkt ihrer Distanz zur Moral, wenn sie erkennt, daß die Laster gerne und erfolgreich versuchen, sich als Tugenden zu präsentieren, und daß dies in allen Fällen möglich ist.[35] Auch die rhetorische Theorie der Technik des Paradoxie-

33 Vgl. z. B. Jacobus Omphalius, De officio et potestate Principis in Republica bene ac sancte gerenda, libri duo, Basel 1550, S. 44 ff., 78 ff.

34 Man kann mit Sicherheit sagen, daß diese Unterscheidung von Tugenden und Lastern ihrerseits eine Folge der Erfindung von Schrift ist, auch wenn die Rhetorik als Kunst der Rede sich primär mit mündlicher Kommunikation befaßt. Seit dem 12. Jahrhundert bildet sich dann aber eine auch in Sachfragen (z. B. politischen Fragen) einflußreiche Rhetorik für Textverfasser (ars dictaminis) aus, die sich höchst folgenreich mit der Distanz des Textverfassers zur Kommunikation identifizieren kann. Vgl. dazu Quentin Skinner, The Foundations of Modern Political Thought, Bd. 1, Cambridge 1978, S. 28 ff.

35 Siehe, schon mitten in den religiösen Bürgerkriegen, François de La Noue, Discours politiques et militaires (1587), zit. nach der Neuausgabe Genf 1967, S. 74,

rens verfolgt diese Tendenz, nämlich zu zeigen, daß es auch für unübliche Meinungen, ja für moralisch verwerfliche Handlungen gute Gründe gibt, daß also der Wahrheitsbeweis immer auch für das Gegenteil angetreten werden kann.[36] Auch ist es üblich, darauf hinzuweisen, daß gerade gute Dinge sich zum Mißbrauch eignen, so daß auch in Fragen der Moral maßzuhalten ist. Die der Rhetorik gewidmete (und ihrerseits dann rhetorische) Literatur läßt das Ausmaß an Beweglichkeit erkennen, das man sich noch leisten kann, wenn man die Inklusion in die Gesellschaft nicht in Zweifel ziehen kann und deshalb die Bindung an Moral vorab akzeptieren muß. Auch die Rhetorik bezweifelt ja nicht, daß man sich auf die Seite der Tugenden zu schlagen, diese zu loben und die Laster zu tadeln habe; sie mutet sich nur Bewegungsfreiheit in der Frage zu, wo denn die Tugenden und wo die Laster zu beobachten sind. Stärker als die Ethik selbst ist die Rhetorik bereit, der von ihr ausgewählten guten Sache verbale Kampfmittel zur Verfügung zu stellen. Stärker als die Ethik gießt die Rhetorik damit Öl ins Feuer moralischer Auseinandersetzungen. Auch insofern herrscht im Bereich der Reflexion eine Arbeitsteilung zwischen Ethik und Rhetorik. An der fundamentalen Moralität des Kosmos und der Gesellschaft wird auf beiden Seiten nicht gezweifelt. Auch die Rhetorik versteht sich als epídeixis der Moral.[37] Und gemeinsam singen Ethik und Rhetorik das Lob der modestas, der mediocritas, der justitia, des Vermeidens der Extreme – gleichsam anstelle einer genauen Programmatik, die festlegen würde (aber wie könnte man den Adel festlegen?), unter welchen Bedingungen welche lobende bzw. tadelnde Kommunikation zu wählen ist.

Bemerkenswert ist schließlich, daß noch innerhalb der mehr oder weniger aristotelischen Tradition eine sie aufbrechende Unterscheidung erscheint, nämlich die von Intention und Resultat. Wer Glück

aber im Sinne eines dann wieder moralischen Vorwurfs. »Tous les maux qu'ils faisoient, ils les desguisoyent de louables titres, appellans la temerité magnanimité, la modestie pusillanimité ...« Vgl. auch a. a. O., S. 32.

36 Bemerkenswert die Aufteilung dieses Themas auf zwei annähernd gleichzeitige Schriften durch Ortensio Lando. Siehe: Paradossi, cioè sententie fuori del commun parere, Vinegia 1545, und Confutatione del libro de paradossi nuovamente composta, o. O., o. J.

37 Vgl. z. B. John W. O'Malley, Praise and Blame in Renaissance Rome: Rhetoric, Doctrine, and Reform in the Sacred Orators of the Papal Court, c. 1450-1521, Durham/N. C. 1979, insb. S. 36 ff., mit weiteren Hinweisen.

sucht, wird nicht glücklich. Wer Achtung sucht, zieht damit Mißachtung auf sich. Oder wenn die Effekte nicht ganz so scharf, nicht so paradox begriffen werden,[38] wird zumindest deutlich, daß die moralische Qualität im Bereich des Nichtintendierbaren liegt (und in religiöser Interpretation kann man dann sagen: im Bereich der Gnade). Man kann darüber spekulieren, was zu dieser Neuerung geführt hat: vielleicht die Notwendigkeit einer Symbiose von Moral und Religion, vielleicht die stärkere Individualisierung des Konzepts der Intention (oder semantische Äquivalente), vielleicht auch einfach die wachsende Akkumulation moralischer Erfahrungen, das heißt: die Literatur. Wie immer, es fällt auf, daß es für die sich aufdrängende Unterscheidung zwei Anwendungsfälle gibt: den Fall des Glücks (eudaimonía) und den Fall der Achtung. Man kann daraus schließen, daß schon in der davorliegenden Lehre und jetzt noch immer ein innerer Zusammenhang von Glück und Achtung vorausgesetzt wird. Der Positivwert der Moral besteht in deren Einheit. Wer sich in der Achtung seiner Mitmenschen aufgehoben, wer sich durch sie getragen weiß, ist glücklich. Glück ist gewissermaßen ein Symbol für Achtungserfolge, eine Art Achtungsextrakt. Das kann im Bereich der zivilrepublikanischen Tugenden, aber auch im Bereich religiöser Askese ausbuchstabiert werden. Das Prinzip ist in gewissem Umfange mit Rollen- und Funktionsdifferenzierung kompatibel. Es wird durch die Einführung der Unterscheidung von Intention und Resultat, also durch die De-intentionalisierung der Ethik, noch nicht annulliert; aber die Parallelisierung der beiden Fälle von Nichtintendierbarkeit gibt zu denken. Doch erst die kantische Ethik wird so kühn sein, einen weiteren Schritt zu tun und das moralische Subjekt von der Unterscheidung Intention/Nichtintention auf das Gesetz, auf den kategorischen Imperativ umzustellen.

38 Die Härte der Verurteilung wächst offenbar mit der Sicherheit, über eine hiervon unabhängige ethische Theorie zu verfügen. Siehe (nach Kant) z.B. Heinrich Stephani, System der öffentlichen Erziehung, Berlin 1805, S. 295: Achtung dürfe nicht zum Motiv werden, sonst sei man ein sittlich verdorbener Mensch.

V.

Im 16. Jahrhundert geht bei insgesamt guten wirtschaftlichen Verhältnissen diese Moralsicherheit verloren. An vielen Fronten bricht über »Wahrheiten« Streit aus.[39] Die Versuche, in Rückgriffen auf die ethisch-politischen Texte der Antike Halt zu finden (von Erasmus und Thomas More bis Justus Lipsius) scheitern bzw. werden selbst als Parteistandpunkt sichtbar. Die traditio der Religion und das, was jetzt Hermeneutik heißt, kommen nicht überein. »T'is all in pieces, all coherence gone; All just supply, and all relation«[40] klagt John Donne, und einer seiner Gründe lautet: »That those two legs whereon it does rely, Reward and punishment are bent awry«.[41] Über die Gründe dieses weit empfundenen Niedergangs der moralischen Ordnung und ihrer kosmologischen Weltsicht ist man sich heute nicht einig. Vielleicht waren es einfach Koinzidenzen: zunächst die Konfessionstrennungen und die religiösen Bürgerkriege; ferner die Entdeckung der Amerikas und die entsprechend erweiterte Weltsicht; die neue Eigendynamik wirtschaftlicher und politischer Verhältnisse (zum Beispiel: Religion als bloßer Vorwand für politisch kalkulierte Kriege); ferner die Wiederentdeckung der antiken Skepsis als dazu passender Intellektuellenattitüde; und vor allem vielleicht der Buchdruck, der all dem rasche öffentliche Wirkung bei unbekannten und unkontrollierbaren Adressaten gab.

Geht man von dieser »koinzidentellen« Erklärung aus, kommt man zu einer Evolutionstheorie, die Diskontinuität betont und Zufälle in Anspruch nimmt, um Morphogenese, also Übergänge in eine strukturreichere Systemform zu erklären. Eine andere Möglichkeit wäre, davon auszugehen, daß die Gesellschaft Europas seit dem Hochmittelalter kontinuierlich komplexer geworden ist, daß sie zunächst im Kontext einer semantischen Kombination von Religion und Moral darauf zu reagieren sucht,[42] daß sie dann aber eine Schwelle der

39 Siehe nur die Darstellung von Herschel Baker, The Wars of Truth: Studies in the Decay of Christian Humanism in the Earlier Seventeenth Century, Cambridge/Mass. 1952, Nachdruck Gloucester/Mass. 1969.

40 An Anatomy of the World (1611), Zeile 213-214, zit. nach: The Complete English Poems (ed. A. J. Smith), Harmondsworth, Middlesex, England 1982, S. 270-283 (276).

41 A. a. O., Zeile 304-305.

42 Vgl. hierzu Peter-Michael Spangenberg, Maria ist immer und überall: Die Alltagswelten des spätmittelalterlichen Mirakels, Frankfurt 1987.

Komplexität überschreitet, jenseits deren evolutionäre Prozesse der Meinungskonsolidierung[43] in der Form von Moral nicht mehr funktionieren und in die Gegenrichtung umschlagen – das heißt statt Konsens (Konsensunterstellung) Dissens (Dissensunterstellung) erzeugen und statt moralischer Integration moralischen Streit. Und auch für diese Theorie wäre die Ausbreitung des Buchdrucks, der Komplexität in einer vormals unmöglichen Weise simultaneisiert und sichtbar macht, der entscheidende Vorgang.

Die Moralschriftsteller des 17. Jahrhunderts suchen folglich andere Themen. Sie beobachten und beschreiben die Sitten, es entsteht eine Literatur der »description des mœurs«. Eines ihrer Zentralthemen ist das sich unter Umständen behauptende Individuum.[44] Im übrigen werden typische Sozialsituationen analysiert, etwa die des Verführers und der zu Verführenden oder die der Kommunikation bei Standesdifferenzen, die der Unaufrichtigkeit der Kommunikation von Aufrichtigkeit, die des Glücksspiels oder die der rasch entschwindenden, fad werdenden plaisirs. Was einst eher einer Untergrundliteratur, etwa den Fabeln, vorbehalten war, wird aufgewertet (und mit ihnen die Fabeln selbst) bei auffallender Zurückhaltung in der normativen Präskription und im moralischen Urteil. Das Streben nach Achtung wird selbst zum Thema und rückt damit in ein ambivalentes Licht. Die alte Auskunft war gewesen, daß tugendhaftes Handeln sein eigener Lohn sei, weil es Freude und Genugtuung bereite, während Ehre und Ruhm äußere Folgen seien.[45] Sobald sich aber die Frage der Motivation stellt, und das geschieht im psychologisch schärfer analysierenden 17. Jahrhundert, verschwimmen die Grenzen, und man erkennt, wie sehr die dargestellten Motive von den wahren Motiven abweichen können. Man kann jetzt nicht mehr so ganz unbefangen fordern, das Gute um Gottes Wohlgefallen wil-

43 Vgl. hierzu Robert Boyd/Peter J. Richerson, Culture and the Evolutionary Process, Chicago 1985.

44 Hierzu glänzend: Alban J. Krailsheimer, Studies in Self-Interest: From Descartes to La Bruyère, Oxford 1962. Vgl. auch und speziell zu La Fontaine Friederike Hassauer, Die Philosophie der Fabeltiere: Von der theoretischen zur praktischen Vernunft – Untersuchungen zu Funktions- und Strukturwandel in der Fabel der französischen Aufklärung, München 1986.

45 Vgl. noch Paolo Paruta, Della Perfettione della vita politica Venetia 1579, S. 227: »Il vero premio, che alla virtù diede la natura, è quel piacere, che seguita all'operatione virtuosa ... ma l'honore è un certo premio estrinseco ..., anchorche tale premio non sia uguale ad essa virtù.«

len zu tun; und das verleiht dem Reputationsmotiv eine neue Dringlichkeit. Daraus ergibt sich ein scharfblickender Motivverdacht: Wer Achtung sucht, verdient sie schon nicht mehr.[46] Moral verlangt Naivität – aber doch auch: Klugheit.[47] Ihre Mechanismen werden mit Scharfblick, aber noch nicht mit Theorie, bloßgestellt, ohne daß man sie als Notwendigkeit der (guten) Gesellschaft in Frage stellte. Schon längst hatte man betont, daß auch der, der sich unbeobachtet weiß, der Moral folgen solle, weil die wahre Tugend nicht auf Lob und Tadel oder gar auf Reputation und Strafe achte.[48] Im Laufe des 17. Jahrhunderts wird dies Argument nahezu unverändert fortgeführt, aber es dient jetzt dazu, die Absicherung der Moral durch eine innere Einstellung des Individuums vorzuführen.[49] Zugleich sucht man aber eine weitere Absicherung immer noch in der sozialen Interaktion, jetzt in der dafür freigesetzten Salonkonversation. Das hat vor allem stilistische Konsequenzen: Das, was in den Druck gegeben wird, muß so erscheinen, als ob es aus der Konversation stammte, für sie bestimmt sei und in ihr geprüft worden sei oder doch werden könnte. Die Moral muß in, heute würde man sagen, lässiger Form auftreten: spontan, knapp, aphoristisch und in diskontinuierlicher Reihung; jedenfalls nicht als langweiliger systematischer Traktat. Sie muß in jeder Wendung etwas Überraschendes und Gefälliges bieten, und sie darf Aufmerksamkeit nicht zu sehr strapazieren. Sie darf nicht belehrend auftreten, aber sie muß verführen können.[50] So kann

46 Der plaisir, den man an der eigenen Tugend findet, darf nicht erstrebt werden, sondern muß ihre Folge sein, lehrt Madeleine de Scudéri im Essay Des plaisirs, in: Conversations, a. a. O., S. 30-64 (57): »Pour estre véritablement vertu, il faut qu'elle n'aspire pas un plaisir et que celuy qu'elle cause parte naturellement d'elle-mesme, comme la lumière parte du soleil.« Damit wird bereits auf beachtliches psychologisches Differenzierungsvermögen, wenn nicht auf »Verdrängung« reflektiert, um eine moralimmanente Paradoxie aufzulösen, die aber ihrerseits noch nicht als solche dargestellt werden kann.

47 Biblisch die Schlange/Taube-Paradoxie: estote prudentes sicut serpentes, et simplices sicut columbae.

48 »Però che non la infamia né alcuna paura di pene il dove a ritrarre dal peccato, ma solo l'amore di virtù et la perfecta honestà«, heißt es bei Matteo Palmieri, Vita civile, zit. nach der kritischen Ausgabe von Gino Belloni, Florenz 1982, S. 89.

49 Siehe etwa Shaftesbury zu der Frage: Why shou'd a Man be honest in the Dark? in: Anthony, Earl of Shaftesbury, Characteristics of Men, Manners, Opinions, Times, 2. Aufl., o. O. (London) 1714, Nachdruck Farnborough, Hants. U. K. 1968, Bd. I, S. 125.

50 Vgl. zu dieser schon unter Zeitgenossen breit diskutierten Stilthematik Louis van

man eine Weile glauben, die Geltungssicherheit der Moral durch die Form ihrer Kommunikation garantieren zu können, und kann auf dieser Basis dann provokant das Individuum als Letztgarantie der Moral thematisieren – und destruieren. Aber diese Absicherung in der Konversation greift, und das wird ihr bald darauf ein Ende bereiten, völlig an dem vorbei, was sich als Ordnung der modernen Gesellschaft bereits ankündigt.

Die aphoristische Form eignet sich glänzend zur Präsentation von Paradoxien, und sie erspart die Antwort auf die Frage: was nun? So wie die Moral als nicht um der Achtung willen zu erstrebende Achtung, so wird auch das Verhalten selbst als paradox stilisiert – die durch und durch manipulative Anpassung an die Gesellschaft als Form der Selbstverwirklichung; die höchst gekonnte Artifizialität als Natur, die ihr Gekonntsein darin zeigt, daß sie es nicht erscheinen läßt; die Darstellung jeder Art Freiheit gegenüber moralischen Bindungen mit um so größerer, ja geradezu zwangshafter Furcht vor Lächerlichkeit.[51] Die Paradoxien der Selbstreferenz werden aufgelöst mit Hilfe des Begriffs der *Natur* – und damit wird der anschließenden Wiedereinsetzung von Moral ihr Stichwort gegeben.

Je mehr psychologischer Scharfblick entwickelt wird und je anspruchsvoller, besonders im religiösen Kontext, die Moral, desto mehr entgleitet die psychische Realität der Normierung. Was hier wirklich vorliegt, entzieht sich der Einsicht. Die literarische Gattung der »Porträts« oder der »caractères« wird beibehalten, aber sie wird nun so gehandhabt, daß bewußt wird, daß die Beschreibung etwas aufprägt, etwas normiert, etwas fixiert, was der Natur nicht entspricht.[52] Charakterisieren ist nur noch ein sozialer Behelf, und Diderot wird dann von seinem »tic de moraliser«[53] sprechen. Allgemein muß man jetzt davon ausgehen, daß der schlicht binäre Code der Moral in Paradoxien führt, die nicht mehr einfach über eine Metanorm des Maßes oder über Regeln der prudentia abgefangen werden

Delft, Le moraliste classique: Essai de définition et de typologie, Genf 1982, S. 235 ff.

51 Vgl. hierzu Dietrich Schwanitz, Natürlichkeit und Lächerlichkeit: Probleme der Verhaltensstilisierung in der englischen Restaurationskomödie, in: Hans Ulrich Gumbrecht/K. Ludwig Pfeiffer (Hg.), Stil: Geschichten und Funktionen eines kulturwissenschaftlichen Diskurselements, Frankfurt 1986, S. 426-446.

52 Vgl. auch hierzu van Delft, S. 137 ff.

53 In: Satire I: Sur les caractères et les mots de caractère, de profession, etc. zit. nach Œuvres complètes (Éd. de la Pléiade), Paris 1951, S. 1217-1229 (1228).

können. Solche Lehren bestimmen zwar nach wie vor die lateinische Tradition und alle ihre Fortsetzer, die sich auch im 17. Jahrhundert noch finden.[54] Man findet sie selbst in den Moralproblemen der Staatsräson, die, vor allem in Deutschland, nach wie vor unter dem Gesichtspunkt einer prudentia civilis abgehandelt und nach guter und schlechter Staatsräson sortiert werden. Von da aus fällt dann auch die politische Parteinahme leicht, und gut/schlecht verschmilzt wieder mit wir/die anderen.[55] Problembewußtere Autoren, insbesondere im Frankreich Richelieus, operieren dagegen nicht mehr mit einem Metaprinzip, für das ebenfalls moralische Qualität in Anspruch genommen wird, sondern mit einem Regel/Ausnahme-Schema. Nicht jedermann darf gegen die Moral verstoßen, sondern nur der Fürst aufgrund besonderer Verantwortungen; und auch dies nicht ohne weiteres, sondern nur aus zwingenden Gründen, in besonderen Notlagen, unter Abwägung aller Umstände und gewissermaßen seufzend. Die Moralparadoxie wird in den Moralcode wiedereingeführt, aber nicht mehr als Moral der Klugheit, sondern als Ausnahmerecht zur Ausnahme remoralisiert. Sie findet ihre Auflösung nicht mehr in einer Einheit, sondern in einer Differenz.

Es ist diese Abhängigkeit von einer noch nicht formulierbaren Moralparadoxie, die mit einer neuen Unterscheidung kuriert wird. Schon in den Adelstheorien hatte man dazu tendiert, im Bereich der Tugenden nochmals nach imperfekt/perfekt zu unterscheiden und einen natürlichen Drift vom Imperfekten zum Perfekten zu unterstellen.[56] Wenn diese Naturbewegung keinen Rückhalt in der Kos-

54 Vgl. etwa, sich nur äußerlich den Anforderungen der »belles compagnies« (Vorwort, unpaginiert) anpassend, René Bary, La Morale où après examen des plus belles questions de l'école, l'on rapporte sur les passions, sur les Vertus, et sur les Vices, les plus belles Remarques de l'Histoire, Paris 1671.

55 Siehe nur Wilhelm Ferdinand von Efferen, Manuale Politicum de Ratione Status seu Idolo Principum, Frankfurt 1639. Speziell zur Kontinuität von prudentia civilis und ratio status auch Hermann Conring, De ratione status, zit. nach der Ausgabe in: ders., Dissertationes academicae selectiores, Lyon 1686; oder Johann Hieronymus Im Hof (oder Im-Hof), Singularia politica, 2. Aufl., Nürnberg 1657, Singularia politica, pars altera, Nürnberg 1653.

56 Imperfekt ist z. B. das, was der Adelige durch Geburt mitbekommt und auf alle Fälle, will er Schande vermeiden, zu bewahren hat. Perfekt ist das, was er durch (moralisch bewertete) Leistung verdient. Vgl. Annibale Romei, Dell'honore, in: ders., Discorsi, Ferrara 1586, S. 58 ff. Moderne Versionen dieser Auflösung sind: ascribed/achieved status (Linton) oder quality/performance (Parsons).

mologie mehr findet und aufgegeben werden muß (was mit einer Kritik des Aristotelismus der Schulen zusammenfällt), treten andere Unterscheidungen an ihre Stelle.

Die bedeutendste Erfindung, die sich in der zweiten Hälfte des 17. Jahrhunderts nach langen Diskussionen über »falsche Devotion« durchsetzt, kann man als eine Art Supercodierung des Schemas Tugenden/Laster begreifen. In diesem Schema (das beibehalten wird), wird auf seiten der Tugenden nochmals unterschieden in wahre und falsche Tugenden,[57] und das Interesse gilt dann fast ausschließlich dieser Unterscheidung. Man geht nun davon aus, daß es nicht möglich sei, vom Handeln auf Motive zurückzuschließen.[58] Diese (postaristotelische) Unterscheidung von Handlung und Motiv eröffnet im Bereich der Motive einen Spielraum für weitere Unterscheidungen, die bei ein und derselben Handlung zum Zuge kommen können. Esprit unterscheidet *menschliche* (gesellschaftliche) und *wahre* Tugend. Nur der Ausgangscode selbst, nur das formale Schema der »réverénce pour la vertu et l'aversion pour la vice«[59] wird noch als natürlich und angeboren gedacht, während die eigentliche Theorie erst mit der Supercodierung der Tugenden angeboten wird. Der Moralcode wird mithin auf seiten der Tugenden mit Hilfe der alten Unterscheidung von Sein und Schein nochmals dupliziert nach »wahr« und »falsch«. »La vertu humaine veut avoir un grand nombre de témoins et d'approbateurs; et sa vraye (!N. L.) inclination n'est pas d'être mais de paraître. La vraye vertu ne se soucie que d'être; elle est même bien aise quand on l'ignore; et ceux qui la pratiquent, ne demandent point d'autre témoignage que celuy de leur conscience.«[60] Man braucht in diesem Satz nur die Adjektive humaine und vraye, die sich auf den ersten Blick ja gar nicht widersprechen, zu streichen oder gleichzusetzen, und schon erscheint die durch die Konstruktion unterdrückte Paradoxie.

Die vorrangige Unterscheidung ist jetzt die des Supercodes, die

57 Für eine religiöse Version vgl. etwa De la Volpilière, Le Caractère de la véritable et de la fausse piété, Paris 1685; für eine weltliche, La Rochefoucauld nahestehende: Jacques Esprit, La fausseté des vertus humaines, 2 Bde., Paris 1677/78. Die Verbreitung dieser neuen Codierung läßt sich nicht zuletzt an mehr beiläufigen Erwähnungen ablesen – z. B. A. Rousseau, Nouvelles maximes ou réflexions morales, Paris 1679, S. 50.

58 Esprit, a. a. O., Bd. 1, Preface.

59 Esprit, a. a. O., Bd. 2, S. 523 ff.

60 A. a. O., Bd. 2, S. 525 f.

Leitdifferenz der Moral ist die von vorgetäuscht und wirklich; und es wird, wie man an weitläufigen Diskussionen über Simulation/Dissimulation ablesen kann, unmöglich, diese Unterscheidung mit der von (erkennbar) gut und (erkennbar) schlecht in Übereinstimmung zu bringen. Für die wahre Tugend bedarf es nun einer individualistischen *und* einer religiösen Anleitung und Begründung.[61] Sie hat keine gesellschaftliche Existenz, lehren die Jansenisten. Sie muß sich nur in der Gesellschaft behaupten, auf Heil hoffend. Und mehr noch: wenn man auf eine quantitative Verteilung des Erläuterungsaufwandes achtet (bei De La Volpilière das Verhältnis 4 zu 466 Seiten über wahre bzw. falsche piété[62]), mag man sich fragen, ob sie überhaupt existiert, oder ob sie lediglich als Reflexionswert des Codes fungiert.

Vielleicht ist es der Mangel an einer hierfür ausreichenden Begrifflichkeit bzw. einer Theorie binärer Codierung; jedenfalls stagniert die weitere Entwicklung an diesem Punkte. Der Fortschritt der ethischen Reflexion von Moral setzt an der Autonomie des Individuums an. Hier dient das Konzept der Selbstliebe als Ausgangspunkt für eine neue Theorie des Sozialen. Nicole vermag dies noch mit der Unterscheidung wahrer und falscher Tugend bzw. Frömmigkeit zu integrieren. Für ihn ist das Bedürfnis, geliebt zu werden, »la plus générale inclination de l'amour propre«.[63] Die Sozialorientierung findet sich also ganz auf der »falschen Seite«. Im praktischer denkenden 18. Jahrhundert wird dieser Theoriezusammenhang dann normalisiert und vergessen.[64] Man läßt sich nun schlicht durch die Einsichten leiten, daß das Individuum seine Selbstliebe (als seine Natur) nur unter Einbeziehung der Interessen und Perspektiven anderer verwirklichen könne, – eine Theorie, die schließlich sowohl das Moment des Ver-

61 Die Notwendigkeit professioneller Beratung ist im übrigen in den Code selbst eingebaut. Die Meinung, darauf verzichten zu können und nach eigenem Gutdünken fromm sein zu können, ist auf alle Fälle falsche Devotion, konstatiert z. B. De La Volpilière, a. a. O., S. 335.

62 Nicht anders bei Esprit, a. a. O.

63 So Pierre Nicole, Essai de Morale, Bd. III, 3. Aufl., Paris 1682, S. 156 ff. Vgl. auch Bd. I, 6. Aufl., Paris 1682, S. 321 ff.

64 Für Rousseau gilt dann wieder die alte Version, nun allerdings in säkularisierter Fassung. Die berühmte Formel von »tirer toute son existence des regards d'autrui« bezeichnet das Ergebnis einer Denaturation. Um so hilfloser wirken hier aber dann Begriffe wie Natur oder Vertrag bei der Lösung des Problems. Man findet sich um die Mitte des Jahrhunderts bereits an der Schwelle einer neuen Ethik.

trags als auch das Moment der Natur aus ihrer Begründung eliminieren kann.

Zunächst freilich begnügt man sich damit, den Menschen als inkonstant, instabil, beschreibungsabhängig, wesenlos, zumindest ohne Einheit seiner Vielheit darzustellen. Dann wird zugleich verständlich, daß, wer immer moralische Charakterisierungen versucht, ins Dunkel stößt und eben nichts als Beschreibungen (portraits, caractères) liefert. Das Resultat mag dann als Paradox fixiert werden oder als stabilisierender Text. Der sozialen Ordnung muß es genügen, sich an solche Beschreibungen zu halten und Abweichungen zu ahnden – zum Beispiel mit der deutlich konventionellen Sanktion der Lächerlichkeit. Und solange die Beschreibung der Gesellschaft sich nicht von der Beschreibung »des« Menschen lösen kann, bleibt es dabei.

VI.

Trotz der sich abzeichnenden Erschütterungen bleibt die moralische Inklusion des Menschen in die Gesellschaft zunächst unbestritten. Was immer über Sozialität ausgemacht wird, wird moralisch verstanden. Es wäre mit Recht ja auch unvorstellbar, daß der Mensch in Gesellschaft leben und tun könnte, was er wolle. Immerhin kann man Modifikationen erkennen, und, wenn man genauer zusieht, erkennt man, daß diese Modifikationen dort anknüpfen, wo Ansätze zur Ausdifferenzierung von Funktionssystemen ausgebaut werden.

Dies läßt sich in verschiedenen Hinsichten zeigen, etwa am Profitmotiv im Bereich der Wirtschaft oder an den Bemühungen um eine Aufwertung passionierter Liebe. Wir beschränken uns auf den Bereich der Politik, weil hier das Aufbrechen der einheitlichen ethischen Grundlage besonders früh und besonders deutlich erkennbar wird. Das mag mit der Unübersehbarkeit der frühmodernen staatlichen Herrschaftsapparate schon im 15., jedenfalls im 16. Jahrhundert zu tun haben, aber auf der Ebene der Semantik auch mit der historischen Prägung des Argumentierens über politische Gesellschaft und Moral durch die auch theologisch akzeptierten Texte des Aristoteles. In den modernen Verhältnissen kann Politik nicht mehr einfach als ein Fall, und zwar als der perfekte Fall, von Ethik aufgefaßt werden. Sie wird zum Gegenstand einer besonderen civilis prudentia oder ragion di stato, während die Ethik mehr darauf spezialisiert wird, dem Individuum einen Standpunkt zu sichern, von dem aus es die Verhältnisse betrachten und sich zu einer Mitwirkung entschließen kann, die seiner moralischen Selbstachtung und Selbsterhaltung entspricht. Einige sehr erfolgreiche, vielcopierte und zitierte Bücher markieren diesen Weg.[65] Die Neuentwicklung einer politischen Theorie, die sich von der Ethik ablöst, ohne auf Moral verzichten zu können, läßt sich an zwei Themen greifen, an der Zulassung von Willkür und an der Unterscheidung von Regierenden und Regierten; oder genauer gesagt: am Prominentwerden dieser Themen.[66] Der Fürst erscheint nicht mehr als ein civis unter anderen und als solcher gehalten, die Bedingungen der zivilen Ordnung (Recht, Moral) zu beachten,[67] obwohl immer noch, wie zur Sicherheit, verlangt wird, er müsse die entsprechenden Eigenschaften (habitus) »maxime« erfüllen.[68] Die Verhältnisse machen aber deutlich, daß Perfektion in den Ziviltugenden allein nicht genügt. Die (heute vieldiskutierte) Krise des Adels, das heißt der Stratifikation, und die Verbreitung von Gewalt in Stadt und Land und in allen Schichten lassen es notwendig erscheinen, Willkür zu regulieren. Die Form, in der das Problem akut wird, ist bestimmt durch die Frage, ob *jeder für sich selbst entscheiden kann, was die richtige Religion, die wahre Moral und das Recht sei* – für sich selbst und damit auch für sein Urteil über andere.[69] Wenn man das für Religion konzedieren mußte nach den Spaltungen der Konfessionen, dann doch wohl erst recht für die von Religion abhän-

65 Ich denke an Giovanni Botero, Della Ragion di Stato, Venedig 1589, zit. nach der Ausgabe Bologna 1930; Justus Lipsius, De constantia libri duo, Antwerpen 1585 und ders., Politicorum sive civilis doctrinae libri sex, 1589, zit. nach der Ausgabe Antwerpen 1604.

66 Ausführlicher zum Folgenden: N. Luhmann, Staat und Staatsräson im Übergang von traditionaler Herrschaft zu moderner Politik, in: ders., Gesellschaftsstruktur und Semantik, Bd. 3, Frankfurt 1993, S. 65-148.

67 So z. B. nachdrücklich aufgrund alter Tradition noch Marius Salamonius de Alberteschis, De Principatu, 1513, zit. nach der Ausgabe Mailand 1955.

68 So ausführlich und lange Tugendlisten durchgehend, der immer noch einflußreiche Egidio Colonna, a. a. O. (1607). Am Anfang des 17. Jahrhunderts etwa Bartholomaeus Keckermann, Systema Disciplinae Politicae, zit. nach Opera Omnia, Bd. II, Genf 1614, Sp. 415-426 (444).

69 Wie in einem Brennspiegel spitzt dieses Problem sich zu in den Ehrenstreitigkeiten der Oberschichten und in den Tausenden von Opfern der Duelle. Die zeitgenössische Literatur entscheidet hier fast ausnahmslos ablehnend und optiert damit, wie immer sonst die Position des Autors, für staatliche Regulierung, also z. B. für Henri IV. und für Richelieu.

gige zivile Ordnung von Moral und Recht. Das würde aber alle Ordnung auflösen. Die Lösung dieses Problems durch eine Differenzierung der Codes von Religion, Recht und Moral zeichnet sich noch nicht ab. Statt dessen erfordert der Anspruch auf soziale Selbstbestimmung eine Regulierung; und die Antwort lautet, Willkür zuzulassen, *aber nur an einer Stelle*. So wenigstens formuliert es die Partei der Royalisten gegen die Partei »des plus grands qui disent auiourd'huy publicquement, qu'ils ne peuvent souffrir ce qui ne leur plaist point: Parolle par trop indiscrète, à ceux qui sont subiects & doivent recevoir la loy de la vouloir faire à leur mode: Bien que à la seule Maiesté appartient de commander, approuver ou reprouver, tout ce qui bon luy semble comme chef de ceste Republique.«[70] Der semantische Trick ist deutlich zu erkennen und wird den engagierten Parteien wenig eingeleuchtet haben: *Wenn* einmal Wert- und Normvorstellungen und der Entschluß, danach zu leben, als bloßes Gutdünken und Willkür definiert sind, *dann* liegt es auf der Hand, daß die daraus folgenden sozialen Probleme einer Regulierung bedürfen und daß man Willkür, wenn man sie schon zulassen muß, nur an einer Stelle zulassen kann. Der Zerfall der stratifikatorischen Ordnung und damit der Moral, die die Plätze gewiesen hatte, wird durch die Souveränitätsdoktrin kompensiert.

Das aber heißt, daß die alte Einheit der Ordnung, die als Stratifikation differenziert war und semantisch mit der Unterscheidung von häuslicher und ziviler (politischer) Gemeinschaft beschrieben wurde, ersetzt werden muß durch das, was als regimen bezeichnet wird oder genauer mit Justus Lipsius als ordo in iubendo et parendo. Die Unterscheidung von Regierenden und Regierten wird zur maßgebenden Ordnungsvorstellung,[71] und der dazu passende Einheitsbe-

70 Pierre de Belloy, De l'Autorité du Roy, et Crime de Leze Maiesté, o. O. 1587, fol. 4 f.

71 Im feministisch inspirierten Rückblick fällt dabei der ausgeprägte Maskulinismus auf. Der Begriff des regimen bzw. die Unterscheidung regere/obedire wird als Gesellschaftsmodell proklamiert und, mit ständiger Bezugnahme auf Aristoteles, auch zum Gerüst der Haushaltslehre (Ökonomie) mit der Folge, daß der Mann zum Einheitspol des Systems wird und dann *seine* Beziehungen zur Frau, zu den Kindern und zu den Bediensteten durch sekundäre Unterscheidungen nur noch qualitativ als verschiedene Formen von Herrschaft unterschieden werden. Nicht zuletzt fällt dabei auf, daß diese Semantik Beziehungen der Mutter zu *ihren* Kindern gar nicht vorsieht. (Vgl. etwa Egidio Colonna, a. a. O. (1607), S. 214-400.) Die Frau wird als imperfekter Mann, als masculus occasionatus et quasi vir incom-

griff, der beide Seiten umfaßt und sowohl die Regierungsgewalt als auch das Territorium meint, auf dem sie sich auswirkt, heißt nun Staat.[72] Die damit gesteigerte, jedenfalls umdirigierte Empfindlichkeit löst eine Flut von neuartigen Regulierungen aus, die im Rückblick dann als »Merkantilismus« erscheinen, und die Vorstellung nimmt ihren Lauf, die Gesellschaft sei durch staatliche Reglementierung zu transformieren.[73] Sowenig diese Annahmen und die durch sie ausgelösten Realisierungen die Zukunft vorwegnehmen und sosehr sich ein politischer Liberalismus im 18. Jahrhundert dann gegen sie durchsetzen wird: zunächst scheinen sie die Gesellschaft zu festigen und die Fortführung der alten Lehre von der societas civilis zu ermöglichen. Man hat sich noch nicht allzuweit aus der alteuropäischen Tradition entfernt.[74] So nimmt es nicht wunder, daß auch die Darstellung der Gesellschaft als einer moralischen Gemeinschaft nicht aufgegeben wird und daß es nach wie vor an einem gegen den Begriff des Sozialen differenzierbaren Begriff der Moral fehlt.

Am Ende des 17. Jahrhunderts ändert sich trotz aller Kontinuitäten thematischer Art in mindestens einer Hinsicht Entscheidendes. Die Moral war bisher immer als Spezifikation des Willens Gottes angesehen worden, als Spezifikation für den Sonderbereich der Schöpfung, der menschliches Handeln betrifft. Das gilt noch für John Locke (und nimmt ihm damit seine Wirkung auf die unmittelbar folgende Generation).[75] Dies setzt eine Theologie voraus, die behauptet,

pletus (a. a. O., S. 269) dem Mann beigesellt und pfleglicher Behandlung anempfohlen. Wieweit dieses Modell sich allgemein durchsetzt, müßte gesondert untersucht werden. In der politischen Theorie führt dies dazu, daß der Fürst im Normalfalle als Mann gedacht wird, obwohl außerhalb des Geltungsbereichs der lex salica (die in rein dynastischen und regional-politischen Erwägungen begründet war) Ausnahmen möglich sind. Vgl. etwa die Erörterung dieser gravis et anxia quaestio bei Keckermann, a. a. O., Sp. 431.

72 Hierzu ausführlicher Niklas Luhmann, Staat und Staatsräson im Übergang von traditionaler Herrschaft zu moderner Politik, a. a. O.

73 Vgl. für eine detaillierte Untersuchung Marc Raeff, The Well-Ordered Police-State: Social and Institutional Change through Law in the Germanies and Russia 1600-1800, New Haven 1983.

74 Vgl. als ideengeschichtlichen Überblick Manfred Riedel, Gesellschaft, bürgerliche, in: Geschichtliche Grundbegriffe: Historisches Lexikon zur politisch-sozialen Sprache in Deutschland, Bd. 2, Stuttgart 1975, S. 719-800, insb. S. 738 ff.

75 Vgl. dazu John Dunn, From Applied Theology to Social Analysis: The Break Between John Locke and the Scottish Enlightenment, in: Istvan Hunt/Michael Igna-

Gott (und sei es: dank seiner Gnade) beobachten und seine Kriterien kennen zu können. Diese Annahme wird jedoch mehr und mehr durch Zweifel zersetzt. Die französischen Moralisten der »klassischen« Zeit – es genügt, an Blaise Pascal, François de La Rochefoucauld, Pierre Nicole, Jacques Esprit oder Jean de La Bruyère zu erinnern – hatten das Moment der Selbstliebe in einer Weise herausgestellt, die zu einer scharfen Trennung von göttlichem Heilsplan und gesellschaftlicher Ordnung geführt hatte. Aber: entweder dies oder das, das war keine entscheidbare Frage. Außerdem war in der Bewegung zu höherer Autonomie der Funktionssysteme die alte Lehre von der providentia specialis zusammengebrochen. Mit all dem nehmen die Tendenzen zu, die Sozialordnung aus sich selbst heraus zu verstehen und zu begründen – sei es über Vertragskonstruktionen auf der Basis entsprechender Eigenmotive, sei es mit der Annahme einer natürlichen Gefühlsdisposition zugunsten anderer.[76] Man begreift daraufhin Moral als natürlich-soziale Reflexivität und formuliert eine Theorie, die dies beschreibt und damit Ausgangspunkte für eine Analyse der Gesellschaft gewinnt. Die »moral sentiments«, so heißt jetzt der Grundbegriff, werden nicht länger als Spezifikationen des Willens Gottes verstanden (sowenig damit ausgeschlossen ist, daß man es so sieht und glaubt).

Das vereinfacht vieles, verflacht aber auch manches. Die bereits entdeckten Probleme der Inkommunikabilität von Aufrichtigkeit, der Unerkennbarkeit wirklicher Motive, der Intransparenz des Selbst für sich selbst und für andere treten zurück, vermutlich weil sie zu sehr noch als Probleme theologischer Analyse formuliert waren.[77] Davon absehend scheint um 1700 die Moral sich erholen zu können. Lord Anthony, Earl of Shaftesbury, setzt nun wieder ganz auf dieses

tieff (Hg.), Wealth and Virtue: The Shaping of Political Economy in the Scottish Enlightenment, Cambridge 1983, S. 119-135.

76 Vgl. innerhalb dieser beiden Möglichkeiten für die letztgenannte optierend Richard Cumberland De legibus naturae disquisitio Philosophica, London 1672. Eine englische Übersetzung lohnte sich offenbar erst nach der Durchsetzung dieser neuen Theorie der natural sentiments. Sie erscheint London 1727. Im folgenden Jahr dann Francis Hutcheson, An Essay on the Nature and Conduct of the Passions and Affections, London, Dublin 1728, und kurz danach ders., De naturali hominum socialitate, Glasgow 1730.

77 Es gibt freilich auch »mondän« geschriebene Varianten, etwa La Rochefoucauld und La Bruyère, die sich jedoch an der Nähe zur Theologie inspirieren und deren Stil eine ethische, d.h. moralische wohlgesinnte, Auswertung erschwert.

Pferd – und vermag zu überzeugen. Die neue Moral konsolidiert sich jenseits der Differenz von Dogmatismus und Skeptizismus, auch jenseits des Streites um die Glaubensartikel und jenseits der Rhetorik der Lateinschulen. Shaftesburys Schriften sind durchsetzt mit Zurückweisungen dieser Art, so als ob das allein schon ausreichte für den neuen take-off der Moralphilosophie. Die Religion wird an *alte* Texte und an staatliche Etablierung verwiesen (Neuerer erscheinen dann als »Fanaticks«), sie hat jedenfalls die Kontrolle der Moral aufzugeben und sich ihrerseits dem moralischen Gefühl zu beugen. Die neue Philosophie der moralischen Natur des Menschen setzt Maßstäbe für die Beurteilung der Religion. Sie gründet ihre Lehre auf Einsicht in die (und Teilnahme an der) Empfindsamkeit des Menschen, für die eine natürliche Rationalität in Anspruch genommen wird. Das heißt im Klartext: sie wird einfach behauptet und füllt dann ihrerseits den Begriff der Natur mit moralisch einklagbaren Gehalten auf. So kommt das 18. Jahrhundert zu einem normativen Naturbegriff und zu einer Flut von erbaulichen Schriften, die den Leser nicht mehr aus einer Position der Autorität und des Besserwissens heraus belehren, sondern ihn von gleich zu gleich in die gemeinsamen moralischen Überzeugungen einzustimmen versuchen.

In einer Entschiedenheit wie nie zuvor wird nun noch einmal *Lächerlichkeit* als der Sanktionsmodus im Verkehr unter Menschen hervorgehoben, so als ob soziale Ordnung durch Bemühen um Vermeidung des Lächerlichseins garantiert werden könne.[78] Was in der Restaurationskomödie bereits als Konvention der Natürlichkeit stilisiert worden war, gilt jetzt plötzlich wieder als die Natur selbst. Lächerlichkeit sanktioniert wiederum das Abweichen von der Natur, und das Auslachen anderer ist wiederum die Geste dessen, der sich in seiner Überlegenheit sicher weiß. Aber gleichzeitig – in unentwirrbarer Gemengelage zum Beispiel bei Shaftesbury – entwickelt sich schon ein ganz neuartiger Sinn für Humor, dessen Funktion ganz auf die Ebene der Interaktion eingeschränkt wird.[79] Auch zeigt sich beim genaueren Hinblicken, daß die Fraglosigkeit des Verweisens auf Natur nicht voll wiederhergestellt werden kann. Bei Shaftesbury

78 Vgl. An Essay of the Freedom of Wit and Humour (1709), a. a. O., Bd. I, S. 57-150; Jean Baptiste Morvan de Bellegarde, Réflexions sur le ridicule et sur les moyens de l'éviter, 4. Aufl., Paris 1699; Charles Duclos, Considérations sur les Mœurs de ce Siècle (1751), Neudruck Lausanne 1970, S. 287 ff.

79 Vgl. hierzu Kay Junge, Humor und Geselligkeit, Diplomarbeit, Bielefeld 1987.

ist die Instanz, die über Lächerlichkeit disponiert, aber selbst nicht verlacht werden kann (oder darf?), mal die Vernunft, mal das Publikum. Auch kommt die Idee eines Testverfahrens hinzu: Man probiert es mit Auslachen; aber wenn man sich selbst damit lächerlich macht, zeigt dies, daß man nicht auf seiten der Vernunft bzw. des Publikums operiert hat. Das Kriterium weist sich, mit anderen Woren, dadurch als vernünftig aus, daß es sich, wie die Vernunft, selbst sanktioniert. In der französischen Literatur wird die Umstellung des Kriteriums der Lächerlichkeit von Natur auf Konvention, auf Meinung, auf Mode noch schärfer vollzogen. In jedem Falle verliert die Moral ihre außersoziale Absicherung. Jede außersoziale Absicherung müßte als Absicherung durch Religion begriffen werden und setzte sich damit jenen Problemen und Zweifeln aus, wie die augustinische, jansenistische usw. Reflexion zur Genüge belegt. Der Primat moralischen Urteils ist also nichts anderes als der Primat des Sozialen, die Macht des Sozialen über sich selbst; und die Titel Natur und Vernunft werden nur noch mitgeführt, um den Zirkel der Selbsteinschränkung des sozial Zulässigen durch soziale Kriterien zu cachieren.

Die Begründungsdefizite liegen, rückblickend gesehen, auf der Hand. Sie werden sowohl den Utilitarismus als auch den Transzendentalismus zu bedeutenden Theorieleistungen stimulieren. Wir kommen darauf zurück. Im Moment ist die vordringliche Frage: wie konnte das passieren? Oder: welche gesellschaftsstrukturellen Veränderungen boten diesem Wiederaufleben der Moralphilosophie Chance und Halt? Und: wie trägt der moralische Sentimentalismus des frühen 18. Jahrhunderts diesen Bedingungen Rechnung, ohne sie in die Theorie selbst aufzunehmen?

Unsere Hypothese sagt: der erneuerte Versuch mit Moral kann sich auf die Systemdifferenzierung der Gesellschaft stützen, und zwar in diesem Falle auf die schon anlaufende Konsolidierung neuartiger Funktionssysteme. Vor allem kann seit etwa der Mitte des 17. Jahrhunderts die territoriale Souveränität des staatlich organisierten politischen Systems als gesichert gelten. Der Staat wird aber noch nicht als Funktionssystem (Teilsystem) der Gesellschaft gesehen, sondern in der Tradition der societas civilis als die Gesellschaft selbst (und eine andere Konzeptualisierung hätte denn auch die Frage nach der Gesellschaft aufwerfen – und unbeantwortet lassen müssen). Der Erfolg liegt im territorialen Frieden und in den damit gegebenen Chancen für moralisch und psychologisch verfeinerte Interaktion.

Das ius gentium ist internationales Recht geworden, Kriege sind nun Kriege zwischen Staaten, die Territorien sind im großen und ganzen pazifiziert, oder ihre gewaltsame Pazifizierung (Schottland im 18. Jahrhundert) steht bevor. Ausbrüche moralischer Empörung können damit in die Kanäle des Rechts geleitet werden, sofern nur der Staat, wie man heute sagt, seine Legitimität und seine faktische Durchsetzungsfähigkeit bewahren kann. Shaftesbury kann für die Religion jenen Respekt fordern, den das Gesetz gebietet; und es sind für ihn gerade die umstrittenen Texte, die eine religiöse »Kanonisierung« und eventuell rechtliches »Establishment« erfordern.[80] Auf diese Weise von etwaigen Streitigkeiten entlastet, kann die Moral als Ordnung der positiven menschlichen Gefühle neu aufblühen. Der Staat ist eine distante Angelegenheit, und man liest bei Shaftesbury und nicht einmal in den Traktaten der Moralphilosophie (Hutcheson usw.), die alsbald in Edinburgh und in Glasgow verfaßt werden, etwas über die Bevölkerungskatastrophe – heute würde man sagen: den Völkermord, der die schottischen Highlands gleichzeitig oder wenig später verwüstet.

VII.

Die Begründungsprobleme einer Moral, die das Soziale in Form bringen will und dabei auf das Problem der Selbstreferenz stößt, stellen neue Anforderungen an das, was jetzt in einem neuen Sinne Ethik heißt. Noch um 1600 ging es um die natürliche Verfaßtheit (habitus), in der der Mensch seine Perfektion erreicht, so zum Beispiel in der Weisheitslehre von Pierre Charron.[81] Noch um 1700 konnte man hoffen, bei allem Entlarven und Demaskieren der Verstellkunst der Selbstliebe und selbst beim Demaskieren der Demaskierer, auf eine Ordnung zu stoßen, die die Prädikate wahr und natürlich verdient.

80 Siehe Shaftesbury, Bd. III, S. 331 i. V. m. 316. Ein Jahrhundert später wird man »kanonische« Texte durch »klassische« Texte ersetzen, das heißt durch Texte, die eine Reflexion ihres Zeitbezuges verkraften können. Vgl. dazu Hans Ulrich Gumbrecht, »Phoenix aus der Asche« oder: Vom Kanon zur Klassik, in: Aleida und Jan Assmann (Hg.), Kanon und Zensur: Archäologie der literarischen Kommunikation II, München 1987, S. 284-299.

81 Da la Sagesse, Bordeaux 1601, zit. nach Toutes les Œuvres de Pierre Charron, Paris 1635, Nachdruck Genf 1970.

Das bewahrte die Moralisten noch vor der radikalen Selbstdemaskierung mit der Konsequenz, daß dann nichts mehr zu sagen bliebe. Erst im 18. Jahrhundert schließt sich dieser Kreis; und erst dann wird die Ethik eine Reflexionstheorie der (Subjektivität der) Moral.

Es gibt zwei verschiedene Ausgangspunkte für diese Neuformierung der Ethik. Der eine ist die Paradoxie der Moral, wenn man sie auf Absichten und Folgen hin betrachtet. Der andere ist das Problem der Selbstreferenz des Sozialen, gesehen als (wenn auch nicht bezeichnet als) Problem der doppelten Kontingenz.

Wenn das moralische Urteil sich auf Absichten (und nicht mehr auf habitus) beziehen und die Zukunft als offen gedacht werden muß, sieht es sich mit dem Problem der guten Folgen schlimmer Absichten oder auch mit dem Problem der schlimmen Folgen guter Absichten konfrontiert. Im noch theologischen Kontext eines John Milton wird das Problem auf Gott und Teufel verteilt – fast wie Paradox und Gegenparadox im Sinne der Mailänder Therapeuten. Satan vermutet, daß Gott alles Böse zu guten Zwecken mißbrauchen werde, und sieht deshalb seine Aufgabe in der Gegenparadoxierung, in dem Versuch, diese gute Absicht ins Schlimme entgleisen zu lassen.[82] Im säkularisierten Kontext treten beide Fälle auseinander, und die Einheit der Konstruktion wird aufgegeben. Der erste Fall, die guten Folgen schlimmer Absichten, wird am Beispiel des Luxuskonsums diskutiert, und Mandevilles Bienenfabel ist zwar nicht die erste, aber die berühmteste Ausführung. Der zweite Fall steht, in etwas verquerer Form, seit Machiavelli zur Diskussion. Der Fürst kann sich nicht immer an die Moral halten, weil dies mehr schlechte als gute Folgen hätte.

82 If then His providence
Out of our evil seek to bring forth good
Our labour must be to pervert that end,
And out of good still to find means of evil;

(Paradise Lost I, zit. nach Poems of John Milton, London 1924, S. 8). Wenn im übrigen nach dem Sündenfall Adam erklärt wird, was Gott damit im Sinn gehabt habe, schließt dieser – und wieder: als Beobachter Gottes –, daß er nun eigentlich gar nichts zu bereuen habe:

full of doubt I stand
Whether I should repent me now of sin
By me done and occasioned, or rejoice
Much more, that much more good thereof shall spring.

(Paradise Lost XII, a. a. O., S. 289). Nicht nur die Motivation, auch die Reue (und damit der Weg zum Heil) wird durch die Paradoxie unmöglich gemacht.

Die Empfehlung, sich in solchen Fällen dann eben nicht an die Moral zu halten, stößt auf empörten Widerstand der Moralisten, aber der Widerstand ist dem Problem nicht gewachsen. Wir beschränken uns auf ein einziges Beispiel, um den Mißgriff einer großen Zahl von Autoren zu verdeutlichen (und dies Beispiel ist ein Fall von relativ überlegter, keineswegs naiv moralisierender Argumentation). Scipione Chiaramonti[83] sieht im Problem der unmoralischen Staatsräson zunächst ein Problem der Ambiguität des Begriffs (das ihm die Paradoxie verdeckt). Er sucht diese Ambiguität durch begriffliche Unterscheidungen aufzulösen.[84] Dazu dienen Unterscheidungen wie utile/giusto und ordinario/straordinario, aber auch vero/apparente. In die letztgenannte Unterscheidung schleicht sich dann aber die Moral wieder ein, denn es ist natürlich gut, auf der Seite des wahren, und schlecht, auf der Seite des nur scheinbar moralischen(!) Verhaltens zu stehen. Die Kreuztabellierung dieser Unterscheidung führt zur Typenbildung, die es dann ermöglicht, über die einzelnen Typen ausführlich und mit historischen Beispielen zu diskutieren. Aber die gesamte Typenbildung ist durch jenes re-entry der Moral moralisch infiziert und kann daher im Ergebnis immer nur dazu führen, daß man das moralisch gute Verhalten für gut und das moralisch schlechte Verhalten für schlecht erklärt – was die übliche antimachiavellistische Literatur schlichteren Gemüts ohnehin tut.

Dies Beispiel entlarvt die Praxis einer ganzen Literatur – die Praxis einer Auflösung und Invisibilisierung der moralischen Paradoxie. Parallel dazu kommt es bei denen, die an dieser Naivität Anstoß nehmen, zur »Libertinage«, die zwar wirksam, nämlich anstoßerregend, kommuniziert werden kann, aber dem Problem ebenfalls nicht gewachsen ist.[85] Die Form, in die das Problem gerinnt, ist für mehr als hundert Jahre die der wechselseitigen Anstößigkeit, die der Kontroverse von realistischen und idealistischen Autoren in Sachen des

83 Della Ragione di Stato, Fiorenza 1635.

84 Ein Ausweg, den heute Nicholas Rescher empfiehlt und systematisiert. Vgl. The Strife of Systems: An Essay on the Grounds and Implications of Philosophical Diversity, Pittsburgh 1985.

85 Zu dieser über Ethik im engeren Sinne weit hinausgreifenden Bewegung vgl. René Pintard, Le libertinage érudit dans la première moitié du XVIIe siècle, 2 Bde., Paris 1943; Antoine Adam (Hg.), Les Libertins au XVIIe siècle: Textes choisis et présentés, Paris 1964; John Stephenson Spink, French Free Thought from Gassendi to Voltaire, London 1959.

Urteils über Natur, Menschen und Moral. Diese Kontroverse kann zwar auflösen, was traditionell unter Ethik verstanden wurde: das Ziel der Lebensbewegung des Menschen; aber sie kann keine neue Ethik begründen. Der Übergang zu einer Ethik neuen Typs, der Übergang zu einer Reflexionstheorie der Moral zieht seine Kraft aus anderen Quellen, und meine Vermutung ist, daß die Grundlage dafür im Problem der Selbstreferenz des Sozialen gelegen haben muß.

Die Startbedingung dieser Semantik findet sich jedenfalls in der Erneuerung der moralischen Emphase um 1700. Noch einmal wird die Moral, wie im vorigen Abschnitt gezeigt, auf die Natur des Menschen bezogen und als Theorie moralischer Gefühle, das heißt: vernünftiger Sensibilität für andere, etabliert. Mehr als zuvor wird aber darauf geachtet, daß es um jeweils mindestens zwei verschiedene Individuen geht, die jeweils eigene Interessen verfolgen, die vor allem sich selbst lieben und durch ihre Vernunft gehalten sind, mit in Betracht zu ziehen, daß dies auch für die anderen gilt. Man muß also Schleifen bilden oder Schlingen, die die anderen in die eigene Interessenverfolgung miteinbeziehen. Man muß, wie beim Investieren von Kapital, in Umwegen denken. Diese Zweiermoral tendiert bereits zur Ausdifferenzierung spezifisch sozialer Beschränkungen der (wie man heute sagen würde) »Selbstverwirklichung«, aber sie differenziert sich noch nicht deutlich gegen das Bewußtsein und die anthropologische Grundausstattung der Individuen auf der einen Seite und die makrogesellschaftlichen Fragen der Staatspolitik und der nationalen bzw. internationalen Ökonomie auf der anderen. Man kann in dieser Übergangssituation – sagen wir: zwischen Shaftesbury und Kant – nochmals die Illusion haben, eine Wissenschaft vom Menschen zu begründen, die psychologische mit sozialen Tatsachen auf der Grundlage der Moral verbindet. Und Ethik wird dann zur Wissenschaft von der Praxis des Menschen.

Wahrscheinlich ist die Theorie der moralischen Gefühle von Adam Smith mit ihrem Leitbegriff der Sympathie der erste ausgearbeitete Fall, der die Zeitströmungen zusammenfaßt.[86] Die Leistung dieser Theorie liegt in dem (oft mißverstandenen) Begriff der Sympathie. Es handelt sich nicht um einen Nachfolgebegriff der alten benevolentia. Es handelt sich auch nicht um ein moralisches Kriterium in

86 Adam Smith, Theory of Moral Sentiments, London 1759, dt. Übers. mit einer bemerkenswerten Variation des Titels »Theorie der ethischen Gefühle«, Leipzig 1926.

dem Sinne, daß Sympathie dann gut und ihr Gegensatz, Antipathie, schlecht wäre. Überhaupt geht es nicht um eine (letztlich moralisch zu bewertende) Option zwischen Egoismus und Altruismus. Und es handelt sich nicht um eine Passion im Sinne der älteren Ethik, die dann von anderen Passionen zu unterscheiden und durch Vernunft zu domestizieren wäre. Sympathie ist vielmehr genau schon das, was man seit Mead als »taking the role of the other« bezeichnet. Der Begriff bezeichnet die Fähigkeit des Perspektivenwechsels, die Fähigkeit zur Erwartung der Erwartungen anderer, die Fähigkeit des Beobachtens der Beobachtungen anderer. Er bezeichnet einen Grundtatbestand, auf den alle moralischen Kriterien zurückgreifen müssen und der für das Verstehen sowohl von moralisch gutem als auch von moralisch schlechtem Verhalten vorauszusetzen ist. Hier können dann rein soziologische Fragestellungen anschließen – etwa Überlegungen zur Korrelation von gesellschaftsstrukturellen Entwicklungen mit zunehmender Raffinierung der Sympathiefähigkeit der Menschen oder Überlegungen, zu denen Smith selbst sich getrieben sah, nämlich über die moderne »commercial society«, in der Arbeitsteilung und Geld es überflüssig machen können, sich über Sympathie am anderen zu orientieren. Trotzdem, und gerade auf der Grundlage dieser Fundierung in sozialzirkulärer Selbstreferenz, wird die Konstruktion als Theorie der Moral angeboten – als ethische Theorie der moralischen Gefühle, wie man sagen müßte.

Mit etwas Distanz zu der hier dargestellten Semantik kann man folgendes feststellen: Die primäre Unterscheidung von Ego und Alter wird bei zunehmender Psychologisierung und Individualisierung der in ihr spielenden Beobachtungen problematisch. Dann müssen andere, quer dazu stehende Unterscheidungen eingeführt werden, um Beobachtungsmöglichkeiten wiederzugewinnen. Ego und Alter – das ist immer eine Unterscheidung, die ein Ego als Beobachter handhabt, um entweder sich selbst oder den anderen zu bezeichnen als Ausgangspunkt für Anschlußüberlegungen. Wenn sich aber zirkuläre Selbstreferenz einspielt, so daß man sowohl Ego als auch Alter immer zugleich als alter Ego von sei es Ego, sei es Alter bezeichnen kann, verliert diese Unterscheidung an Informationswert, und zugleich erzeugt dieser Verweisungszirkel eine eigene, eine soziale Welt, die nun mit eigenen Unterscheidungen beobachtet werden muß. Die beiden Ausgangspositionen werden im Verhältnis zueinander zu »black boxes«, das heißt zu uneinsehbaren Entitäten, die nur anhand von

Regularitäten ihres Außenverhaltens beobachtet werden können. Diese Regularitäten bilden, wenn rekursiv vernetzt, die Struktur eines weiteren, eines sozialen Systems.[87] Schleiermacher wird dann von »innerer Unendlichkeit« als einem hermeneutischen Problem sprechen. Mit welchen Unterscheidungen aber beobachtet man nun ein solches, Intransparenzen prozessierendes System? Und in unserem Zusammenhang: welche Unterscheidungen erlauben in solchem Fall eine ethische Beurteilung moralischer Evaluierungen? Es ist klar, daß hierfür nicht mehr der Standpunkt eines Ego bzw. Alter ausschlaggebend sein kann und erst recht nicht die Natur der in diesen Stellungen einander beobachtenden Individuen. Eine neue Art von überpositionaler Objektivität ist gefragt, und darauf suchen sowohl der Transzendentalismus als auch der Utilitarismus »wissenschaftliche« Antworten.

Auf eine inhaltliche Darstellung dieser Konzeptionen können wir uns hier nicht einlassen. Die Folgeliteratur ist ohnehin unübersehbar. Nur soviel sei in Erinnerung gerufen: Beide Varianten ethischer Theorien verdrängen das Problem des Achtens und Mißachtens im menschlichen Verkehr und künden damit an, daß die Gesellschaft ohnehin nicht mehr auf der Ebene der Interaktion beschrieben werden kann. Weder bei Kant noch bei Bentham geht es um die alte Frage des gelingenden Menschseins. Die Problemstellung ist nun dezidiert eine Frage der Willensbestimmung bzw. der Wahl zwischen Alternativen. In dieser Hinsicht kann es zum Differenzpunkt werden, ob man dafür empirische Bedingungen mit in Betracht ziehen sollte oder nicht. Kant will den Zirkel vermeiden, in den man geriete, wollte man bei der Klärung der Bedingungen der Möglichkeit der Erkenntnis oder des moralischen Urteils sich auf das, was beurteilt wird, beziehen.[88] Er vermeidet ihn mit Hilfe der Unterscheidung em-

87 Vgl. hierzu Ranulph Glanville, The Form of Cybernetics: Whitening the Black Box, in: General Systems Research: A Science, a Methodology, a Technology, Louisville/Kentucky 1979, S. 35-42; ders., Inside Every White Box There Are Two Black Boxes Trying To Get Out, Behavioral Science 27 (1982), S. 1-11; beides auch in: Ranulph Glanville, Objekte, hg. und übersetzt von Dirk Baecker, Berlin 1988. Siehe ferner Joseph A. Goguen/Francisco J. Varela, Systems and Distinctions: Duality and Complementarity, International Journal of General Systems 5 (1979), S. 31-43.

88 »Wenn daher die Materie des Wollens, welche nichts anderes als das Objekt einer Begierde sein kann, die mit dem Gesetz verbunden wird, in das praktische Gesetz *als Bedingung der Möglichkeit desselben* hineinkommt, so wird daraus Heterono-

pirisch/transzendental. Der Fehler der bis dahin erarbeiteten Ethik erscheint dann als Orientierung an der »Glückseligkeit« des Menschen – und zwar des Menschen, an den die ethischen Vorschriften selbst adressiert sind. Das Streben nach dem Guten ist immer durch empirische Umstände bedingt, fällt also in der Unterscheidung empirisch/transzendental auf die eine Seite. Die Ethik kann solche Bedingtheiten, weil nicht universalisierbar, nicht akzeptieren. Sie stellt nicht hypothetische, sondern kategorische Ansprüche. Daraus folgt das ethische Postulat einer Neutralität in bezug auf moralische Engagements in Lebensformen und konkrete Zwecke (also in bezug auf das, was der vorhergehenden Ethik am Herzen lag). Da zwischen Staat und Gesellschaft und auch zwischen Interaktion und Gesellschaft bei Kant noch nicht unterschieden wird, läßt sich eine Moralisierung dieses ethischen Neutralitätspostulats kaum vermeiden. Das daraus entwickelte Dogma des politischen Liberalismus verlangt dann *kategorisch*, was allenfalls von der Politik selbst zu erwarten wäre.[89] Der Utilitarismus löst den Zirkel auf andere Weise auf, nämlich durch Orientierung an den Folgen des Handelns, im Grenzfalle durch Regeln für die Ermittlung eines optimalen (das heißt: *alle* Bedingungen *einem* Kalkül unterwerfenden) Folgenmix, wobei es dann mehr und mehr auch auf das Einrechnen von Unsicherheiten und Risiken ankommt. Hier hält gewissermaßen die Zukunft den Platz, der die Theorie asymmetrisiert, indem er ihren empirischen Gehalt überschreitet.

Im Vergleich fällt auf, daß in den beiden so unterschiedlichen Varianten ähnliche Probleme auftreten und gelöst werden müssen, vor allem das Problem der Formspezifikation für eine gleichwohl universell praktizierbare Regel, sei sie als Gesetz, sei sie als Kalkül ausgeführt. Und es fällt auf, daß diese Ethik auf der Suche nach Form Zirkel vermeidet, moralische Paradoxien nicht zur Kenntnis nimmt und vor allem: daß sie davon absieht, zu berücksichtigen, was in der Gesellschaft geschieht, wenn die Leute sich wechselseitig mit Moral traktieren. Die Ethik kann dazu Distanz suchen, indem sie etwa emp-

mie der Willkür, nämlich Abhängigkeit vom Naturgesetze, irgend einem Antriebe oder Neigung zu folgen. ...« (Kritik der praktischen Vernunft, Lehrsatz IV=§ 8.)

89 Zum zusätzlichen anthropologischen (individualistischen) Mißverständnis und zur alsbald einsetzenden romantischen Reaktion, die ihrerseits den Spezialproblemen des modernen Staates nicht hinreichend Rechnung trägt, siehe Charles E. Larmore, Patterns of Moral Complexity, New York 1987.

fiehlt, verschiedene Varianten des Glückstrebens zuzulassen und die Selbstachtung/Fremdachtung nicht zu eng an Zwecke zu binden, die empirischen Bedingtheiten ausgesetzt sind.[90] Damit wird viel (und für heutige Meinungen sicher zu viel) Engagement neutralisiert. Aber reicht dieser Rückzug aus, wenn letztlich die eigene Moralität nach einer Kontrolle durch die Ethik doch in der Welt dargestellt und praktiziert werden muß? Wie immer: die Ethik kann das, was sie als Moral zuläßt, letztlich nur für gut halten.

Ohne Zweifel kommt es sowohl im Transzendentalismus als auch im Utilitarismus zu Theorieleistungen anspruchsvollen Formats, die bis heute prägend wirken. Keine Ethik hat sich bisher davon wieder freimachen können. (Man wird nicht annehmen wollen, daß es dazu genügt, die transzendentaltheoretischen Aprioris sozialpsychologisch durchzusensibilisieren oder ihnen als formaler Ethik eine materiale Wertethik entgegenzusetzen.)[91] Soziologisch fällt jedoch an diesen seitdem verbindlichen Theoriegestalten etwas ganz anderes auf. Bis zum Einsatz dieser neuen Reflexionstheorien hatte man immer Moral und Manieren als eine Einheit behandelt. Das gilt noch für Montesquieu, selbst noch für die schottische Moralphilosophie. Das bedeutete aber, Moral von Stratifikation abhängig zu machen oder zumindest von Fragen der Einkommensverteilung. Eine dies beschreibende Ethik blieb an die hierarchisch differenzierte Gesellschaft gebunden, mußte also (und wollte) sie voraussetzen. Inhaltlich werden die Anforderungen an gesittetes Betragen zwar neuen Verhältnissen angepaßt, werden insbesondere von den alten Adelstugenden auf Regeln reflexiver Interaktionskultur umgestellt – auf Takt, Geschmack, Humor, Höflichkeit, Konversationsfähigkeit, Vermeiden von Egozentrik usw.; aber Schichtvoraussetzungen werden dabei immer noch mitgeführt und nicht zuletzt daran festgemacht, daß diese Interaktionskultur sich nicht von selbst versteht, sondern zunächst in der Familie und dann in der Teilnahme an entsprechenden Gelegenheiten erworben werden muß. Mit dem Plausibilitätsverlust der ständischen Rangordnung und mit der Umstellung des Gesellschaftssystems auf funktionale Differenzierung mußte aber diese Einheit von Moral

90 Siehe dazu die Auflösung des alten bonum/malum in *zwei* Unterscheidungen: Wohl/Wehe und gut/böse, im zweiten Hauptstück der Analytik der praktischen Vernunft. Das »Paradoxon der Methode« wird durch eine Unterscheidung von Unterscheidungen aufgelöst.

91 Gemeint sind hier natürlich Georg Simmel und Max Scheler.

und Manieren aufgelöst werden; und eben diese Notwendigkeit erzwingt jene anspruchsvollen Theorieleistungen (oder, wie wir im folgenden Abschnitt sehen werden, als funktionales Äquivalent: die anspruchsvollen Skandalleistungen eines Marquis de Sade). Die Ethik verlor ihre Verankerung in der gegebenen Gesellschaft, in einer alternativenlos erfahrenen sozialen Realität, und sie mußte deshalb theoretisch auf sich selbst gegründet, in ihren eigenen Prinzipien überzeugend durchrationalisiert werden. Dies geschah für eine noch unbekannte Gesellschaftsformation und deshalb abstrakt; denn erst am Ende unseres Jahrhunderts wird man erkennen und beschreiben können, welche Formtypik gesellschaftlicher Differenzierung damals durchgesetzt worden ist und was ihre Realfolgen sind.

VIII.

Die Reflexionslage am Ende des 18. Jahrhunderts läßt sich auch im Blick auf eine Sonderleistung gut beschreiben – mit einem Blick auf die bereits mehrfach erwähnte Antiethik des Marquis de Sade.[92] Es soll uns nicht stören, daß sie nur für den Bereich des Sexualverhaltens, nur als Anthropologie ausgearbeitet worden ist. Besonders in »Justine« reden die Sadisten mit ihren Opfern und erklären ihnen in wohlgesetzten Worten, weshalb sie das Recht haben, verbrecherisch (keineswegs nur: anormal) zu handeln.

Es ist kein besonders neuartiger Gedanke, das Recht des Stärkeren zu behaupten und in Anspruch zu nehmen. Neu ist aber, daß dieses Prinzip eine radikale Trennung von Natur und Moral überbrückt. Durch diese Trennung wird Moral als Code bewußt, in dem es gutes Verhalten nur gibt, weil es schlechtes Verhalten gibt, und umgekehrt.[93] Das Laster wird nur benötigt, um die Tugend ins Profil zu setzen, so wie die Tugend sich am Laster anderer erfrischt oder doch

92 Die untergründigen Zusammenhänge von Transzendentalismus, Utilitarismus und Sadismus haben auch Horkheimer und Adorno betont – allerdings mit ganz anderen, eher traditionell »ideologiekritischen« Intentionen. Siehe den Exkurs II: Juliette oder Aufklärung und Moral, in: Dialektik der Aufklärung, Amsterdam 1947, zit. nach Theodor W. Adorno, Gesammelte Schriften, Bd. 3, Frankfurt 1981, S. 100 ff.

93 Justine, a. a. O., S. 109. »... déprisez, avilissez ce que vous appelez le bien, vous ne révérez plus que ce que vous aviez la sottise d'appeler le mal«.

tröstet. Das Schema reproduziert die Bewertungen; aber wozu, wo doch die Natur dem, der stark und mutig genug ist, die Freiheit gibt, Lustgewinne zu realisieren?

Die Moral besteht nur aus Programmen, aus préjugés admis,[94] gefestigt durch Zivilisation und Erziehung. Sie ist ein zivilisatorisches Artefakt mit der Funktion, die Natur zu schwächen. Der Natur ist diese Moral aber gleichgültig. Sie kennt keine soziale Integration, es sei denn die aufgrund von Stärke und Schwäche. Nur Gleichstarke schulden einander Rücksicht. Es gibt keine Ego und Alter übergreifende, gemeinsame Kostenrechnung.[95] Es gibt auch keine Sozialität der Lust.[96] In seinem Streben nach Lust ist und bleibt der Mensch ein Individuum. Gefühle für andere entstehen nur, wenn die Natur ihren Nutzen lehrt, also nur bei gleicher Stärke. Erst recht gibt es das nicht, was die Religion lehrt: einen Schicksalsausgleich nach dem Tode und eine Belohnung der in dieser Welt leidenden Tugend oder eine Bestrafung der erfolgreichen Sünder.[97] Es gibt nur den Tod selbst – und die einzige Frage kann sein, ob die Natur es ermöglicht, ihn in Genuß zu verwandeln.[98] Man könnte meinen, und es wird auch zugegeben, daß die Natur auch tugendhaftes Verhalten ermöglicht. Man kann sich dazu entschließen. Aber empfehlenswert wäre dies nur in einer Gesellschaft, die tugendhaftes Leben realisiert und belohnt. In einer korrupten Gesellschaft zahlt es sich, wie Natur und Erfahrung lehren, nicht aus. Für diese Gesellschaft kann nur empfohlen werden, sich der »circulation des vices«[99] anzuschließen, und mehr noch: das Böse um des Bösen willen zu wollen und zu genießen. Die Tugendreste müssen (mit Genuß!) ausgerottet werden, dann werden alle glücklich und können sich im übrigen damit rechtfertigen, daß sie ihre Laster nur an Lasterhaften genießen.

Eine oberflächlich analysierende Wissenssoziologie könnte meinen, daß hier die untergehende Adelswelt noch einmal auftrotzt und, wenn ihr die moralische Integration versagt bleibt, statt dessen eben

94 Justine, a. a. O., S. 168.

95 Vgl. hierzu: Histoire de Juliette ou les prospérités du vice (1797), zit. nach der Ausgabe Paris 1976, Bd. II, S. 298 f.

96 Fast christlich übrigens: Die Natur ermöglicht Zeugung, aber keinen wechselseitigen Genuß (Justine, a. a. O., S. 215).

97 Lange Betrachtungen hierzu in: Juliette, a. a. O., Bd. I, S. 462 ff.

98 Justine, a. a. O., S. 259 f.

99 Justine, a. a. O., S. 108.

auf Stärke setzt. Aber Sade ist in keiner Weise ein repräsentativer Sprecher des Adels, auch nicht repräsentativ für die »Ultras« der Restauration. »Honneur« ist für ihn ein leeres Wort, anerzogen wie die gesamte Moral.[100] Eher wird man sagen können, daß er, noch immer fasziniert durch Moral, deren Reflexionsverlegenheiten formuliert. Die Favoriten des Lasters argumentieren sehr viel besser als die obstinat auf Tugend insistierenden Opfer. Ihre Gedankenwelt ist komplex organisiert. Das Laster versucht zu überzeugen (obwohl es sich durchsetzen kann und durchsetzt). Die Tugend setzt, indem sie auf ihre Tugend hinweist, Konsens voraus, und jammert eigentlich nur noch.

Dennoch fehlt es der Antiethik, fehlt es einer bloßen Umkehrsemantik an weiterführendem Gedankengut. Im Repertoire traditioneller Unterscheidungen (Natur/Moral, Natur/Zivilisation, Tugend/Laster, gut/böse) wird nur anders disponiert. Die Emphase wird von der einen auf die andere Seite verlagert. Diese Verschiebung macht die Kontingenz des Codes der Moral sichtbar.[101] Der Code unterscheidet sich selbst (aber nicht für die Moralisten, sondern nur für die Antimoralisten) von der Natur. Damit wird man jedoch die Notwendigkeit eines binären Schematismus nicht los. Auch wenn man das Schlechte um des Schlechten willen will, muß es noch mindestens eine unverzeihliche Sünde geben, die nicht in diesem Sinne gewollt und für Natur gehalten werden kann, und das ist die Erfindung der Chimäre Gott.[102] Wie bei Kant werden auch bei Sade empirische Konditionierungen des Entscheidens abgelehnt, so vor allem das auf Erziehung zurückzuführende Gewissen.[103] Nur das Prinzip zählt – und die Organisation der Ausführung. Aber die Reduktion auf ein Prinzip mißlingt – im Guten wie im Bösen. Gegen Kant kann man mit Sade einwenden, daß sich auch das Böse als generalisierba-

100 Juliette, a. a. O., Bd. II, S. 293.

101 Dazu gibt es später zahlreiche Varianten, etwa die von Mark Twain, der Satan beobachten und berichten läßt, welche Vorstellungen sich die Mißschöpfung Mensch auf Erden anhand der Bibel über Gott, Religion und Moral macht. Siehe Letters from the Earth, New York 1962.

102 »L'idée d'une telle chimère«, heißt es in Juliette, a. a. O., S. 39, »est, je l'avoue, le seul tort que je ne puisse pardonner à l'homme.«

103 Technisch hierzu der Rat, das Gewissen durch penetrantes Wiederholen der Verstöße abzustumpfen und schließlich auszuschalten: Dekonditionierung der Konditionierungen dort, wo Kant einen Direktzugriff auf Tatsachen der Vernunft für möglich gehalten hat. Siehe z. B. Juliette, a. a. O., Bd. I, S. 216.

res Prinzip begreifen läßt. Gegen Sade kann man einwenden, daß nicht einmal dies gelingt, sondern daß die Generalisierung sich auf einen binären Schematismus beziehen muß, der sich nicht als Wert, sondern nur als Unterscheidung von anderen Unterscheidungen unterscheidet. Wie immer, die Rückgriffe auf sei es Natur, seien es Ideen und der bloße Übergang von gut zu schlecht bringen die Veränderungen in der Struktur des neuzeitlichen Gesellschaftssystems nicht radikal genug zum Ausdruck. Am Ende des 18. Jahrhunderts sind nicht nur Umpolungen, sondern neue Unterscheidungen gefordert. Die (im Unterschied zu Sade) erfolgreichen Angebote des Transzendentalismus und des Utilitarismus (wir belassen es bei diesen allzu pauschalen Kennzeichnungen) setzen die Behauptung eines Unterscheidungsvermögens der Vernunft ein. Heute sieht vor allem Charles Larmore den Kern des Problems im nicht auf Regeln zu bringenden »moral judgment«.[104] Mit all dem wird nur der Versuch fortgesetzt, eine moralische Ethik zu sanieren. Man muß sich aber fragen, ob damit die Problematik moralischer Kommunikation in der modernen Gesellschaft ausreichend reflektiert ist.

Viel radikaler bricht bereits eine frühere Schrift mit der Obsession durch Moral – Bernards Eloge d'Enfer.[105] Sie scheint nur ein geistvolles Paradox zu bieten und ist wohl deshalb unbekannt geblieben, aber sie geht gerade in dieser Form über die platte Umkehrethik eines Sade deutlich hinaus. Die moralische Korruption der Gesellschaft läßt sich nach Meinung des Verfassers nur dadurch erklären, daß alle den steinigen Weg zum Himmel scheuen mit seinem Risiko, doch nicht anzukommen, und statt dessen den Weg zur Hölle bevorzugen, die von überall her leicht und bequem zugänglich ist. Was aber erwartet sie dort? Abgesehen von dem physikalischen Wunder eines Feuers, das nichts verbrennt, eine untadelige Moral: Gerechtigkeit, Reinheit der Sitten, Übereinstimmung im Gemeinwohl, Caritas, Mäßigung und was noch. Der Verfasser schreibt dies zur Warnung für jeden und schließt mit dem Wunsch, daß man sich dort nicht treffen möge. Seit Jahrtausenden habe man unter der Droge der Moral gelebt, die so oft verordnet worden sei, daß eine fast vollständige Immunität entstanden sei. Deshalb werde mit Hölle gedroht. Aber die

104 Siehe Charles E. Larmore, Patterns of Moral Complexity, Cambridge 1987, insb. S. 5 ff.

105 Jean-Frédéric Bernard, L'Eloge d'Enfer: Ouvrage critique, historique et moral, 2 Bde., Den Haag 1759.

Hölle – das eben sei die Moral. Deshalb sei es die Aufgabe, die Hölle zu loben, um vor ihr zu warnen.

Für eine Ethik, die eine Reflexionstheorie der Moral zu bieten beansprucht, ist das Paradox keine angemessene Endform, denn das Paradox läßt den Beobachter entscheidungsunfähig zurück. Das jedenfalls ist herrschende Meinung. Aber da ohnehin niemand je in der Situation ist, sich für oder gegen »die Moral« entscheiden zu müssen, könnte es sein, daß wir die Aufgabe einer Reflexion anders formulieren müssen. Und wenn es denn nicht um die Sicherheit des moralischen Urteils ginge, sondern um die Steigerung der Unsicherheit in der Bereitschaft, sich selbst oder andere zu achten oder zu mißachten – was könnte dann bessere Dienste tun als eine Reflexion auf die Paradoxie der Moral?

IX.

Um 1800 läßt die Ethik die Moral noch unangefochten in Geltung – auch wenn sie, wie im Falle Sades, gerade das bestreitet. Es ändert nichts, wenn man nur das Gegenteil behauptet und sich damit unmöglich macht. Nur an den Rändern gleichsam läßt sich erkennen, daß sich etwas zu ändern beginnt, und zwar als Folge einer höheren Explizität des Umgangs mit Codes. Bei allen Codes läßt sich ja die Frage stellen: was ist durch sie allein dadurch schon ausgeschlossen, daß sie sich auf zwei Werte beschränken? Was geschieht mit dem ausgeschlossenen Dritten, mit dem ausgeschlossenen Undsoweiter anderer möglicher Gesichtspunkte und Bewertungen? Und welche Form nimmt diese »Verdrängung« an?

Soweit die Codes der Funktionssysteme in Frage stehen, kann man diese Systeme in ihren Grenzen nebeneinander akzeptieren. Die Wahrheit gibt nicht unbedingt recht, das Recht macht nicht unbedingt zahlungsfähig, und wer zahlen kann, hat nicht deshalb schon politische Macht. Jeder Funktionscode ermöglicht für seinen Operationsbereich, für das durch ihn ausdifferenzierte System, die Rejektion aller anderen – mit der Konsequenz, daß er, von der Umwelt seines Systems aus gesehen, das System zu akzeptieren hat. Soweit die inzwischen eingeübte Lösung funktionaler Differenzierung. Soweit, so gut.

Aber die Moral bildet kein Funktionssystem neben den anderen.

Sie kann an diesem Spiel des kontingenten, jeweils selbstbezogenen Akzeptierens und Rejizierens von Leitunterscheidungen nicht teilnehmen, und die Ethik flüstert ihr noch ein, sie gelte auf unbedingten Grundlagen. Was macht die Moral mit ihrem ausgeschlossenen Dritten? Und wie definiert sie es, so daß es den Code nicht in Frage stellt, sondern draußen bleibt?

Eine Lösung für sie liegt in einer verschärften Aufmerksamkeit für diejenigen, die *gar nicht die Möglichkeit haben, sich aufgrund des Codes der Moral für die gute oder die schlechte Seite zu entscheiden.* Wenn man die Annahme fallenläßt, daß diese Möglichkeit zur Naturausstattung des Menschen gehöre und ihn vom Tier unterscheide, kann man hier den ausgeschlossenen dritten Wert vermuten oder auch eine Position, von der aus der Code der Moral zwangsläufig rejiziert wird. Dies Manöver setzt natürlich ein hohes Selbstvertrauen der Moral voraus, und wer das beobachtet, wird seine Zweifel haben, wie es denn möglich sei, moralisch Vorwerfbares von moralunfähigem Verhalten zu unterscheiden (und muß es dann nicht auch möglich sein, moralisch Gutes von moralunfähigem Verhalten zu unterscheiden, etwa bei denen, die nur aus Dummheit gut handeln?).

Wie immer, die sich ethisch kontrollierende Moral traut es sich zu, und mit Recht. Die ganze Szenerie des Problems ist ja ein Annex der Moral und nur um ihretwillen aufgebaut. Das ausgeschlossene Dritte ist ihr ausgeschlossenes Drittes, der Moralunfähige ist ihr Unfähiger. Daher läuft auch das Erkennen und Regulieren des Umgangs mit solchen Fällen in die Moral zurück. Wer nicht die Möglichkeit hat, sich so zu verhalten, wie die Moral es verlangt, wird moralisch einwandfreien Maßnahmen ausgesetzt – von der Überwachung und Markierung über Kasernierung und Therapie bis zur Umerziehung. Die Moral führt das durch sie Ausgeschlossene auf der Ebene ihrer Programme wieder zurück in ihr Reich. Sie erstrebt und erreicht damit Vollständigkeit. Sie vertritt trotz allem eine universelle, die Welt selbst einteilende Unterscheidung. Und sie verdeckt sich die Paradoxie eines solchen Unterfangens durch die Unterscheidung von Codierung und Programmierung. Eine kleine Mogelei unterläuft: es sind ja nur die Programme gut bzw. schlecht und nicht die, die damit kuriert werden sollen. Aber dann genügt es, sich an das Ziel zu halten, das in der Zukunft eine Aufhebung eben dieser Differenz verspricht.

Die Frage ist nur, was geschieht, wenn die auf diese Weise eingeschlossenen Ausgeschlossenen wie die Parasiten von Michel Serres[106] zunehmen, mehr und mehr Lärm machen und mehr und mehr Substanz der Moral selbst verzehren. Solange das Problem der Medizin zugeschoben wird und auf Abnormalitäten begrenzt bleibt, mag die Moral sich sicher fühlen. Das wird jedoch anders, sobald die Moral selbst ihre eigene Pluralität wahrnimmt und der Fanatismus der einen Moral zur Unfähigkeit wird, im Sinne einer anderen zu unterscheiden. Dann entfällt die (wie man immer behauptet: »bürgerliche«) Selbstgerechtigkeit der ethisch kontrollierten, auf universale Prinzipien oder Maximen gegründeten Moral. Dann entstehen viele Möglichkeiten des Räsonnements – Gründe und Werte im Überfluß. Und die Moral kehrt, so darf man vermuten, in ihren polemogenen Naturzustand zurück.

X.

Das, was sich geändert hat, steht nicht in den jetzt überreichlich vorhandenen Texten. Es läßt sich nicht durch raffinierte Interpretation herausziehen. Es ergibt sich auch nicht aus der gegen Ende des 18. Jahrhunderts schon üblichen historischen Selbstverortung der Texte, ihrer Sicht auf Vorgänger, ihrer Beurteilung der eigenen Innovationsleistung. Unsere Hypothese ist, daß sich das Verhältnis von Moral und Welt, also das Verhältnis von Moral und Realität in einer sehr viel radikaleren Weise geändert hat, als in den Texten selbst zum Ausdruck kommt, die sich damit begnügen, die Ethik vernünftig, das heißt mit Rückgriff auf sich selbst als letzte Instanz zu begründen.

Wir sagen: in der modernen Gesellschaft bezieht sich eine universell ausgelegte Beobachtung bzw. Beschreibung auf Realität immer dann und nur dann, wenn sie eine Unterscheidung benutzt, in der das Beobachten und Beschreiben selbst wiedervorkommt. Da kein Beobachten und Beschreiben die Realität der eigenen Operation negieren kann, ohne die Negation durch ihren eigenen Vollzug zu desavouieren, ist die Selbstinklusion in das Beobachtete und Beschriebene die Form der Realitätsvergewisserung, die epistemologisch nicht unterlaufen werden kann. Sie bringt, wie man im Grunde seit Des-

106 Siehe Le parasite, Paris 1980, dt. Übers. Frankfurt 1981.

cartes weiß, die Beobachtung der Realität auf den Punkt, an dem jede Negation sie bestätigt. Es gibt keine Flucht aus der Welt. Es gibt keinen externen Standpunkt. Zur Wahl steht nur die Unterscheidung, mit der man die Welt beobachtet und durch die man zum Ausdruck bringt, wie die Operation, die dies tut, selbst an der Welt partizipiert. Und noch genauer formuliert: zur Wahl steht nicht, *daß* man der Beobachtung und Beschreibung eine Unterscheidung zugrunde legt, denn ohne Unterscheidung läßt sich nichts bezeichnen; zur Wahl steht aber, *mit welcher* Unterscheidung man es tut, das heißt, wie man das Beobachten und Beschreiben instrumentiert.[107] Es ist diese Einsicht, mit der unsere Überlegungen zur Geschichtlichkeit von Weltbeschreibungen einsetzen. Die Unterscheidungen, mit denen man die Welt beobachtet, indem man sie dichotomisiert, um etwas auf der einen und nicht der anderen Seite der Unterscheidung bezeichnen zu können – diese Unterscheidungen können wechseln, und durch diesen Wechsel vermag sich das Beobachten und Beschreiben gesellschaftsstrukturellen Veränderungen anzupassen. Wenn und solange Moral als Inklusionsprinzip fungiert (oder: soweit dies der Fall ist), beschreibt sie eine Realität. Es hat dann keinen Sinn, es ist gar nicht möglich, ihr die Natur entgegenzusetzen. Die Unterscheidungen der Moral sind Unterscheidungen der Natur. Ob man nun den Moralcode direkt anwendet und entsprechend urteilt oder ob man Begriffe verwendet, an denen gute und schlechte Ausführungen unterschieden werden müssen: Selbstachtung und Fremdachtung des Beschreibers erfordern es, sich auf die gute Seite zu stellen (denn: warum auf die schlechte?). Allenfalls die Rhetorik eröffnet einen Spielraum für Imagination, allenfalls die Religion eine Begründung für den Verdacht, das Endurteil könnte anders ausfallen, und allen-

107 Eine Grundthese von epistemologischen Theorien, die man als Neokybernetik oder als Kybernetik zweiter Ordnung bezeichnen könnte, wenn man die These der Historizität der Selbstbeschreibungen auf den eigenen Ansatz anwendet. Wesentliche Anregungen gehen von George Spencer Brown aus. Siehe Laws of Form, 2. Aufl., London 1971. Vgl. ferner etwa Joseph A. Goguen/Francisco J. Varela, Systems and Distinctions: Duality and Complementarity, International Journal of General Systems 5 (1979), S. 31-43; Ranulph Glanville/Francisco Varela, »Your Inside is Out and Your Outside is In« (Beatles 1968), in: George E. Lasker (Hg.), Applied Systems and Cybernetics, Bd. II, New York 1981, S. 638-641; Ranulph Glanville, Distinguished and Exact Lies, in: Robert Trappl (Hg.), Cybernetics and Systems Research 2, Amsterdam 1984, S. 655-662, deutsche Übersetzungen in: ders., Objekte, Berlin 1988.

falls der Karneval eine Möglichkeit der Darstellung des Umgekehrten. Der Code selbst wird dadurch nur bestätigt, daß die Programme ausgewechselt werden.

Wenn und solange Moral als Inklusionsprinzip fungiert, kann man sogar »der Welt« mit Verachtung begegnen und die Selbstachtung darin finden, daß man sich ihr nach Möglichkeit entzieht – auf mönchische oder auf sadistische Weise. Der Weltbegriff wird durch einen religiösen Code, durch die Unterscheidung von Diesseits und Jenseits (Immanenz/Transzendenz) unterbaut und auf das Diesseits eingeschränkt. Oder er wird, so im 17. Jahrhundert, »mondänisiert«. Aber auch diese semantischen Manöver zeigen nur an, daß die Realitätsbeschreibung, mit der der Beschreiber sich selbst verortet, auf Achtungsgewinn in der Gesellschaft abzielt – wenn auch an Orten oder mit Haltungen des Rückzugs aus der »Welt«.

Die moderne Gesellschaft hat mit dieser Dominanz des Moralcodes gebrochen. Man muß aber genau hinsehen, will man begreifen, wie dies geschehen ist, warum und mit welchen Nachfolgeeinrichtungen. Keineswegs heißt dies, daß Moral nur noch eine sektenhafte Existenz führt; auch nicht, daß sie nur noch in der Interaktion unter Anwesenden vorkommt und keine darüber hinausgehenden Zumutungen mehr wagt. Solche Behauptungen wären empirisch rasch zu widerlegen. Nach wie vor kann alles, was die Menschen tun, moralisch bewertet werden. Was sich geändert hat, ist die Art, wie der Beschreiber in der Beschreibung wieder vorkommt; sind die Unterscheidungen, die dazu zwingen, in der Semantik auf die Operation ihrer Herstellung, im Beschriebenen auf das Beschreiben Rücksicht zu nehmen; ist also die Inklusion.

Anzeichen einer Veränderung lassen sich bereits im 17. Jahrhundert wahrnehmen, und zwar im Aufkommen von Unterscheidungen, in denen die Moral nur noch auf der einen und nicht auf der anderen Seite vorkommen kann, etwa der Unterscheidung von mentalen und ausgedehnten Gegenständen oder, noch deutlicher, der von physischem und gutem (tüchtigem, wohlgeordnetem) Leben. Das führt aber nur zu einer gleichsam regionalen Abgrenzung, die ihre Spätformen in der Unterscheidung von Geisteswissenschaften und Naturwissenschaften findet und in die Verlegenheit führt, keinen (oder nur noch einen leeren) Weltbegriff konstituieren zu können, der beide Seiten einbeziehen und die Einheit der Unterscheidungen zum Ausdruck bringen könnte. Man kann nicht glauben, daß mit einer solchen Regionalisierung des Problems gute Lösungen gefunden werden können – schon deshalb nicht, weil sie einen (wenn auch entleerten) ontologischen Weltbegriff voraussetzen und das Problem im »und« verstecken: Es gibt dies und das.

Eine andere Lösung reicht vom politischen Liberalismus bis zur modernen Diskursethik. Sie besteht im Prinzip darin, Teilnahmebedingungen moralisch zu neutralisieren, sei es unter der Firma der Autonomie des Subjekts, sei es durch die verfassungsmäßig gesicherte Neutralität des Staates im Hinblick auf moralische Ideen, mit denen Private sich identifizieren. Sieht man genauer zu, dann findet man eine Art *Dekonditionierung der Kommunikation menschlicher Achtung*.[108] In welchen Grenzen auch immer, im Prinzip hat jeder einen Anspruch auf Teilnahme an gesellschaftlicher Kommunikation und auf Einbringung seiner Idee von gut und schlecht. Man könnte auch sagen: nur noch der Code, eben diese Unterscheidung von gut und schlecht, wird oktroyiert; und die Programme der richtigen Besetzung dieser Werte werden dem Meinungsmarkt, der neutralen Beobachtung oder auch den Resultaten eines herrschaftsfreien Diskurses überlassen. Damit wird jedoch das Band durchgeschnitten, das der Moral die Spezifizität ihrer Unterscheidung vermittelt: die *Konditionierung* des Ausdrucks von Achtung und Mißachtung. Entweder realisiert man das Prinzip inkonsequent und konditioniert doch noch die Teilnahme am Diskurs; oder man endet in der Paradoxie einer Moral ohne Moral, einer Moral ohne Konditionierung.

Eine second order cybernetics, eine Theorie rekursiven Beobachtens könnte zu ganz anderen Ufern führen. Den wichtigsten Anhaltspunkt gibt die Form der ethischen Reflexionstheorie selbst. Man kann sie mit einer bei Parsons entliehenen Begrifflichkeit als *spezifisch universalistisch* charakterisieren.[109] Eine Unterscheidung, etwa die des kantischen Sittengesetzes oder die eines Nutzenkalküls, ist *universalistisch*, sofern sie auf alle Sachverhalte ihres Sinnbereichs (einschließlich sich selber) anwendbar ist und dies nicht davon ab-

108 Einen treffenden Ausdruck dafür findet Larmore, a. a. O., S. 59 ff., mit der Formel »equal respect«.

109 Vgl. Talcott Parsons, Pattern Variables Revisited, American Sociological Review 25 (1960), S. 467-483, neu gedruckt in: ders., Sociological Theory and Modern Society, New York 1967, S. 192-219. Man beachte besonders die von Parsons behauptete *kombinatorische* Notwendigkeit von specificity/universalism, aber auch ihre problematische Verknüpfung mit der adaptiven Systemfunktion.

hängt, *wer* sie anwendet (Gegenbegriff: partikular)[110] – so wie die Vernunft ihre eigene Instanz ist und der Nutzenkalkül schließlich auch den Aufwand des Kalkulierens, der Informationsbeschaffung usw. noch kalkulieren muß. Zugleich sind solche Unterscheidungen *spezifisch* insofern, als sie in bestimmten Situationen operativ angewandt oder einfach ignoriert werden können; oder auch insofern, als sie zu anderen, funktional äquivalenten Unterscheidungsmöglichkeiten in Konkurrenz stehen und einer Begründung bedürfen. Die Spezifizität besteht in der Eindeutigkeit, mit der festgestellt werden kann, ob der entsprechende Sachverhalt vorliegt oder nicht (Gegenbegriff: diffus). Als universalistische Unterscheidungen sind Ethiken für ihre eigene Handhabung notwendig, als spezifische kontingent; in der Praxis ihrer Anwendung erscheinen sie als natürlich, einem Beobachter ihrer Anwendung erscheinen sie als artifiziell.

Die Spezifizität, auf die es der neuen »wissenschaftlichen« Ethik ankommt, fällt besonders auf, wenn man sie, noch einmal zurückblickend, mit der Ethik des Aristoteles vergleicht. Die aristotelische Ethik hatte sich als Beschreibung eines veränderlichen, sich den Verhältnissen anpassenden Gegenstandes dargestellt. Sie hatte demzufolge das ethische Verhalten begriffen als abhängig von der eigenen phrónesis, nicht als Anwendung von ein für allemal geltenden Regeln und auch nicht als Determination durch die eigene Natur.[111] Der Leitbegriff ethischer Klugheit, gefaßt als habitus oder als Lebensgewohnheit, blieb insofern diffus, nämlich ein Begriff für vielerlei Umstände, die nach Ort und Zeit Verschiedenes verlangen. Mit dieser Klugheit bricht die moderne Ethik, die gerade für eine komplexere Gesellschaft dem ihr gegenüberstehenden Individuum bestimmtere Richtlinien an die Hand zu geben versucht, und seien dies »Ge-

110 Ein ganz anderer Begriff von Universalität entsteht, wenn man als Gegenbegriff nicht partikular, sondern singulär setzt. Zu dieser von Philosophen bevorzugten Begrifflichkeit siehe Reiner Wimmer, Universalisierung in der Ethik: Analyse, Kritik und Rekonstruktion ethischer Rationalitätsansprüche, Frankfurt 1980.

111 Daß auch diese Vorstellungen in der älteren Ethik, z. B. in der stoischen Literatur, vorkommen und gerade in der zweiten Hälfte des 16. Jahrhunderts reaktiviert werden, ist Anlaß genug, sie wenigstens zu erwähnen. Wie Günther Abel, Stoizismus und Frühe Neuzeit, Berlin 1978, S. 246 ff. darlegt, könnte hier auch einer der Gründe dafür liegen, daß modern denkende Autoren den Stoizismus gegenüber dem reinen Aristotelismus bevorzugen. Prudentia heißt für sie dann, deutlicher als dies bei Aristoteles selbst herauskommt, Orientierung der Wahl (auch von Zwecken) an dem, was zu suchen, und dem, was zu meiden ist.

setze«, die er in sich selbst findet, oder Kalküle, die logisch formalisiert werden können. Das Approximative liegt dann nicht mehr, wie bei Aristoteles, im Verhältnis der Ethik zu ihrem Gegenstand, sondern im Verhältnis dieses Gegenstandes zur regulativen Idee oder zu den Anforderungen des Folgenkalküls, die er nur mit erheblichen Abstrichen, nur im Sinne der »bounded rationality« (Herbert Simon) oder nur im Sinne des »Regelutilitarismus« (Richard B. Brandt) wird einlösen können.

Nur ganz oberflächlich läßt diese Veränderung in Richtung auf Universalismus und Spezifikation sich als Zerfall gesellschaftseinheitlicher Moralvorstellungen oder als Pluralismus beschreiben. Die Ethik nimmt zwar für sich selbst Moralität in Anspruch, konsolidiert sich aber auf einer anderen Ebene als die Moral. Deutlicher wird der Sachverhalt, wenn man bedenkt, daß man heute weiß oder doch wissen kann, mit welcher Moral man wo Anhänger und Gegner rekrutiert, und daß man mit moralisch eingefärbten Signalen Zugehörigkeiten oder Distanzen kommunizieren kann. Die ethische Theorie kämpft für Universalität gegen einen innerhalb der Gesellschaft ganz deutlich realisierten Partikularismus. Man »identifiziert sich«, wie es nun heißen kann, mit Gruppen und ihren Moralen. Dies kann so weit gehen, daß man oft versucht ist, sich die Zustimmung bestimmter Leute zu verbitten, und ihre Mißachtung zu provozieren sucht. *Wenn* man eine Achtung und Mißachtung andeutende Terminologie verwendet, aber man muß es nicht, unterstützt oder bekämpft man andere. Man kann dies auf Grund eigener moralischer Festlegungen für richtig halten; aber man kann nicht ausschließen, daß man dabei beobachtet wird mit Hilfe von Unterscheidungen, die andere Moralprogramme oder überhaupt andere Sorten von Unterscheidungen bevorzugten. Die Welt selbst kann nur noch polykontextural beschrieben werden; ihre Komplexität ist die einer unreduzierbaren Vielfalt möglicher Beschreibungen – und die damit gegebene Freiheit ist kaum auszuhalten, weil sie es auszuschließen scheint, in dem, was man beobachtet und beschreibt, zugleich die Garantie der doch unbestreitbaren Realität des eigenen Beobachtens und Beschreibens wiederzufinden.

Der »Existentialismus« des frühen 20. Jahrhunderts hat das zu formulieren versucht – mit dem Effekt, daß in den Kommentierungen, die sich anschließen, sich das Problem wiederholt. Die derzeit modische »Lebens«-Terminologie (Lebenswelt, Lebensformen usw.) lebt von einer Verschleierung des Problems. Es gibt in hochabstrakten Theoriesprachen Möglichkeiten, sich genauer auszudrücken. Mir scheint, daß hier auch viele, noch ungenutzte Möglichkeiten für eine Gesellschaftstheorie zu entdecken wären. Aber die dann notwendige Sprache wird moralische Implikationen vermeiden müssen, will sie die ihr mögliche Strenge bewahren. Sie wird die alten Formen der selbstimplikativen Kommunikation weder retten noch vollwertig ersetzen können, sondern allenfalls erreichen können, daß mehr Geschick, mehr Vertrautheit, mehr Normalität im kommunikativen Umgang mit Polykontexturalität entsteht.

XI.

Mit all dem ist noch wenig gesagt über die gesellschaftsstrukturellen Gründe dieser Dezentrierung von Moral. Zu Beginn der Neuzeit hatte man an den sich ausdifferenzierenden Funktionssystemen bedenkliche Symptome der Unmoral festgestellt, etwa am Profitstreben der Kaufleute oder an der politischen Notwendigkeit von Täuschung und Betrug. Die Funktionssysteme scheinen aus dem moralischen Konsens, aus dem Inklusionsmodus der Gesellschaft auszuscheren, und die überlieferte Semantik tendierte deshalb zunächst dazu, die Neuerscheinungen im überlieferten Code, also moralisch, zu diskreditieren. Um 1800 reagierte man dann nur noch mit ethischer Reflexion. Zweihundert Jahre später eröffnen sich bessere Möglichkeiten der Analyse.

Man sieht jetzt deutlich, daß die Funktionssysteme sich nicht nur über eigene Kriterien des Richtigen, also nicht nur über Gesamtformeln ihrer Programme (Frieden bzw. Gemeinwohl, Wohlstand, Bildung, Gerechtigkeit etc.) ausdifferenzieren, sondern daß dies primär über binäre Codes geschieht. Für die Politik macht es einen Unterschied (aber eben nicht: einen Unterschied in moralischer Achtung), ob man ein politisches Amt und entsprechend rechtsförmig verfügbare Macht innehat oder nicht. Für die Wirtschaft liegt der entsprechende Unterschied im (geldwerten) Eigentum, für das Recht selbst natürlich in der Differenz von Recht und Unrecht, für die Wissenschaft in der Wahrheit bzw. Unwahrheit ihrer Propositionen. Bestimmte Codes passen jeweils zu bestimmten Funktionen, und dieses Passen ermöglicht die gesellschaftliche Ausdifferenzierung der Funktionssysteme. Deren Differenz schließt dann aber eine Integration durch eine gemeine Moral, also auch eine moralische Begründung der Codes und Programme aus.

Man kann dies daran erkennen, daß keiner dieser zweiwertigen Codes mit einer zweiwertigen Moral übereinkommen kann. Die Moral selbst sträubt sich dagegen, jemanden deswegen, weil er Eigentum hat, zu achten und folglich Eigentumsübertragungen als Achtungstransfer, Firmenfusionen als Achtungskonzentration, Verkäufe als Achtungsverluste zu behandeln. Alle Funktionssysteme hängen davon ab, diese Distanz ihrer Codes (nicht nur ihrer Kriterien) vom Code der Moral zu realisieren. Das läßt sich leicht durchprüfen. Und nur wenn dies gelingt, kann man Moral im Funktionssystem nach dessen Bedingungen wieder zulassen. Rechtsphilosophen werden ungern auf eine moralische Bewertung von Gerechtigkeit oder damit zusammenhängender Grundbegriffe verzichten. Das sei ihnen gelassen – vorausgesetzt nur, daß die Differenz von Recht und Unrecht von moralischen Implikationen freigehalten wird (was nicht ausschließen soll, Verbrecher auch moralisch zu mißachten).

Indifferenz heißt also nicht, daß Moral für die Operationen der Funktionssysteme keine Bedeutung hätte. Indifferenz heißt nicht: vollständige Immunisierung gegen Infektion durch Moral. Wie Bakterien im Körper mag auch die Moral in den Funktionssystemen eine Rolle spielen. Nur richtet sich die Art und Weise, in der dies geschieht, nicht nach einem gesellschaftseinheitlichen Metacode, sondern nach den Strukturbedingungen der jeweiligen Funktionssysteme.

Wir wollen dies an einem etwas entlegenen, aber heute besonders inklusionsintensiven Funktionssystem zeigen: am Beispiel des Sports. Uwe Schimank folgend,[112] kann man den Sport durch den Code »Sieg/Niederlage« bzw. gradualisiert »besser/schlechter abschneiden« kennzeichnen. Die gesellschaftliche Anerkennung dieses Codes hängt offensichtlich davon ab, daß nicht zugleich auch Achtung und Mißachtung mit Sporterfolgen/-mißerfolgen variieren. Das Heraussortieren und Bewundern der sportlich Erfolgreichen beruht auf asymmetrisiertem Respekt und darf gerade nicht zu der Implikation führen, daß die Bewunderer deshalb von sich selbst dasselbe erwar-

112 Die Entwicklung des Sports zum gesellschaftlichen Teilsystem, in: Renate Mayntz et al., Differenzierung und Verselbständigung: Zur Entwicklung gesellschaftlicher Teilsysteme, Frankfurt 1988, S. 181-232.

ten müssen. Dennoch gibt es auch im Sport sehr wohl moralische Urteile, und zwar in Hinsichten, die durch gerade diesen Code spezifiziert werden. So wird der Code selbst, das heißt die Differenz seines positiven und seines negativen Wertes, durch Moral gestützt. Mit dem Ideal der fairness werden alle Teilnehmer als mögliche Sieger anerkannt und, auch moralisch, auf die Regeln des Sports und sogar auf nicht in Regeln faßbare Verhaltensbedingungen verpflichtet.[113] Entsprechend stark ist die moralische Reaktion auf spezifische, den Code selbst tangierende Verstöße, etwa das »doping«. Vergleichbare Überreaktionen gibt es auch in anderen Funktionssystemen, etwa bei der Bestechlichkeit von Richtern oder bei der Fälschung des Datenmaterials im Wissenschaftsbetrieb. Man kann diese Beispiele zu der Regelhypothese verdichten, daß die Funktionscodes überall dort, wo sie auf »unsichtbare« Weise sabotiert werden können und deshalb auf Vertrauen angewiesen sind, auf Moral zurückgreifen. Aber das ist keineswegs der einzige Punkt, an dem Moral in Funktionssysteme eindringen kann. Es gibt zahlreiche, oft ganz zufällige Koinzidenzen, die dann aber mit codeabhängigen Operationen ausgenutzt werden können. So sind moralische Entgleisungen führender Politiker der Regierung ein Glücksfall für die Opposition (wie auch umgekehrt). Wie man sieht, handelt es sich um jeweils hochspezifische, in den Strukturen der Funktionssysteme angelegte Funktionsbedingungen. Man kann daraus nicht schließen, daß die Funktionssysteme selbst auf Moral gegründet sind. Eher liegt der umgekehrte Schluß nahe, daß das fluide Medium der Moral dort ankristallisiert, wo Funktionssysteme ihm eine Funktion geben können.

113 Dies ist bekanntermaßen so erfolgreich, daß auch andere Funktionssysteme mit dem Begriff der fairness einen Ausweg aus den für sie spezifischen Verlegenheiten suchen. Das legt es zwar nahe, an eine allgemeine Ethik der fairness zu denken. Dies könnte aber im Hinblick auf die Bedeutung der fairness für nicht regelgeleitetes Verhalten keine regulative Ethik sein, sondern allenfalls eine aristotelische. Und sie wäre auch nicht imstande, eine auf das Gesamtphänomen der Moral bezogene Reflexionstheorie zu entwickeln.

XII.

Wie so viele moderne Kontextbedingungen und Folgen des Moralisierens hinterlassen auch die soeben behandelten in der Ethik offenbar keine Spuren. Es bleibt damit das Erstaunen über das, was die Ethik nicht zustande bringt – nämlich eine Reflexion der Moral, wie sie ist und wie sie wirkt. Die Reflexionsanstöße, die wir im 17. und vor allem im 18. Jahrhundert feststellen konnten, nämlich die Paradoxie der moralischen Motivation und die Tautologie der Selbstreferenz des Sozialen, werden nicht wirklich begriffen, jedenfalls nicht erkennbar in die Reflexion einbezogen. Statt dessen – und fast kommt der Verdacht auf: um dies zu vermeiden – wird auf die Vernünftigkeit der Willensbestimmung oder auf die Rationalität des Folgenkalküls abgestellt. Die Paradoxie blockiert jede Anweisung dadurch, daß sie die Gegenbewertung in Aussicht stellt. Die Tautologie besteht darin, daß für *verschiedene* Personen *dasselbe* gelten soll. Und warum? Weil es *dasselbe* ist, das für *verschiedene* Personen gelten soll! Was mit dem Einsetzen einer theoretisch radikalisierten Reflexion am Ende des 18. Jahrhunderts zutage tritt, ist mithin der Bedarf für sprunghaftes, nicht-deduktives Argumentieren, für kontingente Entparadoxierungen und Enttautologisierungen. Diese Probleme werden dem Entscheidungs- und Begründungsbedarf des Moralisten entnommen, nicht einer Beobachtung der Welt, nicht einer Beobachtung der Realität von Moral. Man kann diese Vermeidungsstrategie mit der Unterscheidung von Fakten und Werten bzw. Normen rechtfertigen; aber man kann mit dieser Unterscheidung nicht mehr die Nachfolge der alteuropäischen Tradition antreten, nicht mehr humanistisch argumentieren, sondern sich allenfalls noch an abstrahierte Reminiszenzen halten.

Die Ethik bleibt auch im Umkehrversuch (Sade) eine moralische Theorie der Moral. Das schließt es aber aus, die Einsichten, die man dem Gegenstand abgewinnt, voll in die Theorie zu überführen. Die Moralparadoxie wird neutralisiert und in ein Begründungsproblem verwandelt. Die bedenklichen Realfolgen des Moralisierens werden, wenn überhaupt gesehen, nicht der Moral zugerechnet. Andere, nimmt man an, werden für Frieden sorgen, wenn der moralische Eifer Funken schlägt. Aber könnte es soziale Bedingungen geben, und man hat solche Erfahrungen, unter denen das nicht mehr funktioniert? Könnte es wieder einmal ein explosives Angst/Moral-

Gemisch geben, das auf Situationen reagiert und außer Kontrolle geraten kann? Und vor allem: kann eine Soziologie es sich leisten, Folgen der Moral (gesetzt den Fall, es seien solche) nicht auf Moral zuzurechnen?

Bisher jedenfalls hat die Ethik die bedenklichen Seiten ihres Gegenstandes retouchiert, weil sie sich selbst für gut halten wollte und nicht für schlecht oder gar böse. Dieses Reflexionsdefizit ist jedoch nicht schlichtweg ein Fehler, der schleunigst zu korrigieren wäre. Die Erklärung dafür lautet: daß die Moralreflexion nicht als Teilsystemreflexion durchgeführt werden kann. Moral ist eine gesellschaftsweit zirkulierende Kommunikationsweise. Sie läßt sich nicht als Teilsystem ausdifferenzieren, nicht in einem dafür bestimmten Funktionssystem derart konzentrieren, daß nur in diesem System und nirgendwo außerhalb moralisch kommuniziert werden kann. Durch Ausdifferenzierung eines Normbezugs entsteht ein Rechtssystem, kein Moralsystem. Die Moral kann auch die Ausdifferenzierung des Rechts nicht mitvollziehen, und seit dem 18. Jahrhundert ist dieser Tatbestand auch bekannt. Auf die zunehmende Ausdifferenzierung eines durch positives Recht geordneten Rechtssystems reagiert man zunächst personbezogen, nämlich durch eine Unterscheidung innerer (sittlicher) und äußerer (rechtlicher) Gründe der Willensbestimmung – so Thomasius, Gundling, Kant.[114] Mit dieser Semantik verbaut man sich jedoch die adäquate Analyse des gesellschaftlichen Phänomens, eben die Einsicht, daß sich zwar das Recht über Positivierung zu einer noch ungewohnten Autonomie ausdifferenzieren läßt, nicht aber die Moral.

Damit ist nicht gesagt, daß eine Reflexionstheorie der Moral sich an die gewohnten ethischen Theorieentscheidungen halten müsse, und erst recht nicht: daß sie unmöglich sei. Das Problem liegt (wenn man überhaupt systemtheoretisch argumentiert) in der Systemreferenz. Eine Reflexionstheorie der Moral, sie mag weiterhin »Ethik« heißen, kann nicht auf Teilsystembasis entwickelt werden, sondern nur auf der Grundlage einer Theorie der Gesellschaft. Solange eine solche Theorie nicht in wenigstens groben Konturen erkennbar ist, wird man in Sachen Moral mit unangenehmen Überraschungen rechnen müssen, die man nicht befriedigend erklären kann. Der Dis-

114 Selbstverständlich gibt es Vorläuferunterscheidungen. Honestum/licitum ist eine von ihnen. Sie stellen aber auf unterschiedliche Ausprägungen der (menschlichen) Natur ab, nicht auf die innen/außen-Unterscheidung.

kurs über Moral bleibt dann seinem Gegenstand zu sehr verhaftet und läßt nur die Möglichkeit, gegenanzumoralisieren. Das gilt nicht zuletzt auch für die simple moralische Forderung einer größeren Distanz zur Moral.

Wie immer eine künftige Gesellschaftstheorie aussehen wird, ein möglicher Ausgangspunkt könnte in der Theorie selbstreferentiell-geschlossener Systeme liegen. Sie führt zu der Einsicht, daß Moral Kommunikation nicht verhindern, sondern nur codieren kann. Und auf Personen[115] bezogen: daß Moral sie nicht ausschließen, sondern nur ihre Inklusion regeln kann. Der Code der Moral muß daher, gesellschaftsintern, anstelle von Exklusion, zum Beispiel anstelle von Tötung oder Vertreibung fungieren – mit der gleichen Heftigkeit, wenn man so will, aber mit zivilisatorisch abgemilderten Folgen.

Wenn dies, und nicht das Problem der Begründung moralischer Urteile, das Problem der Ethik ist, nimmt sie selbst eine Beobachterposition ein, die nicht (oder nur in der Form der Anwendung eigener Erkenntnisse auf sich selbst) moralisiert werden kann. Was soll die Ethik sagen, wenn sie beobachtet, wie die Leute auf ihren Prinzipien ausrutschen? Oder wie höchste Werte und Normen zu Kampfmitteln der Moral umfunktioniert und dazu benutzt werden, Gegner zu diskreditieren! Jedenfalls muß die Ethik den ganzen Code der Moral betreuen, also auch den Folgen der Kommunikation von Mißachtung Rechnung tragen. Das führt zurück in die bekannten Paradoxien. Soll man jemanden achten, der seine Selbstachtung durch Mißachtung anderer zum Ausdruck bringt? Ja, weil anders die Einheit des Codes und die Funktion der sozialen Integration nicht gewahrt bleiben kann. Und nein, weil die dadurch ausgelösten Folgen keine Achtung des Urhebers erlauben. Eine gewissermaßen »feige« Ethik weicht dem Problem aus, indem sie sich als »Verantwortungsethik« geriert und das Problem auf den Entscheider abwälzt, um sich selbst moralisch einwandfrei zu salvieren. Aber man könnte auch an eine zivilisierte Ethik denken, die sich darum bemüht, im Kontext eines Überblicks über das Gesellschaftssystem sinnvolle Anwendungsbereiche von Moral zu spezifizieren und die Folgen mit der Differenzierung von Moralcode und Rechtscode abzufangen. Die Ethik

115 Mit »Person« sind hier, um dies wiederholt klarzustellen, nicht etwa die psychischen und organischen Systeme gemeint, die als Personen bezeichnet werden, sondern nur die in der Kommunikation fungierenden Adressen, Aufzeichnungsstellen, Identitätskonzepte, Zurechnungspunkte usw.

müßte dann auch für Positionen und Institutionen sorgen, mit denen man sich den Zumutungen der Moral entziehen kann. Eine Neulektüre von Texten der letzten Jahrhunderte von Michel de Montaigne bis Edmund Burke, von Emeric Crucé bis Georg Friedrich Puchta würde nicht ohne Ertrag bleiben.

Eine Lehre lautet also: immer den Code als Unterscheidung reflektieren, statt nur das Gute um des Guten willen zu fördern oder nur nach Begründungen zu fragen. Ebenso irritierend wirkt eine zweite Einsicht: daß jede ethische Kommunikation, jede Benennung von Kriterien, Begründungen, Argumenten, Suchverfahren etc. eine Kommunikation sein muß, und das heißt, im laufenden System ein *neues* Ereignis, das sich von dem zuvor gegebenen Systemzustand unterscheidet. Dasselbe gilt für alles, was anschließt. Es besteht also gar nicht die Möglichkeit, das System über sich selbst zur Klarheit, seine Einheit auf ein Prinzip oder seine Dynamik am Endpunkt Geist zum Stillstand zu bringen. Daß die Autopoiesis per Kommunikation läuft und läuft oder nicht läuft, heißt auch, daß die Einheit eine dynamische Einheit ist, die sich durch ihre Reproduktion laufend ändert. Sie kann in diesem Prozeß nur produziert, nicht auch als Einheit beobachtet werden; und auch ein externer Beobachter hätte dafür nur selbstkonstruierte Unterscheidungen zur Verfügung, die es ihm ermöglichen, eine Einheit als griechische Stadt oder als Adelswelt oder als Altchina zu bezeichnen, deren Autopoiesis für ihn intransparent bleibt.

Dieser Sachverhalt hat weitreichende Konsequenzen. Man kann ja nie sicher sein, ob es eine gute Kommunikation ist, wenn man das, woran diese Kommunikation teilnimmt, als gut bezeichnet. Es gibt keine Möglichkeit, das System in einer Kommunikation desselben Systems vollständig zu resümieren. Und mehr noch: selbst wenn dies auf dem Stande des bisherigen Wissens möglich wäre, wäre eine solche Kommunikation nicht unbedenklich. Sie würde ja wie jede Kommunikation die Möglichkeiten eröffnen, angenommen oder abgelehnt zu werden.

Damit hat man Erfahrungen. Die Begründung des Urteils eines Systems über sich selbst treibt in die Abstraktion. So läßt die kantische Ethik die Wahl von Lebensformen offen, indem sie deren Vorschreiben als Eudaimonismus denunziert. Andere Reaktionen laufen gleichzeitig an und führen auf einen Ideologieverdacht. Wenn man hört, daß das System für gut oder für schlecht gehalten wird, fragt man: wer sagt das, oder: wem nützt das. Beide Formen der Reaktion auf die Wiedereinführung eines Urteils über das System in das System sind inzwischen so vertraut, daß keine Ethik sie außer acht lassen kann. Aber wie soll sie dann prognostizieren, und wie soll sie noch reflektieren, was geschieht, wenn sie sagt, was sie meint?

Schließlich bleibt ein schon mehrfach erwähntes Problem ungelöst. Was geschieht mit den Sündern, den Mißachteten, denen, die sich eine moralische Verurteilung zuziehen? Sie können nicht vernichtet, nicht ausgeschlossen werden. Die Moral regelt die Inklusion – aber nicht die Exklusion. Kann man sich also in der Mißachtung etablieren, vielleicht sogar wohlfühlen? Aber wozu dann Moral?

In der Tradition findet man zwei unterschiedliche Formen, mit diesem Problem umzugehen. Die eine reduziert Moralverstöße auf Irrtümer. Das kann man am Anfang der Nikomachischen Ethik lesen. Der Mensch strebt immer nach dem Guten, nie nach dem Schlechten. Er kann sich allenfalls irren in dem, was er für gut hält. Dann bedarf er der Belehrung, heute der Therapie. Aber Irrtümer schaden der Moral sowenig, wie sie dem Wissen schaden; der, der irrt, hat eben den Nachteil zu tragen.

Außerdem gab es, sozusagen für gefährliche Fälle, das mit Moral nahezu kongruente Recht. Moralverstöße werden in weitem Umfange dann auch geahndet. Die Moral konnte sich auf die Sanktionen des Rechts stützen und lieh dem Recht ihrerseits moralische Deckung.

Sowohl die kognitive als auch die rechtliche Regelung verlieren in der Neuzeit an Gewicht. Es versteht sich nicht mehr von selbst, wonach die Menschen richtigerweise streben (so daß das Gegenteil als Irrtum behandelt werden könnte). Das Recht wird derart mobilisiert, daß die Moral nicht mehr mitkommt – weder in der Begründung der Normen noch in der Mißachtung rechtswidrigen Verhaltens. Zugleich kann man sich durch Szenenwechsel der moralischen Mißachtung mehr und mehr entziehen. Man kann sich sogar in der Verachtung einrichten, ja sie inszenieren und wie die Punker demonstrieren, daß und wie man eine solche Lage absichtsvoll gestalten kann. Und die Moral geht blaß und berührungsscheu daran vorbei.

Auch hierin könnte die Ethik ein Problem sehen, wenn sie sich durch Soziologie belehren ließe. Sie mag zwar empfehlen, Moral nur noch als Angelegenheit des individuellen Gewissens anzusehen, das soziale Mißerfolge mit Gleichmut hinzunehmen hat. Aber das würde dann heißen, die Ethikkommissionen, die mit ökologischen, technologischen, professionspolitischen und ähnlichen Problemen befaßt sind, aufzulösen oder sie in Kommissionen für die Artikulation schwer durchsetzbarer Interessen umzutaufen.

Schließlich muß auch das für alle Ethik zentrale Problem des Verhältnisses von Moral und Freiheit in die Betrachtung einbezogen werden. Die Tradition hatte Freiheit als *Voraussetzung* moralischer Urteile eingeführt mit Varianten, die über eine naturale oder eine religiös-transzendente[116] bis zu einer transzendentalen Referenz reichten. Es hatte eine gewisse Offensichtlichkeit (und Tradition lebt von dem, was sie durch Offensichtlichkeit verdecken kann), zu sagen, daß nur frei gewähltes Verhalten moralisch beurteilt werden kann. Damit geriet eine Sondereigenschaft des Menschen ins Zentrum der Theorie. Für die moderne Gesellschaft wird es zweckmäßig sein, diese These umzukehren. Freiheit ist *nicht Voraussetzung, sondern Folge* von Moral. Im Grunde stellt jede Kommunikation den, der sie versteht, vor die Frage der Annahme oder Ablehnung. Nur dem, was mitgeteilt wird, kann man widersprechen. Nur dem Befehl kann man Ungehorsam entgegensetzen. Nur formulierte Wünsche können unerfüllt bleiben. Das alles mag sich imaginativ als Simulation im Einzelbewußtsein abspielen, aber ohne Dauerreizung durch Kommunikation würde dieses Gedankenspiel bald aufhören. Freiheit ist das Produkt von Kommunikation, also das Produkt von Gesellschaft; aber dies nicht so, daß sie im Prozeß der Selbstbestimmung von Kommunikation laufend anfällt. Freiheit hat somit keinerlei psychisches (geschweige denn: neurophysiologisches) Korrelat. Sie ist mit einem strukturdeterminierten System durchaus kompatibel. Sie entsteht einfach dadurch, daß diese Systeme durch Kommunikation dazu gereizt werden, Annahme und Ablehnung zu unterscheiden.

Der moralische Schematismus ist keine Ausnahme, sondern bestätigt, wie die Lehre vom Sündenfall lehrt, diesen Sachverhalt. Nur hatte die Unterscheidung des Moralcodes die Zusatzfunktion, die in aller Kommunikation produzierte Freiheit wieder wegzusuggerieren bzw. ihren Gebrauch in die eine (und nicht in die andere) Richtung zu lenken. Damit wurde der Freiheitseffekt aller Kommunikation recodiert in dem Sinne, daß gute Zumutungen befolgt und

116 Siehe hierzu den Argumentationsgang bei Anselm von Canterbury, De casu diaboli, zit. nach: Opera omnia, Seckau-Rom-Edinburgh 1938 ff., Nachdruck Stuttgart-Bad Cannstatt 1968, Bd. 1, S. 239-272.

schlechte abgelehnt werden sollen. Aber da auch dies eine Unterscheidung voraussetzt, kann nicht wirksam ausgeschlossen werden, daß der Adressat sich anders entscheidet und die Folgekommunikation entsprechend anders läuft. So erklärt sich auch, daß die Freiheit ein Thema der Ethik geworden ist, während die Psychologie davon nichts weiß; und daß die Ethik ihre Aufgabe dann darin sieht, die Paradoxie, daß sie Freiheit voraussetzen muß und nicht zugestehen darf, in Theorie aufzulösen.

Nach diesen Überlegungen mag es sich lohnen, noch einmal La Rochefoucauld zu lesen. Der Reiz seiner Formulierungen liegt darin, daß sie auf Differenzen bezogen sind. Sie setzen nicht Werte voraus, sondern Unterscheidungen. Nicht selten scheint der Autor, ohne es zu sagen,[117] die Partei derjenigen zu ergreifen, die er in Übereinstimmung mit der konventionellen Moral verurteilt. Nur bleibt diese Voraussetzung theoretisch unreflektiert. Und alle seitherigen Bemühungen um Ethik haben diese Schwäche nicht beheben können; sie bemühen sich um eine werttheoretische, nicht um eine differenztheoretische Reflexion.

XIII.

Kehren wir zum Verhältnis der Soziologie zur ethischen Reflexion der Moral zurück, dann bleibt ein letzter Punkt zu behandeln: die von der Moral geforderte und von der Ethik zu begründende personale Zurechnung des Handelns. Davon hat sich die Soziologie distanziert; ja man kann sagen, daß diese Distanz sie überhaupt erst befähigt, die Gesellschaft zu beobachten und zu beschreiben. Das gilt nicht nur für Theorien (etwa die Durkheims), die »holistische« Grundbegriffe verwenden. Es gilt ebenso für alle Schattierungen der Handlungstheorie und des methodologischen Individualismus. Denn auch hier ist der Urahn Max Weber ja nicht so zu verstehen, daß das Verstehen subjektiver Intentionen in diesen selbst ihr letztes Ziel finde; es ist vielmehr nur ein (für unentbehrlich gehaltener) Ausgangspunkt für Beobachtungen und Beschreibungen, die sehr wohl Unterscheidungen (zum Beispiel Idealtypen) verwenden können, die

117 Dies wiederum mag seine Rechtfertigung finden in einer Konversationstheorie, die die Kunst des Schweigens rühmt.

dem Handelnden selbst nicht zugänglich sind.[118] Von der Soziologie aus gesehen sind deshalb personale Zurechnungen ihrerseits soziale Prozesse (im Unterschied zu: Erkennen natürlicher Kausalitäten). Damit kommt der Verdacht auf, personale Zurechnungen könnten der Erleichterung von Situationsdefinitionen im täglichen Leben dienen oder noch weitergehend: der Verschleierung von Strukturen, an denen der Zurechner selbst beteiligt und interessiert ist. Die moderne Systemtherapie hat hierin ihr ausschlaggebendes Analyse- und Therapieinstrument gefunden.[119] Gerade weil es sich speziell in Familien, aber auch (man sollte das nicht unterschätzen) in Organisationen um interaktionsintensive, also personintensive soziale Verhältnisse handelt, fällt besonders hier dramatisch auf, in welchem Maße die Personorientierung die sozialen Strukturen verdeckt und unsichtbar macht. Nichts anderes wird gelten, wenn man an die auf dieser Grundlage etablierte Allianz von Massenmedien und Politik denkt.

Über Moral wird jedoch die personale Attribution zementiert. Moral beruht ja auf Zuweisung von Achtung und Mißachtung an Personen. Da diese Zuweisung konditioniert (geregelt) sein muß, sind Generalisierungen möglich; aber diese beziehen sich immer nur auf die Bedingungen bzw. Regeln der Verteilung von Achtung und Mißachtung, nie auf ganze Gruppen, Völker oder sonstige Aggregatbegriffe.[120] Die Folgerung lautet nun: Auch und gerade Moral dient der Verschleierung von Strukturen, der Ablenkung von Aufmerksamkeit im sozialen Verkehr auf vordergründige Haftpunkte. Ihre »ethische« Reflexion hebt (sofern es bei deren bis heute gültigem

118 Siehe etwa Raymond Boudon, La place du désordre: Critique des théories du changement social, Paris 1984, S. 41, mit der Feststellung, daß das Verstehen im Sinne Max Webers keineswegs Transparenz für den Handelnden selbst impliziert. Verstehen ist vielmehr nur: Beobachtung der Beobachtungen, die den Handelnden vermeintlich leiten. (Speziell hierzu auch S. 63 f.) Hier liegt denn auch ein oft übersehener Unterschied zwischen soziologischer und hermeneutischer Verstehensmethodologie.

119 Das gilt vornehmlich für die systemische Familientherapie, aber auch für entsprechende Vorgehensweisen in der Organisationsberatung. Siehe z. B. Alexander Exer/Roswita Königswieser/Stefan Titscher, Unternehmensberatung – systemisch: Theoretische Annahmen und Interventionen im Vergleich zu anderen Ansätzen, Die Betriebswirtschaft 47 (1987), S. 265-284 (268).

120 Daß dies auch vorkommen kann, soll nicht bestritten werden; aber es handelt sich dann deutlich um funktionslose »survivals« oder um dagegen entwickelte Empfindlichkeiten.

Stil bleibt) diese Fixierung nicht auf, sondern verschleiert sie nur ihrerseits in Abstraktionen, die auf Begründungsformen, regulative Ideen, Prinzipien, Werte etc. abzielen. Die Theorieabstraktionen der Soziologie weisen in eine ganz andere Richtung. Sie beziehen sich, wenn gut gewählt, auf Interdependenzen zwischen Strukturen und Operationen; und sie beschreiben ihren Gegenstand in einer Weise, die nicht voraussetzen muß, daß die Beschreibung für ihn selbst zugänglich sein oder gar als eine Verhaltensmaxime ihm nahegebracht werden könnte.

Im Zusammenhang hiermit ist auch an die strukturelle Diskrepanz zwischen Erwartungen und Enttäuschungen zu denken, die für die moderne Gesellschaft in besonderer Weise charakterisiert ist.[121] Im Vergleich zu traditionalen Gesellschaften werden viel mehr Möglichkeiten eröffnet und sichtbar gemacht. Man denke nur an das, was man alles kaufen könnte, wenn man das Geld hätte; oder an das, was man alles werden könnte, wenn man für die entsprechenden Positionen in Betracht gezogen würde. Ohne Zweifel werden sehr viel mehr Möglichkeiten als früher auch realisiert, so daß die Ausweitung der Möglichkeitshorizonte nicht als schlicht illusionär abgetan werden kann. Andererseits nimmt offensichtlich auch der Enttäuschungsquotient zu. Ein solches Problem hat strukturelle Gründe, die sich im einzelnen darstellen ließen. Für unseren Zusammenhang genügt die Feststellung, daß sich eine derartige Spannungslage nicht in einer Ethik abbilden läßt. Weder kommt eine Gesinnungsethik, noch kommt eine Verantwortungsethik in Betracht. Es kann auch nicht darum gehen, die Gesellschaft als eine moralfähige Agentur anzusehen, die etwas versprochen hat, was sie nicht hält. Jede Moralisierung dieser Diskrepanz als schlecht oder als böswillig erzeugt verfehlt das Problem, ja verschleiert es, indem sie es in die Suche nach Schuldigen ableitet. Eine ethische Reflexion solcher Moralisierungen könnte deshalb allenfalls gesellschaftstheoretische Analysen vorlegen und die Kompetenz der Moral bestreiten. Eine, vielleicht die entscheidende, Frage im Verhältnis von Mensch und Gesellschaft entzieht sich der ethischen Regulierung.

Solche Probleme sind natürlich nicht gänzlich neu. Man denke an die religiöse Problematik der Erklärung von Leid und Unrecht, die seit dem 17. Jahrhundert unter dem Namen »Theodizee« gesam-

121 Vgl. als eine klassische Analyse dieses Problems Robert K. Merton, Social Theory and Social Structure, 2. Aufl., New York 1957, S. 131 ff.

melt wird.[122] Während aber das Problem, wenigstens das *Problem* der Theodizee noch ein moralisches Problem gewesen war, trifft das für die oben dargestellte Diskrepanzproblematik nicht mehr zu. Wir haben es schlicht damit zu tun, daß die moderne Gesellschaft, psychisch gesehen, eine Zumutung ist, der nicht über Konditionierung von Achtung und Mißachtung abgeholfen werden kann. Und soziologisch heißt dies, daß man fragen müßte, wie und in welchem Möglichkeitsraum eine Gesellschaft evoluieren kann, die ihrer psychischen Umwelt derartiges aufbürdet.

Der Verdacht, die Ethik könnte als Verschleierung von Strukturproblemen der Gesellschaft dienen, erschließt zahlreiche Forschungsfelder. Es könnte zum Beispiel sein, daß deshalb in Zeiten des Strukturwandels, der Krise und der Orientierungsunsicherheit der Ruf nach Ethik besonders laut wird: am Ende der Polis, am Beginn der Moderne während der Bürgerkriegswirren oder am Ende dieses Jahrhunderts mit zunehmender Einsicht in die Folgen moderner Gesellschaftsstrukturen. In vielen Einzelbereichen, etwa angesichts der durch die Gesellschaft ausgelösten Umweltprobleme, muß die Ethik dafür herhalten, daß man die Gesellschaft, mit der man lebt, zugleich will und nicht will. Besonders fällt auf, daß die Politiker sich mit moralgeladenen Breitseiten bekämpfen, daß Appelle und Invektiven auf moralische Urteile Bezug nehmen und daß man sich, entsprechend einer vorgegebenen politischen Gegnerschaft, wechselseitig die Urteilsfähigkeit abspricht. Wie weit dies ernst gemeint ist, stehe dahin. (Wenn nicht: um so schlimmer.) Jedenfalls wird der moralgeladene Streit mit Unterstützung durch die Massenmedien[123] vor einem ver-

122 Hierzu materialreich der eben erschienene Bd. 56 (1988) des Archivio di filosofia »Teodicea oggi?«.

123 Man braucht nicht weit zu greifen, um Tag für Tag Belege zu finden. Ich unterbreche die Arbeit an diesem Manuskript und sehe in der Neuen Westfälischen vom heutigen Tage (31. 12. 1987) nach. Dort heißt es auf S. 2: »Wilfried Penner« (eine Person, N. L.) wirft »Zimmermann« (eine andere Person, N. L.) Intoleranz und Versagen vor. Das innenpolitische Klima sei durch Intoleranz, Härte und Uneinsichtigkeit vereist. Von der Gegenseite wird dies als »ein Sammelsurium von unausgegorenen und unbegründeten Vorwürfen« bezeichnet. Es mag sein, daß auch noch etwas Vernünftigeres gesagt worden ist; aber die Zeitung hebt das Zitierte hervor. Fazit: Weder der Herr Zimmermann noch der Herr Penner noch die, die den einen oder den anderen unterstützen und sich mit solchen Eigenschaften solidarisieren, sind wählbar. Oder wird nur so geredet, weil man besessen ist von der Idee, das Publikum als *moralische* Instanz auf die *eigene* Seite

meintlichen Publikum inszeniert, dem man Urteilsfähigkeit zumutet. Aber die politische Wahl darf doch nicht unter dem Gesichtspunkt einer moralischen Qualifikation/Disqualifikation zum Regieren erfolgen; denn das würde ja implizieren, daß der moralisch Disqualifizierte unwählbar ist, das heißt: weder an der Regierung noch an der Opposition mit der Hoffnung auf Wechsel teilhaben kann.[124] Das ruinierte eine, wenn nicht die entscheidende, strukturelle Errungenschaft der Demokratie: die Erleichterung des ordnungsgemäßen Machtwechsels an der Spitze des Systems und die (relative) Unabhängigkeit dieses Machtwechsels von der Macht der jeweils Regierenden. Ohne daß man bisher auf die Idee gekommen wäre, Systemtherapie auch auf die Politik anzuwenden (und wer sollte dies auch tun, ohne damit in die Politik selbst einzugreifen), ist doch ersichtlich, wie notwendig dies wäre. Die personale Attribution und ihre moralische Zementierung verschleiert die prekären Strukturbedingungen einer demokratischen Ordnung – und dies in einer Gesellschaft, in der selbst nach Überwindung der Bedrohung durch den Faschismus und verwandter Regimes und bei einem allgemeinen Lippenbekenntnis zur Demokratie nur sehr wenige Territorien faktisch auf demokratische Weise regiert werden.[125] Schon der Soziologie fällt es schwer, die erforderliche Distanz zur Moral zu gewinnen, da jeder, der dies tut, von der Moral, die nur zweiwertig urteilen kann und für die geforderte Distanz zur Moral keinen dritten Wert zur Verfügung hat, negativ beurteilt wird. Es kommt noch hinzu, daß keine Soziologie die Moral als solche unterschätzen oder gar ablehnen kann; sie ist ja eine gesellschaftliche Tatsache mit unbestreitbaren Funktionen. Erst recht wird die Ethik, die ihre eigenen Bemühungen einem moralischen Urteil unterstellt (sonst wäre sie

bringen zu können? Familientherapeuten würden in einem solchen Fall zu bedenken geben: das Problem steckt nicht in der Person, die als Problem bezeichnet wird, sondern darin, daß dies geschieht. Und man müßte herauszufinden versuchen: weshalb?

124 Am Beginn des Fernsehzeitalters war dieser Vorbehalt zumindest in den USA noch eine weitverbreitete Einstellung. Vgl. dazu Talcott Parsons, McCarthyism and American Social Tensions, Yale Review 1955, S. 226-245; ders., »Voting« and the Equilibrium of the American Political System (1959), zit. nach ders., Sociological Theory and Modern Society, New York 1967, S. 223-263.

125 Vgl. auch Niklas Luhmann, Die Zukunft der Demokratie, und ders., Enttäuschungen und Hoffnungen: Zur Zukunft der Demokratie, in ders., Soziologische Aufklärung, Bd. 4, Opladen 1987, S. 126-132, 133-141.

keine Reflexionstheorie, sondern nur Beschreibung) mit diesem Problem konfrontiert sein. Die in der modernen Gesellschaft hierfür angebotene »liberale« Lösung liegt nicht auf der Ebene des Codes der Moral, sondern auf der Ebene der Programme. Sie stellt das moralische Postulat der Distanz zur Moral auf – zumindest der Distanz zu bestimmten Formen moralischer Konditionierung, zum Vorschreiben der Lebensformwahl (habitus), zum moralischen Fanatismus und zur unbedenklichen Wahl von Mitteln im Interesse moralischer Ziele. Das ist inzwischen Tradition. Noch Kant hatte versucht, sie »kategorisch« (nicht nur empirisch und erst recht nicht nur politisch) zu verankern. Inzwischen hat die Historisierung auch dieses Neutralitätspostulat eingeholt, und die Bemühungen um eine dem Zweifel entzogene Begründung dafür laufen ins Leere. Könnte es sein, daß sich unter diesen Bedingungen ein engerer Kontakt zwischen Gesellschaftstheorie und Ethik empfiehlt?

Von einem sicheren Urteil darüber sind wir weit entfernt. Zumindest könnte man sich aber denken, daß Gesellschaftstheorie und Ethik sich darüber verständigen, daß es sinnvoll und daß es möglich ist, die Rolle eines Beobachters einzunehmen – eines Beobachters, der beobachtet, wie die an einem moralischen Diskurs Beteiligten einander wechselseitig beobachten. Soziologie und Ethik könnten sich dann darüber verständigen, daß das, was sie beobachten, das Schema ihrer eigenen Beobachtung nicht bindet. Man kann im Beobachten eines Beobachters Unterscheidungen verwenden, die diesem unzugänglich sind oder ihn jedenfalls nicht explizit geleitet haben. Man kann, und die neuzeitliche Kritik der Moral tut dies in erheblichem Maße (ohne deswegen schon soziologisch diszipliniert zu analysieren), mit inkongruenten Perspektiven beobachten. Das würde es dann sowohl der Soziologie als auch der Ethik ermöglichen, vor Moral zu warnen. Das würde ferner einen Verzicht auf Begründung der Moral implizieren, denn alle Begründungsversuche erscheinen in der Perspektive dessen, der sie beobachtet, als paradox, als kontraintentional wirkend, als Operationen, die Notwendigkeit suchen und Kontingenz erzeugen. Statt dessen könnten Soziologie wie Ethik davon ausgehen, daß es Moral immer schon gibt in einer Gesellschaft, in der es auch die Möglichkeit gibt, dies zu beobachten.

Im Umgang mit diesem Befund müßten dann allerdings Soziologie und Ethik divergieren. Während die Soziologie abstraktere Theorieinteressen zu verfolgen und den Vergleichsrahmen der moralischen Kommunikation zu sprengen hätte, könnte es die Aufgabe der Ethik bleiben, die Probleme dieser Kommunikation in einer Weise zu reflektieren, die sich selbst dem moralischen Urteil stellt. Die Frage aber bleibt, ob dies in einer Gesellschaft wie der unsrigen überhaupt möglich ist: in einer Gesellschaft, zu deren Routine es gehört, Beobachter zu beobachten, Beschreibungen zu beschreiben, Unterscheidungen zu unterscheiden.

11. Verständigung über Risiken und Gefahren

Mit dem Begriff der Verständigung kann nicht gemeint sein, daß die psychischen Systeme verschiedener Individuen zu einem gegebenen Zeitpunkt sich in einem Zustand der Übereinstimmung befinden – also dasselbe wahrnehmen, dasselbe denken, dasselbe fühlen, dasselbe wollen. Das ist als empirischer Befund unvorstellbar – allein deshalb schon, weil die jeweils aktuellen Wahrnehmungen, aber auch die Erinnerungen und Assoziationen von Individuum zu Individuum verschieden sind und jeder ein anderes Ich mitdenkt, wenn er denkt, auch wenn alle gemeinsam »hurra« rufen (aber eben: der eine laut, der andere etwas leiser). Wenn man das Individuum empirisch ernst nimmt – und nicht, wie manche Philosophen, von »dem Menschen« im Singular spricht, obwohl es doch davon etwa fünf Milliarden Exemplare gibt –, wenn man also das Individuum ernst nimmt, kann von Konsens im Sinne eines übereinstimmenden empirischen Zustandes keine Rede sein. Will man dem Begriff der Verständigung irgendeinen Sinn geben, muß man von den aktuell vorfindlichen Zuständen der Individuen absehen.

Aber welchen Sinn kann »Verständigung« haben, wenn man sich zu diesem harten Schnitt entschließt? Man sollte den Begriff ausschließlich auf soziale Systeme beziehen, die aus Kommunikationen gebildet sind und sich durch Kommunikationen reproduzieren. Kommunikationen sind zunächst Sinnvorschläge, die, wenn verstanden, angenommen oder abgelehnt werden können. Soweit Kommunikationen angenommen und als akzeptierter Sinn der weiteren Kommunikation zugrunde gelegt werden, kann man von Verständigung sprechen – was immer in den Einzelköpfen dabei vor sich geht.

Verständigung kann auf Lüge und Verstellung beruhen, wie eine alte Diskussion über »Dissimulation« lehrt. Sie kann schlicht passieren, indem man die Gelegenheit zum Widerspruch verpaßt. Sie kann angestrebt werden, indem man eine Kommunikation von vornherein so glättet, daß sie wenig Angriffsflächen bietet und der Partner erst spät, und dann zu spät, merkt, worauf er sich eingelassen hatte. Und selbstverständlich braucht man nicht zu zweifeln, daß es einen »ehrlichen Willen« zur Verständigung auch auf Kosten der Revision eines eigenen Standpunktes geben kann und häufig gibt. Nur sollte man den Begriff nicht von einer moralischen Bewertung des Verhaltens der Beteiligten abhängig machen, denn das würde ihn auf ein sehr instabiles Fundament setzen. Wenn man sich schon moralisch auf der richtigen Seite sieht, besteht wenig Grund, sich noch um eine Verständigung zu bemühen. Dann kann es nur darum gehen, der guten Sache zum Siege zu verhelfen, und sei es mit immer stärkeren Mitteln. Moral macht Mut zur Wut.

Auch die Frage, wie man überhaupt eine Verständigung feststellen kann, führt zur Ausschließung psychischer Zustände. Nie kann ein psychisches System wirklich wissen, was in ihm selbst oder in einem anderen vor sich geht. Dazu arbeitet das Bewußtsein zu schnell, und schon die Intention auf Feststellung würde das, was festzustellen ist, ändern. Ob man sich verständigt hat oder nicht, kann nur durch Kommunikation festgestellt werden: durch Kommunikation über Kommunikation. Hierbei kann man sich im großen und ganzen auf Konsenssignale stützen, aber in Ausnahmefällen kommen auch Rückfragen und selbst offene Widerrufe vor. Der Kommunikationsprozeß leistet sich ein zeitökonomisch natürlich begrenztes Maß an Selbstkontrolle; und schon diese Möglichkeit genügt, um das als Verständigung gelten zu lassen, was auf eine weitgehend ungeklärte Weise widerspruchslos durchgegangen ist. Konferenzerfahrungen, aber auch Eheerfahrungen bestätigen diese Lehre. Sie gilt für mündliche Kommunikation selbst in den allereinfachsten Situationen. Die große Frage ist: Gilt sie auch für schriftliche, für gedruckte, für über Hörfunk und Fernsehen verbreitete Kommunikation, also für Situationen, in denen infolge der technischen Vorkehrungen der Empfänger gar keine Gelegenheit hatte zu widersprechen?

Meine These ist: Es gilt für durch die Druckpresse oder den Funk verbreitete Kommunikation erst recht, allerdings mit sehr bezeichnenden Modifikationen. Einerseits kann und muß man das Dargestellte als öffentliche Meinung gelten lassen, sofern nicht im selben Medium Widersprüche auftauchen. Andererseits ist die psychische Realität um so unfaßbarer, und sie kann auch nicht im Sinne des »qui tacet consentire videtur« als Konsens fingiert werden. Die öffentliche Meinung ist vollständig indifferent gegen die Meinung der Individuen. Allerdings entsteht aus der Einseitigkeit des Angesprochenseins und aus der gegenseitigen Isolierung der Leser oder Sendungsempfänger eine eigentümliche Empfänglichkeit für Formen, die plötzliche Aggregationen, plötzliche Zusammenschlüsse ermöglichen. Das ist in der Forschung über kollektives Verhalten – mit einem freilich wenig glücklichen Begriff – oft beschrieben worden. Der unterstellten Verständigung widersprechen dann eruptive Formen der Realverständigung. Die Vereinzelung wird, wenngleich vorübergehend, durchbrochen mit Hilfe organisierender Themen und typisch in der Form eines Protestes gegen das, was einem als Meinung zugemutet schien.

Partizipation als Karriereschema

Man versteht gut, daß unter solchen Umständen Begriffe wie Partizipation oder Dialog Konjunktur haben. Es ist zum Mitlaufen. Das Dabeisein verleiht Prestige, und Prestige ermöglicht es dabeizusein. Die Partizipation wird zum Karriereschema, wie man es bereits seit gut zwanzig Jahren in der Studentenschaft der Universitäten beobachten kann. Die statusabhängigen persönlichen Kontakte werden unterbrochen, die statuswirksamen, statusbildenden organisierten Kontakte werden gesucht. Verständigungen müssen jetzt protokolliert und, wenn möglich, als Presseerklärungen veröffentlicht werden. Sie werden als Ergebnis in die Formen der Kommunikation eingespeist, die damit weiterarbeiten, aber unter dem Druck von Neuigkeiten eine Verständigung auch schnell obsolet werden lassen können. Solche Formen sind: Organisation und Massenmedien, Akten und Tagesnachrichten. Organisationen sind das für weitere Entscheidungen maßgebende Resultat von Entscheidungen. Die öffentliche Meinung ist das für weitere Kommunikation maßgebende Resultat von Kommunikation. Daß persönliche Bindungen entstehen, ist kaum zu erwarten. Und am leichtesten hat es der, der Verständigung als rein kommunikative Interpunktion, als Zwischensumme, als Positionspapier völlig externalisieren kann.

Nun zu der Frage, ob man sich über Risiken oder Gefahren verständigen kann. Zunächst: Wer will das apodiktisch ausschließen! Aber dann fragt sich doch, wie die Chancen stehen. Es ist wichtig, zwischen Risiko und Gefahr begrifflich klar zu unterscheiden. Von Risiken spricht man dann, wenn etwaige künftige Schäden auf die eigene Entscheidung zurückgeführt werden. Wer kein Flugzeug besteigt, kann nicht abstürzen. Bei Gefahren handelt es sich dagegen um von außen kommende Schäden. Um im Beispiel zu bleiben, daß man durch herabfallende Flugzeugtrümmer getötet wird. Beide Fälle behandeln die Ungewißheit eines künftigen Schadens, sind also Gegenfälle zu Sicherheit. Sie unterscheiden sich aber an der Frage, ob das Unglück auf eine Entscheidung zugerechnet wird oder nicht.

Wie uns eine umfangreiche Attributionsforschung lehrt, ist Zurechnung von psychischen, sozialen und kulturellen Bedingungen abhängig. Durch die technologische, geldwirtschaftliche und organisatorische Entwicklung der modernen Gesellschaft wird heute vieles als Risiko gesehen, was früher als Gefahr behandelt worden wäre. Nach wie vor kommen Viren und Bakterien von außen, aber wenn man sich nicht impfen läßt oder sich nicht versichert, ist das ein Risiko. Entsprechend nimmt das Risikobewußtsein auf Kosten des Gefahrenbewußtseins zu. Bekannte Gefahren – Erdbeben und Vulkanausbrüche, Aquaplaning und Ehen – werden zu Risiken in dem Maße, als bekannt ist, durch welche Entscheidungen man vermeiden kann, sich ihnen auszusetzen. Durch eine immer größere Entscheidungsabhängigkeit unserer Zukunft – oder anders gesagt: durch eine entsprechende Änderung unserer Zurechnungsgewohnheiten – verschiebt sich das Dunkelfeld der Zukunft aus dem Gefahrbereich in den Risikobereich.

Aber damit ist nur die eine Hälfte des Sachverhalts beleuchtet. Denn mit den Entscheidungen nehmen auch die Gefahren wieder zu, und zwar in der Form von Gefahren, die von den Entscheidungen anderer ausgehen. Und während man früher sich Gefahren gemeinsam gegenübersehen und entsprechende Tugenden wie Mut, Ausdauer, Unerschütterlichkeit schätzen konnte, durchschneidet heute die Differenz von Risiko und Gefahr die soziale Ordnung. Was für den einen ein Risiko ist, ist für den anderen eine Gefahr. Der Raucher mag seinen Krebs riskieren, aber für andere ist er eine Gefahr. Ebenso verhält sich der Autofahrer, der riskant überholt, der Konstrukteur und Betreiber von Atomkraftwerken, die gentechnologische Forschung – um Beispiele ist man nicht verlegen. Ja man kann sogar fragen, ob es den Fall überhaupt gibt, den unser liberaler Verfassungsstaat und seine Freiheitsideologie voraussetzen: daß man seine eigenen Interessen fördern könne, ohne andere zu schädigen; oder anders formuliert, daß man riskant handeln könne, ohne andere zu gefährden.

Indem die Naturgefahren zurückgehen, nehmen die sozial ausgelösten Gefahren zu. Wir können, statt von Risiko und Gefahr, also auch von Entscheidern und Betroffenen sprechen. Mehr und mehr beginnt diese Differenz, das soziale Leben zu beherrschen. Die Unterscheidung von Rauchern und Nichtrauchern führt bereits zur Entwicklung von deutlich ausgeprägten Phobien. Man erkundigt sich nach der Treue des Partners – im Hinblick auf Aids. Der Widerstand gegen Industrieansiedlungen mit riskanten oder gefährlichen Technologien ist nur die Spitze eines Eisbergs, der sehr viel breitere Grundlagen hat. Diese Aufmerksamkeit für Gefahren, die mit dem riskanten Verhalten anderer gegeben sind, sollte keinesfalls bagatellisiert werden und schon gar nicht mit dem Argument, daß es sich doch in den meisten Fällen um wohlerwogene, gut durchkalkulierte Risiken handelt. Im Gegenteil, die hier angedeutete Differenz der Risikoperspektive der Entscheider und der Gefahrperspektive der Betroffenen ist ein neuartiger Konfliktanlaß, der gute Aussichten hat, die alten Verteilungskonflikte des Wohlfahrtsstaates an sozialer und politischer Sprengkraft zu übertreffen. Und mit sehr viel weniger Aussicht auf eine Lösung durch wohlfahrtsstaatliche Umverteilungspolitik, aber auch mit sehr viel weniger Aussicht auf stabile Frontenbildung.

Risiko und Betroffensein

Hinzu kommt die Frage, wer eigentlich die Betroffenen sind und wie sie sich sozial erfassen, ja auch nur ansprechen lassen. Früher konnte man davon ausgehen, daß die riskant Handelnden selbst die Betroffenen sind oder daß es sich mehr oder weniger um ein gruppenspezifisches Phänomen handelt, etwa um den Hofdienst des Adeligen oder um Seefahrer oder Pilzsammler. Noch im Industriezeitalter gibt es Arbeiter, die sich in besonderer Weise Gefahren aussetzen und darin ihren eigenen Stolz haben. Man denke an Bergarbeiter oder auch an Gießereiarbeiter; und nicht zuletzt an die Schwierigkeiten, diese Auszeichnung durch andere Arten von Arbeit zu ersetzen, wenn Gruben oder Werke geschlossen werden. Der Komplex von Risiko und Betroffensein zeichnete aus.

Das hat sich geändert in dem Maße, als Gefährdungen ökologisch vermittelt werden. Dann ergeben sich zwei neuartige Situationen, die man nochmals unterscheiden muß. Einmal fallen jetzt Entscheider, Nutznießer und Betroffene so weit auseinander, daß sie sich nicht mehr zu einer sozialen Kategorie, geschweige denn einer Gruppe, einem sozialen System zusammenfassen lassen. Bei der Errichtung gefährlicher Industrieanlagen gelten die Anwohner als Betroffene; aber sie profitieren auch, soweit der Betrieb Arbeitsplätze schafft. Ferner Wohnende nutzen die Produkte, sind aber nicht mehr betroffen. Die Entscheider wird man nur dann, wenn sie sich finanziell engagieren, zu den Betroffenen rechnen können. Und sie sind, das muß gegen ein verbreitetes Vorurteil festgestellt werden, keineswegs unbedingt Nutznießer der Entscheidung. Man kann bei solchen Sachlagen nicht mehr damit rechnen, daß sich ein gruppenspezifisches Ethos oder auch nur ein gruppenspezifisches Know-how entwickelt; und auch nicht damit, daß die Eigenbetroffenheit das Risikoverhalten ausreichend diszipliniert.

Erst recht wird Betroffenheit zu einer sozial amorphen Situation, wenn überhaupt nicht mehr bestimmt werden kann, wer und wie jemand betroffen sein wird – von einer Katastrophe, die sich morgen oder in tausend Jahren ereignen kann; vom Abschmelzen des Polareises – nur Florida, nur Amsterdam oder indirekt dann auch Zürich? Vom Zusammenbruch der Geldwirtschaft? – schließlich jeder, dessen Leben davon abhängt, daß sein Geld angenommen wird. Es wird nicht schwerfallen einzusehen, daß dieser Situation nicht mehr mit rollenspezifischer Disziplin und entsprechendem Wissen, mit berufsständischer Ordnung, ja überhaupt nicht mehr mit der Bildung sozialer Systeme beizukommen ist, deren Auszeichnung darin läge, daß sie anders sind als andere.

Das Problem hat damit eine asymmetrische Struktur bekommen: Soziale Regulierungen können sich an die leicht identifizierbaren Entscheider wenden, vor allem an Organisationen; aber nicht an die Betroffenen. Diese können nur »repräsentiert« werden nach dem Muster von »Demokratie«, und dies auch nur durch sich selbst ermächtigende »parademokratische« Repräsentanten.

Die Frage ist nun: Kann man über diese Differenz von Entscheidern und Betroffenen hinweg eine Verständigung erreichen? Oder noch grundsätzlicher: Ist eigentlich die allgemein geteilte Annahme noch berechtigt, daß mehr Kommunikation, mehr Reflexion, mehr Wissen, mehr Lernen, mehr Beteiligung – daß mehr von alledem etwas Gutes oder jedenfalls nichts Schlechtes bewirken würde?

Es gibt gute Gründe, auf die Frage nach Möglichkeiten der Verständigung zunächst mit Skepsis zu reagieren. Obwohl die empirischen Forschungen noch kein sicheres Urteil erlauben, deutet manches darauf hin, daß die Entscheider Risiken ganz anders erleben als die Betroffenen Gefahren. Es ist, als ob die Zukunft eine andere Gegenwart suggeriert je nachdem, ob sie in der Perspektive des Risikos oder in der Perspektive der Gefahr wahrgenommen wird. Die Risikobereitschaft hängt nicht zuletzt davon ab, daß man sich freiwillig auf das Risiko einläßt; und ferner davon, daß man den Verlauf unter Kontrolle zu haben meint. Risikoscheu würde hier bedeuten, daß man die eigenen Fähigkeiten gering einschätzt, mit unvorhergesehenen Zwischenfällen fertig zu werden. Risikobereitschaft kann geradezu der Demonstration von Kompetenz dienen. Natürlich sind Generalisierungen dieser Art problematisch, weil sie von der Eigenart bestimmter Situationen absehen. Das Verhalten im Straßenverkehr läßt nicht ohne weiteres Rückschlüsse auf das Experimentieren mit gefährlichen Stoffen oder auf das Vertrauen in die Sicherheitstechnologie industrieller Anlagen zu. Aber von diesem Bedenken bleibt unberührt, daß derjenige, der sich durch andere gefährdet fühlt, sich in einer ganz anderen Situation befindet. Und hier zeigen empirische Forschungen deutlich, daß das Vertrauen in die Schadensvermeidungskompetenz von Experten, Industrieorganisationen oder auch politischer Systeme (insbesondere auf kommunaler Ebene) in den letzten beiden Dekaden rapide abgenommen hat. Es ist, als ob die Differenz von Entscheidern und Betroffenen sich heute stärker bemerkbar macht als früher.

Ein zweiter Gesichtspunkt betrifft die unterschiedliche Einstellung zu quantitativen Kalkulationen, die die Größe eines möglichen Schadens gegen die Wahrscheinlichkeit seines Eintritts verrechnen. Man weiß, daß eine solche Rechnung nicht unbedingt akzeptiert wird, so rational sie sein mag; und zwar vor allem dann nicht, wenn die Schadenshöhe die Form einer Katastrophe annimmt. Es mag ja zutreffen, daß die Gefahr, die von einem neuen Kernkraftwerk in der Nachbarschaft ausgeht, nicht größer ist als das Risiko der Entscheidung, drei Kilometer im Jahr zusätzlich Auto zu fahren. Aber: Wen wird dieses Argument beeindrucken? Aussicht auf Katastrophen ist eine Schranke für Kalkulation. Das will man auf keinen Fall – auch wenn es extrem unwahrscheinlich ist. Aber wo liegt diese Katastrophenschwelle, von der ab quantitative Berechnungen nicht mehr überzeugen? Offenbar kann diese Frage nicht unabhängig von weiteren Variablen beantwortet werden. Sie liegt für Arme anders als für Reiche, für Abhängige anders als für Unabhängige. Sie ist auch historisch beweglich. Vielleicht kann sie überhaupt nur zirkulär definiert werden. Eine Katastrophe ist das, was man bei keiner quantitativen Berechnung akzeptieren möchte. Dann wird der Entscheider, der auf die extreme Unwahrscheinlichkeit einer solchen Katastrophe hinweist, nur die Antwort erhalten: Das interessiert mich nicht, ich will es auf keinen Fall.

Das ist keine irrationale Antwort. Überhaupt dient das Schema rational/irrational nur dazu, das Nichtfunktionieren kommunikativer Verständigung zu erklären und den Abbruch von Kommunikation zu legitimieren. Die eigentlich interessante Frage ist: was als Katastrophe zählt. Und dies ist vermutlich eine Frage, die von Entscheidern und Betroffenen sehr verschieden beantwortet wird. Es mag dann extreme Katastrophenempfindlichkeiten geben, die jede Verständigung ausschließen. Aber zunächst sollte man dem, der eine Katastrophe nicht will, zugestehen, daß dies eine Einstellung ist, die er in die Kommunikation einbringen kann. Aber eben eine Einstellung, die eine Verständigung über Entscheidungen mit einer zwar sehr geringen, aber doch nicht ausschließenden Katastrophenwahrscheinlichkeit ausschließt.

Schließlich zeigen erste Forschungsergebnisse eine gewisse Widersprüchlichkeit von Meinungen des einzelnen je nachdem, ob sie im Schema Risiko oder im Schema Gefahr abgefragt werden. Auch angesichts der Bedrohung durch Aids sind viele nicht willens, ihr Sexualverhalten zu ändern, fordern aber gleichwohl staatliche Regulierung. Sie wollen Risiken ohne Gefahr, Risiken für sich selbst um der damit verbundenen Vorteile willen, aber keine Gefährdung durch andere. Auch für technologische Risiken dürfte das gelten: Der Wunsch nach staatlicher Regulierung scheint weit über das hinauszugehen, was Experten für sinnvoll halten würden – und vermutlich auch über das hinaus, was man selbst in der Position des Entscheiders akzeptieren würde.

Keine Entscheidung ohne Risiko

Diese Überlegungen zeigen die Schwierigkeit des Feldes auf, in das jede politische Intervention eingreifen muß. Sie kann eigentlich nur Undankbarkeit ernten, kann eigentlich nur Fehler machen. Sie wird durch Handeln wie durch Unterlassen Folgen auslösen, die weder ihren Erwartungen noch ihren Intentionen entsprechen. Und sie kann sich auch nicht an einen bekannten Gegensatz von Interessen oder Ideologien halten, um sich dann von Fall zu Fall auf die Seite der Mehrheit zu schlagen. Die Mehrheit – das sind immer die Betroffenen. Aber auf sie zu hören würde bedeuten, daß man verhindernd eingreift und damit wiederum Risiken eingeht und Betroffenheiten erzeugt – und sei es die Betroffenheit von Hochhausbewohnern, die befürchten müssen, im Lift steckenzubleiben, weil der Strom für Fälle der Extrembelastung nicht ausreicht.

Man kann darauf entgegnen, das eben sei nun das spezifische Risiko von Politik. Keine Entscheidung ohne Risiko. Das lasse sich nicht ändern. Aber der Politik falle die besondere Funktion der *Risikotransformation* zu. Sie könne durch Intervention oder Nichtintervention Risiken die Form eines spezifisch politischen Risikos geben und dann auf die für sie typischen Formen der Risikoabsorption setzen – etwa auf die Vergeßlichkeit der öffentlichen Meinung, auf die Kurzfristigkeit aller Erregungen, auf die Schwierigkeiten einer Kausalzurechnung von Folgen auf Entscheidungen. Oder auch auf das Schema Regierung/Opposition, in dem ohnehin alles, was unternommen wird, kritisiert wird und das inzwischen ausreichende Robustheit im Überstehen und Ablaufenlassen von Kritik erzeugt hat.

Gibt es im Vorfeld von Politik Möglichkeiten der Verständigung, die ausreichend wirksam sein können, so daß eine Politisierung von Risikothemen erst in zweiter Linie, also nur subsidiär, in Betracht kommt? Daß quantitative Berechnungen und Vergleiche dazu nicht taugen, ist so bekannt, daß man es kaum noch erwähnen muß. Sie sind zu leicht manipulierbar. Sie geben immer dem recht, der sie benutzt – ob er sich nun für oder gegen riskante Unternehmungen äußern will. Da man dies weiß oder wissen kann, muß man sich nach anderen Möglichkeiten umsehen.

Am lautesten ertönt derzeit der Ruf nach einer Ethik, die hier wie auch in vielen anderen Hinsichten mit akzeptierbaren Regeln aushelfen soll. Eine solche Ethik gibt es jedoch gar nicht. Weder paßt die aristotelische Ethik – schon wegen ihrer Annahme, daß ihre Einsichten der Natur entsprächen und alle entgegenstehenden Meinungen schlicht auf Irrtum beruhten und wegen ihrer Ausformung als Adelsethik oder jedenfalls als Ethik der civilitas für einen kleinen Kreis von

Einwohnern. Aber auch die seit der zweiten Hälfte des 18. Jahrhunderts geläufigen Ethikformen, die sich nur noch mit der Begründung moralischer Urteile befassen, passen nicht recht. Sowohl mit der kantischen Ethik als auch mit der materialen Wertethik als auch mit der utilitaristischen Ethik des rationalen Nutzenkalküls hat man spezifische Erfahrungen gemacht, ist man in wohlbekannte Schwierigkeiten geraten, die man nicht einfach übergehen kann, wenn man heute von neuem nach Ethik verlangt. Solche Schwierigkeiten sind die deduktive Unergiebigkeit des kantischen Sittengesetzes, die Unfähigkeit der materialen Wertethik, Konflikte zwischen Werten verbindlich vorzuentscheiden, oder auch die Schwierigkeit des Utilitarismus, eine Aggregation individueller zu sozialen Präferenzen zu begründen. Und selbst wenn diese Erblasten der neueren ethischen Tradition nicht mehr zählen würden, man sieht einfach keinen Regulierungsvorschlag für das Problem, das uns bisher beschäftigt hat, für die Gegensätzlichkeit und die Konfliktneigung im Verhältnis von Risikokalkulation und Gefährdung.

Der Ruf nach Ethik kaschiert unter diesen Umständen wohl nur den Anspruch auf moralische Geltung, die jeder für sein eigenes Urteil in Anspruch nimmt, also auch die Bereitschaft, denjenigen, der diese Meinung nicht teilt, moralisch zu mißachten und mit Mißachtung zu sanktionieren. Die Ethik geht dann sehr leicht in ein unreflektiertes Moralisieren über. Und dafür haben wir in der aktuellen Diskussion Beispiele genug. Zahlreiche Kontroversen über ökologische Risiken, über Gesundheitsrisiken am Arbeitsplatz, aber im Hintergrund dessen auch über die Notwendigkeit der Kapitalbildung zur Vermeidung wirtschaftlicher Risiken beginnen und enden mit einer wechselseitigen Verunstaltung der Standpunkte. Ein Beobachter sieht dann leicht, daß Kommunikation mit Sorgfalt vermieden wird und jeder gegen einen Gegner argumentiert, den es gar nicht gibt. Gerade das darf aber nicht passieren, wenn man Verständigung sucht. Denn wer seinem eigenen Urteil moralische Qualität zuspricht, schließt damit zugleich eine Verständigung mit denjenigen aus, die die entgegengesetzte Meinung vertreten. Die Berufung auf ethische Regeln, über die, wenn man das Ergebnis sieht, keine Verständigung mehr möglich ist und die sich auch nicht von selber durchsetzen, belastet dann den Kommunikationsprozeß, auf den es letztlich ankommt.

Also ist, wenn man Verständigung sucht, gerade ein Zurückhalten moralischer Urteile angebracht. Oder um es paradox zu formulieren: Die Ethik solcher Verständigungsversuche könnte fordern, von Ethik abzusehen. Vielleicht kann man dieses Prinzip nochmals generalisieren zu sogenannten »gag rules« – das heißt Vermeidungsregeln, die Themen aus der Kommunikation ausschließen, über die mit Sicherheit keine Verständigung zu erreichen ist (so zum Beispiel Themen der Religion in der frühen Neuzeit, der Sklaverei in den Vereinigten Staaten vor dem Bürgerkrieg, der unterschiedlichen Nationalitäten in manchen Staatswesen dieses Jahrhunderts). Ob solche »gag rules« durchzuhalten sind, ist freilich eine Frage. Der amerikanische Sklavereikonflikt und der Zusammenbruch des religiösen Kompromißsystems im heutigen Libanon bieten lehrreiche Gegenbeispiele – auch insofern, als das Problem dann in der Frage liegt, ob ein Bürgerkrieg zur Entscheidung führen kann oder nicht.

Übertragen auf unseren Fall der Verständigung zwischen Entscheidern und Betroffenen, könnte eine »gag rule« darin liegen, daß über Katastrophen nicht gesprochen wird. Diese Regel benachteiligt die Betroffenen zugunsten der Entscheider. Sie kann daher nicht unparteiisch und daher nur im Vorfeld des Vorfelds von Politik praktiziert werden. Man könnte trotzdem einen Sinn darin sehen, an derart verharmlosten Themen die Verständigungsbereitschaft zu testen und kleine Fortschritte dort zu erzielen, wo große Fortschritte nicht – oder nur als durch Zwangsgewalt gedeckte politische Entscheidung – möglich sind.

Ein anderes Verbot könnte das Wort »Sicherheit« mit einem Bann belegen. Wer glaubt, Sicherheit versprechen zu können, macht sich der Absicht der Täuschung verdächtig; und jedenfalls verstößt er gegen verständigungsgünstige Kommunikationsregeln. Gespräche müssen also auf der Basis akzeptierter Unsicherheit stattfinden. Und zu den Dialogstrategien würde es dann gehören, die vermeintlichen sicheren Ausgangsannahmen der anderen Seite (zum Beispiel: daß sich Alternativen finden oder Kosten decken lassen) in Unsicherheit = Risiko aufzulösen.

Wenn es keine den Konsens steuernde Ethik gibt, die in der Problemlage von Risiko und Gefahr zu helfen vermag, könnte man natürlich trotzdem eine kommunikative Verständigung suchen. Manche Hoffnungen werden in diese Richtung gelenkt. Denkt man etwa an Schlagworte wie »Prozeduralisierung« oder vernunftorientiertes »kommunikatives Handeln«.

Darin liegt zunächst der gute Sinn, die Thematik von »Was-Fragen« auf »Wie-Fragen« umzustellen. Konsens wird zunächst nur für die Art des Vorgehens in Anspruch genommen. Man kommt zusammen, hat eine Tagesordnung, tauscht Informationen aus. Niemand wird vorab bestreiten wollen, daß dies sinnvoll ist. Und vielleicht können ja auch, gleichsam als Nebenertrag, Bedenken ausgeräumt oder auch erweckt werden.

Problematisch wird diese Erwartung erst, wenn sie belastet ist mit der Hoffnung, die Divergenz von Entscheidern und Betroffenen auf diese Weise überbrücken und übereinstimmend akzeptierte Problemlösungen finden zu können. Man geht denn auch in solche Runden mit einem eher politischen Bedenken: Was geschieht, wenn am Ende einer recht behält? Wenn am Ende die Vorstellungen der einen Seite sich als vernünftig, die der anderen Seite sich als unvernünftig herausstellen sollten? Das darf natürlich nicht sein. Der Diskurs darf nicht so laufen, wie Habermas es sich vorstellt. Es darf nicht zugelassen werden, daß am Ende die Vernunft triumphiert. Denn die Frage ist und bleibt ja doch: wessen Vernunft?

Empirische Forschungen im Sonderbereich des Konsumentenschutzes und des Arbeitsschutzes deuten darauf hin, daß mit Erziehungsversuchen, Mahnungen, Argumentationen aufgrund eines bereits bekannten Informationsstandes wenig zu erreichen ist. Dadurch wird der Adressat nur an seine ihm schon bekannte Einstellung erinnert und in ihr gefestigt. Mehr Erfolg verspricht die Übermittlung von Informationen, also von Überraschungen, die den Empfänger irritieren und ihn zu einer (nicht direktiv vorgegebenen) Umgestaltung des Kontextes veranlassen können, in dem er selber die Welt und ihre Risiken beobachtet. Wieweit solche Befunde auf hochpolitisierte Kontexte übertragen werden können, ist nicht zu sagen; aber es spricht natürlich nichts dagegen, einen nur informativen, nicht persuasiven, nur irritierenden, nicht dirigierenden Kommunikationsstil auszuprobieren.

Verständigungsorientierte Kommunikation sollte daher von vornherein auf die Ambition verzichten, die andere Seite zur Aufgabe ihres Standpunktes zu bringen. Überhaupt sollte sie nicht auf die Erzeugung von Sicherheit abzielen, sondern auf die Erzeugung von Unsicherheit. Man würde aus solchen Gesprächen dann nicht die Lösung mitbringen, die man zu Hause dann immer noch durchsetzen muß (was aller Erfahrung nach scheitert). Man würde verunsichert ins eigene System zurückkehren und Anlaß haben, nach Mitteln und Wegen zur Behebung dieser Unsicherheit zu suchen.

Kontrollierbare Unsicherheit

Gespräche dieser Art könnten als Mittel der Erzeugung von Irritationen verstanden werden. Dieser in der neueren Systemtheorie auftauchende Begriff respektiert die Geschlossenheit der Informationsverarbeitung der beteiligten Systeme – seien es Industrieunternehmen, seien es Versicherungen, seien es Protestbewegungen, seien es politische Parteien, seien es Forschungsinstitute. Er respektiert deren Eigendynamik, auch die Unterschiedlichkeit der Weltkonstruktionen in einer auf »Polykontexturalität« angewiesenen Gesellschaft. Die Frage ist dann, ob die beteiligten Systeme komplex genug sind, um Irritationen selbst erzeugen zu können. Gespräche könnten Systeme koppeln, zwischen denen kein »Informationsaustausch« stattfinden kann, weil alle Daten in den Systemen jeweils unterschiedliche Informativität gewinnen. Eine solche strukturelle Kopplung würde dann Irritationen kanalisieren, nicht aber Systemzustände determinieren.

Was man von den angedeuteten Theorieentwicklungen und speziell von ihren sozialwissenschaftlichen Ausprägungen erwarten kann, ist nicht eine Steigerung von Sicherheit, sondern eine Steigerung von Unsicherheit; Unsicherheit aber aufgrund von präziser Begrifflichkeit und kontrollierbarer Problemkonstruktion. Die Unterscheidung von Risiko und Gefahr und die Unterscheidung von psychischer Integration und kommunikativer Verständigung (mit dem Namen »Konsens«) sind dafür nur Beispiele. Und wir wissen es ja längst aus allen möglichen Bereichen anwendungsbezogener Forschung oder Politikberatung: Eine ernsthafte, nicht politisch vorfrisierte Konfrontation von Forschung und Anwendungskontexten hat diesen Effekt der Multiplikation von Fragestellungen und Entscheidungslasten. Von »Technokratie« kann keine Rede sein. Eher scheinen sich hier Effekte der funktionalen Differenzierung von Wissenschaft, Politik und Wirtschaft zu zeigen. Das Auflösevermögen der Wissenschaft vermehrt die Freiheitsgrade und damit die Risiken, in denen man sich nach spezifisch politischen beziehungsweise spezifisch wirtschaftlichen Kriterien zu entscheiden hat.

Eine Gemeinsamkeit findet sich nicht in den Kriterien, sondern nur darin, daß all dies in einem umfassenden Gesellschaftssystem stattfindet, das die Möglichkeit der Kommunikation garantiert. Und vielleicht noch darin, daß es in jedem Falle darum geht, sich an Zukunft zu orientieren, und das heißt, im Medium des nur Wahrscheinlichen vorläufig haltbare Formen zu finden.

12. Die Moral des Risikos und das Risiko der Moral

I. Risiko und Gefahr

Obwohl das Wort »Risiko« seit mehreren Jahrhunderten bekannt und geläufig ist, ist der Begriff unklar geblieben. Man trifft auf sehr verschiedene, häufig unzureichende Bestimmungen wie etwa: Wahrscheinlichkeit von adverse effects, Maß für zufallsabhängige Ergebnisse, objektive Grundlage subjektiver Unsicherheit usw.[1] Aber warum hat man im Übergang vom Mittelalter zur Neuzeit ein neues Wort gesucht und in unbekannten, vermutlich arabischen Quellen gefunden? Worte für Gefahr standen selbstverständlich zur Verfügung. Neu – aber zumindest für Seefahrer und Pilzsammler nicht ganz neu! – war nur die Anforderung, Gefahr als Gegenstand und als Folge einer eigenen Entscheidung zu sehen.

Also liegt es nahe, mit der Klärung dadurch zu beginnen, daß man Gefahr und Risiko unterscheidet. Als Gefahr kann man jede nicht allzu unwahrscheinliche negative Einwirkung auf den eigenen Lebenskreis bezeichnen, etwa die Gefahr, daß ein Blitz einschlägt und das Haus abbrennt. Von Risiko sollte man dagegen nur sprechen, wenn die Nachteile einer eigenen Entscheidung zugerechnet werden müssen. Das Risiko ist mithin, anders als die Gefahr, ein Aspekt von Entscheidungen, eine einzukalkulierende Folge der eigenen Entscheidung. Würde man anders entscheiden, würde man das Risiko vermeiden – vielleicht auf Kosten eines anderen Risikos.

Es ist nicht sehr wahrscheinlich, daß man in der modernen Gesellschaft gefährlicher lebt als in älteren Gesellschaften; aber das Risiko ist ein normales Begleitphänomen alltäglichen Handelns geworden. Dies könnte, wie Jochen Hörisch[2] meint, der Grund dafür sein,

1 Vgl. etwa James F. Short Jr., The Social Fabric at Risk: Toward the Social Transformation of Risk Analysis, American Sociological Review 49 (1984), S. 711-725. Ebenso üblich wie unzureichend Robert W. Kates/Jeanne X. Kasperson, Comparative Risk Analysis of Technological Hazards (a Review), Proceedings of the National Academy of Sciences 80 (1983), S. 7027-7038 (7029): »A Hazard ... is a threat to people and to what they value ... and a risk is a measure of hazard.«

2 Die alltägliche Wiederkehr des Einhorns in der »Unendlichen Geschichte«, in: Ak-

daß Alltäglichkeit als Begriff in die Philosophie eingedrungen, ja sogar literaturfähig geworden ist.[3] Anscheinend muß der Alltag selbst in irgendeiner Weise stillgestellt oder literarisch dupliziert und fiktionalisiert werden, wenn man Distanz zur Selbstbeteiligung am Risiko gewinnen will.

Diese Überlegung kann hier nicht weiter in Richtung auf Kunst und Literatur verfolgt werden. Unser Interesse gilt zunächst den gesellschaftlichen Bedingungen dieser Ausbreitung des Risikoerlebens. Die Unterscheidung von Gefahren und Risiken macht sogleich klar, daß die technologische Entwicklung, auch wenn sie in sich selbst relativ ungefährlich wäre, zu einem Anschwellen der Risiken führt. Sie transformiert Gefahren in Risiken einfach dadurch, daß sie vorher nicht gegebene Entscheidungsmöglichkeiten schafft. Wenn es Regenschirme gibt, kann man nicht mehr risikofrei leben: Die Gefahr, daß man durch Regen naß wird, wird zum Risiko, das man eingeht, wenn man den Regenschirm nicht mitnimmt. Aber wenn man ihn mitnimmt, läuft man das Risiko, ihn irgendwo liegenzulassen. Oder: Wenn es die Möglichkeit gibt, den Wein chemisch zu präparieren, so daß er haltbar und schmackhaft wird, ist die Gefahr, daß der Wein mißlingt, ein Risiko, das man eingeht, wenn man es, sei es aus alter Gewohnheit, sei es aus neuer Aversion gegen Chemikalien, unterläßt, den Wein chemisch »auszubauen« (wie man in Deutschland sagt).[4]

Zunächst ergibt sich also die Zunahme von Risiken aus der Zu-

ten des VII. Internationalen Germanisten-Kongresses Göttingen 1985, Tübingen 1986, Bd. 10, S. 234-240. Hörisch zitiert aus den Aufzeichnungen Rilkes »Die Gefahr ist sicherer geworden als die Sicherheit« und unterscheidet ebensowenig wie Rilke zwischen Gefahr und Risiko.

3 Üblicher ist eine andere Erklärung: Die Rationalitätskrisen dieses Jahrhunderts seien der Anlaß. Siehe zuletzt: Agnes Heller, Everyday Life, London 1984, und dies., The Power of Shame: A Rational Perspective, London 1985, S. 71 ff. Aber vielleicht ist die Ausbreitung von Riskanz ihrerseits der Grund dieser Rationalitätskrisen.

4 Dieses Beispiel entnehme ich einem Gespräch mit einem süditalienischen Weinbauern, der die Faktoren genau angeben konnte, die zum Mißlingen des Weins führen können, dem aber jede Vorstellung eines Risikos (oder auch die Vorstellung, daß Mißlingen häufig ist) fremd und unzugänglich war, da er ohnehin alle Zutaten bei der Weinzubereitung prinzipiell ablehnte. Dies Beispiel weckt auch Zweifel, ob man subsistenzwirtschaftliches Verhalten durch »risk aversion« oder »safety first« charakterisieren kann. (Vgl. James C. Scott, The Moral Economy of the Peasant: Rebellion and Subsistence in Southeast Asia, New Haven 1976; James A. Roumasset, Rice and Risk: Decision Making Among Low Income Farmers, Amsterdam

nahme von Entscheidungsmöglichkeiten und speziell aus der Zunahme von Gefahrabwendungsmöglichkeiten. Ein Blick auf die Medizin kann verdeutlichen, daß es sich dabei nicht unbedingt um einen negativ zu bewertenden Faktor handelt. Andererseits macht ein Blick auf bürokratische Organisationen deutlich, daß es an Risikobewußtsein (ähnlich wie bei subsistenzwirtschaftlich denkenden Bauern) oft fehlt, weil Entscheidungsmöglichkeiten gar nicht gesehen oder aus dem durch Routine bestimmten Alltag ausgeschaltet werden.[5] Jede ethische Behandlung von riskanten Entscheidungen wird dieses pervasive Phänomen des Ansteigens und Ignorierens von normalen Risiken nicht außer acht lassen dürfen, ja vielleicht zunächst bedenken müssen.

Keinen Soziologen wird es überraschen, daß die Auswahl derjenigen Risiken, denen öffentliche Aufmerksamkeit zuteil wird, sozialen und kulturellen Bedingungen gehorcht.[6] Die heute rasch anschwellende öffentliche Diskussion über Risiken der wissenschaftlichen Forschung und der technologischen Entwicklung[7] hat vor allem ein Sonderphänomen vor Augen: den Fall von nützlichen Entscheidungen mit der Möglichkeit von sehr unwahrscheinlichen, aber dann katastrophalen Folgen. Während man die klassischen Fälle des Risikos noch mit Entscheidungskalkülen einfangen, disziplinieren, sogar rationalisieren zu können hoffte, stimuliert diese neue Zuspitzung den Ruf nach »Verantwortung«, wenn nicht nach »Ethik«. Man sieht aber rasch, daß hier der Wunsch der Vater des Gedankens ist. Wie soll, wenn nicht Kalkül, dann Ethik, wenn nicht Rationalität, dann Verantwortung helfen?

1976.) Es fehlt möglicherweise die ganze Erfahrungsdimension des Risikos, und nur ein Beobachter vermag hier Risiken zu sehen.

5 Vgl. hierzu Marshall W. Meyer/Kenneth A. Solomon, Risk Management in Local Communities, Policy Sciences 16 (1984), S. 245-265. Offensichtlich kollidiert hier im übrigen die Notwendigkeit, zu einer Entscheidung zu kommen und Motive für ihre Durchführung warmzuhalten, mit dem Gebot eines umfassenden Vergleichs von Alternativen. Siehe hierzu Nils Brunsson, The Irrational Organization: Irrationality as a Basis for Organizational Action and Change, Chichester 1985. Bedrückend auch ein Bericht aus der Ukraine vor der Katastrophe von Tschernobyl (dt. Übersetzung in: Frankfurter Allgemeine Zeitung vom 12. Mai 1986, S. 10).

6 Siehe speziell hierzu Mary Douglas/Aaron Wildavsky, Risk and Culture: An Essay on the Selection of Technical and Environmental Dangers, Berkeley 1982.

7 Der Überblick von Kates und Kasperson, a. a. O. (Anm. 1), bringt dazu eindrucksvolle Zahlen.

Aus einer Reihe von Gründen entzieht sich das Problem des Risikos einer direkten moralischen Bewertung – etwa anhand der Größe der Gefahr oder anhand eines Vorteil/Nachteil-Mix. Der vielleicht einfachste Grund ist: daß auch kriminelles Handeln riskant ist und man sich geradezu bemüht, es im eigenen Risiko zu ersticken. Vergrößerung des Risikos wird hier positiv bewertet – jedenfalls von denen, die ein Interesse daran haben, daß Verbrechen unterbleiben.

Wäre nur dieses Problem zu lösen, könnte man durch eine zusätzliche moralische Regel, etwa durch die Unterscheidung von erlaubten und verbotenen Risiken, helfen – allerdings mit der Folge, daß man innerhalb der erlaubten Risiken dann nochmals zwischen erlaubten und verbotenen unterscheiden müßte. Dies ist begriffstechnisch natürlich möglich, verweist aber auf das Problem der moralischen Kriminalisierung von risikobereitem Handeln. Sind diejenigen, die in die Zone der moralisch prekären, aber noch nicht kriminalisierten Risikobereitschaft geraten, also zum Beispiel zum Ausbau der industriellen Nutzung von Kernenergie raten, nun Verbrecher oder nicht? Und wenn nicht vor Tschernobyl, dann nach Tschernobyl? Und wenn nicht heute, dann morgen? In dem Maße, wie die öffentliche Meinung eine moralisch eindeutige Beurteilung/Verurteilung verlangt, wird es nicht leicht sein, eine Art »Mehrebenentheorie« durchzusetzen und die Unterscheidung von verbrecherischer und nur moralisch abgelehnter Riskanz festzuhalten, um so mehr, als die Gesetzgebungsmaschinerie zur Disposition steht.

Wie die empirische Forschung zu Risikoperzeption und Risikoakzeptanz zeigt, gibt es aber noch weitere Probleme. Man weiß zum Beispiel, daß die Einschätzung sehr unwahrscheinlicher, aber sehr relevanter, sehr folgenreicher Ereignisse sowohl im Hinblick auf die Wahrnehmung der Wahrscheinlichkeit als auch im Hinblick auf die Bereitschaft, das Risiko zu akzeptieren, subjektiv stark variiert. Politisch und moralisch gesprochen heißt das: keine Konsenschance! Die öffentliche Meinung ist in diesem Punkte der Rhetorik und der Manipulation ausgesetzt.[8] Die Manipulierbarkeit hat zwar Gren-

8 Das zeigen nicht zuletzt die regional sehr unterschiedlichen Reaktionen auf den Harrisburg-Unfall. Für Tschernobyl liegen im Moment noch keine entsprechenden Untersuchungen vor (wenn man nicht die Berichte über sehr unterschiedliche Auffassungen bei der Festlegung von Vorsichtsmaßnahmen innerhalb der Europäischen Gemeinschaft als Indikator nehmen will). Zum Problem allgemein: Ortwin Renn, Wahrnehmung und Akzeptanz technischer Risiken, 6 Bde., Jülich 1981.

zen, aber das sind ihrerseits nichtrationale Grenzen. Man weiß, daß Einschätzungen von Risiken mehr, als rational berechtigt wäre, von im Moment verfügbaren Informationen abhängen.[9] Spektakuläre Einzelfälle können dann die Meinungsbildung übermäßig stark beeinflussen, obwohl ihr statistischer Beweiswert und ihre Vergleichbarkeit gering sind. Daher vermag auch die bloße Diskussion sowie die Behandlung eines Themas in den Tagesmedien den Eindruck eines Risikos zu verstärken.[10] All dies kann zu momentan deutlichen, politisch nutzbaren Konsenslagen führen; aber eine Ethik wird gut beraten sein, demgegenüber kühles Blut zu bewahren und sich nicht ganz den Fluktuationen der öffentlichen Meinung oder den Ereignissen auszuliefern, die Soziologen bereits als »normal accidents« bezeichnen.[11]

Ferner ist aus der empirischen Forschung (aber auch im Alltagswissen) bekannt, daß bei der Wahrnehmung und der Akzeptanz eine Art »double standard« gilt. Was die eigenen Entscheidungen angeht, ist man oft extrem risikobereit: Man fährt Auto oder sogar Motorrad, man klettert auf Berge,[12] man heiratet. Bei Gefahren, die einem von anderer Seite zugemutet werden, ist man dagegen hochempfindlich.[13] Man stirbt denn auch weniger an Lebensmittelchemie als an falscher Ernährung und weniger an Industrieabgasen als an Tabakrauch. Übersetzt in das Thema Moral heißt dieser »double stand-

9 Das sogenannte Prinzip der »availability«. Vgl. Daniel Kahneman/Amos Tversky, On the Psychology of Prediction, Psychological Review 80 (1973), S. 237-251; Amos Tversky/Daniel Kahneman, Availability: A Heuristic for Judging Frequency and Probability, Cognitive Psychology 4 (1973), S. 207-232. Vgl. auch Richard Nisbett/Lee Ross, Human Inference: Strategies and Shortcomings of Social Judgement, Englewood Cliffs/N. J. 1980, S. 18 ff., 122 ff. und passim.

10 Dazu allerdings noch keine Forschung. Vgl. den Überblick von Vincent T. Costello, The Perception of Technological Risk: A Literature Review, Technological Forecasting and Social Change 23 (1983), S. 285-297 (288).

11 Siehe Charles Perrow, Normal Accidents: Living with High-Risk Technologies, New York 1984.

12 Speziell hierzu: Richard G. Mitchell, Jr., Mountain Experience: The Psychology and Sociology of Adventure, Chicago 1983.

13 Vgl. Chauncey Starr, Social Benefit Versus Technological Risk: What is Our Society Willing to Pay for Safety? Science 165 (1969), S. 1232-1238; William D. Rowe, An Anatomy of Risk, New York 1977, S. 119 ff., 300 ff.; Paul Slovic et al., Facts and Fears: Understanding Perceived Risks, in: Richard C. Schwing/Walter J. Albers (Hg.), Societal Risk Assessment: How Safe is Safe Enough? New York 1980, S. 181-214.

ard«: Es gibt keine sinnvolle Anwendung für die Maxime der Reziprozität. Wenn man anderen die Gefahren zumuten könnte, die man für sich selbst als Risiko akzeptiert, würde das Proteststürme auslösen. Wenn noch gälte: »Liebe deinen Nächsten wie dich selbst«, könnte dieser sich auf allerhand gefaßt machen.

Schließlich ist zu bedenken, daß viele Risiken überhaupt erst dadurch eingeschätzt werden können, daß man sich auf sie einläßt und Erfahrungen sammelt. Erst die technische Realisation konturiert das Risiko und läßt zugleich die Maßnahmen reifen, die Unglücke verhindern oder zunehmend unwahrscheinlich machen. Ein laufendes Nachsteuern von Verboten und Erlaubnissen aufgrund neuer Erkenntnisse erscheint den einen als die angebrachte Lösung, während andere einwenden, daß auf diese Weise die gesamte Bevölkerung wie Meerschweinchen behandelt wird, mit denen man experimentiert.[14] Und wer hat recht, wenn es sich empirisch so wie angedeutet verhält?

Ethiker könnten auf gut königsbergisch gegen solche Argumente zwar einwenden: das seien empirische Erkenntnisse, die in Sachen Normgeltung nicht zählen. Aber dann muß man doch fragen, ob wir wirklich bereit sind, nach wie vor eine Ethik zu vertreten und zur Anwendung auf Risikofragen zu empfehlen, die auf Konsens und auf Reziprozität setzt, auch wenn wir wissen, daß dafür in der Realität gar keine Basis vorhanden ist. Mit einem sehr viel komplizierteren Gedanken, der auf die Unvermeidlichkeit von Risiken irgendwelcher Art eingestellt ist, könnte man auch postulieren, daß das Problem nicht in der Verantwortung für Risiken liegt, sondern in der Wahrscheinlichkeit von vermeidbaren Irrtümern bei der Entscheidung über Risiken.

Dabei ist zu bedenken, daß infolge der technologischen Ausweitung von Alternativen die Entscheidungslagen zunehmen, in denen die Vermeidung riskanter Entscheidungen ebenfalls riskant ist. Wenn die Anwendung von Antibiotika als zu riskant unterbunden wird (denn sie könnten zur Evolution medizinresistenter Krankheitserreger führen), wer will dann den raschen Tod vieler Menschen verantworten? Wenn man allzu riskante Kapitalinvestitionen vermeiden will, muß man das Risiko vermehrter Arbeitslosigkeit übernehmen.

14 Vgl. Marshall Shapo, A Nation of Guinea Pigs: The Unknown Risks of Chemical Technology, New York 1979.

Die praktischen Probleme liegen deshalb oft gar nicht in der Messung eines Risikos und in der Regulierung der Akzeptanz in einer Hinsicht, sondern in der Abwägung verschiedener Risiken, die wegen unterschiedlicher Betroffenheiten, unterschiedlicher Wahrscheinlichkeiten, unterschiedlicher kompensierender Vorteile untereinander unvergleichbar sind. Das wird oft übersehen; so zum Beispiel, wenn angesichts der unbestreitbaren Risiken der Kernenergie sich eine moralisch argumentierende Gegnerschaft formiert, die die Risiken von Alternativen nicht ernsthaft in Betracht zieht und der anderen Seite vorwirft, daß sie das technische, wirtschaftliche und eventuell soziale und politische Risiko von Alternativen scheut.

Es ist in der empirischen Forschung zwar nicht gut zu belegen, aber es liegt nahe zu vermuten, daß unter diesen Umständen Moral in Anspruch genommen wird, um die Unsicherheit der Meinungsbildung in Fragen, die man für wichtig hält, zu überwinden. Belegbar ist ein Diffuswerden der Themen angesichts der komplexen Folgen möglicher Unglücke.[15] Belegbar ist ferner das Auftreten von Selbstüberschätzung, von overconfidence angesichts unsicherer Grundlagen der Meinungsbildung.[16] Es wird unter diesen Umständen irritieren, wenn andere aus Informationen, die man für zwingend hält, andere Schlüsse ziehen, und dann kann man sich helfen, indem man den anderen heimliche Interessen oder bösen Willen unterstellt.

II. Moral und Risiko

Die Moral hat also Schwierigkeiten mit dem Problem des Risikos, und dies nicht nur in einem Punkte, sondern in vielen verschiedenen Hinsichten. Sie wird außerdem, mit oder ohne »Prinzipien«, selbst aufs Spielfeld gezerrt. Es kommt hinzu, daß die moralische Einfärbung von Kommunikation selbst riskant ist, weil sie sehr rasch zur Fixierung von Positionen, zur Intoleranz und zum Konflikt führt. Eine Kommunikation tritt als moralisch auf, wenn sie suggeriert oder explizit macht, daß Selbstachtung und Achtung anderer von der Erfül-

15 Vgl. z.B. Dorothy Nelkin, Some Social and Political Dimensions of Nuclear Power: Examples from Three Miles Island, American Political Science Review 75 (1981), S. 132-142.

16 Vgl. Slovic et al. in Schwing/Albers a.a.O. (Anm. 13).

lung bestimmter Bedingungen abhängen.[17] Wer in diesem Sinne moralisch kommuniziert, deutet an, daß er andere nicht achten kann, wenn sie sich nicht an die mitkommunizierten Bedingungen halten; und er setzt zugleich seine Selbstachtung aufs Spiel, er bindet sich selbst an die mitgeteilte Moral und erschwert sich damit die Möglichkeit, seine Meinung nachträglich zu revidieren.

Es gibt natürlich Möglichkeiten, diesem Bindungseffekt und dieser polemogenen Wirkung von Moral auszuweichen – zum Beispiel: indem man nicht moralisch kommuniziert, sondern nur über Moral diskutiert. Alle Ethik hält also schon, wenngleich sie das nicht gerne zugeben wird, Distanz zur Moral. Auch der von Jürgen Habermas empfohlene Moralfindungsdiskurs kann weitgehend amoralisch geführt werden; denn weder ist verlangt, daß jeder sich jederzeit mit jedem in solche Diskurse verwickelt, noch muß man die eigene Suche nach guten Gründen als schon abgeschlossen darstellen.

Für alltägliche Kommunikation und besonders für engagierte Kommunikation ist es aber schwierig, diese vorläufige (und möglicherweise dauerhaft vorläufige) Moralabstinenz durchzuhalten. Gerade angesichts von Gefahren und Risiken und angesichts der Einschätzungsunsicherheiten, über die man hinwegkommen muß, wird mancher sich motiviert fühlen, Flagge zu zeigen und zu sagen, was er moralisch erwartet. Und selbst wenn es ein riskantes, zu Konflikt und Streit, vielleicht zum Aufkündigen eines politischen Konsenses und zu gewalttätigen Auseinandersetzungen führendes Verhalten ist, wird dies manchem angesichts der Größe der Gefahr als das geringere Übel erscheinen.

Es kann mithin nicht überraschend kommen, daß mit der Zuspitzung von Risiken im Bereich der modernen Technologie der Moralpegel der öffentlichen Kommunikation steigt.[18] Oder um es pointierter zu sagen: Gerade weil die Moral mit dem Problem des Risikos nicht adäquat umgehen kann, verhält sie sich selbst riskant. Der

17 Vgl. zu diesem Begriff von Moral Niklas Luhmann, Soziologie der Moral, in: Niklas Luhmann/Stephan H. Pfürtner (Hg.), Theorietechnik und Moral, Frankfurt 1978, S. 8-116; ders., I fondamenti sociali della morale, in: Niklas Luhmann et al., Etica e Politica: Reflessioni sulla crisi del rapporto fra società e morale, Mailand 1984, S. 9-20.

18 Vgl. hierzu auch Niklas Luhmann, Ökologische Kommunikation: Kann die moderne Gesellschaft sich auf ökologische Gefährdungen einstellen?, Opladen 1986, S. 237 ff.

Beleidigungskoeffizient in der politischen Kommunikation scheint, wenn ich eigenen Impressionen trauen darf, zuzunehmen, und die liberal-demokratischen Institutionen sind dem hilflos ausgeliefert.

Dies mag auch daran liegen, daß man bei der Konzipierung der Grundlinien moderner Verfassungen im späten 18. und 19. Jahrhundert ein ganz anderes Problem vor Augen hatte. Damals ging es primär um Zugang zur politischen Macht, mit der man Interessen durchsetzen konnte, also einerseits um Verbreiterung der Interessengrundlage und andererseits Filterung in Richtung auf öffentliches Interesse.[19] Auch heute ärgert es natürlich noch, wenn andere ihre Interessen besser durchsetzen können als man selbst. Aber es ist, auch politisch gesehen, ein Problem von ganz anderer Qualität und Brisanz, wenn andere rational erwogene Risikoentscheidungen treffen, deren etwaigen Auswirkungen man dann wehrlos ausgesetzt ist. Gerade hierfür ist die Forschung über den double standard in der Einstellung zu Risiken relevant: Selbst wenn man als *Entscheider* unter Abwägung aller Umstände zum selben Ergebnis kommen würde, reagiert man als *Betroffener* anders, weil es sich für den Betroffenen nicht um Risiko handelt, sondern um Gefahr. Und selbst wenn der Entscheider meint, sich nach den Gegebenheiten der Situation zu richten, wird ein Beobachter die Entscheidung auf Personenmerkmale oder Organisationsmerkmale, auf Voreingenommenheiten oder Interessen des Entscheiders selbst zurechnen.[20]

Hier könnte es helfen, wenn sich Vertrauen bilden ließe – Vertrauen in die Instanzen, die Risiken beurteilen und darüber entschei-

19 Vgl. etwa die für die geschichtlichen Bedingungen sensible Monographie von Stephen Holmes, Benjamin Constant and the Making of Modern Liberalism, New Haven 1984.

20 Zu dieser Attributionsdifferenz gibt es Forschung im Anschluß an Edward E. Jones/Richard E. Nisbett, The Actor and the Observer: Divergent Perceptions of the Causes of Behavior, in: Edward E. Jones et al., Attribution: Perceiving the Causes of Behavior Morristown/N. J. 1972, S. 79-94. Vgl. auch Nisbett /Ross, a. a. O. (Anm. 13), S. 122 ff., 223 ff. Im übrigen findet man in ganz anderen Abstraktionslagen auch Theorien über »Beobachtungen zweiter Ordnung«, die postulieren, daß eine Realitätskontrolle erst auf der Ebene des Beobachtens von Beobachtungen praktiziert werden kann. Siehe Heinz von Foerster, Observing Systems, Seaside/Cal. 1981, und, in Anwendung auf die Risikoprobleme des marktorientierten wirtschaftlichen Verhaltens, Dirk Baecker, Information und Risiko in der Marktwirtschaft, Diss. Bielefeld 1986.

den. Vertrauen ist ja selbst eine Form des Umgangs mit Risiken.[21] Aber es ist sehr unwahrscheinlich, daß das gelingt. Dieselben Bedingungen, die zur differentiellen Einschätzung von Risiken und Gefahren führen, erodieren auch Vertrauen; und in der Tat zeigt eine bereits umfangreiche Forschung, daß die intensive öffentliche Diskussion über atomare Energiegewinnung, die öffentliche Anhörung von Experten, Befragung von Politikern, publizistische Vorbereitung von Volksbefragungen etc. zur Politisierung der Experten und zum Abbau des Vertrauens in objektive Urteilsbildung führt.[22]

Es bleibt also doch nur die Moral – als ein etwas schlammiger Boden, in dem man sichere Standplätze und Waffen sucht.

III. Moral und Ethik

Bei dieser Inanspruchnahme von Moral wird es notwendig, sich zu überlegen, was man von ihr halten soll. Die Moral hat es mit der wechselseitigen Achtung und Mißachtung unter Menschen zu tun. Sie macht es möglich, bei aller Unsicherheit kräftig zu fühlen und zu handeln. Sie ist zudem ein polemisches und in vielen Hinsichten unsauberes Geschäft. Sie ist deshalb auch für politischen Gebrauch besonders geeignet. Wer moralisiert, will verletzen – so jedenfalls sieht es aus, wenn man sich mit empirischem Interesse das wirkliche Verhalten von Moralisten anschaut. Von Moral in diesem Sinne müssen wir Ethik unterscheiden. Unter Ethik kann man seit dem 18. Jahrhundert eine Theorie verstehen, die Moralfragen reflektiert.[23] Die Ethik hat diese Funktion einer Theorie der Moral jedoch bisher

21 Vgl. Niklas Luhmann, Trust and Power, Chichester 1979; Bernard Barber, The Logic and Limits of Trust, New Brunswick/N. J. 1983.

22 Vgl. etwa Helga Nowotny, Kernenergie: Gefahr oder Notwendigkeit: Anatomie eines Konflikts, Frankfurt 1979; Dorothy Nelkin/Michael Pollack, Problems and Procedures in the Regulation of Technological Risk, in: Schwing/Albers, a. a. O. (Anm. 13), S. 233-248; Peter Weingart, Verwissenschaftlichung der Gesellschaft – Politisierung der Wissenschaft, Zeitschrift für Soziologie 12 (1983), S. 225-241; und ob Wissenschaft nun eher Vertrauen gewinnt als Technik, wie man vor zehn Jahren in den USA feststellen konnte, wird man heute (jedenfalls für Deutschland) bezweifeln müssen. (Vgl. Todd R. LaPorte/Daniel Metlay, Technology Observed: Attitudes of a Wary Public, Science 188 (1975), S. 122-127.)

23 Wir distanzieren uns hier bewußt von einer älteren Tradition, die unter Ethik die Lehre vom Ethos und unter Ethos die gute Verfaßtheit des Menschen verstand.

recht einseitig wahrgenommen. Sie hat nie recht begriffen, daß es zu ihrer Aufgabe gehören könnte, vor Moral zu warnen. Eher hat sie sich als eine Art Waschanlage der Moral verstanden, seit Kant auch als »reine« Theorie, die nur die guten Gründe des moralischen Verhaltens sucht und zur Geltung bringt. Sie ist als Prinzipienmoral akademische Tradition geworden, und ihre Selbstkritik hat sich auf die Diskussion ihrer Prinzipien beschränkt.

Es gibt durchaus anderslaufende Tendenzen, auch und gerade in der europäischen Tradition nach den Erfahrungen der religiösen Bürgerkriege – etwa in der Salonphilosophie des 17. Jahrhunderts, im Roman des 18. und 19. Jahrhunderts, beim Marquis de Sade natürlich und vor allem in der Politischen Ökonomie und der Verfassungstheorie des Liberalismus. Daß die Moral eine in sich paradoxe Einrichtung sei, bei der eigensüchtiges Handeln wohltätige Ordnung schaffen könne, während beste Intentionen mit schlimmen Folgen rechnen müssen, war durchaus geläufig. Ernst genommen führen diese Paradoxien zu einer Blockierung aller moralischen Impulse. Man hat jedoch Auswege gefunden und sich damit begnügt. Die wohltätigen Folgen eigensüchtigen Handelns werden der Wirtschaftsordnung und ihrer invisible hand zugerechnet. Die schlimmen Folgen der guten Absichten sind ein Problem der politischen Verfassung. Wirtschaft und Politik sorgen nach liberalem Konzept auf gegenläufige Weise für eine Entparadoxierung der Moral. Das Problem und die Strategien einer Auflösung des blockierenden Paradoxes wurden auf zwei verschiedene Funktionssysteme (in Deutschland hieß das: Gesellschaft und Staat) aufgeteilt, und es war dann nur noch nötig, diese Systeme getrennt zu halten, um das Wiedererscheinen der Paradoxie zu verhindern.

Rückblickend sieht es so aus, als ob die akademische Ethik sich stillschweigend auf das Funktionieren dieses Lösungskonzepts verlassen habe. Sie konnte die Entparadoxierung der Moral der Wirtschaft bzw. der Politik überlassen und sich selbst der Begründung moralischer Grundsätze zuwenden. Jedenfalls hielt die Ethik unentwegt Moral für eine gute Sache und hatte dann allenfalls etwas gegen nicht hinreichend durchreflektierte Argumentation einzuwenden. Bis heute wird Ethik (und wenn nicht sie selbst, dann die Suche nach ihr) so formuliert, als ob es im gesellschaftlichen Leben paradoxiefreie Urteilsgrundlagen gäbe. Auf Zweifel reagiert sie mit einer Formalisierung ihrer Formeln – Typ kategorischer Imperativ – und dagegen dann wieder mit dem Postulat einer materialen Ethik; oder mit einer Ambiguisierung ihrer Maximen – Typ Güterabwägung –, so als ob es gälte, sich irgendwo doch noch die Möglichkeit eines guten Gewissens offenzuhalten. Ihr letzter Rat, ihr jüngster Beitrag zur Diskussion über technologische Risiken, ökologische Probleme und Selbstkontrolle der Wissenschaft ist der Hinweis: »Wir dürfen nicht alles, was wir können.« Aber um das einzusehen, braucht man nun wirklich nicht vom Baum der Erkenntnis zu essen, das wußten selbst Adam und Eva schon vorher. Die Geschwindigkeit, mit der diese Maxime sich in den letzten Jahren ausbreitet, ist ein gutes soziologisches Maß für das Versagen der Ethik vor den Anforderungen des Tages. Wer nicht mehr zu sagen weiß als dies, kann es mit ebenso gutem Mißerfolg auch lassen.

Gewiß: Die Ansprüche sind bescheidener geworden. Von ethischen Gesetzen und von Deduktion ist ernstlich nicht mehr die Rede. Die genannten Maximen sollen der »Orientierung«[24] dienen. Aber auch das ist nur eine Art, auf Komplexität mit Ambiguität zu reagieren. Diese Ethik hat zwar nicht das Beunruhigende der Moral. Ihr guter Wille schadet nicht. Aber die krasse Diskrepanz zu den deutlichen Strukturen der Risiko-Problematik fällt doch auf. Bevor man normieren oder auch nur werten will, sollte man deshalb die Beschreibungsmöglichkeiten erst einmal ausschöpfen, und die sind heute sehr viel besser entwickelt als die Möglichkeiten, Handeln zu begründen.

Vermutlich müssen wir uns mehr als bisher vor Augen führen, daß wir im Vergleich zu den bisherigen Lebensbedingungen der Menschheit in eine ganz neuartige Lage geraten sind. Die um 1800 vollzogenen Transformationen der alteuropäischen Semantik reichen nicht aus. Das gilt im Politischen und Ökonomischen für die bürgerliche-sozialistische Zwillingstheorie, deren Anhänger sich immer noch um den Besitz der Welt streiten, obwohl jedermann weiß, wie riskant gerade das ist. Weniger deutlich ist bewußt, daß man auch in vielen anderen Bereichen mit ähnlichen Obsolenzen rechnen muß und dies erkennen kann, auch wenn noch kein Ersatz in Sicht ist. Dies könnte auch für die hier diskutierte Lage der Ethik gelten. Ihr kantischer Fehlweg in Richtung auf eine Prinzipienethik hängt vielleicht damit

24 Auch ein Modebegriff! Siehe Hermann Lübbe, »Orientierung«: Zur Karriere eines Themas, in: Der Mensch als Orientierungswaise? Ein interdisziplinärer Erkundungsgang, Freiburg 1982, S. 7-29.

zusammen, daß in der Situation, in welcher die ständischen Grundlagen der Ethik aufgehoben werden mußten, noch nicht beobachtet werden konnte, für welche Gesellschaft eine neue Ethik zu schreiben war. Dieser Irrweg wird nicht verlassen, wenn man von Gesinnungsethik zu Verantwortungsethik übergeht. Eine solche Dachformel kann man austauschen, ohne die Frage stellen und beantworten zu müssen, welches Verhalten man moralisch konditionieren soll und wie.

Vielleicht ist es in dieser Situation sinnvoll, in der Reflexion der Moral nicht von Einheit auszugehen, sondern von Differenz, und nicht von Gründen oder Prinzipien, sondern von Problemen; und zwar von Problemen, an denen die Frage aufbricht, ob man ein Verhalten moralisch beurteilen solle *oder nicht*. Und im Grunde kennen wir in einer Gesellschaft, die sich mehr als jede zuvor Interferenzen und Zufällen, Störungen und Unberechenbarkeiten aussetzt,[25] dieses Reflexionsproblem bereits. Es ist das Problem des Risikos.

25 Michel de Certeau hat von »temps accidenté« gesprochen in: L'invention du quotidien, Paris 1980, Bd. 1, S. 337 f.

Nachwort von Detlef Horster

1. Auseinandersetzung mit anderen Soziologen

Im Gegensatz zum Philosophen, der sich der Moralfrage in substantieller Hinsicht zuwendet, fragt der Soziologe, welche Funktion die Moral in einer Gesellschaft erfüllt. Bevor Niklas Luhmann diese Frage beantwortete, setzte er sich mit anderen Soziologen auseinander, die sich ebenfalls zu diesem Thema geäußert haben; so in dem hier abgedruckten ersten Aufsatz mit Émile Durkheim. Nach Luhmanns Ansicht läuft Durkheim Gefahr, ein Moralist zu werden, der die Gesellschaft bewertet (vgl. S. 15).[1] Das könne nicht Aufgabe eines Soziologen sein, der die Gesellschaft zu analysieren habe. Für Durkheim ist die Moral das Bindemittel der Gesellschaft (vgl. S. 16). Doch müsse man sehen – meint Luhmann –, »daß die moderne Gesellschaft nicht mehr über Moral integriert sein kann« (S. 266; vgl. S. 166). Wenn Durkheim daran festhalte, entgingen ihm auf diese Weise eine Reihe von soziologisch relevanten Sachverhalten, beispielsweise die Disjunktion von konformem und abweichendem Verhalten (vgl. S. 16 und S. 213). Von einem Soziologen müsse die Frage aufgeworfen werden, wo denn die Abweichler blieben, wenn Moral das Bindemittel der Gesellschaft wäre. Ließen sie sich nicht mehr als Gesellschaftsmitglieder betrachten? Als Soziologe kann man das nicht meinen, denn die Abweichler bleiben der Gesellschaft erhalten, wenn auch als Problem (vgl. S. 278). Wie sollte man eine solche Gesellschaft moralisch bewerten, wenn man sie, wie Durkheim, bewerten wollte? Ist sie gut oder schlecht oder ein bißchen gut oder ein bißchen schlecht? Es wäre ein unwissenschaftliches soziologisches Vorgehen, »sich selbst für gelungen zu halten und die Gesellschaft deshalb für mißlungen« (1993a, 246). Es führt nicht zu einer triftigen soziologischen Analyse, wenn man die Gesellschaft moralisch bewertet.

Weiterhin entgeht Durkheim der Sachverhalt, daß in Subsystemen symbolisch generalisierte Kommunikationsmedien die Regulierung anstelle der Moral übernehmen. Ihm entgeht überdies, daß in Institu-

1 Nachweise ohne Autorennamen beziehen sich auf Publikationen von Niklas Luhmann. Wenn ausschließlich Seitenzahlen angegeben sind, beziehen sie sich auf den vorliegenden Band.

tionen und Organisationen andere Regulierungsmechanismen gelten als in der Interaktion.

Um nun nicht in denselben Fehler zu verfallen wie Durkheim, berücksichtigte Luhmann die inzwischen eingetretene »Änderung der Differenzierungsform der Gesellschaft« (1993a, 248) und versucht, der Funktion der Moral in der heutigen Gesellschaft auf die Spur zu kommen. Diese Differenzierungen, »die sich gegen ethische Regulierungen« im gesamtgesellschaftlichen Kontext sperren (1993a, 249), sind Bestandteil seiner Gesellschaftstheorie und darum für diejenigen, die mit der Luhmannschen Systemtheorie vertraut sind, nicht neu. Warum sie hier trotzdem zur Sprache kommen, habe ich in der *Editorischen Notiz* begründet.

2. Gesellschaft heute

Man könnte meinen, daß es die Konsequenz aus seiner Kritik an Durkheim gewesen ist, die Luhmann einen ganz anderen Zugang zur Soziologie finden ließ. Doch das wäre anachronistisch, weil es Luhmann schon lange vor seiner Auseinandersetzung mit Durkheim klar war, daß es in seiner Theorie der Gesellschaft darum gehen wird, zu erklären, was *ist* – ob einem die Ergebnisse gefallen oder nicht. Seine Theorie ist keine normative, sondern »eine nüchterne, unbefangene Würdigung der Wirklichkeit« (1973, 277), die »die Gesellschaft so beschreibt, wie sie ist« (1993b, 56). Er ist daher der Auffassung, daß die Soziologie die »Beschreibungsfähigkeit der Gesellschaft zu steigern habe« (Neckel/Wolf 1988, 58) und sonst nichts, denn die Lüge des Ideals war bisher, wie Nietzsche einmal äußerte, immer der Fluch über die Realität (vgl. Nietzsche 1969, 1066). Der Titel von Luhmanns Abschiedsvorlesung im Jahre 1993 ist darum Programm: »›Was ist der Fall?‹ und ›Was steckt dahinter?‹« (1993a). Luhmann unterscheidet darin die heutige funktional differenzierte Gesellschaft von ihrer Vorgängerin, der stratifikatorisch gegliederten Gesellschaftsformation. Durkheim ging zu seiner Zeit noch von einer stratifikatorisch geordneten Gesellschaft aus, die nach dem Corpus-Modell strukturiert ist, mit der Politik als Kopf, der lenkt (vgl. 1986, 167). Demgegenüber analysiert Luhmann, daß die heutige Gesellschaft ein Komplex von gleichgeordnet nebeneinander bestehenden Systemen ist, wie Wirtschaftssystem, Gesundheitssystem, politisches System,

Bildungssystem und viele mehr, von denen keines Vorrang habe, auch die Politik nicht. Fast jedes soziale Phänomen läßt sich als System beschreiben, sei es eine Familie, eine Schule, ein Universitätsinstitut. Die Systemtheorie geht »davon aus, daß es Systeme gibt« (1984, 30). Es heißt an dieser Stelle nicht »es gibt Systeme«, wie oft fälschlich behauptet wird, sondern es heißt, daß die Luhmannsche Systemtheorie im Gegensatz zu anderen soziologischen Theorien davon ausgeht, daß es Systeme gibt. Das hat zur Folge, daß die Moral der Gesellschaft von Luhmann anders gesehen wird als von anderen Soziologen.

Die Moral ihrerseits ist in keines der genannten Funktionssysteme oder in andere gesellschaftliche Subsysteme eingebunden oder in einem solchen isoliert: »Moral ist eine gesellschaftsweit zirkulierende Kommunikationsweise. Sie läßt sich nicht als Teilsystem ausdifferenzieren, nicht in einem dafür bestimmten Funktionssystem derart konzentrieren, daß nur in diesem System und nirgendwo außerhalb moralisch kommuniziert werden kann« (S. 336, vgl. S. 116 f.). Hier wird von Luhmann anschaulich gemacht, daß die Kommunikation in den gesellschaftlichen Subsystemen nach einer je eigenen Codierungen erfolgt. Und diese ist jeweils anders als der Moralcode gut/schlecht. Die Funktionssysteme sind von der Moral abgekoppelt. Das ist eine weitere Differenzierung die Luhmann vornimmt. Was das bedeutet, muß nun im folgenden geklärt werden.

3. Symbolisch generalisierte Kommunikationsmedien

Luhmann sieht innerhalb der Systeme *funktionale* Äquivalente zur Moral am Werk. Er nennt diese funktionalen Äquivalente, die in jedem System andere sind, symbolisch generalisierte Kommunikationsmedien. Die Quelle des Begriffs »Kommunikationsmedium« ist in der Theorie eines anderen großen Soziologen, nämlich bei Talcott Parsons, zu finden. Für Parsons ist es so, daß sich ein Sinngehalt eignet, die Interaktionen zweier verschiedener Akteure zu koordinieren. Beide bezögen sich auf ein und dasselbe Symbol. Wörtlich übersetzt heißt das griechische Symbolon »Zusammengeworfenes« oder »Zusammengefügtes«. Das Symbolon ist ursprünglich ein Geldstück, das zerbrochen war und an dessen Zusammenfügung man den Gastfreund erkannte oder den, dem man Gastfreundschaft zu gewähren hatte. Gastfreundschaft ist ein von beiden akzeptierter Wert, der durch das Geldstück symbolisiert wird, auf den man sich beziehen kann und der das Handeln koordiniert. »Es dient als Zeichen des Zusammenhangs von Vertrautem und Unvertrautem im Vertrauten« (1990, 189). Von »generalisiert« spricht Parsons mit Blick auf die Tatsache, daß sich solche symbolischen Figurationen für ganz unterschiedliche Situationen eignen müssen. Solche Symbole sind demnach nicht nur einmal verwendbar, sondern sie sind eben generalisiert.

Symbolisch generalisierte Kommunikationsmedien sorgen in den jeweiligen Subsystemen für die Aufrechterhaltung, für die Verflüssigung und die Fortsetzbarkeit der Kommunikation. Sie verhindern den Abbruch der Kommunikation in den Subsystemen. Wie funktionieren die symbolisch generalisierten Kommunikationsmedien? Es gibt einen Zusammenhang von Konditionierung und Motivation, d. h., wenn bestimmte Bedingungen gewohnheitsmäßig gegeben sind, dann wird die Motivation vorhanden sein, die Kommunikation zu akzeptieren; ihr Fortgang wird auf diese Weise garantiert. Nehmen wir ein Beispiel: Geld wird nur angenommen, weil es wieder ausgegeben werden kann. So muß man bei seinem Arbeitgeber nicht darauf beharren, in Naturalien, die man gerade braucht, entlohnt zu werden, und man muß auch nicht 38 Tuben Zahnpasta mit nach Hause nehmen, um das tatsächliche Äquivalent für den Tisch, den man gerade gezimmert hat, zu bekommen. Die Bedingungen für den reibungslosen Geldkreislauf sind in unserer Gesellschaft gegeben. Jeder weiß das und kann das Geld an anderer Stelle wieder ausgeben. Darum ist man überhaupt erst motiviert, Geld für seine Leistung entgegenzunehmen. Es sind die Bedingungen und die Motivation gegeben, die Kommunikation im Wirtschaftssystem über das Medium Geld aufrechtzuerhalten.

Ein weiteres Beispiel für ein symbolisch generalisiertes Kommunikationsmedium, neben dem Geld in der Wirtschaft, ist die Wahrheit in den Wissenschaften. Wenn methodisch korrekt geforscht worden ist, wird das Ergebnis anerkannt. Die wissenschaftliche Kommunikation geht ungestört weiter, selbst wenn das Ergebnis vom Alltagsverständnis her unplausibel ist, beispielsweise wenn gesagt wird, daß die Welt eine Kugel ist, was man ja in der alltäglichen Praxis nicht wahrnehmen und nachprüfen kann. »Die Wahrheit ist (wie jedes symbolisch generalisierte Medium) ein Medium der Weltkonstruktion und nicht ein nur für bestimmte Zwecke geeignetes Mittel. Von Wahrheit spricht man nur, wenn die Selektion der Information keinem der Beteiligten zugerechnet wird. [...] Der Wahrheitsgehalt einer Aussage kann deshalb nicht auf den Willen oder das Interesse eines der Beteiligten zurückgeführt werden, denn das hieße, daß er für die anderen nicht verbindlich ist« (1997, 339f.). Beliebige Informationen, die lediglich auf das persönliche, beispielsweise telepathische Erleben eines einzelnen zurückgeführt werden, sorgen in der Wissenschaft für die Unterbrechung oder für den Abbruch von Kommunikation, jedenfalls für Störungen. »Man kann schließlich nicht sagen: es ist wahr, weil ich es so will oder weil ich es so vorschlage« (1990, 221). Nur die Information, die durch anerkannte Forschungsmethoden ermittelt wurde und somit wahr ist, ist die Basis für kontinuierliche Kommunikation im Wissenschaftssystem.

Diese wenigen Beispiele für symbolisch generalisierte Kommunikationsmedien mögen genügen. Sie hatten den Sinn, zu zeigen, daß diese Medien die moralischen Gesichtspunkte neutralisieren können. Für die Aufrechterhaltung der Kommunikation in den Subsystemen ist keine moralische Motivation erforderlich. In der Kunst wird das, was als schön bezeichnet wird, in der zweiten Hälfte des 16. Jahrhunderts ebenfalls allmählich von moralischen Bewertungen losgelöst (vgl. 1995a, 117). Schönheit und moralische Qualität wurden bis zu diesem Zeitpunkt eng miteinander verknüpft, bildeten eine Einheit. Ebenso waren Wahrheit und Moral eng miteinander verknüpft. Augustinus erkannte eine wahre Aussage daran, daß der Mensch, der sie machte, ein moralisch anständiger Mensch war (vgl. z.B. De Trinitate IX, 6, 1). Heute hingegen kann man ein guter Physiker sein, ohne ein moralisch guter Mensch sein zu müssen (obwohl das gewiß nicht schaden würde). Die Durchsetzung der Medienstruktur bedeutet, daß die Moral als *generelles* Medium der Koordination *in* gesellschaftlichen Subsystemen nicht mehr *allein* wirksam ist. Neben ihr gibt es viele andere.

4. Subsysteme und Moral

Diese Beschreibung provoziert die Frage, ob es denn gar keine Verbindungen zwischen den Subsystemen und der Moral gibt. Luhmann beantwortet diese Frage in dem vierten, fünften und sechsten der hier abgedruckten Aufsätze. Politiker handeln nicht nach moralischen Gesichtspunkten, obwohl sie glauben, daß die Wähler die Wahl nach moralischen Gesichtpunkten entschieden haben (vgl. S. 170). Die Abhängigkeiten des politischen Handelns erlauben es gar nicht, nach moralischen Gesichtspunkten zu entscheiden (vgl. S. 171). Insofern beobachten wir eine »strukturelle Nichtidentität des Moralcodes und des politischen Codes« (S. 171). Dennoch gibt es eine Angewiesenheit der Subsysteme auf die Moral. Wir wollen keine unfairen Politiker, denn der ehrliche Wettbewerb in der Demokratie muß gewährleistet sein, damit wir überhaupt noch von Demokratie sprechen können. Wer sich unlautere Vorteile verschafft, muß damit rechnen, daß ihm eine Spenden- oder eine Affäre anderer Art noch lange nachhängen wird. Im Sport wollen wir kein Doping, denn Siegen und Verlieren soll sportlich verdient sein (vgl. S. 172). War nun Lance Armstrong ein so großer Sportler, der die Tour de France siebenmal hintereinander gewann, oder war er ein Betrüger? Das wollen wir gern wissen, damit wir wissen, ob wir uns überhaupt noch für Sport interessieren können. In der Wissenschaft entspricht dem die Erwartung von Seriosität und Verläßlichkeit. So erregte die Fälschung von Forschungsergebnissen durch den koreanischen Stammzellenforschers Hwang Woo Suk weltweite Empörung. Er hatte damit die Hoffnung geschürt, daß in naher Zukunft ausgefallene Körperfunktionen wiederhergestellt werden könnten, so daß Parkinson-, Diabetes-, Schlaganfall- und Alzheimer-Patienten Heilung erwarten durften. Hwang Woo Suk hat sich – was erst neuerdings bekannt wurde – teilweise als Wissenschaftler rehabilitieren können, weil er die Möglichkeit einer jungfräulichen Geburt nachgewiesen hat (Charisius 2007). Die katholische Kirche wird ihm dankbar sein.

Aber zurück zum Ernst der Lage: »Der Vergleich von Sport, Wissenschaft und Politik läßt eine hochspezifische Angewiesenheit gerade der Funktionssysteme auf Moral erkennen« (S. 172). Luhmann führt uns hier den Zusammenhang und die gleichzeitige Gegensätzlichkeit von gesellschaftlichen Subsystemen und Moral vor Augen.

Es besteht laut Luhmann die Möglichkeit, daß die Moral die Systeme irritiert. Ob sie sich dadurch determinieren lassen, ist eine weitere Frage. Zum Beispiel hatte der moralisch motivierte Boykott der Shell-Tankstellen im Wirtschaftssystem seine Wirkung gezeigt, so daß die Ölplattform Brent Spar nicht wie ursprünglich geplant im Meer versenkt wurde (vgl. 1995b). Die Alltagsmoral kann in Teilsystemen, deren Operationen ansonsten sehr gut mittels der symbolisch generalisierten Kommunikationsmedien funktionieren, nicht nur Unruhe stiften und kognitive Irritationen erzeugen, sondern auch die gesellschaftlichen Teilsysteme operativ determinieren. Doch muß auf Irritation nicht zwangsläufig Determination folgen. So war das politische System durch den Protest gegen die Gesundheitsreform, wie sich an den nicht enden wollenden Stellungnahmen der Politikerinnen zeigte, irritiert. In Kraft getreten ist die Gesundheitsreform dennoch. Das politische System ließ sich in diesem Fall trotz Irritation nicht determinieren.

5. Interaktion, Organisation, Gesellschaft

Bevor wir uns nun der Frage zuwenden, was Moral in funktionaler Hinsicht eigentlich leistet, müssen wir eine weitere Differenzierung vornehmen, die ebenfalls bei Durkheim noch nicht vorkommen konnte. Die genannten und beschriebenen Subsysteme sind in der funktional differenzierten Gesellschaft ihrerseits durch die Aufteilung in verschiedene Organisationen gegliedert. Luhmann unterscheidet in dem hier vorliegenden siebten Aufsatz zwischen Gesellschaft, Organisation und Interaktion (vgl. S. 209 ff.). »Die Gesellschaft besteht nicht aus Menschen, sie besteht aus Kommunikation zwischen Menschen« (1981, 20). Wo Kommunikation ist, ist Gesellschaft. Kommunikation und Gesellschaft haben keinen Anfang, sie bestehen – im Gegensatz zur Interaktion – immer. Luhmann sagte einmal in einem Vortrag, daß jederzeit ein Drittel der Menschheit schlafe und somit nicht interagieren könne, während die Gesellschaft immer weiter besteht. Interaktionen hingegen »sind Episoden des Gesellschaftsvollzugs«; sie »können und müssen laufend aufgegeben und neu begonnen werden« (1984, 553 und 588). Weil das so ist, sind verbindliche Interaktionsregeln so wichtig, damit eine neu begonnene Interaktion sich unmittelbar auf ein vorgefundenes Regelsystem beziehen kann.

Organisationen und Institutionen operieren nach einem anderen Regelsystem. Organisationen entstehen in der hochkomplexen Gesellschaft der Gegenwart, in der Entscheidungen nicht mehr auf willkürlichen Überlegungen von selbstherrlichen Fürsten basieren. Die Folgen von Entscheidungen müssen für eine zunehmende Zahl von Menschen gleich sein, und die Gleichbehandlung kann eingeklagt werden. Ganz abgesehen von diesem juristischen Aspekt ist unter moralischen Gesichtspunkten eine Ungleichbehandlung stets eine Kränkung und Erniedrigung, die vermieden werden muß.

Funktional gesehen halten gut durchorganisierte Systeme eine höhere Komplexität aus. Sie gestatten es, durch Erhöhung der Komplexität die Komplexität zu reduzieren. Aufgaben und deren Erfüllung werden Organisationen zugewiesen, dadurch werden soziale Systeme übersichtlicher. Organisationen erhöhen außerdem das Tempo der Kommunikation, weil der »Kommunikationsprozeß [...] davon entlastet [wird], seine Prämissen mitzubestätigen; sie stehen schon fest« (1969, 396). In Organisationen wird entschieden, weil schon entschieden worden ist. Im Laufe des 19. Jahrhunderts festigt sich mehr und mehr ein Sprachgebrauch, der Organisationen als soziale Formationen besonderer Art von anderen Ordnungen unterscheidet. Sie lassen sich seither aus der Gesellschaft nicht mehr wegdenken und bekommen starken Einfluß.[2] Organisationen haben eine bestimmte Struktur. Struktur ist für Luhmann nichts anderes als ein Netz verläßlicher Erwartungen und Erwartungserwartungen. Diese sind in Organisationen und Institutionen wieder andere als in der Interaktion.

Die Verlobung beispielsweise ist eine Institution (vgl. S. 34). Sie erfolgt nach bestimmten Ritualen, von denen man erwartet, daß sie ausgeführt werden, z.B. daß man beim Vater der Braut um die Hand der Tochter anhält, Ringe tauscht, die Ehe verspricht und das Eheversprechen einhält; man erwartet die spätere Heirat und nicht, daß der Bräutigam es sich angesichts der vom Standesbeamten ausgesprochenen Formel »Bis daß der Tod euch scheidet« noch einmal anders überlegt. Beim Polterabend erwartet man, daß ausschließlich Porzellan und kein Glas oder ein Spiegel zerworfen wird und daß das Brautpaar die Scherben gemeinsam zusammenkehrt. Wie in Institutionen, so hat man auch in Organisationen Erwartungen. Dabei ist die Art, wie sie zu erfüllen sind, in den Akten festgehalten, weshalb das Aktenstudium für die Mitglieder der Organisation so wichtig ist. Man

2 Nach Spencer, auf den sich Luhmann stützt, werden Gesellschaften, je größer sie werden, auch in ihrem inneren Aufbau größer, d.h. komplexer. Bei Spencer heißt es: »Es gehört ferner zu den Besonderheiten der socialen sowohl wie der lebenden Körper überhaupt, daß sie während der Zunahme an Grösse auch in ihrem inneren Bau zunehmen« (Spencer 1887, 6, § 215). Mit der Zunahme des inneren Baus ist hier die vermehrte Ausstattung der Gesellschaft mit Organisationen gemeint.

erwartet, daß man sich an die Satzung hält, daß man den Weisungen des Vorgesetzten folgt, daß man Entscheidungen auf der Basis des Entscheidungsprogramms fällt und daß die Mitglieder keine Entscheidungsfreiheit haben, denn: »Jeder kann immer auch anders handeln und mag den Wünschen und Erwartungen entsprechen oder auch nicht – *aber nicht als Mitglied einer Organisation*« (1997, 829). In Luhmanns Aufsatz *Interaktion, Organisation, Gesellschaft* heißt es dazu: »Organisationssysteme unterwerfen alle Mitglieder einem Modus hierarchischer Konfliktbehandlung und -entscheidung, dessen Anerkennung sie zur Mitgliedschaftspflicht macht« (S. 223). Dagegen könne zwar moralischer Druck mobilisiert werden, der jedoch nur unter bestimmten Bedingungen Erfolg habe (S. 225). Doch ist der Erfolg des moralischen Protests, wenn man ihn an eine Organisation richtet, eher erfolgreich als bei einem Protest, der sich an ein Subsystem richtet. Man kann seinen Protest beispielsweise nicht an das Subsystem Wirtschaft richten und schreiben, daß man mit ihm insgesamt nicht zufrieden ist. Ein solcher Protestbrief käme als unzustellbar zurück. Doch man kann seinen Protest gegen eine konkrete Entscheidung einer Organisation richten. Man kann genau bezeichnen, gegen welchen Akt sich der Protest richtet, und man weiß, an wen man den Protest adressieren muß.

6. Doppelte Kontingenz und die Notwendigkeit von Moral

Für die Beschreibung und Erläuterung dessen, was Moral in funktionaler Hinsicht leistet, scheint es mir günstig, von der doppelten Kontingenz auszugehen. Was ist das? Da menschliches Handeln heute nicht mehr nach einer allgemeinverbindlichen, allgemein akzeptierten christlichen Offenbarung ausgerichtet ist, hat jedes Individuum unendlich viele Handlungsalternativen, die weder notwendig noch unmöglich sind (vgl. 1984, 152). Das war nicht immer so. Im griechischen Stadtstaat hing die Identität des einzelnen von seiner Zugehörigkeit zur Gemeinschaft ab. So wie in der griechischen war in der römischen Zeit, aber auch noch im Mittelalter die Vorstellung vom freien Individuum gänzlich unbekannt. – Das Erlernen moralischer Regeln vollzog sich nicht abgelöst, nicht unabhängig von anderen; es gab ein alle Stände umfassendes Richtigkeitserlebnis. Der einfache Bauer und der Leibeigene konnten ebenso wie der Fürst und der König für alltägliche moralische Entscheidungen in der Bibel Handlungsanweisungen finden. Desgleichen war der Beruf vorherbestimmt. Wenn der Vater Schuhmacher war, wurde man das später selbstverständlich ebenfalls. Klar war von Geburt an, wen man heiraten wird, was vieles im Leben vereinfacht. Dante Alighieris Vater beispielsweise verlobte im Jahr 1277 den elfjährigen Sohn mit der fünfjährigen Gemma Donati, die der Dichter der *Divina Commedia* mit 26 Jahren heiratete. Demgegenüber hat heutzutage jeder Mensch unendlich viele Möglichkeiten, in einer bestimmten Situation zu handeln. Diese Handlungsmöglichkeiten sind weder notwendig noch unmöglich. Von den unendlich vielen Möglichkeiten wird *eine* gewählt; es könnte genauso gut eine andere sein.

Die Kontingenz wird verdoppelt, wenn sich zwei oder mehrere Menschen gegenüberstehen, von denen jeder unendlich viele Handlungsmöglichkeiten hat. Die doppelte Kontingenz ist demnach die beiderseitige Ungewißheit hinsichtlich dessen, was die »andere Seite tun wird, und daraus folgt die Unbestimmtheit des eigenen Handelns« (Stichweh 1999, 215). Gäbe es keine Regeln, so entstünden Komplikationen beim Anschlußhandeln: »Wenn jeder kontingent handelt«, sagt Luhmann, »also jeder auch anders handeln kann und jeder dies von sich selbst und den anderen weiß und in Rechnung stellt, ist es zunächst unwahrscheinlich, daß eigenes Handeln überhaupt Anknüpfungspunkte [...] im Handeln anderer findet« (1984, 165). Dann wäre die Handlungskoordination höchst unwahrscheinlich, wenn nicht gar unmöglich. Luhmann erzählte für ein solches Scheitern der Handlungskoordination gern folgendes Beispiel: Er stand in der Post, und vor ihm am Schalter erklärte der Schalterbeamte einer Frau mit hartem östlichen Akzent wieder und wieder das Ausfüllen eines Formulars. Luhmann hatte das längst verstanden und sagte zu der Frau: »Kommen Sie, ich helfe Ihnen.« Sie gingen zu einem kleinen Tisch, wo er sich setzte, um das Formular auszufüllen. Er wollte das Formular nehmen, die Frau aber riß es an sich und rannte aus der Post. Das ist eine typische Situation der doppelten Kontingenz. Von vielen möglichen Handlungsalternativen haben die beiden jeweils eine gewählt, die vom anderen nicht erwartet wurde.

Soviel zum Faktum der doppelten Kontingenz. Welche Lösungen bieten sich in einer so vertrackten Situation an? Diese Frage beantwortet Luhmann in dem für mich zentralen Aufsatz zur Moral in der Systemtheorie, den ich in der Editorischen Notiz erwähne und der fast, sogar bei Luhmann selbst, in Vergessenheit geraten wäre: »Normen in soziologischer Perspektive«. Im vorliegenden Band ist er an zweiter Stelle abgedruckt. Es muß Regeln geben, auf die man sich verlassen kann, das heißt, es gibt die Erwartung, daß andere sich ebenfalls danach richten. Die anderen haben wiederum die Erwartung, daß man sich selbst danach richtet. Diese Erwartungen und Erwartungserwartungen sind in den Sollensnormen enthalten, deren Summe wir Moral nennen. Das Sollen habe eine funktionale Unersetzlichkeit für die Gesellschaft, sagt Luhmann. Dabei wird die Frage aufgeworfen, welches Sollen gemeint ist: das moralische, das rechtliche oder das konventionelle? Wahrscheinlich sind es alle drei Sollensformen (vgl. S. 46 f. und S. 54 f.). Die Funktion von Sollensnormen ist es, für die Interaktion Struktur zu bilden; seien diese Sollensnormen nun konventioneller, moralischer oder rechtlicher Art. Mit Struktur ist – wie gesagt – bei Luhmann das Netz von Erwartungen und Erwartungserwartungen gemeint (S. 32). »Höhere und verläßlichere Wahrscheinlichkeiten des Übereinkommens sind nur zu erreichen, wenn man den Erwartungshorizont des je aktuellen Erlebens einbezieht und das Verhalten über Erwartungen koordiniert. Durch Stabilisierung von Verhaltenserwartungen läßt sich die Zahl der aufeinander abstimmbaren und damit die Zahl der überhaupt möglichen Handlungen immens steigern« (S. 28). Und wenn man weiß, was man erwarten kann, dann kann man ein hohes Maß an Unsicherheit darüber ertragen, daß den eigenen Erwartungen möglicherweise nicht entsprochen wird (S. 29). Diese Erträglichkeit von Unsicherheit führt selbstverständlich zu einer weiteren Stabilisierung der Interaktionen in unserer individualisierten Gesellschaft.

Die Erwartungen und Erwartungserwartungen liegen der Normbildung zugrunde (S. 31). Das Verhältnis von moralischen zu rechtlichen Normen ist ein schwieriges. Doch kommen wir ganz gut damit zurecht, daß wir mit Kurt Bayertz annehmen, daß Rechtsnormen solche sind, die unsere wichtigen moralischen Normen absichern (vgl. Bayertz 2004, 260). Als Beispiel: Eine wichtige moralische Norm ist, daß wir menschliches Leben schützen sollen. Das wird strafrechtlich beispielsweise mit den §§ 211 und 212 StGB abgesichert. Auf diese Art und Weise wird das Sollen entpersonalisiert und anonymisiert. »Objektivität des Sollens ist mithin ein unentbehrliches Requisit der Erwartungsintegration im einzelnen Subjekt« (S. 33),

»denn es hat keinen Sinn, die Befolgung einer Norm zu verlangen, der zuzustimmen man nicht gehalten ist« (S. 111), über die man noch mal reden kann. Damit wendet Luhmann sich gegen die Habermassche Konsensus- oder Diskurstheorie der Moral und weist auf deren Unlogik in diesem Punkt hin. – Es gibt nun unterschiedliche Erwartungen. Luhmann nennt im Anschluß an Johann Galtung kognitive und normative (S. 36). Bei normativen hat man sich lernresistent zu zeigen: Man sucht eine Sekretärin und lehnt die Bewerberin ab, weil sie nicht den Ansprüchen genügt, die an eine Sekretärin gestellt werden, nämlich mit Textverarbeitungsprogrammen umgehen und über interne Betriebsvorgänge anderen gegenüber verschwiegen sein zu können. Wenn die Bewerberin brünett ist und man eine blonde erwartet hat, so handelt es sich um eine kognitive Erwartung. In einem solchen Fall hat man sich lernbereit zu zeigen. Man kann nicht das Umfärben der Haare erwarten (S. 36).

Moralische Regeln nun geben normative Erwartungen und Erwartungserwartungen vor. Ohne sie könnte das soziale Handeln nicht stattfinden. Durch sie werden die Freiheitsspielräume der doppelten Kontingenz eingeschränkt, und man weiß, was man von seinem Gegenüber zu erwarten hat, man hat zu wissen, wie es reagiert. Die unendlich vielen Handlungsmöglichkeiten, die jeder Mensch prinzipiell hat und die sich durch doppelte Kontingenz noch enorm vermehren, werden durch moralische Regeln – selbstverständlich auch durch Konventionen und durch das Recht – begrenzt. Dadurch daß moralische Pflichten die Handlungsmöglichkeiten einschränken, werden die wechselseitigen Erwartungen und Erwartungserwartungen der Menschen erfüllt, und der soziale Friede bleibt erhalten. Darin liegt die Funktion von Moral. Mit ihrer Hilfe darf man erwarten, was man erwartet.

Fassen wir zusammen: Die Moral hat für die Erhaltung einer Interaktion eine nicht zu unterschätzende, ja zentrale Bedeutung. Jede Interaktion müßte zusammenbrechen, wenn man sich nicht darauf verlassen könnte, daß Menschen pflichtgemäß handelten. Man wäre ständig in Unsicherheit, was der andere jetzt tun wird. »Für menschliches[3] Zusammenleben ist es eben nicht gleichgültig, ob es objektive Pflichten gibt« (Kutscherea 1994, 254).

3 Gegenüber dem Original stillschweigend korrigiert.

Luhmann hat mehrfach die verzweifelte Suche der Philosophen nach moralischer Letztbegründung kritisiert, zum Beispiel in den Aufsätzen 2 und 8 dieses Bandes (vgl. S. 26 und S. 252). Wir haben gesehen, daß für das Gelingen gesellschaftlicher Interaktionen durch die Moral Stabilisierungen in die Kommunikation eingebaut werden. Moralische Regeln leiten sich aus Werten ab. Beides ist auseinanderzuhalten. Ein hoher Wert ist beispielsweise das menschliche Leben oder die Gesundheit bzw. die körperliche und geistige Unversehrtheit. Wir haben dementsprechend moralische Normen oder Regeln, die diese Werte schützen sollen. Da gibt es das moralische Verbot, daß man nicht töten soll, bzw. das moralische Gebot, daß wir Leben schützen sollen. Da gibt es das Verbot, Menschen zu quälen oder zu foltern. Dazu muß man die Werte, die durch moralische Normen realisiert oder geschützt werden, gar nicht erst erfinden (vgl. S. 272) oder aus einem »alles überbietenden Höchstwert« (S. 252) ableiten, wie es die Transzendentalpragmatiker in der Erbfolge Kants tun – Werte gelten in sozialen Systemen, weil sie gelten. »Werte ›gelten‹«, sagt Luhmann in seiner unübertroffenen Lakonik, »in der Kommunikationsweise der Unterstellung. Man geht davon aus, daß in bezug auf Wertschätzungen Konsens besteht« (S. 241). Dieses unbegründete Gelten von Werten zeigt sich ganz augenfällig dann, wenn beispielsweise Amnesty International fordert, Mißhandlungen oder Folterungen von Menschen einzustellen. Alle stimmen dieser Forderung zu. Niemand fragt nach, ob es denn richtig sei, gegen Folter zu sein. Denn das könnte – wie Luhmann sagt – als Provokation empfunden werden, und die Kommunikation würde empfindlich gestört. Man stelle sich vor, was passiert, wenn man morgens ins Lehrerzimmer kommt und ruft: »Hallo Leute, kommt mal alle zusammen und hört mir zu! Also, ich bin gegen Folter.« Die Kollegen werden wahrscheinlich vermuten, daß man von einer noch unbekannten Krankheit befallen ist. Oder: »Man nimmt, wenn davon die Rede ist, daß Rauchen die Gesundheit schädigt, an, daß alle Beteiligten den Positivwert Gesundheit schätzen und nicht den Negativwert Krankheit« (S. 241). Man muß sich demnach nicht darüber unterhalten, *ob* man die Gesundheit erhält, sondern *wie* man sie erhält.

Man streitet sich also darüber, ob wohltemperierter Rotwein am Abend oder Bergsteigen wertvoller ist. Was aber *ist* wertvoll? Für den einen Menschen ist es das Bergsteigen, für den anderen nicht. Man könnte zu der fälschlichen Auffassung kommen, daß jeder Mensch ein anderes Wertesystem hat. Was wir vorziehen, hängt von unseren subjektiven Präferenzen ab, die wir in einem bestehenden Wertekatalog haben. Doch der Wert ist nicht eine dieser Tätigkeiten selbst, von denen jeder eine andere vorzieht, sondern die Werteigenschaft ist das »Zum-Wohl-Beitragen« der jeweiligen Aktivität (vgl. Schaber 2000, 350). Es ist für einen Menschen wertvoll, wenn etwas zu seinem Wohl beiträgt. Auf diese Weise kann man rational begründen, was kommunikativ mitlaufend und jedem Menschen selbstverständlich ist. Man ist also selbstverständlich für Frieden. Wenn man danach gefragt würde, warum, so lautete die Antwort: weil es zum Wohl der Menschen beiträgt. Oder: Man ist selbstverständlich gegen Folter und Mißhandlung, weil das den Menschen schadet und nicht zu ihrem Wohl beiträgt. Das »Zum-Wohl-Beitragen« ist objektiv wertvoll. Werturteile laufen in der Kommunikation mit und werden nicht eigens thematisiert, »ihr Akzeptiertsein wird unterstellt. Wenn man explizit fragt: ›Bist du für Frieden?‹, erweckt das den Verdacht auf Hintergedanken. Wer sich rühmt, Werte zu bejahen oder Unwerte abzulehnen, redet trivial« (2000, 359).

8. Ethik als Subtheorie der Systemtheorie

Ich werde zum Schluß und gewissermaßen als Zusammenfassung auf Luhmanns These von der Ethik als einer Subtheorie der Systemtheorie eingehen, die es seiner Ansicht nach »nur auf der Grundlage einer [System-]Theorie der Gesellschaft« (S. 336) überhaupt geben kann und die es ebensowenig wie die Systemtheorie selbst in vorhergehenden, segmentären oder stratifikatorischen Gesellschaftsformationen geben konnte. Sie kann als Theorie nur in der funktional differenzierten Gesellschaft sinnvoll sein. Dies wird von Luhmann in dem zehnten Aufsatz dieses Bandes erörtert.

Nach Luhmanns Auffassung ist Ethik die »Beschreibung der Moral« oder die »Reflexionstheorie der Moral«, die so erst in den letzten Dekaden des 18. Jahrhunderts entstand (vgl. S. 257 und S. 284). Eine in die Luhmannsche Systemtheorie eingebettete Ethik hat zum Ergebnis, daß

1. die Moral in keines der Subsysteme eingebunden oder in einem solchen isoliert sein kann: »Moral ist eine gesellschaftsweit zirkulierende Kommunikationsweise. Sie läßt sich nicht als Teilsystem ausdifferenzieren, nicht in einem dafür bestimmten Funktionssystem derart konzentrieren, daß nur in diesem System und nirgendwo außerhalb moralisch kommuniziert werden kann« (S. 336, vgl. S. 117).
2. Weiterhin wird von Luhmann deutlich gemacht, daß die Kommunikation in den Funktionssystemen nach einer je eigenen Codierungen erfolgt. Und sie ist jeweils anders als der Moralcode. Die Funktionssysteme sind von der Moral abgekoppelt. Moralische Kommunikation folgt einer anderen Codierung als der in Subsystemen. Sie folgt der Codierung gut/schlecht im Gegensatz zu wahr/unwahr im Wissenschaftssystem oder vermittelbar/nichtvermittelbar im Erziehungssystem.
3. Der Soziologe stellt sich weiterhin die Frage, ob die Moralcodierung von gut und schlecht auf die Moral selbst anwendbar ist. Das würde dann die Frage provozieren, ob Moral für die Gesellschaft gut ist (S. 260, 266). Eine solche Frage, wie sie Durkheim stellte, ist nicht Thema der Luhmannschen Systemtheorie, in der es – wie ich eingangs schon betonte – lediglich darum geht zu erklären, was der Fall ist und was dahinter steckt, ob einem die Ergebnisse nun gefallen oder nicht. Thema der Luhmannschen Systemtheorie ist die Beschreibung der Funktion der Moral, die ein Netz von Erwartungen und Erwartungserwartungen vorgibt, damit Handlungskoordinierungen in einer individualisierten Gesellschaft möglich sind.
4. Die ersten drei Punkte waren eine knappe Zusammenfassung des bislang Dargestellten. Nun kommt ein weiterer Aspekt hinzu: Moral muß sich in der funktional differenzierten Gesellschaft auf Risiken und Gefahren beziehen (S. 261). Die moderne Gesellschaft ist eine Risikogesellschaft. Damit befassen sich der elfte und zwölfte Aufsatz. »Früher konnte man davon ausgehen, daß die riskant Handelnden selbst die Betroffenen sind oder daß es sich mehr oder weniger um ein gruppenspezifisches Phänomen handelt, etwa [...] um Seefahrer oder Pilzsammler« (S. 352). Wer die Gefahr erzeugte, trug das Risiko. Das ist heute anders. Gefahren kommen von außen. Demgegenüber steht das Risiko, das man selbst trägt: Wer ein Flugzeug besteigt, trägt das Risiko

abzustürzen. »Wer kein Flugzeug besteigt, kann nicht abstürzen« (S. 350). Eine Gefahr wäre dem gegenüber z.B. die, daß man von herumfliegenden Flugzeugtrümmern verletzt oder getötet wird (S. 350). Die Risiken erzeugen die anderen, die Gefahren trägt man selbst. »Was für den einen ein Risiko ist, ist für den anderen eine Gefahr. Der Raucher mag seinen Krebs riskieren, aber für andere ist er eine Gefahr« (S. 351). Eine in die Luhmannsche Systemtheorie eingebettete Ethik zeigt auf, daß mit dieser Differenzierung von Risiko und Gefahr völlig neuartige moralische Probleme entstehen. Diese Einsicht brachte neue Gebiete für die Moral hervor, z.B. die Umwelt-Ethik.

Die für die Systemtheorie ungewöhnliche, aufs Substantielle ausgerichtete Frage, was denn Moral eigentlich sei, wird von Luhmann dennoch im neunten und zehnten Aufsatz beantwortet. Der Kern jeder moralischen Regel sei die wechselseitige Achtung (S. 273 und S. 256 f.). Moral ist in unserer Gesellschaft auf symmetrische Verhältnisse abgestellt (S. 276 f.). Den moralischen Rechten, die jemand hat, entsprechen die moralischen Pflichten, die man gegenüber anderen hat. Achtung oder Mißachtung beziehen sich stets auf die Person als ganze und nicht auf Spezialfähigkeiten wie die des Arztes, eine Koloskopie elegant und schmerzlos durchzuführen. Zeigt er bei der Koloskopie mangelndes Geschick, so kritisiert man ihn. Empören wird man sich hingegen, wenn er einen anderen Menschen hintergeht, unwahre Geschichten verbreitet, um einen anderen schlechtzumachen, wenn er also gegen moralische Regeln verstößt. Man kritisiert ihn nicht als Arzt, sondern verurteilt ihn als Person. Achtung und Mißachtung beziehen sich »auf die *Person als ganze* und auf ihre Zugehörigkeit zur Gesellschaft. Es sind Bezeichnungen für, oder indirekt: Hinweise auf, die *Inklusion* der Person in die Gesellschaft« (S. 276).

Luhmann übersieht auch diejenigen nicht, die bei der Reflexion über Moral oft thematisiert werden: Die Menschen mit erhobenem Zeigefinger, die Moralisten. Er weist im zehnten Aufsatz auf die Gefahren hin, die von ihnen ausgehen: Eifer und Aufdringlichkeit (S. 279). Moral hat demnach die Tendenz, Streit zu erzeugen und Streit zu verschärfen (S. 280). »So können Steppenbrände entstehen – und die Erfahrungen, die Europa seit dem Hochmittelalter mit religiös aufgezogenen Aufständen und Unterdrückungen, mit den Schrekken der Inquisition, mit Kriegen um moralisch verbindliche Wahrheiten und mit aus Empörung entstandenen Revolten gemacht hat, sollten eigentlich beim Stichwort Moral immer gleich dieses Problem vor Augen führen« (S. 280 f.). Solche Gefahren ermittelt eine Ethik als Reflexionstheorie der Moral.

Literatur

Bayertz, Kurt: Warum überhaupt moralisch sein?, München 2004

Charisius, Hanno: Der Erfolg des Fälschers. Klonforscher Hwang gelang erste Jungfrauenzeugung im Labor, in: Süddeutsche Zeitung Nr. 177 vom 3. August 2007, S. 18.

Kutschera, Franz von: Moralischer Realismus, in: Logos. Zeitschrift für systematische Philosophie, 1. Jg. (1994), S. 241-258.

Luhmann, Niklas: Gesellschaftliche Organisation, in: Thomas Ellwein/Hans Hermann Groothoff/Hans Rauschenberg/Heinrich Roth (Hg.), Erziehungswissenschaftliches Handbuch, Bd. I, Berlin 1969, S. 387-407.

Luhmann, Niklas: Zweckbegriff und Systemrationalität. Über die Funktion von Zwecken in sozialen Systemen, Tübingen 1968, Neudruck Frankfurt 1973.

Luhmann, Niklas: Politische Theorie im Wohlfahrtsstaat, München und Wien 1981.

Luhmann, Niklas: Soziale Systeme. Grundriß einer allgemeinen Theorie, Frankfurt 1984.

Luhmann, Niklas: Ökologische Kommunikation. Kann die moderne Gesellschaft sich auf ökologische Gefährdungen einstellen?, Opladen 1986.

Luhmann, Niklas: »Was ist der Fall?« und »Was steckt dahinter?«. Die zwei Soziologien und die Gesellschaftstheorie, in: Zeitschrift für Soziologie, 22. Jg. (1993), S. 245-260 (1993a).

Luhmann, Niklas: Quod omnes tangit ... Anmerkungen zur Rechtstheorie von Jürgen Habermas, in: Rechtshistorisches Journal, 12. Jg. (1993), S. 36-56 (1993b).

Luhmann, Niklas: Die Kunst der Gesellschaft, Frankfurt 1995a.

Luhmann, Niklas: Konzeptkunst: Brent Spar oder Können Unternehmen von der Öffentlichkeit lernen?, in: Frankfurter Allgemeine Zeitung vom 19. Juli 1995b, 27.

Luhmann, Niklas: Die Gesellschaft der Gesellschaft, Frankfurt 1997.

Luhmann, Niklas: Die Politik der Gesellschaft, hg. v. André Kieserling, Suhrkamp Verlag, Frankfurt 2000.

Neckel, Sighard/Wolf, Jürgen: The Fascination of Amorality: Luhmann's Theory of Morality and its Resonances among German Intellectuals, in: Theory, Culture & Society. Explorations in Critical Social Science, Vol.

11, Nr. 2, May 1994, S. 69-99 (gekürzte deutsche Fassung unter dem Titel »Die Faszination der Amoralität. Zur Systemtheorie der Moral, mit Seitenblick auf ihre Resonanzen«, in: PROKLA, 18. Jg., Nr. 70/1988, S. 57-77).

Nietzsche, Friedrich: Ecce Homo, in: ders., Werke in drei Bänden, hg. v. Karl Schlechta, 6. Aufl., München 1969, Band II.

Schaber, Peter: Universale und objektive Werte, in: Martin Endreß/Neil Roughley (Hg.), Anthropologie und Moral. Philosophische und soziologische Perspektiven, Würzburg 2000, S. 341-357.

Spencer, Herbert: Die Principien der Sociologie. Autorisierte deutsche Ausgabe, nach der dritten, vermehrten und verbesserten englischen Auflage übersetzt von B. Vetter, 3 Bände, Band 2, Stuttgart 1887.

Stichweh, Rudolf: Niklas Luhmann, in: Dirk Kaessler (Hg.), Klassiker der Soziologie, Band 2, S. 206-229.

Editorische Notiz

Die Idee zu diesem Band besteht schon seit langem. 1994 empfahl ich Niklas Luhmann, daß er seine Aufsätze zur Moral, die in Zeitschriften publiziert waren und schwer auffindbar sind, doch einmal mit in einen seiner Sammelbände *Soziologische Aufklärung* aufnehmen solle. Darauf schilderte er mir sein Vorhaben, einen eigenen Band mit Aufsätzen zur Moral zu publizieren. Luhmann wollte darin so umfangreiche Aufsätze wie »Soziologie der Moral« und »Ethik als Reflexionstheorie der Moral« aufnehmen. Ich hingegen hatte vor allem den Aufsatz »Normen in soziologischer Perspektive« und den Band *Gibt es in unserer Gesellschaft noch unverzichtbare Normen?* im Sinn. Beide Veröffentlichungen werden, weil sehr abgelegen, meist und zu Unrecht übersehen. Den Aufsatz »Normen in soziologischer Perspektive« hatte Luhmann schon selbst aus den Augen verloren, obwohl gerade dieser – und da stimmte er mir zu – für das Verständnis der Moral im Kontext der Systemtheorie außerordentlich wichtig ist.

Ich habe mir in der Folgezeit einen Überblick über Luhmanns Aufsätze zur Moral verschafft, sie im vorliegenden Band aber nicht chronologisch geordnet, sondern sie in eine systematische Reihenfolge gebracht. Die Systematik, die zugleich den roten Faden für die Lektüre der folgenden Aufsätze liefert, erkennt man nach der Lektüre meines Nachworts. Dort habe ich auch einige Hinweise auf grundlegende systemtheoretische Einsichten gegeben. Ich habe Luhmann einmal gefragt, warum er auf den ersten Seiten seiner Bücher jedesmal Grundlegendes zur Systemtheorie sagt. Er antwortete, man solle jedes Buch auch als einzelnes lesen könne, ohne dazu lückenlos seine Systemtheorie kennen zu müssen. Wer sich also nur für die Religion oder nur für die Kunst oder das Recht interessiere, müsse sich nicht zwangsläufig mit seiner umfassenden Theorie der Gesellschaft beschäftigen. »Deswegen versuche ich immer, mit Wiederholungen zu arbeiten, um das Buch als einzelnes lesbar zu machen«, sagte er zu mir. »Und ich denke, wer das alles schon kennt, kann ja schneller lesen.« So sollte man es hier auch halten.

Es gibt noch vier sehr kurze Aufsätze bzw. Statements von Luhmann, die ich nicht mitaufgenommen habe, um Redundanzen, die sich ohnehin nicht ausschließen lassen, zu reduzieren. Das in diesen vier Aufsätzen Gesagte findet sich in den vorliegenden Texten mehrfach wieder. Zudem fügten sich die Texte nicht in die Systematik, die ich bei der Konzeption des Bandes vorrangig im Blick hatte.[1]

Ich danke vor allem Dirk Baecker und Peter Fuchs für Hinweise auf verstreute und vergessene Texte.

Hannover, im Frühjahr 2008

1 Es handelt sich um die vier Texte: Politik und Moral: Zum Beitrag von Otfried Höffe, Politische Vierteljahresschrift 32 (1991), S. 497-500; – Technik und Ethik aus soziologischer Sicht, in: 2. Akademie-Forum: Technik und Ethik, Vorträge G 284 der Rheinisch-Westfälischen Akademie der Wissenschaften, Westdeutscher Verlag, Opladen 1987, S. 31-34; – The Code of the Moral, Cardozo Law Review 14 (1993), S. 995-1009; – The Sociology of the Moral and Ethics, International Sociology 11 (1996), S. 27-36.

Nachweise

1. Arbeitsteilung und Moral: Durkheims Theorie, in: Émile Durkheim, Über soziale Arbeitsteilung, Frankfurt 1992, S. 19-38.
2. Normen in soziologischer Perspektive, in: Soziale Welt, 20. Jg. (1969), S. 28-48.
3. Soziologie der Moral, in: Niklas Luhmann/Stephan H. Pfürtner (Hg.), Theorietechnik und Moral, Frankfurt 1978, S. 8-116.
4. Die Ehrlichkeit der Politiker und die höhere Amoralität der Politik, in: Peter Kemper (Hg.), Opfer der Macht: Müssen Politiker ehrlich sein?, Frankfurt 1993, S. 27-41.
5. Politik, Demokratie, Moral, in: Konferenz der deutschen Akademien der Wissenschaften (Hg.), Normen, Ethik und Gesellschaft, Verlag Philipp von Zabern, Mainz 1997, S. 17-39.
6. Wirtschaftsethik – als Ethik?, in: Josef Wieland (Hg.), Wirtschaftsethik und Theorie der Gesellschaft, Frankfurt 1993, S. 134-147.
7. Interaktion, Organisation, Gesellschaft, in: Niklas Luhmann, Soziologische Aufklärung, Band 2, Opladen 1975, S. 9-20.
8. Gibt es in unserer Gesellschaft noch unverzichtbare Normen?, C. F. Müller Juristischer Verlag, Heidelberg 1993, S. 1-23.
9. Paradigm Lost. Über die ethische Reflexion der Moral, Frankfurt 1990, S. 9-48.
10. Ethik als Reflexionstheorie der Moral, in: Niklas Luhmann, Gesellschaftsstruktur und Semantik, Band 3, Frankfurt 1989, S. 358-447.
11. Verständigung über Risiken und Gefahren – Hilft Moral bei der Konsensfindung?, in: Das Problem der Verständigung: ökologische Kommunikation und Risikodiskurs, Rüschlikon, 1991, S. 93-110; auch in Politische Meinung 36 (1991), Heft 258, S. 86-95.
12. Die Moral des Risikos und das Risiko der Moral, in: Gotthard Bechmann (Hg.), Risiko und Gesellschaft: Grundlagen und Ergebnisse interdisziplinärer Risikoforschung, Westdeutscher Verlag, Opladen 1993, S. 327-338.

Register

(Kursiv gesetzte Seitenzahlen verweisen auf den Text der Fußnoten)

›Ethik und Moralphilosophie‹ im Suhrkamp Verlag Eine Auswahl

Karl-Otto Apel

- Auseinandersetzungen in Erprobung des transzendental-pragmatischen Ansatzes. 866 Seiten. Gebunden
- Diskurs und Verantwortung. Das Problem des Übergangs zur postkonventionellen Moral. stw 893. 488 Seiten
- Transformation der Philosophie
  Band I: Sprachanalytik, Semiotik, Hermeneutik. stw 164. 378 Seiten
  Band II: Das Apriori der Kommunikationsgemeinschaft. stw 165. 446 Seiten

Reflexion und Verantwortung. Auseinandersetzungen mit Karl-Otto Apel. Herausgegeben von Dietrich Böhler und Matthias Kettner. stw 1618. 448 Seiten

Karl-Otto Apel/Matthias Kettner (Hg.). Zur Anwendung der Diskursethik in Politik, Recht und Wissenschaft. stw 999. 372 Seiten

Seyla Benhabib. Selbst im Kontext. Kommunikative Ethik im Spannungsfeld von Feminismus, Kommunitarismus und Postmoderne. Übersetzt von Isabella König. Gender Studies. es 1725. 340 Seiten

Bioethik. Eine Einführung. Herausgegeben von Klaus Steigleder und Marcus Düwell. stw 1597. 464 Seiten

Gernot Böhme. Ethik im Kontext. Über den Umgang mit ernsten Fragen. es 2025. 240 Seiten

NF 133/1/4.06

Pierre Bourdieu. Die männliche Herrschaft. Übersetzt von Jürgen Bolder. 211 Seiten. Leinen

Hauke Brunkhorst/Wolfgang R. Köhler/Matthias Lutz-Bachmann (Hg.). Recht auf Menschenrechte. Demokratie und internationale Politik. stw 1441. 352 Seiten

Judith Butler. Kritik der ethischen Gewalt. Übersetzt von Reiner Ansén. 144 Seiten. Kartoniert

Wolfgang Edelstein/Gertrud Nunner-Winkler. Moral im sozialen Kontext. stw 1470. 512 Seiten

Martin Endreß (Hg.). Zur Grundlegung einer integrativen Ethik. Für Hans Krämer. stw 1205. 259 Seiten

Philippa Foot. Die Natur des Guten. Übersetzt von Michael Reuter. 162 Seiten. Gebunden

Rainer Forst. Toleranz im Konflikt. Geschichte, Gehalt und Gegenwart eines umstrittenen Begriffs. stw 1682. 808 Seiten

Harry G. Frankfurt. Gründe der Liebe. Übersetzt von Martin Hartmann. 112 Seiten. Kartoniert

Josef Früchtl. Ästhetische Erfahrung und moralisches Urteil. Eine Rehabilitierung. 519 Seiten. Gebunden

Stefan Gosepath. Gleiche Gerechtigkeit. Grundlagen eines liberalen Egalitarismus. stw 1665. 508 Seiten

Günther Grewendorf/Georg Meggle (Hg.). Seminar: Sprache und Ethik. Zur Entwicklung der Metaethik. stw 91. 354 Seiten

NF 133/2/4.06

Jürgen Habermas
- Erläuterungen zur Diskursethik. stw 975. 229 Seiten
- Moralbewußtsein und kommunikatives Handeln. stw 422. 208 Seiten
- Theorie des kommunikativen Handelns. Zwei Bände. Band I: Handlungsrationalität und gesellschaftliche Rationalisierung. Band II: Zur Kritik der funktionalistischen Vernunft. Leinen und stw 1175. Zusammen 1167 Seiten
- Vorstudien und Ergänzungen zur Theorie des kommunikativen Handelns. Leinen und stw 1176. 606 Seiten
- Die Zukunft der menschlichen Natur. Auf dem Wege zur liberalen Eugenik? stw 1744. 164 Seiten

R. M. Hare. Die Sprache der Moral. Übersetzt von Petra von Morstein. stw 412. 243 Seiten

Dieter Henrich. Ethik zum nuklearen Frieden. 322 Seiten. Leinen

Otfried Höffe
- Ethik und Politik. Grundmodelle und -probleme der praktischen Philosophie. stw 266. 489 Seiten
- Medizin ohne Ethik? Standpunkte. es 2245. 272 Seiten
- Moral als Preis der Moderne. Ein Versuch über Wissenschaft, Technik und Umwelt. stw 1046. 312 Seiten
- Strategien der Humanität. Zur Ethik öffentlicher Entscheidungsprozesse. Mit einem neuen Nachwort. stw 540. 373 Seiten

Norbert Hoerster. Sterbehilfe im säkularen Staat. stw 1377. 193 Seiten

Axel Honneth
- Das Andere der Gerechtigkeit. Aufsätze zur praktischen Philosophie. stw 1491. 340 Seiten

NF 133/3/4.06

- Kampf um Anerkennung. Zur moralischen Grammatik sozialer Konflikte. stw 1129. 341 Seiten
- Die zerrissene Welt des Sozialen. Sozialphilosophische Aufsätze. Erweiterte Ausgabe. stw 849. 279 Seiten

Axel Honneth/Nancy Fraser. Umverteilung oder Anerkennung? Eine politisch-philosophische Kontroverse. stw 1460. 320 Seiten

Axel Honneth/Hans Joas (Hg.). Kommunikatives Handeln. Beiträge zu Jürgen Habermas' »Theorie des kommunikativen Handelns«. stw 625. 420 Seiten

Christoph Horn/Nico Scarano (Hg.). Philosophie der Gerechtigkeit. Texte von der Antike bis zur Gegenwart. stw 1563. 512 Seiten

Detlef Horster (Hg.). Weibliche Moral – ein Mythos? stw 1376. 231 Seiten

Vladimir Jankélévitch. Das Verzeihen. Essays zur Moral- und Kulturphilosophie. Herausgegeben von Ralf Konersmann. Übersetzt von Claudia Brede-Konersmann. Mit einem Vorwort von Jürg Altwegg. 292 Seiten. Gebunden. stw 1731. 294 Seiten

Hans Joas. Die Entstehung der Werte. stw 1416. 321 Seiten

Hans Jonas. Das Prinzip Verantwortung. Versuch einer Ethik für die technologische Zivilisation. st 1085. 426 Seiten

Matthias Kettner (Hg.). Angewandte Ethik als Politikum. stw 1458. 416 Seiten

NF 133/4/4.06

Lawrence Kohlberg. Die Psychologie der Moralentwicklung. Herausgegeben von Wolfgang Althof unter Mitarbeit von Gil Noam und Fritz Oser. stw 1232. 564 Seiten

Hans Krämer. Integrative Ethik. stw 1204. 427 Seiten

Angelika Krebs. Arbeit und Liebe. Die philosophischen Grundlagen sozialer Gerechtigkeit. stw 1564. 336 Seiten

Angelika Krebs (Hg.)
- Gleichheit oder Gerechtigkeit? Texte der neuen Egalitarismuskritik. stw 1495. 224 Seiten
- Naturethik. Grundtexte der gegenwärtigen tier- und ökoethischen Diskussion. stw 1262. 402 Seiten

Niklas Luhmann/Stephan H. Pfürtner (Hg.). Theorietechnik und Moral. stw 206. 267 Seiten

Niklas Luhmann/Robert Spaemann. Paradigm lost: Über die ethische Reflexion der Moral. Rede von Niklas Luhmann anläßlich der Verleihung des Hegel-Preises 1989. Laudatio von Robert Spaemann: Niklas Luhmanns Herausforderung der Philosophie. stw 797. 73 Seiten

Alasdair C. MacIntyre. Der Verlust der Tugend. Zur moralischen Krise der Gegenwart. Übersetzt von Wolfgang Riehl. stw 1193. 381 Seiten

John McDowell. Wert und Wirklichkeit. Aufsätze zur Moralphilosophie. Mit einer Einleitung von Axel Honneth und Martin Seel. Übersetzt von Joachim Schulte.
238 Seiten. Gebunden

NF 133/5/4.06

Karl Menger. Moral, Wille und Weltgestaltung. Grundlegung zur Logik der Sitten. Herausgegeben und eingeleitet von Uwe Czaniera. stw 1286. 210 Seiten

Christoph Menke. Spiegelungen der Gleichheit. Politische Philosophie nach Adorno und Derrida. stw 1663. 330 Seiten

Susan Neiman. Das Böse denken. Eine andere Geschichte der Philosophie. Übersetzt von Christiana Goldmann. 490 Seiten. Gebunden und st 3735. 489 Seiten

Julian Nida-Rümelin. Ethische Essays. stw 1565. 471 Seiten

Martha C. Nussbaum. Gerechtigkeit oder Das gute Leben. Herausgegeben von Herlinde Pauer-Studer. Gender Studies. Übersetzt von Ilse Utz. es 1739. 320 Seiten

Herlinde Pauer-Studer. Autonom leben. Reflexionen über Freiheit und Gleichheit. stw 1496. 293 Seiten

Herlinde Pauer-Studer (Hg.). Konstruktionen praktischer Vernunft. Philosophie im Gespräch. es 2181. 304 Seiten

John Rawls
- Gerechtigkeit als Fairneß. Ein Neuentwurf. Herausgegeben von Erin Kelly. Übersetzt von Joachim Schulte. 316 Seiten. Gebunden und stw 1804
- Geschichte der Moralphilosophie. Hume, Leibniz, Kant, Hegel. Herausgegeben von Barbara Herman. Übersetzt von Joachim Schulte. 488 Seiten. Gebunden. stw 1726. 486 Seiten
- Eine Theorie der Gerechtigkeit. Übersetzt von Hermann Vetter. stw 271. 674 Seiten

NF 133/6/4.06

Thomas Rentsch. Die Konstitution der Moralität. Transzendentale Anthropologie und praktische Philosophie. stw 1421. 380 Seiten

Johannes Rohbeck. Technologische Urteilskraft. Zu einer Ethik technischen Handelns. stw 1112. 312 Seiten

Christoph Sachße/H. Tristam Engelhardt (Hg.). Sicherheit und Freiheit. Zur Ethik des Wohlfahrtsstaates. stw 911. 360 Seiten

Moritz Schlick. Fragen der Ethik. Herausgegeben und eingeleitet von Rainer Hegselmann. stw 477. 208 Seiten

Wilhelm Schmid. Auf der Suche nach einer neuen Lebenskunst. Die Frage nach dem Grund und die Neubegründung der Ethik bei Foucault. stw 1487. 466 Seiten

Gerhard Schönrich. Bei Gelegenheit Diskurs. Von den Grenzen der Diskursethik und dem Preis der Letztbegründung. stw 1111. 187 Seiten

Gunter Scholtz. Ethik und Hermeneutik. Schleiermachers Grundlegung der Geisteswissenschaften. stw 1191. 326 Seiten

Oswald Schwemmer. Ethische Untersuchungen. Rückfragen zu einigen Grundbegriffen. stw 599. 221 Seiten

Martin Seel. Versuch über die Form des Glücks. Studien zur Ethik. Gebunden und stw 1445. 365 Seiten

Ludwig Siep. Konkrete Ethik. mannigfaltigkeit, Natürlichkeit, Gerechtigkeit. stw 1664. 384 Seiten

NF 133/7/4.06

Marcus George Singer. Verallgemeinerung in der Ethik. Zur Logik moralischen Argumentierens. Übersetzt von Claudia Langer und Brigitte Wimmer. 420 Seiten. Leinen

Holmer Steinfath. Orientierung am Guten. stw 1531. 496 Seiten

Holmer Steinfath (Hg.). Was ist ein gutes Leben? Philosophische Reflexionen. stw 1323. 260 Seiten

Ernst Tugendhat
- Aufsätze 1992-2000. stw 1535. 272 Seiten
- Ethik und Politik. es 1714. 144 Seiten
- Vorlesungen über Ethik. Gebunden und stw 1100. 399 Seiten

Albrecht Wellmer. Ethik und Dialog. Elemente des moralischen Urteils bei Kant und in der Diskursethik. stw 578. 224 Seiten

Reiner Wimmer. Universalisierung in der Ethik. Analyse, Kritik und Rekonstruktion ethischer Rationalitätsansprüche. 465 Seiten. Leinen

Lutz Wingert. Gemeinsinn und Moral. Grundzüge einer intersubjektivistischen Moralkonzeption. 365 Seiten. Gebunden

Ludwig Wittgenstein. Vortrag über Ethik. Und andere kleine Schriften. Herausgegeben und übersetzt von Joachim Schulte. stw 770. 142 Seiten

Georg Henrik von Wright. Normen, Werte und Handlungen. 259 Seiten. Gebunden

NF 133/8/4.06